中国仏教と生活禅

浄慧 著

井上浩一　何燕生　齋藤智寛
佐々木聡　土屋太祐　西村玲　訳

山喜房佛書林

目次

三、生活禅サマーキャンプと若者

四、禅修のあり方

中国仏教と生活禅

一、仏教の現代的意義

一　真理と機縁にかなう現代仏教(1)

1　仏法は常に新しい

おおよそ二十世紀初頭から始まった中国仏教では、いわゆる「現代派」と「伝統派」、「革新派」と「保守派」という二つの潮流が出現しました。一般には「現代派」は改革をめざす急進派であり、「伝統派」は消極的で保守的と思われています。歴史的に見れば、この二派の対立はどんどん激しく厳しくなり、わずかでもぶつかると大きな争いになりました。中国仏教が発展していく方向を考えてみれば、「伝統」と「現代」の関係にかかっており、どちらか一つになるにせよ、あるいは行方が分からないにせよ、いずれにせよ両者の関係で考えるのが当然でありましょう。

これは一つの煩悶であり、時代的問題の一つなのです。

この問題の外的な理由は、言うまでもなく中国の文化全体が十九世紀から異文化と衝突し始めたことにあります。仏教自体の内的理由としては、仏教の慧命を担っている我々に、透徹した智慧と中道の意識が欠けていることです。

私の考えとしては、仏陀の教えは臨機応変に行われ、説かれなくてはならないものですから、現代と伝統の区別があってはなりません。仏教はその根本をきわめれば、その普遍性は現代そのもの、只今即刻のものです。「仏教の普遍性は現代のものである」という意味は、仏教の普遍性はこの時この場の人心や社会情勢と合致して、どんどん新しくなっていくもので、どうやって苦を離れて楽を得るかということに人々を導くものです。

仏陀は、衆生を化導するために、この世に出現しました。何のために衆生を導くのでしょうか。仏は、悟りの智慧によって衆生が生々流転して苦しんでいることを知り抜いておられます。仏は誰よりも、衆生が仏法を必要としていることをよく知っておられるのです。逆に言えば、仏法も衆生を必要としています。仏陀の教えは、何の根拠もなく的無くして放たれる矢ではなく、衆生の病を療治するためのものであって、これこそ応病与薬というものです。薬は病を治すためのものであり、病気が治ったら薬は不要となりましょう。

このように考えれば、仏法は衆生の苦しみと無関係に存在するものではなく、衆生と緊密に関わって共に呼吸しなくてはならないものなのです。そうでなければ、仏法は人々に忘れられ捨て去られて、時代に見捨てられましょう。

これが、衆生の機縁と仏の教えが相いかなうということであり、あるいは真理にかない機縁にかなうと説くものです。

真理と機縁にかなう教化は、あくまでも現代そのものであり、あくまでも今に即した新しいものです。近代の太虚大師は、この問題をきわめて切実に説いています。彼は「新與能貫」の一文の中で、「一般に、新説は旧説と対立し反発すると言われるが、仏法の真実においては新しいことも旧いこともない……。真理と時機にかなう仏法の中で、時機にかなう原則に依れば、仏法はこの現代の思想潮流と将来の動向に適応し、一つの区域の中にあって、時代の局面の一つにあって、現在と将来の生活を順応する。つまり一種の新しい意義がもたらされ、それが機縁にかなうという意味である。仏法の真理を根拠に据えて、時代の推移に順応して行き、時代に随って仏法の教化を発揚する。……これが、つまり仏法が人類社会あるいは衆生世界を活気づけ、人々が歓喜して仏法を仰ぎ実行するということである」(『太虚大師全書』冊二、四五〇頁)と論じています。この道理によって現代の仏教を考えれば、「革新」と「保守」「伝統」と「現代」の緊張は、さまざまな悲観的見通しから脱却して、毅然としつつ進取の気性に富んだ心情を獲得できるでしょう。

時代の流れは激しく前進し、人類の生活は日進月歩で変わっていく現代において、仏教にはさまざまな悲観的考え方があります。それはつまり、以下のことです。

一、「仏陀が生きていたのは二千年以上前であるから、仏教は現代人の心に適応できないし、人類の精神を浄化し向上させることもできない」。これは、仏教そのものに対する絶望です。

二、コントロールできなくなった現代の科学技術や道徳の衰退、人心の荒廃によって、信仰は日ごとに衰えていっており、人類の文化はブレーキがきかなくなった汽車が危険な深淵に突進しているようなものです。「子供は教えられない！」これが人間の運命であり、衆生の善根に対する絶望です。

この二種の絶望は、我々の願いと智慧を減退させ、法を弘めようとする勇気を減退させます。そのために、我々はこれに対して正しい認識を起こさなくてはなりません。

仏陀の教えは、「機」(衆生)のためにこそあります。この「機」とは、ただ古代インドの人々というだけではなく、すべての時間と空間における衆生です。仏は、人に内面世界と生命の規律を示したのであり、それは過去も現在も未来も変わることはないものです。たとえば、人間の弱点とは何か——貪り、瞋り、愚かさ、傲慢さ、疑念です。現代の人間が、これらの煩悩から自由になり、克服できたと言うことができましょうか？　そのようなことは、ありえません。時代によって表現形式が変わったにせよ、その本質はまったく同じです。ですから、仏法のもっとも根本的な内容は、法爾自然に変わらず、常に古く常に新しいのであって、過去のものであるということはありえません。事実は眼前にあります——つまり、このような強大な生命力を持つ仏教は、人類文化史上に宗教でも哲学でもなく存在しているのです。広大な地域に広がった悠久の歴史と深い教理によって、仏教は無数の覚者を生み出してきました。この議論の余地がない事実は、不断に自らを新しくする能力を示すものであって、人類文明史上に匹敵するものはほとんどないと言えましょう。

現代の仏法はかつてなく盛んであり、むしろまさに今こそふさわしいのです。この時代のせいで、仏陀が誡める人間の煩悩はかつてより盛んになり、ますます露骨に表現されるようになっています。仏法の清涼なる甘露の教えは、まさに必要となっています。いわゆる「好雨時節を知り　春に当たって乃ち発生す（好い雨は時節を知って、春になると降ってくる）[2]」にたとえて言えば、現在はまさに仏法の春であって、法雨が普く人々を潤し、慈雨が降る時節です。ただ難しいことは、どういった才能が「風に隨って潛んで夜に入り　物を潤して細やかにして聲無し（風雨は夜通し続き、静かにあたり一面を潤す）」ことができるかということでしょう。法を弘めるために必要なことは、大きな心で並大抵ではない胆力識見と、巧みな方便としての教化方法を持っていなくてはなりません。

衆生の善根は、その煩悩業障と同じく根が深く細やかなものです。仏陀は、悟った日に菩提樹の下で「一切衆生は皆如来の智慧の徳を持っている」(『華厳経』の語)と慨嘆されました。仏陀の慨嘆は智慧の輝きから生まれているのですが、私たちは智慧が弱く暗い上に願う力も欠けており、時代遅れのやり方にこだわるから悲観するのです。もし新しく改める革新が必要なのであれば、まず改めるべきは私たちの懶惰と世間を知らず頑固なところです。またもし古いことを保つ保守が必要なのであれば、私たちは仏陀と歴代祖師が衆生の信心と素質に応じて教え導いた姿勢こそ、永遠に保ち続けなくてはなりません。もし時代遅れのしきたりにしつこくこだわって、時代の新しい人心を見なければ、それこそまさに仏陀と歴代祖師の衆生済度の願いに背くことです。

つまり私たちは、理にかない素質にかなったことを中心としなくてはいけません。時代の状況を把握した上で素質に応じた教化をしていくこと、それこそが現代における仏教教化の真意です。さらには、このことによってのみ万古不易でありながら常に革新である仏教の生命を保ち続けていくことができるのであり、仏教は人類の精神を導く航海の灯となるのです。

2　仏教の現代化と仏教による現代社会の教化

現代仏教の発展における種々の疑難と欠陥は、すべて「機にかなうこと」ができるかどうかという、この一点に集中しています。どのようにして仏教を現代人の心性に更にかなうように、時代環境に適応させていくのか、また現代社会の環境を発揮し改善していけるのか、これこそ仏教教化の内包する課題です。

周知の通り、中国仏教がもっとも盛んであった時代は、まさに封建小農の社会でした。現代社会の経済活動・政治構造・文化の雰囲気と比べるとあまりにも違います。これらの変化の中で、仏教ともっとも関連の深いことは、以下の数点です。

社会経済は、自給自足の小農経済から市場経済へと変わり、人々の生活における商業活動が日増しに重要性を増していること。地球はどんどん小さくなり、人類の相互関連はますます密接になり、それぞれ異なる宗教・哲学は範囲がさらに広くなり、お互いの対話や衝突もさらに早くなったこと。交通の発達や伝達手段の進化により、情報の交流や、人間の交流が時間と空間の制限をさらにたやすく抜け出ていること。生活は科学技術への依存をますます高めており、先進的な科学技術は感官の享受を豊富かつ多様にし、しかも人々の感官の欲望もさらに高まり、さらに自由になったこと……

これらの因縁に適応すべく、今日の私たちは人間のための仏教・社会のための仏教・世界のための仏教という精神を発揚し、人間仏教の内実を充実にし、豊かにしなくてはいけないと思います。

人のための仏教とは、つまるところ人間を本とするということであり、人生を配慮し発展させ浄化することです。現実の人生に目を向けて、煩悩を弱めて智慧を向上し、道徳を提唱し生活を改善して、人生の解脱に至るのです。人としての生を大事にすること、これこそ仏教の本義です。仏陀は、人の体で世間にあって教化しました。世間は、希望と苦痛、清浄と雑染、光明と暗黒が半々に入り交じっています。人として生きることは、最大の能動性と無限の創造性を発揮できる可能性をもっています。いろいろな経典のいたるところに、人身が得難いこと、つまり人として生まれることが難しいこと、生命を貴重なものとして大切に生きよ、と説かれています。仏教とは、人間を本とする智慧があふれる宗教なのです。

人間を本とする仏教は、人生を覚悟させ人生を捧げることを声高かに掲げるべきことであり、それにより、現代人を受け入れて啓発していくべきことです。人生を覚悟させることとは智慧の解脱であり、人生を捧げるということは慈悲たる気遣いです。智慧と慈悲がぴったりと融和するのがまさに菩薩の人生であり、大乗仏教の真精神であります。

社会のための仏教とは社会への積極的な参加であって、消極的な隠遁ではありません。私たちは科学技術を十分に利用し、各種の社会的ルートを通じて社会に向き合いながら、法を弘めなくてはなりません。積極的かつ主体的に、人々に各種の利益を与えて、社会の文化・慈善・福利事業に奉仕して、社会に介入し参与して、社会の各階層において仏教界を真の実態あるものにしなくてはなりません。

世界のための仏教とは、つまり世界に向かって進むことであり、これまでの残欠にしがみついて自分を閉鎖的に守ろうとすることではありません。仏教の起源は古代インドであり、それからだんだんと周辺の国に伝播して、今日の国際的で全地球を覆う三大語系の仏教を形成しました。この歴史的な事実は、仏教の強大な生命力と広範な適応力を示しています。私は、仏教があらゆる土地で、すべての人種の中で生存発展できるものと信じています。古代と比較すれば、現代の伝達手段は日進月歩に進んでいるにもかかわらず、私たちの弘法布教の努力が、古人に遠く及ばないことを恥じるものです。世界仏教を建設するためには、以下の三方面の内容が必要であると思います。

その一、三大語系の仏教における対話と交流です。

その二、世界文化を背景として、仏教文化を新しく宣揚し、発揮することです。この方面の仕事は、たいへん重要です。私たちは皆、日本の鈴木大拙氏が欧米に対して禅を紹介する多大な貢献をしたことを知っています。彼は、東洋と西洋の宗教にある新しい哲学言語を用いて、比較哲学の視野で禅を宣揚することができたので、多くの欧米人の関心を引くことができました。

その三、異文化圏への布教に力を注ぐことです。現在、ヨーロッパやアメリカにはすでに仏教寺院がありますが、それらは主にアジア系移民のためであって、欧米人を直接の布教対象とする寺はさほど多いわけではありません。

人間のための仏教・社会間のための仏教・国際間のための仏教、これらが世間人間《じんかん》の仏教であり、現代化した仏教です。これはもちろん単なる抽象的な理念ではなく、歴史的な実践の過程であります。この過程の中で、旧態依然とした東西文化が少しでも止揚され、仏の慧命を継承する菩薩が時運に応じてわずかでも生れることができれば、人類の歴史と文化にさらなる輝かしい一章が付け加わるでしょう。

今日、私たちは現在から未来まで仏教が発展する方法を模索している訳ですが、かつて仏教を弘めた古人の努力を否定できないのみならず、本気で深く古人を学ばねばならないと心から思います。中国仏教の多くの偉大な先人たちが、インド仏教を受容し消化して教えを説くにあたって、胆力と智慧を示してきました。今の私たちは、彼らに到底かないません。近現代の仏教が行っていることは、実はすでに歴史的に行われていたことです。今の居士林は、かつての義邑（古代の在家信者団体）です。今の慈善事業は、かつての無遮大会（貴賤・僧俗・男女などの別無く誰にでも施す）であり、道路や橋を造ること、悲田院（貧者や孤児を救う施設）、養病房などでしょう。現在、大衆に教えを説くのは、昔の俗講師であり唱導師です。今の仏教文芸は、変文（唐代中期から行われた寺院で絵を見せながら仏教説話を語ること）や、押座文（説法の前に参加者全員で経文の一文を唱えること）などといえるでしょう。相手の機根を見てふさわしい方便を設け、時代に応じて「現代化」することでは、どうも私たちは古人に及びもつかないどころか、まったく逆に遅鈍で保守的なようです。私たちが古徳の勇気と胆力を持ちさえすれば、仏教現代化の諸々の問題は、すらすらと解決することができるでしょう。

ここまでに、仏教が現代化する必要を述べてきました。それでは、仏教現代化の目的とは何でしょうか。ここで一人の学者の論述を借りようと思いますが、彼は仏教現代化の目的は現代を教化することであると考えています。私は、これこそが仏教現代化の根本だと思います。仏教の現代化は人々の素質に応じるものでなくてはならず、つまり縁に随って変わるものです。それに対して、仏教が現代を化することは真理にかなったものでなくてはいけません、つまり不変です。現代を教化することは、その時々の波に流されるのではなく、時勢に応じて導くことなのです。仏教は常に深遠で超越した眼光を持って現代人を受け入れ、時代精神の航路標識を作り、潮流に適応しつつ潮流を導かねばなりません。現代文明の繁栄は一種の幻影にすぎませんから、人類の心は相変わらず盲目のまま流浪しているのです。仏法は、人々が苦を離れて楽を得る幸福の道を歩くように導いて、精神の家庭に帰り着かせることができます。現代只今に立脚すること、これこそが仏教の永遠の価値であり、目標なのです。

3 世紀末の回顧と展望

今日、仏教の現代的挑戦と展望を論じるにあたって、まずは今の特殊な時代と状況について注意せざるをえません。二十世紀はまさに終わらんとしており、新世紀は遠い地平線上にかすかにあらわれているところです。私たちは、中国仏教が歩んできた道程を慎重に振り返っておかねばなりません。

もし仏教が中国に最初に伝来した時を紀元前二年（西漢の哀帝元寿元年）とすれば、中国仏教はすでに二千年近い歴史を経ています。この二千年の歴史で、インドに源を発した仏教は中国化しました。それと同時に、仏教が中国を教化しました。仏教の中国化と、中国の仏教化は、まさに中国仏教の歴史的主題です。二千年の間に、仏教が中国で達成したことは、仏教史上でもっとも華々しい成果かもしれません。中国仏教の輝かしい過去を振り返ると、歴代高僧と祖師が仏教を中国化すると共に、仏法によって衆生を教え導いた無上の功徳を讃歎し、恩を感じないではいられません。私が考えるに、多くの高僧の中でもっともすぐれた三人の大師が、仏教の中国化と中国の仏教化における三つの里程標になりました。その三大師とは、道安大師（釈道安。三一二―三八五、中国仏教確立者の一人。経典翻訳・註釈・目録作成・儀礼の整備などに尽力し、鳩摩羅什を中国に招聘した）、慧能大師（六三八―七一三、中国禅宗の第六祖。門人が多く、禅宗の大成者とされる）、太虚大師（釈太虚。一八九〇―一九四七、近代中国仏教の確立者。人間仏教を唱えて、後進の教育につとめた）です。この三人の共通点は、仏教が継続発展して新しい時代を切り開くために、それぞれの時代で仏教が直面した問題と挑戦にこたえたことです。

道安大師当時は、仏教が中国に伝来してから三百年ほど経っており、中国社会の各階層に仏教が広範に普及し、経の教えが流行して教学が盛んになりました。しかし教理教学から組織制度にいたるまですべて混乱状態にあり、まだ中国の国情にあったものにはなっていませんでした。道安大師は、この歴史的使命を引き受けたのです。彼は、雑然としていた経典を整理して註釈を著し、性宗を宣揚し、教団の規範と憲章を制定しました。『梁高僧伝』には「道安は徳を重んじ、その学問は三蔵を包含し、僧尼の規範と仏法の憲章を定めた。その箇条には三例がある。一には、行香（香をたく）坐禅して経を講義する規範である。二には、毎日六時の行道・食事・唱時を定めた。三には、布薩・差使・悔過などの懺悔の法である。天下の寺院は、遂にこれらの規範に従った(3)」とある。道安大師の貢献は、これだけにとどまらない。老荘思想の玄学に依存する当時の格義仏教を改めて、仏法独自の教義を宣揚した。さらには、慧遠法師をはじめとする多くの高僧を育成した。つまり道安大師の努力は、僧団制度や経典流布から教理教学にいたるまで、初めて中国に伝来した仏教を国情に適応させる一方で、仏教独自の存在様式を獲得しており、その功績は偉大である。

慧能大師は、中国の古代仏教史上で、もっとも開拓進取の気に富んだ人物です。文字通り彼は中国禅宗史の実際上の開祖であり、彼が開いた禅宗は、中国仏教をして中唐からの法系を維持することができたのです。

慧能大師の時代には、仏教が中国に伝来してから六・七百年ほどであり教学は大変盛んとなっていましたが、かえって仏陀出世の本懐はどんどん不明瞭になっており、いわゆる「名相を分別して休むことを知らず。海に入り沙を算して徒に自ら困す。（名前や様相を分別して休むことを知らない。海に入って砂を数えているように自ら困惑している）[4]」という状態になっていました。慧能大師は、なにものをも恐れない気迫で法を説き、獅子吼しました。仏法とは、世間にありながら世間を離れずに覚るものです。つまり、仏法の精神は現実に立脚することであり、心を明らかにして本性を見る、「但だこの心を用いて、直ちに成仏し了る[5]」のです。慧能大師は、自分の修行と悟り、また通俗的で分かりやすい言葉によって、仏法の秘密の教えを説き示しました。この後の一千年以上にわたって、慧能の智慧によって悟った人は無数です。禅および禅宗は、仏法が中国に適応した大きな出来事であり、慧能大師はこの一大事因縁[6]を成就したもっとも要となる人物です。現代にいたっても、中国仏教が現代人の迷いと執着をなくし、世界文化と協調していくためには、禅宗がもっとも時機にかなっています。

私たちにもっとも近く、現代の思想に対してもっとも有益なのは、太虚法師です。

太虚法師の時代は、中国史上もっとも激動の時代であったかもしれません。先進的な軍事と科学技術を後ろ盾とする異文化が、年老いた中国に押し寄せてきて、中国文化は突然に存亡の危機に立たされていました。ほとんどすべての文化面において、二の足を踏んで時代の淘汰にあうか、あるいは精励して国を良くしようとするか、という厳しい二択に直面していました。しかも仏教は、一種の宗教として、あの物質主義の時代には非常に不安定で大変危うかったのです。その伝統的な存在形式が、すでに時代状況に遅れていたことはひとまず置いて、もっとも甚だしいのは、強大な外部勢力が次から次へと仏教を痛めつけて、仏教はまさに死地に至っていました。張之洞（一八三七—一九〇九　清末の政治家、中体西用を唱えて近代化に尽力した）の「廟産興学」（寺院を没収して学校を建設する政策」、袁世凱（一八五九—一九一六　清末・中華民国の政治家・軍人）の「監督寺廟条例」、馮玉祥（一八八二—一九四八　中国国民党系の進歩的軍人）らによる寺院破却と僧侶追放……、仏法の慧命はまさに危機に瀕していました。太虚大師は、まさにこのような逆巻く大波の中に身を挺してあらわれた菩薩です。

太虚法師の一生の功績は、僧伽《サンガ》の制度を整理して人材を育成し、仏教の文化事業を興したことです。私が、ここにそれらについて多く述べる必要もないでしょうから、一点だけ述べておきます。つまり彼は、この世紀に中国仏教が遭遇した挑戦を真理と時機によって転回させて、当時の仏教の新しい局面を開き、未来に発展する方向を明らかに指し示しました。今日の私たちが中国仏教の活路を討論する時には、太虚大師の思想と意志を継承し完成させなくてはなりません。実際のところ、今私たちが行っていることは、太虚法師の壮大なプランを決して越えるものではなく、彼の多くの計画は我々の想像よりはるかに大胆で前を見据えたものでした。

中国仏教の歴史で里程標となった三大師は、それぞれの時代で真理と機縁にかなった教化を展開させる歴史的出来事を成功させたのです。道安大師は、インド仏教を中国化するという大事因縁を成功させ、慧能大師は中国仏教を大衆化するという一大事業を成功させ、太虚法師は「人間《じんかん》仏教」の理論を掲げて中国仏教の現代化を果たすという大仕事を成功させました。釈尊一代の仏教の新しい機縁を開き、千秋の長きにわたって仏門を盛んにした三人の大師の功徳は無量です。もし私たちが、よく先徳の遺範を継承することができて、真理と機縁にかなうことを原則として、勇猛沈着に重責を引き受けて、伝統を継承しながら因習に馴染まず、時機に適応しながら俗に流れず、現代化しながら現代を教化すれば、中国仏教ひいては世界仏教は、必ず次の世紀の間に挑戦を迎え撃って衆生を広く潤し、大きな光芒を放つでしょう。

注

（1）〔原注〕本論は、香港仏教法住学会の第七回学術会議「仏教の現代的挑戦」国際会議において、一九九四年一二月二三日に読み上げられた論文である。

（2）杜甫の七言律詩「春夜に雨を喜ぶ」

好雨知時節　好雨時節を知り
當春乃發生　春に當って乃ち發生す
隨風潛入夜　風に隨って潛んで夜に入り
潤物細無聲　物を潤して細やかにして聲無し
野徑雲俱黑　野徑雲俱に黑く
江船火獨明　江船火獨り明らかなり
曉看紅濕處　曉に紅濕ふ處を看れば
花重錦官城　花は重し錦官城

（3）『梁高僧伝』（『大正蔵』巻五〇、三五三頁中）

飯之。處處成則。安既德爲物宗學兼三藏。
所制僧尼軌範佛法憲章。條爲三例。一曰行
香定座上講經上講之法。二曰常日六時行
道飲食唱時法。三曰布薩差使悔過等法。天
下寺舍遂則而從之。安每與弟子法遇等。
於彌勒前。立誓願生兜率。

（4）『永嘉證道歌』（『大正蔵』巻四八、三九六頁下）
則善星生陷墜。吾早年來積學問。亦曾討疏
尋經論。分別名相不知休。入海算沙徒自困。
却被如來苦訶責。數他珍寶有何益。從來蹭

（5）『六祖檀経』（『大正蔵』巻四八、三四七頁下）
願聞法要。大師告衆曰。善知識。菩提自性。
本來清淨。但用此心。直了成佛。善知識且聽。
1惠能行由得法事意。惠能嚴父。本貫范陽。
左降流于嶺南。作新州百姓。此身不幸。

（6）『法華経』方便品巻二（『大正蔵』巻九、七頁上）
諸佛隨宜說法意趣難解。所以者何。我以
無數方便種種因緣譬喩言辭演說諸法。
是法非思量分別之所能解。唯有諸佛乃
能知之。所以者何。諸佛世尊。唯以一大事
因緣故出現於世。舍利弗。云何名諸佛世
尊唯以一大事因緣故出現於世。諸佛世尊。
欲令衆生開佛知見使得清淨故出現於

世。欲示衆生佛之知見故出現於世。欲令衆生悟佛知見故出現於世。欲令衆生入佛知見道故出現於世。舎利弗。是爲諸佛以一大事因縁故出現於世。

二　人類の自己完成を促進させる三つの回帰(1)

二〇世紀は、人類が科学技術と物質文明において、確かに空前の輝かしい成果を獲得していますが、一方、そうした中で憂慮すべき問題も出て来ています。例えば環境破壊がますます深刻になっていること、核戦争の脅威が依然として存在していること、物欲の横行、道徳の喪失や心の貧しさなどです。それらの問題を根本から解決するための人類自身の自己完成を、人類がどのように究極的なものへ関心を抱いているかを無視しては、実現することができません。人類が自己完成を実現するためには、プロセスが必要です。そのプロセスの中でわれわれは、文化、信仰、生命という三つの方向に確かな関心を注がなければなりません。この三者の位置づけをしっかり定め、それらを良好な動向へ回転させ、人間それぞれが本来持っている覚性（人間本性）に回帰させてゆけば、解脱し、自在になるという人間の目的を実現することができます。以下、それについて些か私見を述べ、今回の会議のテーマに対する私の理解と考えを表明したいと思います。

1　文化への回帰

文化への回帰とは、ある文化をもって他の文化に置き換えるのではなく、お互いに学び合うことを通じて、長所を取り、短所を補うことです。それによって人類文化への究極的な関心を建て直し、人類文化発展の方向を正して、様々な文化がそれぞれ独自の条件のもとに、人間と社会、人間と自然などの基本的な関係をさらに有効的に対処させる、清浄で荘厳な世界を共同で創りあげるために、自らの貢献をなすのです。

「天地は同根、万物は一体、法界は円融[2]」という仏教の観点に従うなら、文化への回帰を実現するための重要なポイントは、外から内へ実現すること、つまり、「外向け型の二元的な思考」から「内向け型の円融的な思考」への転換を実現させるということです。思考パターンというものは、ある文化の存在と発展を規定する内在的で最も安定的な心理的構造なのであり、文化の性質と方向を決定するものです。西洋文化で主導的な地位を占めるのは、「外向け型の二元的な思考」です。この考え方の特徴は、主体と客体との対立（主体と外部世界との対立）に基礎付けられ、外への征服を方法として、物質的な富みを摂取することを目標とします。このような考え方の欠点は、すなわち、外には明るく内には暗いというものです。外部世界を征服し、改造することを強調しても、人間自身の改造と自己完成については無視するのです。現実の中で、それによってもたらされた結果は、一つは人間が外に対して求めようとする過程において、次第に本性に迷い、自我を失い、モノのために囚われることであり、もう一つは人間と自然、人間と社会などが、互いに対立関係になってしまうことです。西洋文化がもたらしたすべての弊害や人類が目下直面している窮境は、いずれも直接的あるいは間接的にこのような考え方と関係しています。それと反対に、仏教文化は「内向け型の円融的な思考」を大事にします。その特徴は、モノと人間が一体になるという考えを基礎とし、自我の改善、自我の円満を主な道として、宇宙における円融と協調を最大限に実現させることを目的としている点にあります。その実践における優れたところは、いわゆる生命を尊重すること、環境を大事にすることであり、世界の平和を利し、生態環境の改善を利し、個々の人間生命の素質を高めることにする、ということです。したがって、人類が持続的かつ平和な生活環境を創り上げるためには、「外向け型の二元的な思考」の束縛から脱げ出し、人間の自由円満と宇宙における生命の協調と共生とを本位とした「円融的な思考」を学んで、諸々の社会的関係を処理すべきです。具体的には、以下のようないくつかの思考の転換をすることになります。すなわち、

（一）「人境の対立」（自己と客観世界との対立）から、「依正の不二」（自己を取り巻く環境世界と自己とが一体となること）へ回帰すること。これは「法界縁起」（世界がさまざまな条件によって構成されている）の角度から、人間（正報）と環境（依報）が生かされて生きているという見方を身につけ、環境意識を高めていかなければなりません。

（二）「人間個人本位」から「生きとし生けるもの本位」へ回帰すること。これは人間が宇宙の主宰者であるという自己中心の観点から、他の生命体を恣意的に殺したりするのではなく、「生きとし生けるものはすべて仏になる可能性がある」という観点から出発して、人類と共に生きる他の生命体に平等に慈悲の心で接し、生命を尊重することを学ばなければなりません。

（三）「個人・集団本位」から「世界本位」へ回帰すること。狭い個人的・集団的な限界と偏見を打ち破り、自利利他、共同の発展と進歩という精神に基づいて、互いを受け入れ、尊重し、理解し、学び合い、助け合います。他人を損なって自分を利したり、弱いものをいじめて強者を怖じたり、現状に満足

して進歩を求めないなどをしないということです。

(四)「外へ向かって拡張し、征服すること」から「内に向かって円満・充実する」へ回帰すること。何でも自己中心で身勝手に外へ向かって拡張し、征服するという気持ちを捨て去って、まずは自分自身を征服し、改造し、充実させてから、自分のその清浄なる功徳をもって、慈悲の行いをして、平和共存という目的に到達しなければならないということです。

2 信仰への回帰

信仰への回帰というのは、人類文化の中で、いわゆる信仰システムを建て直すことに目的があります。目下のように信仰が希薄になり、信仰が偏っているという現状を変えて、人間の正しい信仰を確立し、人類の心の奥にある道徳的自律を目覚めさせ、人間の積極性と尊厳性を高め、生命の価値や神聖性に対する人間の感情を強めさせるということです。信仰への回帰を実現させるためには、以下のようなポイントが大事です。

(一)「三世の因果」という考え方への回帰です。人類の道徳観と価値観は、本質的には因果律の上に建つものでなければなりません。因果がなければ、人類のすべての行いは意味の無いもの、架空のもの、理解不能なものになってしまいます。ここで言う因果とは、三世(過去・現在・未来)にわたるものです。「三世の因果」の考え方を否定することは、実はそのまま社会道徳や人間の価値、自由な解脱が成り立つ基盤への破壊になります。西洋文化は実証的な科学の精神に立脚して、人間の生命は一次的なもの、偶然的なものであるとし、死ねばすべてが終わってしまい、「三世の因果」の存在という考えを認めません。このような考え方こそ、人類の道徳を喪失させ、社会的風潮を壊してしまう思想的源なのです。人類を明るい未来へ導く新しいタイプの世界的文化となるためには、仏教の「三世の因果」という考え方を受け入れ、発展させていく必要があります。というのは、それは人類の道徳や生命に係っており、人類の自主的な精神にかかわっているからなのです。人類は心の内奥から「三世の因果」という観念への信仰が生まれてこそ、道徳の自律ははじめて本当の意味において現実的なものとなり、人間の主体性や能動性が現実において、堅実な基盤を持つことになります。

（二）「自性三宝」（自ら仏・法・僧三宝となり、完成した人格となること）への回帰です。現実的に言えば、科学的実験に耐えられる一方、人類の尊厳性や主体性と独立性のためには内在的裏付けとなる信仰の対象をも提供できるのが、恐らく人間自身にしか見つけ出すことができないと思われます。仏教はわれわれ個々の人間が本来持っている「自性の三宝」を人類の信仰の拠り所としており、このような考え方は極めて智慧に富み、生命力に優れ、実用性を持っています。それは現実と超越、生活と解脱、有限と無限とを眼前の一念に集中させ、それによってこの信仰を実感をもったものにするのです。仏・法・僧の三宝が持つ種々の功徳や智慧と解脱は、われわれ個々人の本性からすれば、本来具足しているものであり、欠くところも無ければ余すところもありません。われわれが信仰し、仏法に従って実践さえすれば、それが確かな生命の存在となるのです。それがわれわれすべての人々の本当の帰依すべきところなのであり、真の心の故郷となります。「自性三宝」へ帰依してはじめて、われわれ個々人の尊厳性と主体性が頼りになる保証が得られるのです。

(三)「菩提心」への回帰です。これは、いわゆる「三世の因果」と「自性三宝」を信じ、さらにそれを人格や信仰の上に落ち着かせるということです。それは、われわれが普段言っている発菩提心のことに他なりません。菩提心とは、「自性三宝」と「三世の因果」などの教えについて、正しい信仰を起こした後、心の奥から生じた、仏道を求め、衆生を教化するという清浄な願いを指します。それは信仰の遂行と完成に他なりません。菩提心は、自利利他(自己を利し、他人にも利益を与える)、自覚覚他(自らが悟り、他人をも悟らせる)、覚行円満(円満な悟りのための行い)を最終目標としています。菩提心は、人生における価値の最も頼るべき基盤であり、内的な規範なのです。それはニヒリズムや利己主義による干渉を拒め、それによって人間の心は安穏になります。人生における使命感、価値観と神聖感は、すべて菩提心によって生じ、成就します。人間が内面の虚しさや不安感、絶望感を根本から取り除くためには、菩提心を養うことに留意しなければなりません。菩提心によって、生命ははじめて根がついたものとなるのです。

3 生命への回帰

生命への回帰という主張は、いわゆる生命は無我であるという本質を解き明かし、人生からの解脱という目的を確立することを目指します。これを通して、目下、人類が置かれているような、本性に迷い、自我を喪失し、モノにしたがって流転している異常な状態から、方向転換させようとするものです。それは主として以下のような二つの内容を持っています。

（一）「自性真我」（すべての囚われから完全に離れた真の自己）へ回帰すること。いわゆる「我執と法執（ものごとに執着すること）という二つの執着から離れ、清浄で自由自在になり、平等で無分別である」という、生命の本体へ回帰すべきであるということです。言い換えれば、それは「五蘊」（色・受・想・行・識という人間の肉体と精神を構成する五つの要素）から成り立っている身と心の仮の姿、種々の欲望の聚合によって成り立っている自己の仮の姿を捨て去って、「無我の我」（我執から完全に離れた自己）という仏教の自己観を立てなければならないということです。人生の苦しみと悩み、人類の争いと殺し合いのすべては、自己の仮の姿に囚われているからです。我執を取り除き、無我という真の自己に達すれば、世界は清浄になるのでしょう。

（二）「自由解脱」へ回帰すること。人生の究極の目的は自由になり、解脱することにあります。人生のすべての行動は、このことを最高の目標とすべきです。これまでの西洋文化は、生命が無我であるという本質を見抜くことができず、仮の姿のはずの自己を妄りに真の自己と捉え、「自己実現」を鼓吹してきたため、生活の中では往々にして人々を、単なる物欲に満足するものとして、誤って導いてしまうのです。人々は自己の本来の姿を失い、モノにしたがって心が変化し、ついにはモノの奴隷になってしまうのです。「解脱」するという根本的な目的を忘れてしまっているのです。生命の源へ回帰し、解脱を務めとする仏教の目的は、われわれに人生の目的と方向を正します。本を捨て末を求めるという本末転倒を止めさせ、物欲に走り志を忘れてしまうことを止めさせ、目先の小さい利益のために本来の大きな目的を忘れてしまうことを止めさせ、ただ一時の楽しみのために多くの人々と共に末永い安楽を犠牲にしてしまうことを止めさせるのです。

以上述べてきた文化、信仰と生命の三つの方面への回帰は、実はそれぞれが不可分の、一体の関係にあります。生命への回帰は、本質から言えば、その根本になります。信仰への回帰は、現象から言えば、その方便になります。文化への回帰は、働きから言えば、その目的になります。いったん実際にそれらを操作するとなると、信仰への回帰は出発点であるとともに、それら全てを貫く保証でもあります。信仰が立てば、文化と生命への回帰も成り立ちます。人生が幸福であるか否かの重要なポイントは、この三つの方面への回帰いかんに係っています。

注

（1）〔原注〕一九九八年一〇月、第三回「中韓日仏教交流会」での基調講演。

（2）これは『法華経』や『楞厳経』、『大乗起信論』などの考え方だが、纏まった言い方はそのままでは見当たらない。「天地同根、万物一体」は『荘子』に見られる考えかたでもある。

三　人間仏教は戒を師とする―太虚大師の人間仏教思想を学んで―

人間《じんかん》仏教について

釈迦尊者は人間の世界に降臨され、その生活も、修道も、仏に成ったのも、すべては人間の世界においてであった。その法を説くのも、人々を教化するのも、また鹿野苑の初伝法輪から沙羅双樹での涅槃までも、すべては人間を主な相手としたのである。その説く教えも、現実の人生を拠り所とし人々を目覚めさせることを目標としているのである。仏陀はしばしば「人生は得難し、仏法は聞き難し」と讃える。我々は、充分な理由をもってこう主張することができよう――人間の世界に仏陀および仏陀の教えが生まれて以来、仏教は人間の世界にあり、仏教の思想は現実の人間に根を下ろさなければならない、と。現実の人生を離れると、仏教が拠り所として成り立つ土壌と基盤が失われてしまうのである。

人間の優れた点について、数多くの経論で讃えられている。『立世阿毘曇論』曰く、

何故、人道は摩沙（意と訳す）と名う。此れには八義あり。一は聡明なるが故に、二は優るるが故に、三は意の微細なるが故に、四は正覚なるが故に、五は智慧の増上なるが故に、六は能く虚実を別するが故に、七は聖道の正器なるが故に、八は聡慧業の生ずるところが故に。（1）

（なぜ人間が「意」と呼ばれるのであろうか。それは次の八つの意味によるのである。一つは賢い

から。二つは優れた能力を持っているから。三つは気の配り方が細かいから。四つは正しく理解するから。五つは智慧が抜群だから。六つは真実なのか、虚妄なのかをよく識別できるから。七つは仏道を目指す正しい器だから。八つは前世の賢い智慧の結果だからである）。

『大毘婆沙論』では、人道が天道より優れているとされている。曰く、

能く寂静の意なるが故に、人と名づく。五趣中に能く寂静の意なるは、人の如く無きものなり。故に『契経』に説く、「人は三事あり、諸天に優れたる。一は勇猛、二は憶念、三は梵行」と。[2]（よく心を落ち着かせることができるから、人間というのである。地獄、餓鬼、畜生、人間、天上という五つの世界の中で、よく心の落ち着きができるのは人間以外にはいないのである。だから、『契経』は言う、「人間は三つのことで天上にいる諸の聖人よりも優れている。それは一つ目は勇猛、二つ目は記憶、三つ目は禁欲的な修行である」）。

唐代の著名な士大夫の裴休もこう述べている。

神鬼は幽囚の苦しみに沈み、畜生は狷犾の悲しみを懐い、修羅は方に嗔み、諸天は正しく楽しむ。其の心慮を整えて、菩提に趣く者は、唯だ人道のみ能うる（『円覚経略疏序』[3]）。

六祖慧能大師は、仏法が世間を離れないという考えをとくに強調して、以下のように指摘している。

仏法は世間に在り 世間を離れて覚せず。
世を離れて菩提をもとむるは、恰も兎角を求るが如し。(4)

(仏法は常に我々人間生活の中にあるのであり、人間生活を離れて覚ることはない。人間生活を離れて悟りを求めることは、あたかもウサギに角を求めるような愚かな行為である。)

慧能大師のこの有名な言葉は、仏法と世間との関係を非常に深く表しており、人間仏教の旗を高揚して、仏法を邪魔している種々の深い霧を払った。慧能を代表とする禅宗が誕生したことにより、禅宗の祖師たちは人間仏教の思想を具体化して、「平常心是れ道」(5)(平常心こそ仏法だ)、「柴を搬び、水を運ぶ、倶《とも》に是れ仏法」(6)(薪や垣用の柴を運んだり、水を運んだりするような日常的な仕事も仏法だ)などのような農禅的風格(日常生活に立脚した禅の風格)とし、大乗仏教の積極的な利他の思想を大きく発展させたのである。人間の心と仏道の心、人々の心を仏に溶け込ませて一体となり、人々が清々しい悟りの境地や円満な究極の悟りの境地に到達するために、もっとも直接的で相応しい方法と道を提供してくれたのである。これにより、人間仏教には、人生を大事にすることと人間を中心とするという両方の意味があり、仏法の利生救世の積極的な精神が、仏法全体の真髄そのものだということをはっきりと知ることができるであろう。

人間仏教の思想は、広義的には全ての仏法は人間仏教の範疇になる、ということである。しかし、人間仏教の思想を単独に取り上げて議論しようとする限り、その要点を指摘し、その意味内容を示しておく必要があると思われる。これについて、太虚大師には、多くの論説があり、人のための仏教を理解し、受け止め、実践しようとする今日の我々にとっての手がかりとなる。太虚大師が人間仏教の理念を打ち出して以来、半世紀にわたる仏教の発展史からわかるように、太虚大師は二〇世紀中国仏教史における傑出した思想家だった。彼は二千年来の中国仏教各宗派の思想を総括し、継承しつつ、歴史の流れの中で形成された種々の弊害を分析し、東西・新旧の文化が激しく衝突する中で歴史的な反省をして、「人生仏教」を特徴とする画期的な太虚大師の仏教思想体系を構想したのである。彼の思想は現代中国仏教の貴重な精神的財産である。彼は、仏教が伝わるには真理（教理）と機縁に適わなければならないという原則から出発し、全面的な深い研究を行った結果、人類の生活の調和と精神の浄化を旨とする人間仏教もしくは人生仏教の思想こそ、現代の人類にもっとも適ったものであると主張する。彼のそうした深い理論的な洞察は中国仏教が社会に生存し、発展するための要点を掴んでいるように思われる。

ここに、人生仏教と人間仏教という二つの概念について、すこし解釈を試みたい。人生仏教と人間仏教という二つの捉え方は、伝統的には用法上、本質的な違いはなく、いずれも仏法を学ぶには現実の人生を浄化することから着手しなければならない、ということを指摘しているように思われる。しかし厳密に分析すると、両者は、それぞれ強調される側面が異なっているのである。つまり、人生仏教は個人の浄化が強調され、人間仏教は社会の改善が強調されているのである。この拙文で二つの概念を使用する際は、伝統的な用法に従って処理しており、つまり、内容上の厳密な区分をせず、両者にいずれも個人の人生と社会の浄化や改善という意味を包含させている。

太虚大師は「人生仏教の目的」という文章で、仏法全体の目的と効果を四つのレベルに分けている。すなわち人間の改善、後世の勝進（来世の安楽）、生死の解脱、法界の円明（円満な明るい社会）である。彼は、「この四つは仏法全体が包含している目的だが、突き詰めて言えば、法界の円明という結果が目標なのであり、したがって、それは仏法全体の真の目的と言ってよい。それまでの三つのレベルはこの目的に到達するための方便である。」彼はさらに老婆心に語気を強くしてこう指摘する。「旧来の仏教は現実の人生を厭離する心が切実であるが故に、後世の安楽もしくは永遠の解脱を求めたりして・・・現実からかけ離れてしまい、仏法の機能を十分に表すことができなかったのである。今ここに、人生仏教を主張するのは、現実の人生を基盤とし、それを改善し、浄化して、大乗仏教の理念を実践し、仏法の真理を円満に理解する。そして大いなる菩提心を発し、菩薩の優れた行いを修めて、天乗、二乗を菩薩の中に盛り込んで、直接に法界の円明という最終目的に到達する。すなわち、人間のままにして、菩薩のままにして成仏に進んでいくことである。これは人生仏教が他に優れている点なのである。」（引用は『太虚大師全書』第五冊、一二三六頁に見える）彼はまたもう一つの文章でこう説いている。「然るに、今言う人生仏教は、従来、如上の両者（即ち後世の勝進と人生の解脱）のことに偏ってきたことに対処するためであり、だから人生を改善して、直截な法界の円明を求めることを特に重視しているのである。言い換えれば、この人生仏教は、人生の改善に比重を置いており、特出しているのは、発菩提心によって、大乗の仏果に赴くことなのである。以上により、消極的に言えば、それは従来の仏法の弊害を対処するものであり、積極的に言えば、それは人生の改善により菩提心を発し、菩薩の道を行うことである。この中にはまた後世の勝進と生死の解脱も含まれており、第二、第三もまたその中に溶け込ませているのである。したがって、人生仏教は、仏法の全体を総括しつつ時代の機縁に適った仏法なのである。」(「人生仏教開題」を参照。『太虚大師全書』第三冊所収)。

太虚大師がここで述べている人生仏教は今日我々が唱えようとしている人間仏教とその意味は同じであり、いずれも仏法を学ぶ者は、人生の現実に則した仏教の積極的で前向きな精神を発揮し、菩提心を発し、菩薩の道を実践し、積極的に世間を改善し、人生を浄化する仏教事業に身を投げ、仏教と世間とを溶け込ませるべきだと主張している。太虚大師はこう述べる。「仏教の本質は、平易に親しまれ、しかも現実の人生に相応しいものである。中国にこれまで伝えられてきている一般的な習俗に従って、習慣的に仏教を不可解なものと誤解してはいけない。現実の生活において、理解し、実践する。合理化、道徳化こそ仏教である。」(同上)ここで言っている「合理化」と「道徳化」について、彼自身の解釈によれば、合理的な思想、道徳的な行為を指すものだという。彼は、「合理的な思想や道徳的な行為をもって、すべての人生を進歩させ、発展させるならば、それこそ菩薩であり、また一般で言う賢人君子のことである。さらに一歩進めて最高のレベルに到ると、仏になるのであり、それはまた一般でいう大聖人のことである」(同上)と述べている。

人間仏教もしくは人生仏教は、人類の思想を真理に合致させ、行為を道徳に合致させることを目的としている。だから、太虚大師は、さらにこう強調する。「人類の生活において、すべての思想と行為が次第に真理に合致するのは、仏教を理解したことになると同時に、仏教を実行していることにもなるのである。というのは、仏陀が弟子たちに戒律を守り、善行を修め、煩悩から解放させることを教えるのは、人類の生活が合理化するからなのである。仏教を学ぶのは、必ずしも寺の中に住んで、僧侶となって、木魚を敲くことではない。そうではなく、社会の中で常に仏法を手本にし、次第に道徳的な生活に進んでいけば、それこそ仏教を学ぶことである。」（同上）特に今日我々が生活している社会状況の中では、人間仏教を声を大にして提唱する意義がもっとも大事なことである。一方では、ある種の伝統ある信仰のスタイル、伝統ある文化的構成要素があり、言うまでもなく一部のところでは、現代の人々の機縁に合わず、また現代人の生活との間に一定の距離がある。したがって、臨機応変にある程度の調整をすることは、もちろん必要であろう。しかし、現代社会に生きている仏教徒は、真理と機縁に適う原則のもとに、仏法を広め、人々を救済する事業に力を入れるべきであり、現代人をして、仏教を信奉し、理解し、仏法を実践させるべきである。これはとても切実な現実である。このような現実に直面して、衰退の中から仏教の中興を担おうとする一部の歴史的使命感のある仏門の指導者たちがいた。これまではたとえば太虚大師などのように、現代ではたとえば趙朴初（一九〇七―二〇〇〇。前中国仏教協会会長）居士のように、みんながそれぞれ深い智慧をもって、膨大な経典や千万の法門の中から、人間仏教のような積極的で進歩的な思想を取り出して、現代人の機縁に合う仏法を求めて、仏法を広めようとする現代の人々に明るい智慧の灯をつけてくれたのである。時代の車輪が迅速に進み、文化的観念が絶えず交替されるのに従い、人間仏教の思想内容はますます充実していき、その生命力もますます強まっていくであろう。

戒を師とすることについて

仏法の綱要は戒、定、慧の三学であり、仏法を学ぶためのプロセスは戒を守り、智慧を開発していくことにある。仏教の思想体系からすれば、人間仏教思想の内容とその求めるものは非常にはっきりしている。要するに人間仏教の綱目も、同様に戒、定、慧の三学である。この点について、太虚大師には同様に数多くの卓見に富んだ発言がある。彼はかつてこう述べたことがある。「戒定慧三学については、まず戒学を学ぶことを基本とし、いわゆる戒より定が生じ、定より智慧が発される。戒は定と慧の基をなしている。定が生まれると、戒はそれに相応して、定と戒とを共にすることになる。慧が発されると、戒が慧と相まって、道と戒とが共になるのである。戒がよく定を生じさせるとは、戒が具足されると、心の落ち着きが得られ、内心では常に喜びや安らぎが生じる。安らぎから定に入り、その定のままで観察をして、智慧が発され、囚われのない聖なる智慧となるのである。だから、仏法は戒学の根本から修行しなければならないということである。」(『太虚大師全書』第一六冊、一二五頁)。

戒律の精神は、一方では非を防ぎ、悪を止めさせ、身・口・意の三業による過ちから離れさせることであり、他方では善をなし、利他をして功徳を積むことである。戒律の内容には、五戒、十戒、具足戒、菩薩戒など異なるレベルのものがある。菩薩の自利利他の精神に基づき、性格と働きの両面から戒律を分類してみるなら、すべての戒に関する言説は大きく三つに併合される。すなわち、いわゆる三聚浄戒である。

一、摂律儀戒。これは五戒、八戒、具足戒などすべての戒律を受け、戒律の実践と儀式を守るというもの。

二、摂善法戒。これは十善などすべての善い行いを戒として実践するというもの。

三、摂衆生戒。これは饒益有情戒とも呼ばれ、広く六度（布施、持戒、忍辱、精進、禅定、智慧）、四摂（布施、愛語〔優しい言葉遣い〕、利行〔相手を利益する〕、同事〔平等に接すること〕）を修め、生きとし生けるものに利益を与えるというもの。

『成唯識論』巻九には、「戒学に三つあり、一は律儀戒、正しく離るべくところの法を離れることを謂う。二は摂善法戒、正しく修証すべく法を修証するを謂う。三は饒益有情戒、正しく一切の衆生を利楽するを謂う」(7)とある。

戒律に、悪を止め、善を生じさせるという二つの意味があるため、戒法は止持と作持という二つの部門に分かれる。止持の部門とは身・口・意などによる過失を制止して、起こさないことを指すものであり、つまり戒法を守ることである。もし、やってはいけないことをやってしまったら、戒法を犯してしまったことになる。このことをいわゆる「止持作犯」（やったり犯したりすることを止めさせる）という。作持の部門とは、社会の人々ないし生きとし生けるもののすべてにとって有益なことであれば、積極的に行っていく。それこそが戒法を守ったことになるのである。もし、なすべきことをなさなかったら、それも戒法に違反したことになる。これはいわゆる「作持止犯」というものである。もし、「三聚浄戒」から分析すれば、「止持作犯」は「摂律儀戒」に対する防止に関したものであり、「作持止犯」は「摂善法戒」や「饒益有情戒」で言う利生救世に関したものである。「三聚浄戒」および「止持作犯」、「作持止犯」の狙いは、まさしく人間仏教を実践する際に発揮しなければならない積極的な精神なのである。

趙朴初居士は『中国仏教協会三十周年』というレポートの中で人間仏教について触れ、「我々が人間仏教の思想を唱えるのは、五戒、十善を実践して自己を浄化しなければならないからである。四摂、六度を広く修めて人々を利益しなければならない(8)」と指摘している。この発言は、いかに人間仏教を実践するか、いかに自利利他をするかについて、厳格な規定をしている。五戒はもちろん戒だが、「六度」の中で戒が二番目に位置づけられているのである。我々は、人間仏教を提唱し、「自己を浄化」するにせよ、「人々を利益する」にせよ、必ず戒を基盤とし、戒を師としなければならないことを知る。道理は簡単である。もし、戒律の約束がなければ仏弟子の行為は規定がなくなってしまう。戒律の軌範がなければ、僧団は律によって僧侶を纏めることができず、和合して共に住まうことができないのである。戒によって修行を行う仏弟子がいなければ、法に従い、律に従う僧団がなければ、仏教の生命はなくなってしまうのである。『善見経』巻一では「毘尼蔵（戒律）とは、是れ仏法の寿なり、毘尼蔵が住まえば、仏法もまた住まう(9)」と述べられている。『菩薩瓔珞経』曰く、「一切衆生は初めて三宝海（仏法僧。仏教そのもの）に入るに、信をもって本となす。仏家に住まうに、戒を本となす(10)」と。仏陀の教えは、戒律の存亡は実は仏教の法身や慧命に係わっていることを、はっきりと我々に告げている。人間仏教の思想を提唱して、必ずしも戒律の遵守と探求を重視しなくてもいいという見方は、明らかに仏法の精神に対して正しい理解が欠いている一つの現れである。教団内で戒律を無視するような傾向を正すためには、人間仏教の、戒を師とするという思想を広め、実行していかなければならない。こうしてこそ、戒律の価値が広く認められ、正しい仏法が末永く受け継がれていくのである。

注

（1）『大正蔵』五三巻、三〇五頁中。
（2）『大正蔵』二七巻、八六七頁下。
（3）原文では「鬼神沈幽囚之苦。鳥獣懐獝狘之悲。脩多方瞋。諸天正樂。可以整心慮趣菩提。唯人道為能耳」とあり、引用の表現とは若干異なっている。『大正蔵』三九巻、五二四頁上。
（4）『六祖大師法宝壇経』・「般若第二」に出る。『大正蔵』四八巻、三五一頁下。
（5）「平常心是道」は馬祖道一の語として知られる。『景徳伝灯録』・「馬祖章」に出る。『大正蔵』五一巻、四四〇頁上。
（6）この語は唐代禅の基本的な考え方を現しているが、そのままの出典が見当たらない。『百丈清規証義記』第六に見る「搬柴運水、総是禅機」が比較的近い意味であろう。『卍新纂続蔵経』六三巻、四四三頁。
（7）『大正蔵』三一巻、五二頁上。
（8）趙朴初「中国仏教協会三十周年――在中国仏教協会第四届理事会第二次会議上的講話」。中国仏教協会機関誌『法音』一九八三年第六号所収、一三頁。
（9）『大正蔵』二四巻、六七四頁下。
（10）『大正蔵』二四巻、一〇二〇頁中。

四　道徳建設における仏教の役割

改革開放の二十年は、法律制度の建設を加速させる二十年でもありました。この二十年の努力を通して、「依法治国（法律に則って国を治める）」の理念は、現在、人々の心に深く刻み込まれつつあります。人々の法律制度に対する意識はある程度強まりました。しかしそれと同時に、法律の役割は固より非常に重大であるけれども、一方でそれは決して万能なものではないということにも、人々は次第に気づいています。法律は強制的な手段を通して、社会の表面的秩序を保証することは可能ですが、社会の中で、人々の心に内在する秩序と団結力を保証することはできません。例えば、法律は道徳水準が低下するという問題を解決することができず、人々の心が散漫になるという問題も解決できません。さらには、人々が価値あるものに対する信仰を失う危機という問題も、解決することはできないのです。

江沢民が掲げた「以徳治国（道徳を以って国を治める）」[1]の思想は、折よく「依法治国」の不足を埋め合わせるものです。道徳の本質は自律です。それは、個人が自分ひとりの利害を超えた普遍的な社会行動を、価値ある理念に対する自覚と賛同に基づいて行動をコントロールする基準とすることです。それをコントロールするのは、義と利、部分と全体、個人と国家などの多方面にわたる関係です。

それは、個人の行動の心理的尺度であると同時に、個人が価値あるものを追求するための目標でもあります。それは非を防ぎ悪を止めさせる役割になると同時に、人々の心を引きつけ、心を落ち着かせ、そして人々の心を団結させる役割を持っています。それは、社会のために、最も深みのある真の安定——人の心の安定と団結を提供することができるのです。

ＷＴＯに加盟した後、私たちの国の経済はさらに広く深い範囲で、世界経済秩序の中に組み入れられています。このプロセスにおいて、国の政治や経済、文化がさらに広く深い範囲で外国、特に先進国である欧米諸国の影響を受けることは避けられません。世界経済の一体化というプロセスの中で私たちの国は、政治や文化の面で、全面的な欧米化をどのように避け、中華民族の個性と尊厳を保持するのか。これは一つの喫緊の課題です。「以徳治国」の思想はまさに、この問題に応えるために掲げられたものです。

国を治める一つの方針として徳が掲げられたのは、改革開放後では、やはりこれが初めてだと思います。このようなテーマが取り上げられたことは、第三代の指導者が先見の目を持っていることを意味します。「以徳治国」の最終目標は、まさに全国の民族・人民が「同心同徳（心を同じくし、徳を同じくする）」になることです。人々が心を合わせ、同じ徳を持ってこそはじめて、社会は安定し、国家の団結力がいっそう強まり、欧米化を防ぐための安全係数を高めます。この意味から言えば、「徳化」を核心とする中国の優れた伝統文化を継承し発揚していくことが、私たちの総合的な国力を高めていくための重要な構成要素の一つであるとも言えます。

総合的な国力の競争について言及すると、人々は往々にしてただ経済や科学技術、国防などの能力しか見ていないことがあります。しかし実際には、優れた伝統文化もまた総合的な国力を構成するためのきわめて重要な要素の一つであります。それは、対内的には団結力、対外的には受容力、古きものを排除し新しいものをつくる創造力、不撓不屈の意志と前向きに進めようとすること、たゆまぬ努力による精進の精神を、意味しています。したがって、総合的な国力の競争は、同時に、民族間の精神の競争でもあります。中華民族の優れた伝統文化は、強大な適応力と自らを新しく改革していくための能力を持つと同時に、人類文明が向上し発展するという全体的な趨勢をも意味するのです。対内的に強大な団結力を持つのみならず、対外的にも一つの強大な受容力を持っています。したがって、高度に発達した経済、科学技術と国防力は、一旦そのような要素を持つ伝統文化と結びつけば、それによって生み出される総合的な力は、数字では計算することができないでしょう。

中華文明は、世界文明史上で唯一、中断されることなく続いた古い歴史を持つ文明です。中華民族が歴史上そのような強大な団結力を持っているのは、私たちの祖先がつくり出した、世界の他の民族が比較すべくもない、優れた「徳」文化と深く関わっているからです。したがって、「以徳治国」の思想を施行するには、その中の重要な要素の一つとして、中華民族の優れた道徳文化を継承し発揚する必要があると思います。もし、私たちが本当にこのような文化遺産を継承しているならば、世界の総合的な国力の激しい競争の中においても、私たちの民族は持続的に精神上の優勢を保つことができ、「全面的な欧米化」に侵されることを恐れる必要はありません。

このような高い視野から、江沢民が掲げた「以徳治国」の思想を理解すれば、世界経済の一体化という背景の中で、「以徳治国」という方針は奥深い戦略の意義を持っていることに、私たちは気づくでしょう。

「以徳治国」は決して一時の便宜上の措置ではなく、ましてや政府だけの行動でもありません。それには社会全体の教化力を総動員する必要があるのです。例えば、学校、メディア、文化団体などが共同で参与することが必要です。それはある種の永続的な全国民の教育活動であり、中華民族の優れた伝統文化の偉大な復興運動でもあると言えます。（なぜならば、五四運動以来、私たちの間では、優れた伝統文化との隔たりがますます大きくなっているからです）これに関して、各宗教団体は主体的に宗教の教義、教規、教義の中に含まれる道徳教化の資源を掘り下げて、今回のようなイベントのために手助けをするべきです。これは宗教の本分であると同時に、宗教と社会主義社会が互いに適応しているということの、具体的な現れの一つにもなるのです。

それは一九九九年の春のことだったでしょうか、私が「海峡の声」の記者のインタビューを受けた時、一つの観点を提起したことがあります――「宗教は人類の良心の保証である」と。その後、教団内外の他の場所で、私は何度もこの観点を繰り返してきました。この観点は教団内外の多くの人々の賛同を得ることができました。道徳教化を施行する政府の手助けとして、宗教はきわめて潜在的な力を持っています。ここで私は、当面の道徳建設における仏教の役割について、自分の見解を簡潔に述べてみたいと思います。

概して言うならば、道徳の建設には三つの側面の内容が含まれています。一つ目は道徳において堅固な基礎を確立すべきである、二つ目は普遍性を持った道徳の原則を明らかにする、三つ目は道徳に対する人々の自覚の意識を高める、ということです。この三項目において、仏教は非常に円満で非常に優れた独自の答えを持っています。それらは、今日の私たちの道徳の建設にとって、きわめて手本となる内容です。

仏教の経典は非常に多く、教義も非常に奥深いものです。しかし大まかに言えば、それは「仏法僧（三宝）を信じ、戒定慧（三学）に励んで勤め、貪瞋痴（三毒）を滅ぼし、身口意（三業）を浄化する」を教えることにほかなりません。これらの四つは人生修養に関する仏教の基本思想を、比較的全体にわたって概括したものです。仏・法・僧を信じることは、道徳修養の基本的な保証です。戒・定・慧に励んで勤めることは、道徳修養の基本的方法です。貪・瞋・痴を滅ぼすことは、道徳修養の基本的内容です。身・口・意を浄化することは道徳修養が到達すべき基本的な目標です。この中には、豊富な道徳哲学が含まれていると同時に、非常に明確かつ具体的な道徳修養の方法や修養内容、修養目標、また修養の入り口も示されているのです。これらは実行の可能性が極めて高く、一般の道徳説教とは完全に異なっています。

以下では、それらに応じて、私は三つの側面からさらに仏教の道徳思想について述べてみたいと思います。

1　道徳の哲学基礎について

道徳の建設において、最も難しいのは、どのように堅固な道徳的価値体系を建てるかです。これには二つの難しい点があります。一つ目は道徳の基礎は何か、ということです。この問題に答えようとすれば、「断見（因果の法則を無視する誤った見解）」に陥るのを避けるだけではなく、「常見（ものごとに執着する誤った見解）」に陥るのも避けなければなりません。「断見」は道徳の基礎である客観性を否定し、「常見」は道徳主体の意志の自由を否定します。この両者はいずれも道徳の価値体系の崩壊を引き起こしてしまいます。二つ目は、個人に対する社会の道徳的要求と個人による幸福と自由解脱への追求とをどのように統一するか、ということです。この問題に答えるには、個人に対する社会の道徳的要求を重視し、個人による幸福と解脱への要求を軽視するのを避けるばかりでなく、社会的要求を顧みず、一方的に個人による幸福と自由を追求するというやり方も避けなければなりません。前者は空洞の道徳的説教を招き、人々に対する魅力と親和力を欠いてしまいます。後者は極端な個人主義を招き、社会から非難されます。言葉を換えて言うならば、道徳的基礎としては、十分な理由をもって、個人に対する社会の外在的要求の道徳だけではなく、個人が自由と幸福を追求する内在的要求でもあると、理解しなければなりません。またそれらは、個人が現世の利益を獲得するための必然的な選択であると同時に、後世の利益を獲得するための重要な条件でもあるということになります。このようであればこそ、道徳は永続的に教化力を持つでしょう。そうでなければ、それは人々の日増しに深刻になる功利主義思想からの非難に耐え難いのです――「私はなぜ道徳を語らなければならないのか？」「道徳はいくらの値段になるのか？」「道徳を語ることは私に何の利益をもたらすのか？」

ではは仏教はどのようにこの問題を解決するのでしょうか。仏教の道徳観は三世因果という法則に対する自覚を基礎としています。因果と覚性（つまり仏性のこと）は道徳における二大の礎です。三世因果という法則は宇宙、人生における根本的な教えであり、人間のすべての善悪の行動は、いずれも因果から逃れることができません。この点から見ると、それぞれの良い行いはそれぞれを良くするためであり、それぞれの悪い行いはそれぞれを悪くするのです。善は自己のための善であり、悪は自己のため悪です。他人は半分さえも替わってくれることはありません。これはその一つ目です。一方では、煩悩や痛苦を好む人はおらず、だれもが幸福と解脱を望みます。苦を嫌い楽を求める本能と、自分の行動に対する反省能力を持っています。これは人間の最も原初的な覚性だと言えます。この覚性を見失ったとき、人は貪・瞋・痴などの良くない心理状態になります。この覚性が目覚め始めれば、人間には解脱する可能性があります。苦を嫌い楽を求めることは願望としては問題ないのですが、実際に苦を離れ楽を得ることができるかどうかはまた別のことです。ここでカギとなるのは、人は自己反省を通して、宇宙、人生の根本的な法則を理解できるかどうかにかかっています。つまり、三世因果という法則です。ある人が三世因果の法則に対して目覚めがあり、しかもそれを信じ、受けとめる時、彼は完全に断見と常見の束縛から根本的に脱けだし、二度とニヒリズムや金欲主義の泥沼に陥ることはありません。苦を嫌い楽を求めることへの彼の覚性が、彼自身を動かして、本当の幸福と解脱へと向けさせるのです。反対に、ある人が三世因果の法則を信ぜず、因果の法則に逆行する時、苦を嫌い楽を求める彼の本能は、彼に快楽をもたらすことができないだけでなく、ますます深刻に苦しみに彼を陥らせてしまうのです。仏教では、これこそ道徳の最も良く、しかも最も真実で最も親しみやすい生長点と考えます。

仏陀が世にいたとき、多くの在家と出家の弟子たちのために、多くの道徳的な戒め（例えば五戒十善）と具体的な修養の方法（例えば四摂、六度、四無量心）を制定しました。これらの道徳的な戒めと修養の方法は、仏陀自らの三世因果の法則に対する目覚め及び人間性に対する洞察から弟子たちが真の幸福と解脱を獲得するための手助けとして制定したものです。これらは道徳的な戒めの基礎として、何ら形而上学的な色彩を帯びていません。それらはいかなる外在的な超自然的権威による命令や仮説がなくても、私たちのそれぞれの生命の深部に植え付けられており、実証可能なものなのです。道徳が存在する形は、往々にして個人に対する社会からの普遍的要求となっていますが、しかしそれが存在する十分な理由は、実は外部の社会から強要されたものではなく、全く個人による因果規律への自覚に基づいたものです。因果規律に対する自覚から、人々は以下のような事実を認識するでしょう——私は幸福と解脱を望むからこそ、道徳の規範を遵守しなければならない。私が道徳の規範を遵守するのは、まぎれもなく私が本当の幸福と解脱を獲得したいからです。ここにおいて道徳は、まさしくその自律という本性を実現していると言えます。

ここにおいて道徳は、すでに純粋に外在的な社会要求ではなくなり、同時にそれは個人が幸福と自由を獲得するための自由な選択の結果として、個人が道徳にしたがって行いをする場合、当然心から納得して行っているのであり、いかなる外からの強制性もないということになります。この時の道徳的行為は、同時に個人による幸福と自由そのものへの邁進であり、つまり、そのまま生命に対する受用でもあります。したがって、このような道徳には強い説得力があり、人々にも受け入れられやすいのです。それは何もきれい事ではなく、十分に人間の我執（利己的）という本性を理解し、非常に巧みにこのような本性をただ活用しただけに過ぎないのです。世間には多くの道徳の理論がありますが、長期にわたって人々に効果を発揮することができないのは、原因はもとより多方面にわたりますが、その中で認めなければならない要素が一つあります。それは、もともとその道徳の理論は未だ堅固なものではなく、未だ円満なものでもなく、大多数のものは依然として、「あなたはこうすべきだ」云々のような説教レベルにとどまっており、「なぜこのようにすべきか」について、十分な説明がなされていないからなのです。また、たとえ説明をしたとしても、人々を心の底から真に納得させることができていないのです。

2　道徳の基本原則について

仏教の道徳理論は三世因果の法則に対する自覚の上に成り立っています。仏陀が大衆を教化する時は、抽象的な因果の道理を単に説明するだけでは決してなく、さらに衆生の生活環境と生活習慣に基づき、因果の道理を直接、現実の生活の中で具体的に操作可能な道徳的戒めに転じさせるのです。これらの道徳的な戒めは、決して根拠なく勝手に作ったものではなく、三世因果の法則に対する仏陀の透徹した理解を含んでいるのです。またそれは、完全に人々の煩悩や癖に対処するために出来たものです。しかも最終的には、人々を苦から離れ楽を得るように導いていくことを、究極の目的としているのです。この点から仏教の道徳的な戒めを理解するならば、私たちは自ずと以下のような一つの結論を得ることになりましょう。仏陀が戒律を制定するのは、私たちが因果を認識し、因果に順応し、因果の主人となって、生命の円満へと踏み出していくためであり、故意に私たちを束縛するものでは決してないということです。

仏門における戒めは数多くあり、しかもレベルも異なっています。しかし、総じて言えば、「性戒」と「遮戒」の二種類に大別されます。もしくは摂律儀戒、摂善法戒，饒益有情戒の三種類に大別されます。性戒、摂善法戒と饒益有情戒は完全に道徳修養に属し、摂律儀戒の中では、ある一部分が道徳的な範疇に属しており、内容は、今日の道徳の建設にとって、参考となるものがあります。仏陀が制定した戒律には、在家と出家の違いがありますが、共通する部分もあります。——それは五戒十善です。この五戒十善は今日から見ると、依然として非常に重要な実践的意味を持っており、基本的には現世の道徳の全ての内容を包括しています。

五戒とは、殺生をしないこと、窃盗をしないこと、邪淫（不当な性交渉）をしないこと、嘘をつかないこと、飲酒をしないことです。十善の内容は五戒の基礎の上にさらに綺語（真実に反して言葉を飾り立てること）をしないこと、悪口を言わないこと、両舌（二枚舌を使うこと）をしないこと、貪らないこと、瞋らないこと、愚かにならないことを加えたものです。殺生しないとは、生命を尊重し、生命を愛護することです。窃盗しないとは、他人の財産の所有権を尊重することで、国の財産を貪らないことも含みます。嘘をつかないとは、人をだまさず、偽物をつくらず、人を陥れないことです。飲酒しないことについては、この本来の意味は神経を麻痺させたり、理性を失わせたりするものを飲まないということで、麻薬を吸わない、密売しないことも含みます。邪淫しないとは、愛人を作らない、愛人にならなない、淫乱な場所に足を踏み入れないということです。これらは、ひとつひとつ私たちの現実と非常に一致しており、きわめて強い対象性を持っています。また、政府は何度もこれらを強調しています。綺語をしないとは、事実でない話をしない、法螺を吹かない、派手に立ち回って人気をとらない、ということです。悪口しないとは、人をののしらないことです。両舌をしないとは、ケンカの種をまかず、是非をひけらかさず、仲間を傷つけないということです。この三つも、社会全体が認めているものです。貪らないこと、瞋らないこと、愚かにならないことの三つの戒めはさらに厳しく、私たちの精神世界の浄化に対するもので、それは道徳修養の最もカギとなる根本的なところです。殺生をしないこと、窃盗をしないこと、邪淫をしないこと、飲酒をしないことは、私たちの肉体的レベルに対する要求です。嘘を言わないこと、綺語をしないこと、悪口をしないこと、両舌をしないことの四つは、私たちの言語レベルに対する要求です。貪らないこと、瞋らないこと、愚かにならないこと、という最後の三つは、私たちの精神レベルに対する要求です。

仏陀が制定したこの十善の原則には、非常に総合性があり、また非常に対象性があります。それは私たちの身・口・意（体、言葉、心）の三つのレベルの内容をすべて包含しています。みながこの十善を認め、できるだけこの十善に基づいて行いをするなら、強盗殺人は少なく、窃盗略奪も少なく、愛人を作ったり、愛人になる人も少なく、麻薬を吸ったり密売することも少なく、けんかや格闘も少なく、偽物を作ったりコピー商品を販売することも少なく、汚職や腐敗も少なくなるでしょう。このようになれば、私たちの社会風習はきっと根本から良い方向に転じていくに違いありません。

中国で宗教を信仰する人の数は、少なくないと思います。一般大衆についてはともかくとして、私たちはまず、自分たちの信徒のことをきちんと教化しましょう。私たちすべての信者が十善に励み実行し、そしてその信者が再び周囲の友人や同僚に影響を与えていけば、それが社会に対して生み出す浄化の力は、想像もできないほどであると推測できるでしょう。南北朝期の何和之が、かつて意味深長な話をしたことがあります。「百家の郷は、十人、五戒を持てば、則ち十人は淳謹なり。千室の邑は、百人、十善を修めんば、則ち百人は和厚なり。此の諷訓を伝え、以て宇内に遍しすれば，戸に編んで千万、則ち仁人は百万なり。」(『仏説十善業道経』巻一、『卍新纂続藏経』三九册、二六〇頁上)

この話は人心を奮い立たせます。この「以徳治国」というすばらしい目標の現状のもとに、私たち宗教界の友人のみなさんは愛国愛教という精神を堅持し、国家と民族に対する使命感を強化し、自信をもって、自分から、今から、身の回りの些細なことから、始めるべきだと思います。みなさんが堅持さえしていけば、十年もしないうちに、私たちの国の社会風習は質的な転換が起こってくるものと、私は確信しています。

3　道徳修養の方法について

完璧な道徳理論と体系のある道徳の戒めを建てたら、次にそれらの理論と戒めを直接大衆の道徳行動に変えていく必要がありますが、それには一つの過程が必要だと思われます。それは、ほかならぬ大衆の道徳に対する自覚と自律の能力です。道徳の自覚は、決してある先天的な素質ではなく、後天の勉強と修養を通して次第に形成されるものです。宣伝しさえすれば大衆の道徳水準がすぐに高まる、というような考え方は、実情に叶うものではないものでしょう。この方面において、仏教のやり方は私たちの手本とするところです。仏教は、完璧な道徳理論と体系のある道徳の戒めだけではなく、さらに道徳修養を強化するための、まとまった具体的方法も持っています。これらの具体的方法は、ほかならぬ「三学」の中に表されているのです。

三学とは、戒学、定学、慧学のことです。ここでの戒学とは、私たちが言うところのいわゆる道徳修養のことです。三学は互いに含み合っており、一の中には三があり、三の中には一があり、一を挙げれば全てを収めるというものです。したがって、仏教ではそれらを「三学増上」と言います。持戒をすれば、もちろん目覚めを離れてはいけません。ここでいう目覚めは慧学に属します。同時に、善法に対する選択と専一も、欠けてはいけません。ここでいう専一とは定学のことです。人にはたくさんの良くない癖があり、それらを短時間で直すことはできません。また、きちんとした戒を守ることもそう容易なことではなく、外部に対しては、諸々の善し悪しの対象による誘惑を乗り越えなければならないし、内部に対しては、自分自身のいろいろな情緒の変化を押さえたり、心理的変化をコントロールしたりすることが必要です。そのためには、定と慧の力を借りなければなりません。その点からすれば、定と慧を修めることは、実は持戒することでもあります。このほか、慧学には、例えば慈観、悲観、喜観、捨観など、多くの具体的な観法があり、それら自身が道徳の修養なのです。

これに関する仏教の内容は非常に豊富で、一生かかっても話しきれません。要するに仏教では、持戒のみが道徳的修養であるだけではなく、定と慧を修めることも道徳修養であると考えます。慧と定の力が高まるということは、同時に道徳の自覚と自律の力が高まることでもあります。道徳の本質――自律は、同時に戒（悪法から遠ざかり、励んで善法を行う）でもあり、定（善法に安住し、心が動揺しない）でもあり、慧（念々に観照し、どこでも自覚をする）でもあり、つまり、戒・定・慧が一体となったものです。定と慧の修養を離れれば、いわゆる持戒はひとつの空論となってしまいます。世の中の多くの人は道徳が分からない訳ではないのですが、ただ善し悪しの状況にぶつかったとき、定と慧の力が足りないために、往々にして自己をコントロールすることができず、外在的な対象と共に変わってしまい、ついには道徳を踏みにじってしまうのです。したがって、道徳的修養を実行に移していくためには、仏教における定学と慧学を取り入れておくことがきわめて必要です。このようにしてこそ、道徳は保証されるのです。これまでの道徳についての宣伝が長く続かず、明確な効果がなかったのは、その原因の一つとして、ほかならぬ定と慧の修養を基盤としなかった点があり、結局それらは空洞に流れ、急所には到ることができませんでした。

以上、私は三つの方面から簡潔に仏教における道徳の思想的構造についてかいつまんで述べてみましたが、これらが当面の道徳の建設に対して、少しでも示唆となるところがあれば幸いに存じます。

注

（1）二〇〇〇年に江沢民が打ち出した治国の方針である。詳しくは中国共産党新聞Webサイドに掲載されているので、そちらを参照されたい。二〇〇〇年六月、江沢民は『中央の思想政治会議における講話』の中で、「法律と道徳は上部構造の構成部分として、いずれも社会秩序を維持し、人々の思想と行動を規範化する重要な手段であり、そして相互に関連し補完している。法治はその権威性と強制的手段で社会成員の行為を規範化している。『徳治』とはその説得力と勧告指導力で社会成員の思想認識と道徳的自覚を向上させる。道徳規範と法律規範は互いに結合し、統一的に作用を発揮すべきである」と語った。http://japanese.china.org.cn/archive2006/txt/2002-08/28/content_2040382.htm（2014/04/07 閲覧）

五　人間性を高め、仏性へ回帰する（1）

ここで仏法について話させていただくご縁に恵まれ、とてもありがたく思っております。というのは、それはお互いに交流し、意思を疎通する機会であると同時に、お互いに勉強し、教えていただく機会でもあるからです。私の演題は「人間性を高め、仏性へ回帰する」というものですが、以下のような五つの方面から話を進めていきたいと思っております。ご臨席の大徳の皆さんからご叱正いただければ幸甚に存じます。

1　本と末

今日の世の中では、科学技術の進歩が速く、人々の物質的な生活も豊かになっていますが、人々の心は決してそれらによって喜ばしい状態になったとは言えないようです――離婚、自殺、売春、精神的疾患……。社会もそれらによって泰然になっているとは言えません――殺人、麻薬、暴力団による破壊活動……。世界はそれらによってさらに平和になったとも言えません――民族間の衝突、地域の紛争、宗教間の紛争、軍備競争……。ともあれ、様々な不調和、不安な要素が依然として存在しており、今日になお以前にまして一層複雑になり、把握しにくい状態になっているように思われます。

これはいったいどういうことでしょうか。これは、個人の楽しみや社会の安定、人類の平和は単なる外在の物質的手段によって解決されるものではなく、人類が自ら反省をして、自身の心に対する改造を強化しなければならない、ということです。人の心が穏やかでなければ、世界も平和にはなりません。真の快楽や持続的な平和は、人間の無私、無我と人間同士の平等と調和、寛容の精神に由来するものです。したがって、そのためには、人間の心の修養を強化することから実行していくべきなのです。

『大学』の中に、「古えの明徳を天下に明らかにせんと欲する者は先ずその国を治む。その国を治めんと欲する者は先ずその家を斉《ととの》う。その家を斉えんと欲する者は先ずその身を修む。その身を修めんと欲する者は先ずその心を正す。その心を正さんと欲する者は先ずその意を誠にす。その意を誠にせんと欲する者は先ずその知を致む。知を致むるは物に格《いた》るに在り。物格りて後《のち》至まる。知至まりて後、意誠《いまこと》なり。意誠にして後心正し。心正しくして後身修まる。身修まりて後家斉う。家斉いて後国治まる。国治まりて後天下平らかなり。天子より以て庶人に至るまで、壱《いっ》に是れ皆身を修むるを以て本と為す。その本乱れて末《すえ》治まる者はあらず。否や(2)」。

この一段はとても当を得たものと思います。それは「格物」「致知」「誠意」「正心」「修身」という大本を掴んでいるのであり、本が樹立されれば、個人は自然と楽になり、人間関係も自然と融和的となり、社会は自然と穏やかとなり、世界は自然と平和となるのです。しかし、残念なことに、我々の多くはこれまで「末」の上で精力を費やしてきたのであり、「本」については却って関心を注ぐことが少なかったのです。「その本乱れて末《すえ》治まる者はあらず。否や！」まさに的を射た一語です。人心が乱れてしまえば、家庭、社会、世界は乱れないはずがありません。

2　現前の一念の心性を観ぜよ

本を治めるとは、すなわち心を治めることです。どのようにして心を治めることができるでしょうか。この問題について、仏教は我々に円満な考え方と修行システムを完全に提供してくれています。仏教は寛容で平和を愛する宗教です。仏教の平等と慈悲の精神は、ますます多くの人々によって認められるところです。仏陀が示した人心を浄化する理論は、貪・瞋・痴という三毒の海の中に浸かっている現代人にとって、疑いなく立派な解毒薬の一つになります。

仏教によれば、われわれ衆生の現前の一念の本性は生ぜず、滅ぜず、垢つかず、浄めず、善にあらず、悪にあらず、有にあらず、無にあらずとされています。しかし、それは果てしない巧みな働きをもっており、そのままにして十方の世界を具足し、善にもなれるし、悪にもなれます。また、極楽を感じさせるし、地獄も感じさせるのです。衆生が輪廻するのは、この一心によるものであり、諸の仏が解脱するのも、またこの一心によるものです。我々の肉体およびそれが存在する外界は決して何か外在の神秘的な力によって手配されたのではなく、それらは全くわれわれ現前の一念の本性によって感じて生まれてきたのです。いわゆる「心浄ければ則ち仏土浄し、心染まれば則ち国土染まる(3)」とは、まさにこの意味です。

世間の万象、人生の百態、つまり美と醜、浄と汚、禍と福、窮と通、寿と夭、すべては我々現前の一念の本性に係わっているのです。したがって、現前の一念の本性をきちんと把握し、きちんと用いることは我々にとって、とても重要な意味を持つものです。社会は災禍であるか、それとも安全であるか。

世界は戦争であるか、それとも平和であるか。すべては我々現前の一念の間に係わっているのです。

3　衆生性

我々現前の一念の本性が無明（自覚せず、自由でない）にあるとき、我々の心はその奥に潜んでいる種々の良くない癖や外界の環境と共に変化し、貪・瞋・痴・慢（傲慢の心）などの煩悩を起こして、殺したり盗んだり、不当の性行為をしたり、嘘をついたりなどの悪業を造ってしまうのです。これは心の中に衆生性（衆生としての特性）が現前しているということです。

衆生性とは、衆生である彼らが目覚めていない状態――「万法は唯だ心のみ」[4]（ものごとはすべて心によって起こる）という真理に目覚めていないことに由来するものです。衆生の現前にある一念の心性（また「如来蔵性」とも）は、生来の業力の働きによって、因縁（条件）にしたがって、種々の善し悪しの内在的・外在的な姿・形を現しており、それらの存在（我々の肉体や肉体が拠って立つ社会的環境と自然的環境を含む）は本質的には仮のもの（「依他起相」と称す）です。衆生はそのような道理を知らず、誤って外的な実在だと思い込み、しかもその上、それらに名前を付けたり、様々な分別や執着を起こしてしまうのです。しかし、実際は、衆生が分別し、執着しているそれらの概念的なもの（「人我相」と「法我相」に他ならない）は、虚妄で顛倒した産物であり、一種の「妄有」（実態を伴わない存在。「遍計所執相」とも称されます）です。「妄有」とは、唯だ心のみによって現れる「仮の有」を、誤って「実有」として執着することです[5]。

衆生性の核心は「人我」（人間が実在するという考え）に執着することにあると同時に、「法我」（ものごとは実在するという考え）にも執着することです――名称や概念には実在的なものがあると思い込んで、そこに確かな「我」と確かな「法」が存在すると執することです。仏教は、人間のすべての煩悩――貪欲、瞋恚《しんに》、愚痴、驕慢、悩み、嫉妬、疑心、邪見、恐怖、絶望などと、種々の悪行――殺人、盗み、邪淫、嘘つき、麻薬、二枚舌、悪口などのすべては「我」と「法」の二つの実在と信ずることに対する執着によると考えます。

現実の生活の中で、衆生性は往々にして以下のような側面において現れます。

（一）我愛――自己をすべての中心に据えて、自己の利益のみを考えること。

（二）我慢――自分は他人より優れ、他人が自分より劣っていると考え、傲慢の心を持つこと。

（三）外部への拡張的な考え方――外部の社会と衝突するとき、外在的な手段によって他人や自然を征服しようとし、さらに多くの物質的な財産、富みや名誉や利益を摂って、最大限に自分の欲望を満たそうとする。調和を保つために自分の心を調整して、積極的に社会と適応させることはしない。

（四）脳みと恐怖――社会が自分の思うようにならないとき、心理的に悩みが生じて、時には暴力まで訴えてしまう。一方、自分の力が社会に適応できない時、心理的に恐怖が生じてくるということ。

衆生性の最も主要な特徴は、あらゆることに対する生来の利己心、分別、執着、外に対しては求める心にあるのです。そのため、平等や寛容や慈悲の心を抱き、それを発展させることはなかなか出来ないのです。

よく考えてみると、人類のあらゆる苦しみや災い――小さく言えば一個人の悩み、大きく言えば自然環境の破壊、社会環境の悪化、世界情勢の緊張のすべてが人間の心にある「我」と「法」の二つに対する執着から由来していると容易に気づきます。個人についてはともかくとして、国家、民族や文化、宗教についてのみ述べてみましょう。国家、民族や文化、宗教はいずれも個々の人間を離れて、考えてはなりません。個々の人間の「我」と「法」に対する二つの執着から出発すれば、国家、民族や文化、宗教にも必然的に「我愛・我慢」が現れてくるのです。

「国家、民族の我愛・我慢」の最も典型的な現れは、他ならぬ民族主義もしくは国家主義です。たとえばよく耳にする、ある民族と国家は世界で最も優れた民族、最も優れた国家で世界の主人となるべきであり、その他の民族や国家は無条件にそれに従い、征服されるべきだというのが、その例です。「文化の我慢や宗教の我慢」は、文化における排他性と宗教における独尊、傲慢です。たとえばある人は、ある民族の文化は世界で最も優れた文化で世界の中心となるべきであり、その他の民族の文化は同化、改造され、ないし消滅させるべきだとか、あるいはまた、たとえばある人は、ある宗教こそ宇宙の唯一の真理、全人類の信仰となるべきであり、その他のすべての宗教は邪説であり、排除されるべきだというこ とをよく耳にするのも、その例です。現在の世界で今まさに起こっている民族の、国家の、文化の、宗教の、大小の衝突のいずれも、仏教が言う「我愛」・「我慢」と関わっていないものがあるでしょうか。

ともあれ、現前の一念の本性の中に衆生性が未だにすっかり払拭されなければならない限り、個人は真の幸福を手にすることができず、社会は真の安定が得られず、世界には真に持続的な平和があるはずはないのです。

4 仏性

現前の一念の本性はそのまま衆生ともなれるし、また仏と成ったり、祖を為したりすることもできます。もし、衆生を六道に輪廻させる衆生性が現前の一念の心性の汚染や無明の作用によるのだとすれば、彼らを苦しみの海から脱出させ究極的な解脱を獲得させる仏性こそが、まさしく現前の一念の本性の清浄な働きであり、目覚めるための働きでもあるのです。両者は本質的には同じですが、働きとしては異なっているのです。決して並立する二つの精神的実体ではありません。

衆生性と対照的な仏性は、主として現前の一念の心の本来性が無明を破り、「我」・「法」の二つに対する執着から遠ざかり、諸の真実の姿を悟る清浄な作用を持っている点にあります。その特徴は主として以下のいくつかの側面に現れています。

（一）目覚めること——清浄な心から生じた般若知は、すべてのものごとはただ心のありようによるものであり、条件によって生じているもので、永遠不変のものがないという真実を知ることができます。我々を名前や概念などの虚妄の分別から遠ざけ、念々に目覚め、念々に自由にするのです。それは、目前の仮の現象に惑わされず、内面的な悩みや感情に囚われず、因果に明るく随処に主となり、立つところはすべて真実となる、ということです。

（二）相に住われずということ――「人我」、「法我」に対する囚われから遠ざかること、つまり、『金剛経』が言うところの、「我相無し、人相無し、衆生相無し、寿者相無し」(6)（真実でない表面的な自分に囚われず、人の仮の姿に囚われず、人々の仮の姿に囚われず、命の長短に囚われず）です。「相に住われず」というのだから、貪・瞋・痴・慢などの煩悩からは永遠に断ち切られ、身心は究極的に清浄となり、大いなる自在が得られるのです。

（三）平等であること。愛憎から遠ざかり、心には驕慢がなく、取捨の違いもなければ、高低の優劣もなく、すべてを等しく見られるのです。

（四）慈悲であること。無縁でも大いなる慈悲の心を持ち、相哀れむ気持ちで悲しみ、無我の精神で利他の行いをすること。

仏性は万善が等しく帰着するところであり、それが我々の真の「自我」です。我々が本当に帰依するところのものであり、禅宗ではそれを「無位の真人」とか「本来面目」と呼んでいます。仏性は衆生の解脱するための根源であると同時に、「人間浄土」を建立するための最終的な拠り所でもあります。仏性に背けば、個人の解脱は得られず、社会も平和を得ることはできません。

5　仏法をもって人間性を高めること

現前の一念の心の本来性は、衆生と化す働き（衆生性）を持っていると同時に、仏果となる働き（仏性）も持っているのです。衆生性は始まりもなければ根っこもなく、本質的に無常なものではありますが、しかし、般若知によって照らしたり転化させたりしなければ、自ら止まることはなく、滝の流れのように絶えずに続き、途絶えることはありません。同様に、仏性は人々それぞれに備わり、生じることもなければ滅んでしまうこともありません。しかしそれは、自ら積極的にそれを実際に明かしていかなければ、その平等で囚われず、慈悲で利他であるという巧みな働きと功徳が当然のように自ずから現前してくることはないのです。

次に、仏教の「十法界」という観点から見てみると、「人間道」は六道のうちの一つに過ぎず、依然として生死の世界の内にいます。したがっていわゆる「人間性」も、依然として上述した「衆生性」からは出ておらず、衆生性としての種々の煩悩や欠陥を持っています。それは依然として完璧な究極的概念ではなく、さらに一歩進んで転化させたり昇華させたりする必要があります。仏教が言うところの「識を転じて智となり、凡を転じて聖となり、生死を転じて涅槃となり、煩悩を転じて菩提となる」(7)はまさしくこの意味を指しているのです。

したがって、自覚的に仏法をもって自己の心を浄化するという過程は、個人の幸福や人類の平和にとって、不可欠なことであると言えます。実際に仏法の全体は、「自ら其の意を浄める」というテーマをめぐって展開してきたものなのです。

中国では、四つの言葉をもって仏法の精神を概括しています――「仏法僧の三宝に帰依し、戒定慧の三学を勤修し、貪瞋痴の三毒を息滅し、身口意の三業を浄化する」(8)と。この四句は同時に我々に、人間の心を浄化し、人間性を高めるための具体的な入り口を指し示してくれているのです。

その他、私たちはよく「自身の素質を高め、自他の関係を調和させる」[9]という言葉を用いて、仏教を学ぶためのポイントを示します。いわゆる自身の素質を高めるとは、心を浄化し、人格を美化し、自己の知恵を高めることであり、自己の力を強化することです。いわゆる自他の関係を調和させるとは、仏法の智慧を用いて、家庭関係、人間関係、集団関係、民族関係、国家関係、宗教関係、あるいはまた人間と自然との関係などを処理しなければならないということです。自身の素質を高めることは、自他の関係を調和させる前提です。もし自身の貪・瞋・痴を断ち切ることがなければ、自他の関係が真の調和になることはありません。

ともあれ、外の平和は内の心の平和を前提とすべきです。心の平和がなければ、外の平和が長く続くことは決してあり得ません。そして内の平和は、ただ、今の一念をきちんと把握することから始めなければなりません。

人類は新しい世紀に入ったばかりですが、種々の兆しから、戦争と平和は依然として人々の直面する「十字路」です。いかに戦争を避け平和を維持するかは、政治家が関心を寄せる問題だけではなく、同時に我々個々人の切実な利益が関わっている問題でもあります。このような問題については、仏陀は我々にあまりにも多くの教えを残してくれているのであり、すべての人々がそれを信奉し、実行していくべきだと考えます。

注

（1）〔原注〕二〇〇二年十月韓国の「韓中日国際無遮禅大法会」での講演。

（2）『大学・中庸』（金谷治訳注、岩波文庫）三四―三六頁。岩波書店、一九九八年。

（3）『維摩経』・「仏国土品」に出る。しかし、原文では「随其心浄、則仏土壌」であり、すこし異なる。『大正蔵』一四巻、五三八下頁。

（4）「万法唯心」という語は多くの仏典に散見されるが、本文以下で述べられている見解から、おそらく『八識規矩略説』によるものではないかと思われる。『八識規矩略説』には、「三界唯心現起」云々とあり、唯識の基本的な考え方である。『卍続蔵経』第五五巻、八九一頁。

（5）この一段の所説は基本的に前掲『八識規矩略説』の考えを踏まえたものと思われる。

（6）『般若心経・金剛般若経』（中村元・紀野一義訳注、岩波文庫）八四頁、岩波書店、二〇〇一年改版。

（7）ここの引用は一部は『円覚経略疏鈔』に出るが、纏まった言い方の出典が見当たらない。考え方としては、唯識や天台、華厳などに見られる。

（8）初出は不詳だが、現代中国仏教界ではこの語が広く用いられているようで、ネットで検索してみても、僧侶の法話に登場してくるようである。

（9）この語は著者浄慧法師が自ら唱えだしたもので、修行僧を激励するために、著者が生前住持した四祖寺の入り口にもこの語の看板が掲げられ、今日に至っている。

二、中国禅と生活禅

一　試みに慧能思想の特色を論ず

もし中国仏教のインド仏教と異なるゆえんは、主に中国伝統文化と密接に結びつき、一つに融け合っていることにあるとするなら、慧能思想を代表とする禅宗はもっとも典型的な中国仏教である。

慧能（六三八—七一三）は唐代の政治、経済、文化の最盛期、そして仏教が中国において伝播、発展、成熟した黄金時代に生きた。慧能の青年期は、まさに当代に名高い学僧たる玄奘（六〇〇—六六四）法師が経典を得て帰還し、広く翻訳著述に従事していた時期であった。玄奘の門下には多くの人材がおり、師説を祖述して、玄奘の伝えた唯識法相の学を短い期間のうちに、大いに流行させたのである。唯識の学風の刺激を受け、法蔵（六四四—七一二）は華厳の学を盛んにひろめた。これと時を同じくして、善導（六一三—六八一）浄土教の宣揚と、道宣（五九六—六六七）、法礪《ほうれい》（五六九—六三五）、懐素《えそ》（六二四—六九七）の律学三家の鼎立があった。義浄（六三五—七一三）もまたこの時期に、説一切有部の律蔵をもたらして広く伝授と研究につとめていた。その後、荊渓湛然《けいけいたんねん》（七一一—七八二）は智顗《ちぎ》の学説を祖述して、天台教観を中興した。慧能の時代における仏教思想界は目もあやに、各宗派が綺羅星のごとく繁栄興隆する光景を呈していたと言える。

こうした状況は、一方では仏学界における教理学の繁栄をもたらし、一方では修学者が本を捨てて末を追い、拠り所のない状態を容易に導いてしまう。まさに圭峰宗密（七八四—八四一）が言ったように、

「達摩は天竺で法を受け、みずから中華に至ると、この国の修道者が多く法を得ておらず、ただ教理学用語のみによって仏法を理解し、儀礼や作法ばかりを修行としていたのを見た」（『禅源諸詮集都序』巻一）[1]ということである。慧能が世に出て禅を教えた時になっても、仏教を学ぶ者が知的理解を重んじ、証悟を軽んずる傾向は依然として存在しており、永嘉玄覚《ようかげんかく》（六六五―七一三）が六祖慧能にまみえる前のみずからの修学課程を叙述する中にも、明らかにそうした傾向が反映している。「わたしは若いころから学問を積み重ね、また経論を尋ね注釈を論じた。言葉による教えを分析してやむことなく、あたかも大海の砂を数えるようにみずから苦しんでいた」（『永嘉大師証道歌』に見える[2]）と。仏学は本来、実践の学であり、証悟の学であって、もし「ただ教理学用語のみによって仏法を理解し、儀礼や作法ばかりを修行としていた」ならば、すなわち「大海の砂を数える」のに異ならず、仏学から哲人の智慧をうしなわせて経典学者の学問にしてしまい、人の生において現実に存在する自他の対立、善悪の対立、汚染と清浄の対立、衆生と仏陀の対立といった千古の難題を根本的に解決することを不可能にしてしまうのである。慧能は新進の気勢を駆って頓悟成仏の説を高唱し、独特の禅宗思想体系を打ち立てて、中国の仏学思想を面目一新させた。

　一代の禅宗大師として、慧能の禅学思想はきわめて深く豊かである。『六祖壇経』一書は、慧能が一生のうちに法を開示し宗旨を伝えた説法を系統的に集めており、我われが慧能思想を研究する際の根本資料である。慧能の禅学思想が中国仏教思想の発展史においてはたした貢献と地位を、仏教の思想体系全体から検討することは、本稿が論じようとする主題ではない。しかし我われがどうしても重点的に指摘しなければならないのは、一つの思想体系の形成は、すでにあった思想に対する進歩、超越という前提が必ずあって、はじめてそれに応じた展開が得られるということである。自性を頓悟することを特徴とする慧能禅学の誕生の後、百年にも満たない発展を経て、はや当時の仏教思想界全体は草が風になびくように気風を一新した。禅宗そのものにおいても、英傑が並び立ち百花が妍を競い、長江の南北においてそれぞれ特色をそなえた禅宗五家の宗派を形成したのみならず、その影響の及ぶところ、文化のあらゆる領域において禅によって精練され活力を得なかったものは無かったのである。

慧能の禅学思想の核心は自性を頓悟し、見性成仏することである。かれが大梵寺において初めて説法壇にのぼり教えを説いた時、すでに大衆《だいしゅ》に向かって明らかに宣言している。「悟りとしての自性は本来清浄であり、ただこの心を用いれば、ただちに仏となる」(『壇経』行由品)(3)と。これは仏教において解決されるべき根本問題である。慧能は五祖弘忍のもとで『金剛経』の「執着のないままに、しかも心を生じなければならない(応無所住、而生其心)」というはなはだ深遠な空の智慧に啓示をうけ、「あらゆる法は自性を離れていない」ことを頓悟すると、「自性がこのようであるとは思ってもみなかった」という表現を五たび用いて自己の悟境を述べた。「思ってもみなかった、自性が本来清浄であるとは。思ってもみなかった、自性が本来生じたり滅したりしないものであるとは。思ってもみなかった、自性がもとより円満具足しているとは。思ってもみなかった、自性が本来動揺のないものであるとは。思ってもみなかった、自性があらゆる法を生じ得るとは!」(引用はすべて『壇経』)(4)と。ここで、慧能は心性論を主題にすえつつ、人間の主体たる霊性における高度な自己覚醒と、迷える心を通して示される無限の能動的作用を、深い境地において示しているのである。

人間が「本来生じたり滅したりしない」「本来動揺がない」「もとより清浄」な「悟りとしての本性」をつかみ取ることができないのは、つまりは我われが一たび心をもたげ念を動かすのも、それが自他相対し、主客分離した対立状態であるからである。だが般若の智慧によって観照し、自我に閉じこもる状態を打ち破れば、「自らの本心を識《し》り、自らの本性を見る」ことができるのである。[5] 慧能の見るところ、人間が自我に閉じこもる状態を打ち破り、対立的な思惟の様式を超越するなら、「頓悟」こそが究極の捷径である。慧能は彼の門人に繰り返し教戒を与えている——

> 善知識よ、悟らなければ仏は衆生、一瞬の心念が悟れば衆生も仏である。そこで、あらゆる法はすべて自心にあると知る、どうして自心のうちに真如としての本性をずばりと見ないのか。〔……〕善知識よ、わたしは弘忍和尚のところで、一たび教えを聞くや言下に悟り、真如としての本性をずばりと見た。だからこの教説を流行させ、道を学ぶ者たちに菩提を頓悟させるのである。……もし真正の般若の観照を起こせば、一刹那の間に妄念がすべて滅し、もし自性を識れば、悟るやいなや仏の境地に至る。善知識よ、智慧をもって観照し、自己の内外を洞察して、自らの本来心を識るのだ。もし本来心を識れば、もともと解脱しているのだ。〔『壇経』般若第二〕[6]

ここで慧能のこの数段にわたる言葉を引用したのは、慧能の思想体系において「頓悟」の実践が、対立を超えて「心を識り性を見る」ことに占める重要性を証明するためである。言うまでもなく、「頓悟」の反対の側面は「漸悟」にほかならない。しかし慧能思想の全体からみれば、二者を対立的地位に置く意図はないのである。彼は言う、

善知識よ、本来の正しい教えには頓漸がないが、人の本性にはもとより怜悧と愚鈍とがある。迷える人は段階的に修行を重ね〔漸修〕、悟れる人は段階を経ずずばりと真実にかなう〔頓契〕。自ら本来心を識り、自ら本性を見れば、どちらにも差別はないのである。〔『壇経』定慧第四〕(7)

これによれば、慧能は「人の本性には怜悧と愚鈍とがある」という事実にもとづき、「頓悟」を強調すると同時に、「漸修」もまたある素質の人々に対応するための重要な意義があることをけっして否定しない。そして同時に、頓と漸の間には「見性に遅速がある」ことを除いて、「自ら本来心を識り、自ら本性を見る」という面ではまったく差別がないことを認めているのである。

もし「悟りとしての自性」の説が慧能の禅学思想における本体論の視点だとすれば、「頓悟」の説は彼の実践論である。そして「頓悟」説はさらに「般若の観照」を核心とし、進んでは彼の禅学思想における認識論を形成している。人々が物事を認識し、判断するものさしを与えるため、慧能は無念、無相、無住の「三無」思想を提出して認識論における基本範疇とした。彼は言う、

善知識よ、わがこの法門はいにしえより以来、まず無念を立てて宗旨とし、無相を本体とし、無住を根本とする。無相とは形相において形相を離れること、無念とは念において念を離れること、無住とは人の本性である。〔『壇経』定慧第四〕(8)

認識論から分析すれば、慧能がここで言う「念」は主観としての精神現象（能縁の心）として理解するべく、「相」は客観としての認識対象（所縁の境）として理解するべきである。そして「無住」は、真実心のままに物に応じ、巡り合わせに任せ縁に随順する、主体の超越として理解できる。我われはこころみに『壇経』の中から慧能本人による「三無」思想への解説を提示し、これに対する正確な理解への一助としよう。

（一）「無念」について、慧能の解説は次の通りである。

何を無念と名づけるのか。あらゆる法を知見して、心が染まることがない、これが無念である。作用があらゆる場面にはたらき、しかもあらゆる場面に執着しない。ただ本来心を清め、眼識・耳識・鼻識・舌識・身識・意識の六識を眼耳鼻舌身意の六門からはたらかせて、色声香味触法の六塵の中において染まらず混じらず、来るも去るも自由、あらゆる場面に作用して滞らず、これこそが般若三昧の自在なる解脱であり、無念と名づけるのである。〔『壇経』般若第二〕(9)

善知識よ、あらゆる外境において心が染まらないのを、無念と言う。自らの念においてつねに外

境を離れ、外境において心を生じないのである。〔『壇経』定慧第四[10]〕

いわゆる「無念」とは、すなわち「あらゆる法を知見して、心が染まることがない」ことである。こうした実践を基礎として「作用があらゆる場面にはたらき、しかもあらゆる場面に執着しない」「無念」の概念は、慧能禅学思想体系における宗旨であり、それで「無念を宗旨とする」と言うのである。

(二)「無相」については、慧能の解説は次の通りである。

善知識よ、外にあらゆる形相を離れるのを、無相と名づける。形相を離れることができれば、形相の本体は清浄となり、これが無相を本体とするということである。〔『壇経』定慧第四[11]〕

いわゆる「無相」とは、すなわち「外にあらゆる形相を離れ」、「形相を離れることができれば、真実なる本体は清浄となる」ことである。主観である「能縁の心」が外境に「染まらず混じらず」であれば、客観である「所縁の境」もまた形相を離れ名相を離れることができる。能縁と所縁、あるいは主観と客観は、概念として議論する時には先後の次第があるかのようだが、しかし実践においては両者を同時に証悟し、たがいに完全なものとするのである。あらゆる現象は「縁によって生起しそれとしての自性はない」という考え方によって、あらゆる現象の清浄な本体を顕現させる、これこそが「無相を本体とする」である。これは実際には、「あらゆる現象は無相を本体とする」、あるいは無相こそがあらゆる現象の本体と言うにひとしい。ここで言う「無相」は「実相」の別名であり、あらゆる現象は実相を本体とするということになる。

(三)「無住」については、慧能の解説は次の通りである。

連続する思念において前の境界を思ってはならない。直前の念、今の念、直後の念と、念と念とが連続して途切れないのを、繋縛と名づける。一方、あらゆる現象において一念一念に留まらない、これこそが縛りがないということである。これが無住を根本とするということである。〔『壇経』定慧第四〕(12)

いわゆる「無住」とは、実際には「人の本性において、世間の善悪好悪、ないし敵と味方など、互いに非難し傷つけ争っている時、それらの対立を実体の無いものとみなし、報復を思わず、連続する思念において前の境界を思わない」〔『壇経』定慧第四〕(13)ようにすることである。妄情妄執を解消したため、「人の本性」は繋縛から解放され、対立点を乗り越える。そのきわめて和やかな精神状態にあって、縁に随順して外境に応じ、巡り合わせに任せてさまたげがないのである。

『六祖壇経』を通して慧能の禅学思想体系に初歩的な分析をおこなった我われは、次のことを容易に見出すであろう。慧能の思想は実際のところ理論と実践の高度な統一という基礎の上に、かれ以前の仏学思想を総括し、それによって『般若経』などの経典が説く真空と『涅槃経』などの経典が説く妙有を一つのるつぼに溶かしこみ、みずからの思想体系を構築している。まさに『般若経』などの経典が説くきわめて深遠な智慧を継承発展させているために、その思想は南中する太陽のように、万物を明らかに照らし、邪悪を破り正義を顕し、暗闇を砕き愚昧を目覚めさせる。また、『涅槃経』などの経典が説く衆生を済度し国土を荘厳するという思想を継承発展させているために、かれは「仏法は世間に在り、世間を離れずして覚る」[14]という大いなる宗旨を高く掲げ、大いなるあわれみの心をもって、「目上をうやまい目下をおもいやり、身よりの無い者や貧しい者をあわれみ救い」「光を和らげて世俗に接し」[15]、あまねく衆生に利益を与えるのである。

仏教の理論は、「真と俗との二つの翼、空と有との二つの車輪」[16]にほかならない。慧能はその卓越した智慧によって、空と有とを一つのるつぼに溶かしこみ、真と俗とを一体にまとめ、智慧と慈悲とを二つながら用い、真実によって世俗を廃することのない大乗精神を極限まで発揚したのである。

盛唐の時代に生きた慧能禅師が創立した南宗禅は、かれ以前の仏学思想を総括継承するのみならず、より重要なのは、かれの思想が清新にして活力にあふれ、簡便明快なため、かれ以前の仏学思想をはるかに超越し豊かにしてもおり、仏教とたえず変化する情器世間（有情世間と器世間＝人と自然）との関係を調整して、それによって八世紀以来の禅宗を天下に並ぶものなく、時を経てもおとろえない中国仏学思想の主役としたことである。機会や素質に応じて教えをあたえるという仏教の原則から出発して、二十世紀に生きる仏教を学ぶ者は、どのようにして仏教を現代人の機根に適応させるべきなのだろうか？　時代は進歩し、科学や文化は日進月歩で発展する中で、こんにちの世界仏教はどのようにして時代の要求に応えるべきなのだろうか？　中国禅宗の思想は日本の仏教学者による宣揚によってあまねく欧米各国に伝わり、文化界において大きな波乱を引き起こし深い影響を生み出したことを、我われは知っている。こんにち新たな歴史的条件のもとで、日中両国における仏教を学ぶ者が手を取り合って協働し人類の平和と進歩のための事業に貢献するならば、その前途は非常に豊かなものであると、私は考えている。

注

（1）『禅源諸詮集都序』巻上之一「達摩受法天竺、躬至中華、見此方学人多未得法、唯以名数為解、事相為行」（『大正蔵』四八巻、四〇〇頁中）。

（2）吾早年来積学問、亦曾討疏尋経論。分別名相不知休、入海算沙徒自困（『大正蔵』四八巻、三九六頁下）。なお『証道歌』は、浄慧師編『禅宗名著選編』（書目文献出版社、一九九四年）にも収録される。

（3）善知識、菩提自性、本来清浄、但用此心、直了成仏（『大正蔵』四八巻、三四七頁下）。中川孝訳注『六祖壇経』（禅の語録4）一六―一九頁。筑摩書房、一九七六年。中川訳の底本は大正蔵本ではなく興聖寺本だが、参考として該当頁数を記す。以下同じ。ただし、興聖寺本に対応する本文がない場合はもちろん注記しない。なお大正蔵本『壇経』は、浄慧師編『禅宗名著選編』（書目文献出版社、一九九四年）にも収録される。

（4）『壇経』行由第一「祖以袈裟遮圍、不令人見、為説『金剛経』。至〈応無所住而生其心〉、恵能言下大悟、一切万法、不離自性。遂啓祖言、〈何期自性、本自清浄。何期自性、本不生滅。何期自性、本自具足。何期自性、本無動搖。何期自性、能生万法〉」（『大正蔵』四八巻、三四九頁上）。中川『壇経』四〇―四四頁。

（5）『壇経』付嘱第十「但識自本心、見自本性、無動無静、無生無滅、無去無来、無是無非、無住無往」（『大正蔵』四八、三六二頁上）。

(6) 善知識、不悟即仏是衆生、一念悟時衆生是仏、故知万法尽在自心、何不従自心中、頓見真如本性。『菩薩戒経』云、「我本元自性清浄、若識自心見性、皆成仏道」。『浄名経』云、「即時豁然、還得本心」。善知識。我於忍和尚処、一聞言下便悟、頓見真如本性。是以将此教法流行、令学道者頓悟菩提。……若起正真般若観照、一刹那間、妄念倶滅。若識自性、一悟即至仏地。善知識、智慧観照、内外明徹、識自本心。若識本心、即本解脱(『大正蔵』四八巻、三五一頁上)。中川『壇経』一〇八―一一〇頁。

(7) 善知識、本来正教、無有頓漸、人性自有利鈍。迷人漸修、悟人頓契。自識本心、自見本性、即無差別、所以立頓漸之仮名(『大正蔵』四八巻、三五三頁上)。中川『壇経』六〇―六二頁。

(8) 善知識、我此法門、従上以来、先立無念為宗、無相為体、無住為本。無相者、於相而離相。無念者、於念而無念。無住者、人之本性(『大正蔵』四八巻、三五三頁上)。中川『壇経』六二―六九頁。

(9) 何名無念。若見一切法、心不染著、是為無念。用即遍一切処、亦不著一切処。但浄本心、使六識出六門、於六塵中無染無雑、来去自由、通用無滞、即是般若三昧、自在解脱、名無念行(『大正蔵』四八巻、三五一頁上中)。中川『壇経』一一四―一二〇頁。最後の「名無念行」を、本書原文は「名為無念」に作る。ただし、浄慧師編『在家教徒必読経典』本(一九七頁)、敦煌本(『大正蔵』四八巻、三四〇頁下)、柳田聖山編『禅学叢書之七 六祖壇経諸本集成』(中文出版社、一九七六年)収録の諸本(同書一二、五八、七八、一〇三、一二七、一七九、二〇〇、二四七、二八六、三一八、三七一頁)、すべて宗宝本に同じく「名無念行」に作る。

(10) 善知識、於諸境上、心不染、曰無念。於自念上、常離諸境、不於境上生心(『大正蔵』四八巻、三五三頁上)。中川『壇経』六二―六九頁。

(11) 善知識、外離一切相、名為無相。能離於相、即法体清浄。此是以無相為体(『大正蔵』四八巻、三五三頁上)。中川『壇経』六二―六九頁。

(12) 念念之中不思前境。若前念今念後念、念念相続不断、名為繋縛。於諸法上念念不住、即無縛也。此是以無住為本(『大正蔵』四八巻、三五三頁上)。中川『壇経』六二―六九頁。

(13) 無住者、人之本性、於世間善悪好醜、乃至冤之与親、言語触刺欺争之時、並将為空、不思酬害、念念之中不思前境(『大正蔵』四八巻、三五三頁上)。中川『壇経』六二―六九頁。

(14)『壇経』般若第二「仏法在世間、不離世間覚」(『大正蔵』四八巻、三五一頁下)。

(15)『壇経』懺悔第六「雖修衆善、心不執著。敬上念下、矜恤孤貧、名慧香……五、解脱知見香。自心既無所攀縁善悪、不可沈空守寂、即須広学多聞、識自本心、達諸仏理、和光接物、無我無人、直至菩提、真性不易、名解脱知見香」(『大正蔵』四八巻、三五三頁下)。中川『壇経』七五―七八頁。

(16)[唐]道宣『続高僧伝』習禅篇論「詳夫真俗双翼、空有二輪、帝網之所不拘、愛見莫之能引。静慮籌此、故絶言乎」(『大正蔵』巻五〇、五九六頁下)。

二　敦煌写本『壇経』は「最古」の『壇経』か？

『壇経』は門人法海によって編集された禅宗第六祖慧能（六八三―七一三）の語録であり、慧能思想を研究するための根本資料である。この『壇経』が世に現れるや、多くのテクストが同時に存在することとなった。だがそこには繁簡のちがいはあるけれども、真偽の区別はなかったのである。しかし今世紀はじめに敦煌写本『壇経』が発見されてからは、その内容にいくつかの現行本『壇経』と多くの異同があったため、国内外の学者の間に敦煌本『壇経』のみを認め、他のテクストをしりぞける傾向が出てきた。ある者は、「『壇経』諸本の中では敦煌本がもっとも古く、それは後の諸本『壇経』の基礎である」（宇井伯寿著、楊曽文訳「壇経考」『世界宗教資料』一九八〇年第四期）と言い[(1)]、ある者は「敦煌写本『壇経』は『壇経』最古のテクストである」（胡適『神会和尚遺集』巻首第十頁）と言う[(2)]。またある者は「最初は『壇経』にはただ一種のテクストしかなかった。すなわち法海当時の筆録本であり、後の『敦煌写本』である」と言い、さらに敦煌本以外の『壇経』はみな「蛇足を加え、密輪品を売りさばく代物となっていた」（『隋唐仏教』第五三四、五三五頁）などとおとしめる[(3)]。

「敦煌写本」の『壇経』は本当に慧能が説き、法海が記録した『壇経』の「もっとも古く」「もっとも早い」定本なのだろうか？　わたしは歴史を尊重し事実を尊重する観点にもとづき、そのような結論を下すことはできないと考える。

われわれはまず『壇経』テクストの歴史的な流れから、敦煌写本が「もっとも古く」「もっとも早い」テクストであるかどうかを考えてみよう。

慧能の『壇経』には敦煌本のほかに、さらに「恵昕《えきん》本」（九六七年刊）、「契嵩《かいすう》本」（一〇五六年刊）、「徳異本」（一二九〇年刊）および「宗宝《そうぼう》本」（一二九一年刊）がある。恵昕らはみな、彼らが刊行した『壇経』は一種の「文章が煩雑」な古本『壇経』にもとづき「校訂」して本文を定めたのだと言っている、

①恵昕は「六祖壇経序」の中で、「そこで我が六祖大師は、広く学徒のためにずばりと見性の法門を説き、すべての人々を自ら悟り成仏させて、それを『壇経』と名づけ、後世の学徒に伝えた。古本は文章が煩雑で、ひもとく人々は初めはよろこび後には倦んでしまう。わたしは……思迎塔院において二巻、合計十一門に分割したが、これによって後世の人々を教化し、ともに仏性を見ようとするものである」（『普慧大蔵経』一頁）[4]と言う。その年代は宋太祖乾徳五年（九六七）のことで、慧能入寂の年から二百五十四年後である。

②宋・郎簡「六祖壇経序」は、「六祖の教えを私はつとに敬慕していたが、それが俗流に加筆されたり削除されたりして、文章がいやしく煩雑となり、考証することもほぼかなわないのを憂えていた。沙門契嵩が『壇経賛』を作ったおり、契嵩師に〈もし『壇経』のテクストを校訂することができれば、わたしが私財を投じて刊行し広く伝えましょう〉と告げた。さらに二年が過ぎ、契嵩ははたして曹溪古本を得、校訂して三巻にまとめた。輝かしくもみな六祖の言葉であり、誤りはない」（同上、三頁）[5]と言う。その年代は宋仁宗至和三年（一〇五六）のことで、恵昕本から九十九年後である。

③徳異「壇経序」は、「惜しむらくは『壇経』は後世の人々による編集省略がはなはだ多く、六祖の宗旨の全体をうかがえないことである。わたしは年少の頃に古本を見たことがあり、それ以来三十余年にわたって広く求めていたが、近ごろ通上人が完全なテクストを発見したので、そこで呉中の休休禅庵にて刊行したのである。すぐれた人々と共に活用したい[6]」と言う。その年代は元至元二十七年（一二九〇）のことで、契嵩本から二百三十四年後のことである。

④宗宝の「壇経跋」は、彼が「三つのテクストは異なっていてそれぞれに得失があり、その版木はすでに磨滅していたのを見た。そこでそれらのテクストを手にして比較対照し、誤伝は正し、省略は詳しくし、また『弟子《でし》請益《しんえき》機縁《きえん》』を追加して、学ぶ者が曹溪六祖の宗旨を完全に得ることをねがったのである[7]」と言う。宗宝本と徳異本はわずかに一年を隔てるのみで、慧能入寂の年から五百七十八年後である。

以上、四点の歴史資料の中から次のような事実が明らかになる。すなわち、慧能の逝去から宗宝本『壇経』が世に現れるまでの五百七十八年間、『壇経』の変化発展は国内外の学者が主張するような、敦煌本—恵昕本—契嵩本—宗宝本という簡単なものから煩雑なものへの過程では決してなく、むしろ古本（曹溪原本とも）—恵昕本（あるいは類似のテクスト）—敦煌本（あるいは類似のテクスト）—契嵩本（復元本）という、煩雑から簡略に変化し、簡略から原型に戻るという過程であった。この煩雑から簡略に変化し、簡略から原型に戻るという過程は、資料の考察を通じて事実であることが証明できる。

恵昕は「古本は文章が煩雑で、ひもとく人々は初めはよろこび後には倦んでしまう」と言う。郎簡はまた「それが俗流に加筆されたり削除されたりして、文章がいやしく煩雑となり、考証することもほぼかなわない」と言う。こうして見ると、郎簡の見たテクストは恐らくは後世敦煌で発見されたテクストに似たものだったろう。契嵩が得た「曹溪古本」は、「輝かしくもみな六祖の言葉」であった。郎簡の言葉は信用できるもので、「偽り」ではないと信じるべきである。(8) 恵昕より契嵩に至るまで、みな自分は曹溪古本『壇経』を見たと言う。周知のように、曹溪は慧能が生前に坐禅をし教化をおこない、伝法の証である衣を伝えた土地であり、また彼の入寂後には衣鉢《えはつ》とミイラが置かれた場所でもある。しかも『壇経』を記録した法海は、まさに曹溪（曹溪は今の広東曲江県の管内）の出身者であり、『壇経』もやはり曹溪において編纂されたものである。曹溪あるいは近隣地区において「曹溪古本」の『壇経』が発見されるのは、まったく道理にかなったことである。慧能の門人があらゆる手だてを尽くして師が残した衣鉢やミイラなどの法物を保存しながら、しかし同時に慧能唯一の説法―『壇経』の原本を大事に保存しなかったとは、想像しがたいのである。

その後、元代の徳異は、『壇経』には後人による編集省略がはなはだ多く、六祖の宗旨の全体をうかがえないことを慨嘆した。かれは年少の頃に古本『壇経』を見ており、それ以来三十余年にわたってあまねく求めてやっと全文を探し当て、呉中〔現江蘇省〕の休休禅庵において刊行したのである。徳異が見たテクストは、どのような「編集省略がはなはだ多」い『壇経』であったのだろうか。恵昕本か、それとも現在に伝わる敦煌本に似たものか？　詳細を知ることはできないが、おそらくは後者であったろう。なぜなら、現在に伝わる敦煌本『壇経』に似たテクストは当時まだ刊刻されていなかったが、しかし筆写したものが世間に流通していた可能性があるからである。徳異が『壇経』を刊行したのと時を同じくして、宗宝もまた広東において三種のことなった版の『壇経』をもとに校訂をおこない、「誤伝は正し、省略は詳しくし」た。宗宝が校訂の基礎としたテクストは彼の跋文から見るに、おそらくは契嵩の校訂を経た「曹渓古本」あるいは「曹渓原本」であったろう。

慧能の逝去から宗宝本『壇経』が世に現れるまで、古本『壇経』発見の文字記録は四度の多きを数える。イギリス人スタインが持ち去った『敦煌写本壇経』は、一九二八年前後になって初めて、日本人・矢吹慶輝がその影印を胡適に提供した。この時点で、慧能の入寂からすでに一二五〇年が経っている。宇井伯寿の研究によれば、敦煌写本『壇経』は「書体から見て唐末宋初（九六〇年頃）のはず」の遺物である。[9]敦煌の簡略本が筆写されたのとまさに時を同じくして、恵昕はすでに「文繁」なる古本『壇経』を発見していたことが、資料によって証明されている。この議論に参加する学者らが、慧能の逝去千二百五十年余りの後に発見された敦煌写本のみを『壇経』の「もっとも古く」「もっとも早い」テクストであるとし、慧能逝去後二百年から五百年の間に数度にわたり発見された『壇経』古本を、みな「自らをあざむき人をあざむく」[10]「密輸品」として否定する、その理由がわたしには理解できないのである。地理的には曹渓から万里のかなたに位置し、時代的には慧能から千年も隔てられた後に、鳴沙山の石室において発見された、残欠があって不完全な、全書に多くの誤字が見られる『壇経』。こころみに問おう、六祖の禅宗が盛行した土地、慧能のミイラと衣鉢の置かれた場所において、六祖逝去後二、三百年の間に、恵昕・契嵩らが詳細正確な内容を持つ「古本」の『壇経』を数度にわたって発見した、このことに疑うべき何があるのだろう？　何にもとづいて恵昕以下の各テクストを、「蛇足を加え」「密輸品を売りさばく」などと誹謗するのだろうか！　敦煌本『壇経』は唐末宋初の物であるうえ、その中には伝授した人々の名が四代にわたってはっきりと記されているのだから、どうして「もっとも早い」原文だなどと言えるのだろうか？

これまで言及してきた関連資料から見るに、曹渓あるいはその近隣地区においては、「文章が煩雑」な古本『壇経』（「曹渓原本」とも呼ばれる）が確かに存在したのである。この事実はすでに『壇経』そのものの流伝に関する歴史記録の中に証拠があったのみならず、また宋代以前の禅宗史料の中にも傍証を見出すことができる。

一、現存する禅宗史料の中でもっとも早く『壇経』に言及したのは、おそらく南陽慧忠禅師（七七五年没）であろう。かれは次のように言っている。「私はこのごろ行脚していてこうした輩を多く見たのだが、最近はますます盛んになっている。四、五百人を集め、まるで天の河を見据えるように傲然として、これが南方の宗旨だと言い、かの『壇経』を改変して卑俗な話をまぜこみ、聖人の意向を削除して、後世の人々を惑乱しようとしている。どうして教えとすることができようか？　つらいことだ！　我が宗旨は失われてしまった」（『伝燈録』巻二八）(11)。慧忠がこうした慨嘆を発したのはおおよそ慧能逝去より五十年前後のことであるが、おそらく南方の禅門の状況を述べているのであろう。

二、韋処厚（八二八年没）は『興福寺内供奉大徳大義禅師碑銘』を撰して次のように言う。「洛陽にいた者は神会である。善をたもち悪をとどめる総持の印を得、悟りの宝珠を独りかがやかせた。門人たちは真実を見失い橘《たちばな》が枳殻《からたち》に変化してしまうように変質して、なんと『壇経』による仏法伝授をおこなっている。師・神会との優劣は明らかである」(『全唐文』巻七一五)[12]。これは、慧能入寂から百年前後に中原地域の禅門で発生した状況である。

これら二点の資料は、少なくとも次の二つの事実を証明することができる。一つには、慧能が逝去してすぐに『壇経』が世に流通していたこと、二つには、『壇経』が世に出てからすぐに「卑俗な話をまぜこみ」、「聖人の意向を削除して」、「橘を枳殻に変化」させるという現象が発生したことである。これらのことで、特に次の問題をはっきりさせることができる。すなわち、ある学者が言うように恵昕が「『壇経』改竄という悪弊の創始者」(『「壇経」対勘』八頁)なのではけっしてなく、恵昕が「古本」『壇経』を発見する二百年前にはすでに「かの『壇経』を改変し」、「橘を枳殻に変化」させていたことである。

こうして見れば、唐末宋初(九六〇年前後)に筆写された敦煌本『壇経』が、けっして「もっとも古く」「もっとも早い」原本などではないことは、すでにきわめて明白ではないだろうか? にも関わらず人を困惑させてやまないのは、国内外の『壇経』を研究する学者たちは、一方では―これは疑いなく正しいのであるが―、恵昕以下の諸本を用いて敦煌本の誤字脱字を修訂していながら、しかし一方では恵昕以下の諸本と敦煌本とに内容上の出入りがある時には、敦煌本のみが正しく、その他の諸本の内容については、敦煌本に無ければみな「恣意的に改竄し」「密輸品を売りさばいている」と考えることである! こうした態度は公正を欠くものである。もし恵昕以下の諸本『壇経』が世に伝えられていなければ、我われが敦煌写本『壇経』の誤字脱字を補正し、慧能の生涯と思想をありのままに理解することなど、想像することもできないだろう。

まさに以上の資料によって証明したように、『壇経』には敦煌本、恵昕本、契嵩本のほか、さらに「曹溪古本」の『壇経』が存在しており（少なくとも元代以前にはそうであった）、そのテクストがつまりは現在の「曹溪原本」であろうと考えられる。この問題への向き合い方としては、冷静かつ客観的に考察しさえすれば、必ずや「曹溪原本」の来歴系統について、比較的穏当な結論が得られるだろうと私は思う。

次に、ある学者は敦煌本と現行本『壇経』の間に内容上の分岐があることにもとづいて、慧能思想についてのさまざまな見方を表明している。筆者は学問にうとく、もとより愚見を披露する勇気もないのだが、しかしある種の問題についてはやはり議論してみる必要があるとも感じており、この機会に大方の批正を乞いたいのである。

一、「本来無一物（本来何物もない）」の問題。慧能の黄梅における「得法偈」について、敦煌本『壇経』は、「悟りにもとより樹はなく、かがやく鏡もまた臺座ではない。仏性は常に清浄、どこに塵や埃があるだろうか！[13]」とし、恵昕本以下の諸本『壇経』では、ひとしく「悟りに本より樹はなく、かがやく鏡もまた臺座ではない。本来何物もなく、どこに塵や埃があるだろうか！[14]（「塵や埃がある」を「塵や埃をひく」とするテクストもある[15]）」に作る（『祖堂集』巻二「体は菩提樹ではなく、心という鏡も臺座ではない。本来何物もなく、どこに塵や埃をひくだろうか[16]」）。

この偈の言葉には慧能思想が集中的に体現されており、慧能思想とかれが提唱した南宗禅の研究においては、その一字一字がきわめて重要なものである。しかし敦煌本とその他の諸本とはちょうどこの根本的な字句において分岐を生じており、まさに一すじの差が千里の誤りとなるのを覚えるのである。そのため、ある学者は「恵昕が先頭に立って、〈仏性常に清浄〉を〈本来　一物も無し〉に改竄した」のだと考えている。そしてさらに次のように言う、「これは慧能の思想に根本的な改竄をおこなうものである。つまり〈仏性〉論者の慧能を虚無主義者に改竄してしまったのであり、ここから以後のより多くより大きな改竄への、きわめて劣悪な端緒をなしたのである。しかもその後、契嵩本、宗宝本が広く流通するのにつれて、〈本来何物もない（本来無一物）〉なる改竄された偈文が〈仏性は常に清浄（仏性常清浄）〉に取って代わってしまい、中国思想史上に誰もが知る偈文となった。そして千百年来、偽を真とし、真偽が明らかにされなかったのである。こうした改竄について、その悪弊を始めたのが恵昕であり、広く流通させその影響を増大させたのは、契嵩と宗宝である」（『「壇経」対勘』十九頁）。この偈文の第三句について、結局のところ敦煌本の「仏性常に清浄」が慧能の真説なのか、それとも恵昕以下の諸本における「本来　一物も無し」が慧能の真説なのか。この問題に答えようとするなら、歴史資料と慧能思想との両面から考察を進めるべきであると筆者は考える。

恵昕本『壇経』が世に現れる七十七年前に世を去った仰山慧寂（八一四―八九〇）が、慧能の「得法偈」に言及した時、その第三句は敦煌本の「仏性常に清浄」ではなく、その他の諸本『壇経』に一致する「本来　一物も無し」であった。このことは『祖堂集』巻十八に載せられており、同書巻二「弘忍和尚伝に収録される第三句もまた同じである。黄檗希運の『宛陵録』（八五七年）の中にも「本来一物も無し」という語句がある（『大正蔵』四八巻、三八五頁中）。これらのことは、この一句が「曹溪原本」の中でもともとそのようであったのであり。敦煌本に至って初めて「仏性常に清浄」に改編されたことを証明している。

歴史的事実は、「本来 一物も無し」が、けっして恵昕が「先頭に立って」「改竄」して初めて『壇経』の中に出現したのではないことを、かくも力強く証明する。それでは、この一句は慧能の思想と一致するのだろうか。それは筆者が回答をこころみる問題のもう一つの側面である。国内外の圧倒的多数を占める学者たちの見解によれば、「思念が無いことを宗旨とし、形相が無いことを本体とし、留まることが無いことを根本とする」(『壇経』諸本にひとしくこの語はある)[17]が、慧能思想の基礎である。『壇経』一書の千言万語は、みなこの基本思想の展開なのである。慧能の「得法偈」とかれの「三無」思想は、一貫したものである。慧能が弘忍の衣鉢を継ぐ資格をもち、中国仏教史上にひとり光彩を放っているのは、この「本来一物も無し」を核心とする「得法偈」を出発点とするのである。

二、「本来の面目」の問題について。近ごろ、『壇経』中にみえる、恵明《えみょう》が大庾嶺《だいゆれい》において教えを受け開悟した公案を、ある学者が論評して次のように言っている。「二つ目に、これまたもっとも重要な点は、慧能はなんと恵明に対して〈善も思わない、悪も思わない、まさにそのような時、明上座の本来の面目とはなにか！〉(不思善、不思悪、正与麼時那箇是明上座本来面目)〉と言っていることである。これもまた〈契嵩や〉宗宝などの人々が堂々と歴史を偽造しているのである！　禅宗史にすこしでも理解のある人ならだれもが知るように、言うところの〈明上座の本来の面目とはなにか〈哪箇是明上座本来面目)〉〈先には〈那〉とあり、ここには〈哪〉としているが、原文がすでにそうである。―引用者)

に類する言葉は、いわゆる〈話頭禅〉（〈看話禅《かんなぜん》〉とも呼ぶ）が成立して以後にはじめて現れた狂禅のでたらめな言葉である。慧能の時代にはこうした言葉はあり得ない」。さらにこれは契嵩や宗宝などの人々が、「歴史事実に従わず、慧能以後にはじめて現れた物事をむりやり慧能の口に押し込んだのであり、実にでたらめで劣悪なやり方である。（契嵩や）宗宝らはまた、恵明はこの訳の分からない戯言を聞くや〈言下に大悟した〉と言っているが、もとより完全な捏造である！」（『隋唐仏教』五三九頁）と言い、また「これは契嵩が先頭に立って、〈看話禅〉（〈話頭禅〉とも呼ぶ）以後にはじめて現れた物事を、むりやり『壇経』に押し込んだ明白な偽造の道程である！」（『「壇経」対勘』二七頁）とも言う。

我われは、「看話禅」(18)とは南宋の大慧宗杲《だいえそうこう》（一〇八九―一一六三）が提唱した参禅方法であることを知っている。明教契嵩《みょうきょうかいすう》（一〇一一―一〇七二）が『壇経』を校訂したのは、大慧がまだ生まれていない北宋時代、具体的な年代で言えば西暦一〇五六年である。彼が、後世の人間が「看話禅」を提唱することを予見して、あらかじめ『壇経』の中に輿論を醸成し、伏兵を忍ばせ、「看話禅」を根拠とする経典を持った合法的なものにするなど、不可能なことである。ならば、契嵩本以下の諸本『壇経』（実は恵昕本にも同じ字句があり、ただ小字注の形式で記されているだけの違いである）における恵明についての公案問答は、どこから来たのだろうか？　筆者は、この一段は『壇経』の「曹渓原本」にもともとあったものであると考える。敦煌本『壇経』は『壇経』の簡略編集本にすぎず、筆写、読誦、伝授に便利なように、「編集」者から見て肝要ではない内容を削除してしまったのであろう。こころみに、宋以前の禅宗典籍によってこの問題を証明してみよう。

前述した黄檗禅師（？ —八五五）の『伝心法要』には、裴休〔七九一—八六四〕が唐会昌二年（八四二）と大中二年（八四八）の二度にわたって質問した内容が記されている。そのとき裴休が提出した多くの問題の中には有名な恵明の公案も含まれており、黄檗は次のように裴休に答えている。「明上座が大庾嶺までやって来て六祖を尋ね当てると、六祖は問う〈君は何を求めてやって来たのか？ 衣を求めるのか？ 法を求めるのか？〉 明上座は言う〈衣のために来たのではありませぬ。ただ法のために来たのです！〉 六祖は言う〈しばらく念をおさめ、善も悪もみな思考してはならない〉。恵明はお言葉を承る。六祖は言う〈善も思わない、悪も思わない、まさにそのような時、そなたの本来の面目を見せてみよ！〉 恵明は言下にふっと悟り、すぐさま礼拝して言った〈人が水を飲み、冷たさを自ら知るようなものです！〉」（『大正蔵』四八巻、三八三頁下）[19]。調べてみると『伝心法要』は唐大中十一年（八五七）に編纂されており、敦煌本『壇経』が筆写された時期より約百年早く、契嵩本より百九十九年早く、看話禅の提唱者・宗杲の没年より三百六年早く、宗宝本より四百三十四年早い。

先に引用したもう一つの禅宗史料『祖堂集』（九五二年）では巻二「弘忍和尚」、巻十八「仰山和尚」などがこの公案に言及しており、その問答の語句は現行本『壇経』と基本的に一致する。「行者《あんじゃ》（慧能はこの時にはまだ出家していない）は切実な求めを聞くとすぐに教えを説くことにし、まず石の上に端坐して思念を静めさせると言った。〈善も思わない、悪も思わない、まさにそのような時、本来の明上座の面目を見せてみよ！〉」[20]。

つまり、大庾嶺において恵明が教えを受け開悟する公案の内容は、けっして契嵩らが「『壇経』の中に押し込んだ」「密輪品」ではなく、また「看話禅」出現以後にはじめて現れた「狂禅のでたらめな言葉」でもない。それはちょうど『壇経』の「曹渓原本」に元からあったもので、だからこそ唐代の禅師たちに広く引用され得たのである。筆者の考えでは、「善を思わず、悪を思わず」という言い方そのものが、『金剛経』の「応《まさ》に住する所無くして、而《しか》も其の心を生ずべし」や、『壇経』の「無念を宗と為す」といった観点と一致した、言葉を離れ念慮を絶する無差別の境地なのである。

敦煌本『壇経』がもっとも古くもっとも早い『壇経』ではないことについて、まだいくつかの問題を提出して考察することができる。しかし関連する歴史と基本思想とを明らかにし、次のことがらを証明しさえすれば、本稿の任務は全うされたことになる。すなわち、歴史上たしかに「古本」なる『壇経』が存在したこと、敦煌本はけっして「もっとも古く」「もっとも早い」原本かつ「基礎」などではないこと、恵昕以下の諸本と敦煌本のある部分の内容が相違しているのは、恵昕らが『壇経』の中へ無理に押し込んだ「密輪品」などではないこと、である。ある学者が恵昕や契嵩らの身に負わせた「無実の罪」もまた、「恥をすすぐ」ことになるであろう。

しかし、敦煌本『壇経』が、「伝授」を経て「橘が枳殻に変化し」た産物だと筆者が考えることは、新たな「冤罪」の誕生を意味しないだろうか？　それはありえない。筆者は、自分の下した判断はどれも根拠があり事実に即して真実を求めたものだと信じている。敦煌本『壇経』には、ひとつの非常に顕著な特徴がある。それは、『壇経』は「南宗弟子」が「つぎつぎに伝授し」「伝授のあかしとする」「証拠」であると、再三にわたって強調することである。敦煌本『壇経』は、日本の学者・鈴木大拙によって五十七節に分けられているが（『隋唐仏教』の筆者は、敦煌本『壇経』について「一巻、品目を分けないが、しかし五十七節に分かれる」[21]と言っており、元からそうであったかのようだが、実は『大正蔵』収録の敦煌本は分節していないのである）、合計七節（第一、三八、四七、五一、五五、五六、五七節）において「『壇経』を得なければ、宗旨を得なかったということである」「『壇経』の伝授が無ければ、南宗の弟子ではない」[22]といった伝宗附嘱の言葉を述べ、さらには伝承した人物の名前を四代（恵昕本は五代）にわたって列挙している。文字を重視しない禅僧たちがつぎつぎに伝え写してゆく過程の中で、意に従って取捨する状況が発生しなかったとは、なかなか想像しがたい。「『壇経』を用いた伝宗」をした「門人たちが真実を見失い」、「橘を枳殻に変化させてしまった」と韋処厚が嘆くのは、根拠のないことではなかったのである。

敦煌本『壇経』にこれほど多くの「宗旨を伝えるための『壇経』伝授」の記事があるのも、偶然の産物ではない。慧能の南宗禅は初め、おもに広東、湖南、江西などの地でおこなわれ、その後さらに長江、黄河流域に伝播したのである。南方のいくつかの省では南岳懐譲《なんがくえじょう》（六七七―七四四）と青原行思《せいげんぎょうし》（?―七四〇）の両系統に属する多くの大禅師らが相い伝えてやまず、草が風になびくように、かれらの「法統」を否定する者は誰もいなかった。しかし、中原地区はもともと北宗禅が盛行した地域であり、すでに神秀《じんしゅう》（?　―七〇六）を六祖に、法如（六三八―六八九）を七祖に立てていた。神会一派は北宗禅が教化をおこなう地域において南方の宗旨を宣揚し、さらに進んで祖師としての慧能の地位を確立しようとしたが、「伝法のあかし」が無かった（初祖から六祖までは衣を伝えて伝授のあかしとした）。そこで、かれらは『壇経』を「付法」の証明としたのである。当時は印刷術が発明されておらず、さらに禅師らは「諸仏の玄妙な道理は、文字に関わらない」[23]という気風の影響を受けていたため、実用の目的から原本『壇経』の要点を編集し、「つぎつぎに伝授し」「伝授のあかしとした」のである。敦煌本『壇経』は、当時にあって「伝法」のために用いられた多くのテクストの中で、偶然保存されたものである。もちろん、このように述べることに敦煌本『壇経』の価値をおとしめる意図は全くない。ただ、敦煌本を「迷信」してはならないことを説明しようとしただけである。また同時に、敦煌本のような簡略本『壇経』が現れたのも、怪しむに足りない。僧侶が読誦の便利のために、仏教経典を省略編集することは早くからおこなわれていたからである。

（初出『法音』一九八二年第二期[24]）

注

（1）浄慧師引用の漢訳「在《坛经》各本当中的敦煌本为最古，它是后来各本《坛经》的基础」から日本語に重訳した。宇井伯寿の原文は「壇経としては、所謂燉煌本が最も古く、而も、其後の壇経の基となり……」（『第二禅宗史研究』岩波書店、一九三五年、六九頁）。

（2）浄慧師引用原文「敦煌写本《坛经》是《坛经》最古之本」。胡適「荷沢大師神会伝」十頁に「此一段今本皆無，謹見於敦煌寫本壇經，此是壇經最古之本，其書成於神會或神會一派之手筆，故此一段暗指神會在開元天寶之「不惜身命，第佛教是非，豎立宗旨」的一段故事」（『神会和尚遺集』胡適紀念館、一九八二年。一九三〇年原序）とあり、浄慧師はこの一段の意を採ったものとおもわれる。

（3）郭朋『隋唐仏教』下篇第四章第四節「中国仏教的特産―禅宗」。訳者の見た斉魯書社一九八一年第二次印刷版では浄慧師の引用文と句読点がやや異なるが、文意にほぼ影響はない。
（4）浄慧師の引用する原文は次の通り。「故我六祖大師、広為学徒直説見性法門、総令自悟成仏、目為『壇経』、流伝後学。古本文繁、披覧之徒、初忻後厭。余……於思迎塔院、分二巻、凡十一門、貴接後来、同見仏性者」。
（5）浄慧師の引用する原文は次の通り。「六祖之説、余素敬之。患其為俗所増損、而文字鄙俚繁雑、殆不可考。会沙門契嵩作『壇経賛』、因謂嵩師曰、〈若能正之、吾為出財模印以広其伝〉。更二載、嵩果得曹渓古本、校之勒成三巻、璨然皆六祖之言、不復謬妄」。
（6）惜乎『壇經』為後人節略太多、不見六祖大全之旨。徳異幼年嘗見古本、自後遍求三十餘載、近得通上人尋到全文、遂刊于呉中休休禅庵、与諸勝士、同一受用（『大正蔵』四八巻、三四六頁上）。なお『大正蔵』本『壇経』は、浄慧師編『禅宗名著選編』（書目文献出版社、一九九四年）にも収録される。
（7）見三本不同、互有得失、其板亦已漫滅、因取其本校讎、訛者正之、略者詳之、復増入『弟子請益機縁』、庶幾学者得尽曹渓之旨（『大正蔵』四八巻、三六四頁下）。
（8）「偽り」は郭朋『隋唐仏教』の言葉。「郎簡による教唆の下、契嵩は二年の時間を費やして『壇経』にさらに大きな改竄を加え、そして自らが「曹渓古本」を「得」たと偽って郎簡に提供したのである」（五三六頁）。
（9）宇井「壇経考」六七頁「此写本は、唐末から宋初のものと推定される書体であるといはれるが」。
（10）郭朋『隋唐仏教』五三六頁「契嵩が偽作したのだが自分の名を記すことができず、ただ『曹渓原本』（あるいは『曹渓古本』）とのみ題して、自らをあざむき人をあざむいたのである」。
（11）浄慧師の引用原文は「吾比遊方、多見此色、近尤盛矣。聚却三五百衆、目視雲漢、云是南方宗旨、把他《壇経》改換、添糅鄙談、削除聖意、惑乱後徒、豈成言教？　苦哉！　吾宗喪矣」。大正蔵本『伝燈録』は、「添糅鄙談」の「談」字を「譚」に作る（『大正蔵』五一、四三八頁上）。普慧大蔵経本（真善美出版社本）、福州東禅寺版、四部叢刊本、高麗本も大正蔵本に同じ。
（12）洛者曰会。得総持之印、独曜瑩珠。習徒迷真、橘枳変体、竟成『壇経』伝宗、優劣詳矣。
（13）浄慧師の引用原文は「菩提本無樹、明鏡亦非臺。仏姓（性）常清浄、何処有塵埃」。次章「慧能得法偈についての再検討」

の引用では「菩提本無樹、朋（明）鏡亦無臺。仏姓（性）常青（清）浄、何処有塵埃」に作る。

スタイン五四七五本は「菩提本無樹、明鏡亦無臺。仏姓常青浄、何処有塵埃」（大正蔵四八巻、三三八頁上）、敦煌博物館七七号本は「菩提本无樹、明鏡亦无臺。仏姓常清浄、何処有塵埃」、旅順博物館本は「菩提本無樹、明鏡亦無臺。仏姓常青清浄、何処有塵埃」に作っており、本章での引用文が何にもとづいたのかは不明。

（14）浄慧師の引用原文は「菩提本無樹、明鏡亦非臺。本来無一物、何処有塵埃」。

（15）浄慧師編『在家教徒必読経典』所収『六祖大師法宝壇経』「自序品」一九〇頁、『大正蔵』四八巻、三四九頁上など。

（16）『祖堂集』巻二・弘忍和尚章「身非菩提樹、心鏡亦非臺。本来無一物、何処有塵埃」（『禅学叢書之四　祖堂集』四三頁上、中文出版社、一九八四年）。

（17）原文「無念為宗、無相為体、無住為本」。宗宝本「定慧第四」に言う、「我此法門、従上以来、先立無念為宗、無相為体、無住為本（『大正蔵』四八巻、三五三頁上）。『在家教徒必読経典』本「定慧品第四」二〇三頁も同文。敦煌本は浄慧師引用の三句それぞれを含んではいるが、それらがまとまって一文となっているわけではない。

（18）原注。『伝心法要』は次のように言う。「もしいっぱしの男なら、公案を看《み》ることだ！　僧が趙州に質問した「犬にも仏性が有りますか」。趙州は言う「無い！」　四六時中にこの無字を観察し、昼にも夜にも取り組むのだ。行住坐臥、服を着、飯を食らうときも、糞《くそ》や尿《いばり》を垂れるときも、しっかりと心にかけ、きびきびと勤しんで、この無字を保持する。そうして月日が過ぎ公案に深く浸り切って、無字と一つになりきれば、忽然として心という花が開き、仏祖の禅機を悟る。もしそうなれば、もはや天下の老和尚たちの舌先三寸にあざむかれることはないのだ」（『宛陵録』『大正蔵』四八巻、三八七頁中）。「公案を看る」とは「話頭に参ずる」こと。こうした方法が唐代にはすでに流行していたことがわかる。

（19）明上座走来大庾嶺頭尋六祖、六祖便問、〈汝来求何事？　為求衣？　為求法？〉。明上座云、〈不為衣来、但為法来！〉六祖云、〈汝且暫時斂念、善悪都莫思量〉。明乃稟語。六祖云、〈不思善、不思悪、正当与麼時、還我明上座父母未生時面目来！〉　明於言下、忽然黙契、便礼拝云、〈如人飲水、冷暖自知！〉。

（20）浄慧師引用原文「行者見苦求、便即与説、先教石上端坐、静思静慮、〈不思善、不思悪、正与摩思不生時、還我本来明上座面目来！〉」。『祖堂集』巻十八・仰山和尚章には「行者見苦□、□□与説、先教向□上端坐、静思静慮、〈不□□□思悪、正与摩思□生時、還我本来明上座面目来〉」（三四四頁下、□は欠字）とあり、欠字が多い。浄慧師の引用文は、同書弘忍章

などに基づき文字を補ったものと思われる。
(21)『隋唐仏教』五三四頁。
(22)浄慧師引用原文「無《壇経》秉承、非南宗弟子」。鈴木校本第三八節「無壇経稟承、非南宗弟子也」。スタイン五四七五本「無壇経稟承、非南宗定子也」、敦博七七号本および旅博本「无壇経稟承、非南宗弟子也」。浄慧師の引用が何に拠ったのかは不明。
(23)宗宝本『壇経』機縁第七の言葉。「諸仏妙理、非関文字」(大正蔵四八巻、三五五頁上)。
(24)四三―四七頁。「拾文」なる筆名で掲載されている。また、釈如禅主編『《六祖壇経》研究』(中国大百科全書出版社、二〇〇三年)にも収録される。

三　慧能得法偈の再検討

菩提本無樹、明鏡亦非臺。本来無一物、何処惹塵埃。(1)

『六祖壇経』などの禅籍に掲載されたこの偈は、西暦六六一年に黄梅の弘忍禅師のもとで慧能がうたって以来、(2)千三百年余りを経て中国仏教史・思想史上に広く伝えられ、人口に膾炙しつづけてきた。さらに禅宗文化とともに、朝鮮や日本など近隣の友邦にまで伝播し、前近代における外国との仏教文化交流における一里塚としての性格を持った重要事項の一つともなっている。一九二二年、日本の仏教学者・矢吹慶輝がイギリスの大英博物館において、スタインが我が国の敦煌千仏洞から盗み出した「敦煌本」の『六祖壇経』を発見したが、その内容は現行本『壇経』とはかなりの相違があった。そのため日中両国の研究者の関心が呼び起こされ、数十年にわたって多くの博学の士が非常に価値ある研究を進めて、おびただしい論文と著書が世に問われたのである。『壇経』の現行本と敦煌本とは合わせて三万余字だが、しかしここ数十年来の学者たちが『壇経』と慧能の歴史を研究した文章は、おそらく『壇経』そのものの字数の数十倍から百倍近くにまでなるだろう。こうした学術の盛況は、古今東西の文化史上に類を見ないものである。筆者もまたこの状況につねに触発されており、浅学をかえりみず、一九八二年に「〈敦煌写本壇経〉是〝最初〟的〈壇経〉嗎?」(『法音』一九八二年第二期および香港の『内明』一五一期)

を書いた。[3] わたしは現在もその文章の基本的見解を堅持している。本稿は敦煌本『壇経』所載の慧能得法偈にかかわる問題について改めて考察し、教団内外の専門家に教示を乞うものである。

敦煌本『壇経』における慧能得法偈の全文は、次の通りである。

菩提本無樹、朋（明）鏡亦無臺、仏姓（性）常青（清）浄、何処有塵埃。（『六祖壇経諸本集成』八頁）

偈文の第三句は、現行本『壇経』および関連の禅籍はひとしく「本来無一物」としているが、敦煌本は「仏性常清浄」とする。どちらが正しくどちらが誤っているのか、学術界ではしばらく判定を下しかねている。筆者は、慧能得法偈の前提、慧能の修行者に対する教化と説法の特徴、および慧能思想の柔軟性という三つの側面から検討を加え、それによって是非を分別したい。

1

まず我われは、神秀《じんしゅう》〔？—七〇六〕の得法偈があってはじめて慧能の得法偈が作られたことを知っている。つまり慧能の得法偈は前提を持つものであり、目的があって作られたものなのである。神秀の呈心偈は次の通りである。

体は菩提樹、心はかがやく鏡を置く臺のよう。つねにたゆまず拭き清めて、塵や埃がつかないようにしよう。[4]

慧能はその刃に触れた毛さえ切れてしまうという鋭利な剣をとり、蔦のように絡み合う分別見を切断し、獅子の雄叫びをあげて、神秀の呈心偈をまっこうから否定する千古の絶唱をなした。「菩提にもともと樹などはなく、かがやく鏡は臺座ではない。本来何物も無いのだから、どこに塵や埃がつくだろうか」と。(5) その結果、一介の薪売りが衣鉢を承けて法統を継ぎ、獦獠《かつりょう》と呼ばれる異民族がただちに仏の位に登り、(6) 文盲がまるごと法燈を継ぐこととなった。これは仏教史上において空前絶後、いにしえに轟き今にかがやく大事件である。この偉大なる奇跡の誕生は、もとより慧能が大いなる智慧をそなえ、見識がずばぬけており、仏門における真の千里の駿馬であることを証明しているが、さらには、弘忍大師が当時の禅門の領袖・七百人の賢者たちの指導者たるに恥じないことをも証明している。彼はひとり正しい眼を持ち、英才を見分け、大方の意見をしりぞけて、仏門に入ったばかりの出身の卑しい若者に、衣を伝え法を与えたのである。この歴史上の事件は、単純に弘忍と慧能の師弟間における衣鉢授受の問題と考えてはならず、また単に仏教史上の風変わりな美談とみなしてもならない。少しの誇張もなしに言うが、弘忍と慧能の間における衣鉢の伝承は、漢代から唐代に至る仏教のありようを徹底的に変えたのみならず、唐宋以降の中国思想文化史に新たな頁を開いたのである。禅風の伝播にともない、朝鮮、日本などにおける思想文化に影響したことは、千年の久しきに達している。近年では禅文化は海をわたり、西洋文化に新鮮な血液を注入して、欧米の多くの人士の興味をかきたてており、その発展の前途はまさに限りない。こうした文化的奇跡を引き起こした要因はもとより多方面にわたるが、しかしもっとも肝要でもっとも直接的な原因は、慧能の得法偈に帰せざるを得ないのである。五代の著名な詩僧・斉《せい》己《き》(八六四―九四三?)の詩には次のように言う。「そのかみ六祖は黄梅山にあって、五百人の弟子の中で独りだけ目が開いていた。奥座敷での偈は響いて絶唱を伝え、母屋に上がっただけの者はみだりに己の多才をたのむのだ」(7)。ゆえに、我われは慧能の偈が生み出した影響を決して過小評価してはならないし、また偈そのものの文字が正確か否かを決しておろそかにしてはならないのである。

神秀の呈心偈は全体で四つの肯定句であるが、慧能の得法偈もまた、全体で一気呵成の四つの否定句であって、これが轟く雷のごとき力量、山を倒し海を傾ける勢いをそなえて神秀にせまり、赤面動悸して口もきけなくさせたのである。もし本当に敦煌本『壇経』が記すように、第三句が「本来無一物《ほんらいむいちもつ》」ではなく「仏性 常に清浄」あるいは「明鏡 本より清浄」であったなら、文勢が滞って通じないばかりでなく、内容もまた無味乾燥である。試みに問おう、五祖門下の五百人中で「仏性 常に清浄」を言い得る人物が、慧能ひとりに過ぎなかったなどということがあるだろうか！　もしこうした平凡きわまりない野暮な内容の偈であっても、黄梅五祖の衣鉢を嗣ぐことができるのなら、神秀はとっくに衣をたてまつって去っており、慧能の番が巡って来ることなどそもそも無かっただろう。

「本来無一物」と「時時に勤めて払拭《ほっしき》し」は、「頓悟の南宗、漸修の北宗」あるいは「南宗の慧能、北宗の神秀」という禅風を形成した鍵であって、これは禅宗発展の歴史によってすでに結論が出ており、本来は今さら議論する必要はない。しかしある学者は、敦煌本『壇経』に収められる慧能得法偈の第三句が、「仏性 常に清浄」に作っているというたった一つの証拠（西夏語訳『壇経』残簡のこの偈も第三句を「仏法常清浄」としているが、しかしその祖本はまさに敦煌本である）と、それと関連する記録によって、次のように言う。慧能は「仏性」論者であり、仏性論は「有」を主張するものである、「有」

を主張する慧能が「本来無一物」のような「空」に属する見解を持つはずがない、と。彼らは敦煌本『壇経』以外の、慧能得法偈の第三句を「本来無一物」となすあらゆる禅宗典籍（諸本『壇経』を含む）および関連する記録を、みな一律に後人の「改竄」とみなすのである。以下は、ある学者のこの問題についての論述の一部である。

恵昕が先頭に立って、「仏性常に清浄」を「本来無一物」に改竄した。これは慧能の思想に根本的な改竄をおこなうものである。つまり〈仏性〉論者の慧能を虚無主義者に改竄してしまったのであり、ここから以後のより多くより大きな改竄への、きわめて劣悪な端緒をなしたのである。しかもその後、契嵩本、宗宝本が広く流通するのにつれて、〈本来無一物〉と改竄された偈文が〈仏性常に清浄〉に取って代わり、中国思想史上に誰もが知る偈文となった。そして千百年来、偽を真とし、真偽が明らかにされなかったのである。（『壇経』対勘』一九頁）。

「仏性　常に清浄」は慧能の「得法偈」におけるもっとも肝要な一句であるが、以後の諸本『壇経』においては、恵昕本を嚆矢として（契嵩本、宗宝本はこれを受ける）、これを「本来無一物」に改竄したのである。偈文中のこの句を最初に改竄した者は、『般若経』の「性空（実態ある本質はない）」を「本無（本体は無である）」と誤解し、ついに「本無」によって「仏性」を改竄したのである。（『壇経校釈』一七頁）(8)

この論述二段には検討すべき点がいくつかある。一つ目に、『壇経』における慧能得法偈の第三句は結局のところ「本来無一物」なのか「仏性常に清浄」なのか？　どちらが原文で、どちらが改竄を経た偈文なのか？　歴史的記録はもっとも公正な審判である。事実にもとづいた正しい判断を下すために、仏教史上における代表的な著作の中からこの偈を記録する資料を抽出列挙し、全面的な比較をおこなうべきであろう。

『天台三聖詩』豊干禅師詩（約七世紀中葉）	本来無一物、亦無塵可払。若能了達此、不用坐兀兀。（『天台三聖二和詩』二七五頁）
黄檗希運禅師『宛陵録』（八五七）	所以祖師云、付此心法時、法法何曾法。無法無本心、始解心心法。実無一法可得名坐道場。道場者秖是不起諸見、悟法本空、喚作空如来蔵。本来無一物、何処有塵埃。若得此中意、逍遙何所論[9]。
『祖堂集』（九五二）	行者却請張日用与我書偈、某甲有一拙見。其張日用与他書偈曰、「身非菩提樹、心境亦非臺。本来無一物、何処有塵埃」。（『祖堂集』巻二・弘忍章[10]）

同右	『宗鏡録』（九六一）
第一、韋中丞問（仰山）和尚曰、「五祖云何分付衣鉢与慧能、不分付神秀？　既分付後、云何慧明又従五祖下趁到大庾嶺頭奪其衣鉢？　復有何意不得衣迴？　某甲在城曾問師僧、悉各説不同。某甲常疑此事、和尚稟承有師、願垂一決」。師答曰、「此是宗門中事、曾於先師処聞説。登時五祖下有七百僧。五祖欲遷化時、覓人伝法及分付衣鉢。衆中有一上座名曰神秀、遂作一偈上五祖、 　身是菩提樹、心如明鏡臺、 　時時勤払拭、莫遣有塵埃。 後磨坊中盧行者聞有此偈、遂作一偈上五祖曰、 　菩提本無樹、明鏡亦非臺、本来無一物、何処有塵埃」。 （『祖堂集』巻十八・慧寂章）(11)	如六祖偈云、 　菩提亦非樹、明鏡亦非臺、本来無一物、何用払塵埃。 （『宗鏡録』巻三一）(12)

『壇経』恵昕本（乾徳五年、九六七）	菩提本無樹、明鏡亦非臺、 本来無一物、何処有塵埃。 （『壇経諸本集成』九二下）
『壇経』興聖寺本（一一五三）	菩提本無樹、明鏡亦非臺、 本来無一物、何処有塵埃。 （『壇経諸本集成』五二上） 「大乗寺本」「興聖寺本」は「恵昕本」と源流を同じくしており、部分的な異同があるのみである。
『壇経』高麗伝本（一二五六）、ここでは一八八三年重刊本による	菩提本無樹、明鏡亦非臺、 本来無一物、何処有塵埃。 原注：此依黄梅山祖偈正作「惹」字、若「有」、非。 （同右一二一上）
『壇経』徳異本（一二九〇）	菩提本無樹、明鏡亦非臺、 本来無一物、何処惹塵埃。 （同右）この本と高麗伝本は同一の源流である。

『壇経』宗宝本（一二九一）、真樸重梓本（一六七六）、曹渓原本（一六五二）なども同じ

菩提本無樹、明鏡亦非臺、
本来無一物、何処惹塵埃。

慧能得法偈を記す仏教典籍は、すでに知られているものでも五十種ちかくあるが、第三句はみな「本来無一物」に作っている。「仏性 常に清浄」に作るのは『壇経』の敦煌本と西夏語訳本のみであり、しかも文字が誤っている。やはり以下に書き写して、対照してみよう。

『壇経』敦煌本
（九六〇年前後）

菩提本無樹、朋（明）鏡亦無臺、
仏姓（性）常青（清）浄、何処有塵埃。
又偈曰、
心是菩提樹、身為朋（明）鏡臺、朋（明）鏡本清浄、
何処染塵埃。
（『壇経諸本集成』八頁）

西夏語本『壇経』残簡、羅福成還訳（一九三二）

菩提本樹無、明鏡臺亦非、
仏法常清浄、何処塵埃有。
心是菩提樹、身即明鏡臺、
明鏡本清浄、如何塵埃惹。
（『壇経諸本集成』四三五頁）

両者を比較すれば、どちらが本物でどちらが偽物か、どちらが原文でどちらが改竄を経たものか、すでに火を見るより明らかではないだろうか？　これはまさに、『宋高僧伝』巻八・神秀伝が次のように言うところである。

神秀は拭き清めることで心を明らかにし、慧能はすべて非として道を高唱した。神秀は北方で教化することになっても、修練の努力を尊び、そのため慧能は南方に岐を分かち、段階を経ずに悟るという説を興した。(13)

万方回の『碧巌録序』も言う。(14)

達磨から六祖まで衣が伝えられてはじめて言葉による教えが出現し、「本来無一物」を南宗とし、「時時に勤めて払拭す」を北宗とした。これより禅宗では古い公案に批評の偈頌をつける頌古《じゅこ》が行われるようになったのである。その学徒には翻案法―提示された語句をひっくり返す手法―があり……われわれ世俗の詩人がいう活法―原則と変化の法―を深く得たものである。(15)

神秀の偈は四つの肯定句であるが、慧能の偈はその意味をひっくり返して用い、四つの否定句を提示した。かれは「翻案法」を運用して、有無を断ち切り、当時の仏教界にあった「言語や概念を分別し」「海に入って砂を数える」(16)かのような旧習を一掃して、清新にして活力にあふれ、こだわりから解放された自由自在な禅風の先蹤を開いたのである。

二つ目に、慧能の得法偈は「わが法門はいにしえより、まず思念が無いことを宗旨とし、形相が無いことを本体とし、留まることが無いことを根本とする」(17)という思想と首尾一貫したものである。いわゆる「菩提に本《も》と樹無し」とは、「形相が無いことを本体とする」ということである。「明鏡も亦た臺に非ず」とは、「まず思念が無いことを宗旨とする」の意である。「本来無一物、何処《いずく》にか塵埃を惹《ひ》かん」とは、「留まることが無いことを根本とする」の意である。そしてこの三者は、実は戒律、禅定、智慧について、慧能が言い換えた表現なのである。宋代に契嵩《かいすう》が撰した『六祖大師法宝壇経賛』はそのことを明確に述べている。彼は言う、「一切の戒律にもとづくには、無相より行き届いたものはない。一切の禅定を正すには、無念より行き届いたものはない。一切の智慧に通じるには、無住より行き届いたものはない」[18]。神秀の呈心偈もまた、戒律・禅定・智慧の内容にもとづいて創られたものである。戒律によって身を治めれば、身体が清浄となる。ゆえに「身は是《こ》れ菩提樹」の一句があり、戒学を明らかにしている。禅定によって心を治めれば、心が明浄となる。ゆえに「心は明鏡臺《みょうきょうだい》の如し」の一句があり、定学を明らかにしている。戒律の護持も禅定の修行も、いずれも智慧によって観照してはじめて、日々新たな進歩が得られる。ゆえに「時時に勤めて払拭《ほっしき》し、塵埃《じんあい》を惹《ひ》かしむる勿《なか》れ」の一句があり、慧学を明らかにしている。神秀偈の重点は「時時に勤めて払拭し」であり、通常の次元において仏教の理論と実践をいかに統一するかという問題を解決する、いわゆる漸悟である。慧能偈の重点は「本来無一物」にあり、その言葉にはほとばしるような勢いがあって、仏教の理論と実践とを、より高い次元においていかに統一するかという問題を解決しており、いわゆる頓悟なのである。

三つ目に、「本来無一物」の「本来」の二字は、結局のところどう解釈するべきなのか？ 『壇経校釈』の著者は、「偈文中のこの句を最初に改竄した者は『般若経』の〈性空《しょうくう》（実体ある本質はない）〉を〈本無（本体は無である）〉と誤解し、ついに〈本無〉によって〈仏性〉を改竄したのである」と考えている。我々はこうした「関係」の論拠は不十分であると考える。「本来」の二字は日常よく見かける語であり、それは仏教経典で常用される「従本以来」の省略形、禅宗語録における「本来人」「本来面目」の簡略形である。その意味は「もとより」そうであったということで、副詞または形容詞として用いられ名詞ではない。唐宋の詩人は常にこの語を用いて詩句を構成している。たとえば司空図《しくうと》「柏梯寺懐旧僧（柏《はく》梯寺《ていじ》に旧僧を懐《おも》う）」詩――

依棲応不阻、名利本来疎（住処に来客を拒むことはないが、名利とはもとより無縁[19]）。（副詞）

張喬《ちょうきょう》「寄山僧（山僧に寄す）」詩――

大道本来無所染、白雲那得有心期（大道はもとより汚れることなく、白雲にどうして何かを望む心があろうか）。（副詞）

白居易「白頭」詩――

況我年四十、本来形貌羸（いわんや私は齢四十、もとの容貌も衰えてしまっている[20]）。（形容詞）

蘇軾《そしょく》「南華寺」詩に言う――

云何見祖師？　要識本来面（六祖にまみえるにはどうすればよいか？　必ず本来の面目を見て取ることだ[21]）。（形容詞）

同じく「和陶（陶に和す）」詩に言う――

忽然返自照、識我本来顔（ふっと顧みて自己を観照し、わが本来の面目を知る[22]）。（形容詞）

いわゆる「本来無一物」とは、直観的方法によって到達した言語を超え、相対を断絶し、時空の束縛を滅した、もっとも澄明な境界である。黄檗希運禅師は次のように言う。「貪り、怒り、愚かさがあるからこそ、戒律・禅定・智慧を立てるのだ。もともと煩悩が無ければ、どうして悟りがあるだろうか。だから祖師は言っている、〈仏が説くあらゆる教えは、あらゆる心を除くためなのだ。どんな心も無ければ、どんな教えも必要が無いのだ〉と[23]」。「汚染」があってはじめて「清浄」がある。世間と出世間、煩悩と菩提、生死と涅槃はみな相《あ》い対立するものであり、必ず統一が求められなければならない。これがまさしく神秀偈の体現する思想の境地である。慧能は「翻案法」を用いて、これを正面から受けて一歩もゆずらず、ずばり心源を指して、煩悩の本質には実体がなく、「人心を隔てず仏心に到る」[24]真実を示したのである。まことに明々白々、すっきり痛快ではないか！

2

つぎに、慧能の説法の特徴からも、得法偈第三句における作風を検討できる。慧能の説法は「状況に合わせて縄を解き」[25]、病に応じて薬を与えるもので、ひとつのやり方にこだわらないことで名高い。前述のように、かれはしばしば「翻案法」を用い、修行者の分別心を押さえ込んでいる。こうした例は『壇経』の中にしばしば見られ珍しくはない。こころみに数例を上げ、その一端を見てみよう。

1、[26]神秀の弟子志誠は「聡明で智慧がゆたか」、曹渓におもむき慧能の説法を聴いて来るように命ぜられた。慧能が、到着した志誠に問う、「君の師はどのように説法しているか」。志誠は答えて言う、「心をとどめてその静けさを観察し、坐り続けて横にならないようにと、常に教えています」。慧能は言う、「心をとどめてその静けさを観察するのは、病であって禅ではない。坐り続けて身体を拘束しても真理においてどんな益があるのか？」。慧能はついで「翻案法」を用いてその執着を破り、偈を示して言う——

生きているうちは坐ったまま横にならない行をつらぬいたとしても、死ねば横たわるばかりで坐ることはできない。ひとたび汚れた肉身を持ってしまえば、修行をしてなんになろう？[27]。

2、[28] 慧能はまた志誠に問う、「わたしは、君の師が門人たちに戒律・禅定・智慧の教えを説いていると聞いている。いったい君の師のいう戒定慧の実践はいかなるものか？ わたしに話してみなさい」。志誠は答える、「神秀大師はこうおおせです。もろもろの悪をなさないことを戒律と名づけ、もろもろの善をおこなうことを智慧と名づけ、心を清めることを禅定と名づける、と。神秀師の説はこのようなものです。いったい和尚はどのような法で人を教えるのでしょうか？」。慧能はやはり「翻案法」を用いて答えている。かれは言う、「もし私が人に与えるべき法があると言えば、それは君をたぶらかすことなのだ。ただ状況に合わせて縄を解き、仮りの名に徹するのみだ。君の師が説く戒定慧はまことにすぐれたものだが、私の考える戒定慧はまた異なっている」。志誠はそれを聞いて、まだ腑に落ちなかった。慧能は偈によって示して言う——

　心という大地に過失が無いのは本性としての戒律、心という大地に愚かさが無いのは本性としての智慧、心という大地が乱れないのは本性としての禅定。金剛石のごとき仏性は増さず減らず、生きるも死ぬももとより三昧の中。[29]

3、[30] ある僧侶が臥輪禅師偈を取り挙げて慧能に示した——

　わたくし臥輪のすぐれた手並み、千々の思いを断ち切って、外境にむかって心が起きず、悟りは日々に増進する。[31]

慧能はこの偈を聞くと次のように考えた。「この偈はまだ心の本質を明らかにしてはいない。もしこれに従って修行すれば、さらに繋縛を加えることになるだろう」。彼はその意味をひっくり返して用い、四つの否定句を続けざまに用いて一首の偈を説いた。

　わたくし慧能に手並みは無く、千々の思いはそのままに、外境にむかって心は起こる、悟りがどうして増進しよう？[32]

4、[33] 慧能は入滅前に門人法海ら十人を集め、次のように教誨した。「わたしは今、君たちが教えを説いて本来の宗旨をうしなうことがないようにさせよう。まず精神作用、感覚器官と外境、及びそれらの結合を説明する陰・界・入の三科法門と、動用三十六対《どうゆうさんじゅうろくつい》を挙げ、言うにも黙るにも両極を離れ、あらゆる法を説く際に本性を離れないことだ。もし君たちに仏法を問う人がいれば、必ず二つの側面を語り、対になる教えにもとづいて、最終的には両面を二つながら除き、まるで依頼するところが無いようにさせるのだ[34]」。これによって見れば、慧能の説法はその方法と効果とに非常に意を用いていたことが分かる。彼は嶺南〔現広東省〕にあって説法すること三十余年、その教化を受けた者は数限りなく、奥旨を得た弟子は四十三人、そのうちかなりの者が高く深い造詣をそなえた学問仏教の徒であった。たとえば著名な天台宗の学者永嘉真覚《ようかしんがく》禅師、涅槃《ねはん》学者印宗《いんそう》法師、天竺堀多三蔵などが、ひとしく足下に列して教えを受けたのである。慧能が説いた「三十六対」は、自然現象（「外境無情」）に関するものが五組、言語・概念（「法相語言」）に関するものが十二組、価値判断（「自性起用」）などに関するものが十九組である。慧能の考えによれば、説法をするときこの三十六対法の運用にたくみならば、次のような境地を実現できる。「あらゆる経典の教えを貫き、言うにも黙るも両極を離れる。本性において作用を起こし、人と語りあって、外には形相につきながら形相を離れ、内には空を体得しながら空を離れる。もし形相に執着するばかりであれば邪見を増長するし、空に執着するばかりであれば、無明の愚かさを増長させる」。慧能の説法は臨機応変、あらゆる場面で「状況に合わせて縄を解き」、「仏知見を開く」という目的に到達することに意が注がれる。(35) このことは、彼の高邁深淵でかつ平明素朴な禅風を、いきいきと具現化するものである。

『宗鏡録《すぎょうろく》』巻三一には次のように言う、「いったい諸仏の境界は、ただ不可思議な心における解脱の法門に赴くものである。不可思議な解脱とは何か？　あらゆる現象は非有でありながら有、有でありながら非有、固定的な見方では知ることができないために、不思議と言うのである。非有にして有である以上は、無に住《とど》まることはない。有にして非有なのだから、有に住まることもない。有無に住まらなければ、あらゆる現象において解脱する。あらゆる現象は有無を出《い》でないからである。……たとえば六祖の偈に言う、〈菩提も亦た樹に非ず、明鏡も亦た臺に非ず、本来無一物、何ぞ塵埃を払うを用いん〉。牛《ご》頭《ず》法融《ほうゆう》大師は言う、〈究極の真理は言葉を超えており、解脱もなく束縛もない。それは霊妙に物に応じ、常に眼前に存する。目前には何物もなく、何物もないままありありと現前する。人為を用いることはなく、本体はもとより空でも有でもない霊妙なあり方〉。また言う、〈物無くんば即ち天真、天真 即ち大道〉。寒山子の詩に言う、〈寒山にて石窟に住み、窟中には何物も無い。清潔でからりと晴れ晴れ、さんさんと太陽のような明るさ。粗食は貧弱な身をやしない、布の上着は幻のごとき体を覆う。千人の聖者が現れたからどうだと言うのだ、おれには天真仏がいる〉[36]。

永明延寿〔九〇四―九七五〕はここで「諸仏の境界」、「不可思議な心における解脱の法門」の道理をとても明瞭に述べている。「心における解脱の境地」においては一片の塵も受けることなく、「有でありながら非有」、「非有でありながら有」であり、出世間の「涅槃」という清浄な相もなければ、また世間の「生死」という汚染の相もない[37]。一切を定立させないのだから、どうして「仏性 常に清浄」が介在しようか？ 「物無くんば即ち天真、天真即ち大道」、「菩提 樹無し」、「明鏡 臺に非ず」、「塵の染むべき無し」[38]の間に、「仏性 常に清浄」を無理やり置いたならば、万里の晴天にたちまち一片の黒雲を生じ、大いに美観を損ねるのは免れない。文勢が滞るのみならず、内容にも差し障るのである。たしかに、現行本『壇経』において慧能は「わたしに一物が有る。頭も尾も無く、名も字も無く、背中も顔も無い」と説いており[39]、字面の上からは慧能得法偈の「本来無一物」の思想と矛盾するかのようである。しかし実際には、これはまさしく慧能の説法が非常な融通性をそなえているという特徴を体現しているのである。ある時には「本来無一物」と言い、またある時には「わたしに一物が有る」と言う。薬は病によって有り、教えは人によって立てられる。病に応じて薬を与え、機縁によって教えを施すのだから、どうして固定化された教えを人に与えようか！ 経に「仏法には定まった教えがない」と言うのは[40]、このことであろう。

3

最後に、私が慧能思想を学んで感得したことを述べたい。禅宗は菩提達磨から弘忍までの五代の祖師においては、四巻本『楞《りょう》伽《が》経《きょう》』の伝授と学習を非常に重んじていた。これは歴史にその証拠があり、否定できない事実である。弘忍と慧能が衣鉢を授受する際には、師弟の二人とも、『金剛経』を重視する傾向があったが、これもまた歴史に根拠のあることである。だが『壇経校釈』はこれに異なった見解を提出している。本書は次のように述べる。

　慧能の思想を説くとき、人々はそれを『金剛経』と結びつけがちである。……実は、これは先入観による歴史への誤解にすぎない。なぜなら『金剛経』は『般若経』系統の経典であり、その思想は世界観の上では、「性空縁起《しょうくうえんぎ》」論であり、思想の核心は「一切皆空」だからである。……しかし慧能の思想は世界観の上では、「真心」一元論―「真如縁起」論（原注：これは「性空縁起」と真っ向から対立する）者であり、解脱論の上では仏性論者であり、宗教実践の上では、「頓悟」思想の提唱者なのである。（三―四頁）

この一段の論述について、わたしは二つの面から考えを語ろうとおもう。

一つは、仏教の基本教義や各宗派の主要な見解は、その源流を全て釈迦牟尼《しゃかむに》その人の言葉に遡るべきである、ということである。この基本的事実を、我われ仏学を研究する者は認めなければならない。つまり仏法は、釈迦牟尼の正しい悟りにみなもとを発し、あらゆる仏法はみな釈迦牟尼を起点とするべきである。仏教の大乗・小乗、空宗・有宗の思想は、それぞれの重点があるとはいえ、しかしどれも仏陀の教えの一部分である。学術の発展という点から見れば、仏陀の教えは発展深化の軌跡を見せてはいる。しかし仏法における戒定慧《かいじょうえ》の三学、苦集滅道の四諦《したい》、諸行無常《しょぎょうむじょう》・諸法無我・涅槃寂静《ねはんじゃくじょう》の三法印《さんぽういん》、縁起説などの基本精神は、決して時間空間の条件の相違によって変化することはない。仏陀はあたかも傑出した医者のようなもので、彼の説く法は処方箋と同じなのである。人の病は千差万別であるから、仏陀の処方箋もまた多種多様である。病に応じて薬を与え、病が癒えれば薬もやめる。ある病人はある薬を飲み、病が癒える。また別の病人は別な薬を飲み、やはり病が癒える。病気の持つ陰陽の性質が違えば、薬の性質の寒温もまた異なる。もし我われが、同じ一人の医者がなぜ薬の性質が明らかに逆の処方をするのか、などと追求したらどうだろうか？　医者はただ笑って取り合わないだろう。真如から万法が展開するという真如縁起説にしても、万法に実体はなく諸縁によって仮に成り立っているという性空縁起説にしても、仏法である以上、どうして水と油でいられようか。世の中に完全に純粋な物事はなく、まして完全に純粋な思想などあり得ない。『壇経』一書において、引証される経典は十数部の多きをかぞえる。『金剛経』があり、『楞伽経』『維摩経』もあり、『涅槃経』『梵網経』もあり、『法華経』もある……といった具合である。慧能の思想はつまるところどの経典、どの思想体系に属するのか？　言ってみれば、属すると言えばすべてに属するし、属さないと言えばすべてに属さない。慧能は仏教の実践家であるから、かれは必ず仏の言葉を自己の言行の基準にしなければならず、かれの思想は仏法と合致している。だから「属すると言えばすべてに属する」と言うのである。仏の教えは、結局のところ言語や概念によって構成されており、それが表すところの事象の理そのものではなく、またそれを自己の覚悟と解脱に代えることはできない。梨の味を知ろうとするなら、必ず自分で口にしなければならないのである[41]。食べ物の話をし宝物を数えるだけでは、どうして飢えや貧しさを救うことができようか。だから「属さないと言えばすべてに属さない」と言うのである。

慧能は般若思想をきわめて重視する。かれが説法壇をしつらえて法を説く際には、まず始めに参会者に「心を浄め摩訶般若波羅蜜を念」じさせており[42]、『壇経』中の偈文はほとんどすべて「無相頌（形相が無いということについての詩）」なる名を冠している[43]。またかれは人に『金剛経』の読誦を勧めてもいる。かれは言う、「もし深い真理の世界に入り、般若三昧に入ろうとするなら、般若の行を修め、『金剛般若経』を読誦することだ。ただちに見性できるだろう[44]」。慧能は確かに、「真如としての本性が念を起こす[45]」「自性があらゆる現象を生みだす[46]」という考え方を非常に強調してもいる。しかし彼はまた同時に、「諸仏の国土はことごとく虚空にひとしく、人びとの霊妙なる本性にももとより実体はなく、一つとして得られるべき実質はない[47]」と何度も繰り返している。もし「真如縁起」と「性空縁起」とが真っ向から対立し、火と水のように相容れず、同一人物の思想の中で「平和共存」しようもないものであるならば、試みに問おう、慧能が『壇経』のなかで「空」を語り、また「有」も説いているという事実を、どう解釈すればよいのか？　『金剛経』も仏説であり、『楞伽経』も仏説である。『壇経校釈』著者の論理によれば、それらの思想体系は異なるのだから、釈迦牟尼は『金剛経』を説いた以上は『楞伽経』を説いてはならない。一方、もしこうした「思想体系」の異なる経典がすべて釈迦牟尼の説だと認めるなら、それらは彼の思想への「改竄」と「歪曲」であるということになってしまう。私がおもうに、歴史を尊重し事実を尊重するすべての学者は（『壇経校釈』の著者も含めて）、決してそのように問題を立て、問題を分析することはないだろう。

『壇経校釈』の著者は、慧能について「解脱論の上では仏性論者」であると述べるが、この判断はまったく正しい。慧能がそうであるのみならず、真の大乗仏教の実践者はすべてそうなのである。すべての生きとし生けるものに仏性があるというのは、大乗の実践者における共通の信仰であり、大乗の実践者がひとしく追求する目標は、解脱を求め、仏という果報を実現することである。我われには「仏性論者」を慧能ひとりに局限する必要はないと思われる。ただし、慧能は「〈頓悟〉思想の提唱者」であると述べている点については、これは事実に基づく真実を述べた評価であると思う。

二つ目に、『壇経』の内容から見て取れるのは、慧能はさまざまな対象に応じて説法の内容を決定しているということである。あるときは正面から指導し、あるときは側面から示唆を与え、あるときは機会をとらえて教えを授け、あるときは障害を取り除いてやるといった具合で、なんら固定的な形式や固定的な内容を持たないのである。我われは、現代人によって加工されたこの体系やあの視点を、単純に慧能の身にあてはめるばかりで、具体的、全面的に彼の思想を研究することをしなければ、事実に基づく真実を求める論評をなすことは難しいだろう。『壇経』は禅宗の教科書であり、内容はきわめて豊富である。その核心思想は現実に向き合い、人間生命に向き合い、社会に向き合うものである。彼は「仏法は世間にあり、世間を離れずに悟る。世間を離れて菩提を求めるのは、あたかも兎の角のように有りもしない物を求めることだ(48)」と主張した。また彼は大胆にも、「心が浄ければ国土も浄い」、「凡人は本性を悟らず、身中の浄土を見て取ることがなく、東だ西だと願う。悟った人はどこにいても同じである」と提唱した。さらに彼は、「もし修行しようとするなら在家でもよく、寺にいることは肝心なことではない。在家できちんと修行するのは、東方の穢土にいる人で心が善良であるようなものである。寺にあって修行しないのは、西方極楽浄土の人で心が悪いようなものである」と考えた。(49)『壇経』における『無相頌』の一首が、慧能の禅風の素朴な一面をもっともよく体現している。


心が平らかならどうして戒律を守る必要があろう。

行いがまっすぐならどうして参禅する必要があろう。

恩に感ずれば父母に孝養を尽くし、義に感ずれば上下が互いに憐れむ。

譲り合えば尊卑が和睦し、耐え忍べば悪人どもに悩まされることはない。

もし木をこすって火を起こすようにたゆまず修行を続ければ、汚泥にもきっと紅蓮が生える。

口に苦いのは必ず良薬、耳に逆らうのは必ず忠言。

過ちを改めれば心に智慧を生じ、短所を隠しても心の内は賢者とはいえぬ。

日々つねに人助けをするが、成道は布施の結果というわけではない。

悟りはただ心にのみ求めるのだ。

外に超越を求める必要などあろうか。

聞く所ではこのように修行すれば、天界はもはや目前にある。(50)

研究者たちは慧能についてあれこれと思想や体系を語りたがるが、彼の禅風には質実素朴な一面があることに注意する人は少ない。我われが力を尽くして人間仏教《じんかんぶっきょう》を提唱し[51]、そのすぐれた伝統を宣揚して精神文明の確立をうながそうという今日、慧能のこの『無相頌』は、我われ仏教徒にとって格別重要な現実的意義を持っている。

『壇経』には宝がある。『壇経』は大いなる宝の蔵である。仏教界にはこの宝蔵を発掘し、この宝蔵を利用し、けっして宝の持ち腐れにしない責務がある。

仏教の教義は、人々が身を以って実践するために提供されている。同時に学術文化の側面から議論をおこない、その法則を尋ね、その価値を判断することも許されている。しかし、こんにちの学術界は断片を切り取って思いのままに歪曲し、ある「学者」は仏教と仏教徒に対して悪意ある攻撃と誹謗中傷を行いさえしている。こうしたやり方は取るべきでないし、本当の研究活動の発展には無益である。真理の前で人は平等であり、法律の前でも人は平等である。我われは互いに尊重し、わけへだてなく人に接し、真実を追求する学風を提唱しなければならない。また、仏教文化を含む中国伝統文化の精華を発掘整理して、ともに社会主義精神文明の建設のために献身しなければならない。

（初出『法音』一九八七年第六期[52]）

注

（1）『六祖大師法宝壇経』自序品第一（浄慧師編『在家信徒必読経典』、一九〇頁、以下「浄慧本」と称する）、宗宝本『六祖壇経』行由第一（『大正蔵』四八巻、三四九上）。なお『大正蔵』本『壇経』は、浄慧師編『禅宗名著選編』（書目文献出版社、一九九四年）にも収録される。

（2）六六一年は唐・高宗の竜朔元年、慧能二十四歳。『六祖壇経』は、弘忍への入門時期やこの偈の作成時期を記さない。宗宝本『壇経』には、弘忍より法を得た慧能は十五年にわたって四会県に隠棲したとあり、『曹渓大師別伝』には儀鳳元年（六七六）、隠遁を終えた慧能が広州制旨寺に現れたとあるから、六六一年というのは両記事を総合しての判断だろうか。

（3）本書第二部第二章「『敦煌写本壇経』は「最古」の『壇経』か?」

（4）敦煌本『壇経』「身是菩提樹、心如明鏡臺。時時勤払拭、莫使有塵埃」（『六祖壇経諸本集成』六頁）。

（5）浄慧本『壇経』自序品第一「菩提本無樹、明鏡亦非臺。本来無一物、何処惹塵埃」（一九〇頁）、宗宝本「行由第一」（『大正蔵』四八巻、三四九頁上）。

（6）「獦獠」は『壇経』で弘忍が慧能を指して口にした言葉。その語義は定かでないが、丁福保『六祖壇経箋注』が「獦、音は葛、獣の名。獠、音は聊。西南夷を称するの謂いなり」（文津出版社版六十二頁）と注するように、漢族から見た異民族の呼称とするのが一般的な解釈であろう。浄慧師がいかなる意味で使用しているかは不詳だが、（漢族社会の基準で）身分もなく文化程度も低い人間を表していることは確かである。

（7）当時六祖在黄梅、五百人中眼独開。入室偈聞伝絶唱、昇堂客譲恃多才。……（「送文浩百法」『白蓮集』巻七）

（8）『「壇経」対勘』『壇経校釈』ともに郭朋の著。

（9）『大正蔵』四八巻、三八五頁中。

（10）『祖堂集』（禅学叢書之四）四三頁上、中文出版社、一九八四年。なお「弘忍章」の「章」字を原文は「集」に作るが、初出版（『法音』一九八七年第六期、十頁）に従って改む。また、『祖堂集』原文は「心境」を「心鏡」に作る。

（11）『祖堂集』三四三頁下—三四四頁上。第四行「乗承」、『祖堂集』は「稟承」に作る。

（12）『大正蔵』四八巻、五九四頁下。

（13）秀也払拭以明心、能也倶非而唱道。及乎流化北方、尚修練之勤。従是分岐南服、与頓門之説（『大正蔵』五〇巻、七五六中)。

(14)『碧巌録』巻頭収録の序文のうち、「紫陽山方回万里序」と署名される序が直後の引用文にあたる。『碧巌録不二鈔』はこの序を「方万里序」と呼び、作者は『竜舒浄土文』序に見える「紫陽虚谷居士方使君」と同一人物かと注している。これに従えば姓は方、諱は回、字を万里と称した人物であったと思われるが、浄慧師が「万方回」とした理由は不詳。

(15)自達磨至六祖伝衣、始有言句。曰、「本来無一物」為南宗、曰「時時勤払拭」為北宗。於是有禅宗頌古行世、其徒有翻案法……深得吾詩家活法者(『大正蔵』四八巻、一一三九上)。

(16)[唐]永嘉玄覚『永嘉証道歌』「吾早年来積学問、亦曾討疏尋経論。分別名相不知休、入海算沙徒自困(『大正蔵』四八巻、三九六頁下)。

(17)浄慧本『壇経』定慧品第四「我此法門、従上以来、先立無念為宗、無相為体、無住為元」(二〇三頁)、宗宝本『壇経』定慧第四(『大正蔵』四八巻、三五三頁上)。

(18)「資一切戒、莫至乎無相。正一切定、莫至于無念。通一切智、莫至于無住」。宗宝本(『大正蔵』四八巻、三四七頁上)および明版南蔵本の『壇経』巻首、『鐔津文集』巻三に収録される。文字にやや異同があるが文意に変わりはない。

(19)『司空表聖詩集』(『唐音統籤』七〇四)「上陌梯寺懐旧僧二首」第一首。

(20)『白氏文集』巻九・感傷一「白髪」

(21)『東坡後集』巻四「南華寺一首」

(22)『東坡続集』巻三・和陶詩「和東方有一士」

(23)『伝心法要』「為有貪嗔癡、即立戒定慧。本無煩悩、焉有菩提。故祖師云、〈仏説一切法、為除一切心。我無一切心、何用一切法?〉」(『大正蔵』四八巻、三八一頁中)。入矢義高訳注『伝心法要・宛陵録』(禅の語録8)三〇—三八頁、筑摩書房、一九六九年。なお『大正蔵』本『伝心法要』は、浄慧師編『禅宗名著選編』にも収録される。

(24)僧潤『因覧宝林伝』「祖月禅風集宝林、二千餘載道堪尋。雖分西国与東国、不隔人心到仏心」(『景徳伝燈録』巻二十九・讃偈頌詩、『大正蔵』五一巻、四五六頁中)。

(25)浄慧本『壇経』頓漸品第八「我若言有法与人、即為誑汝、但且随方解縛、仮名三昧」(二二〇頁)。宗宝本「頓漸第八」(『大正蔵』四八巻、三五八頁下)にも同文がある。

(26) この項は『壇経』頓漸品第八（宗宝本「頓漸第八」）にもとづく。

(27) 『壇経』頓漸品第八「生来坐不臥、死去臥不坐。一具臭骨頭、何為立功課?」（二二〇頁）、宗宝本頓漸第八（『大正蔵』四八巻、三五八頁中）。

(28) この項は『壇経』頓漸品第八（宗宝本「頓漸第八」）にもとづく。

(29) 『壇経』頓漸品第八「心地無非自性戒、心地無癡自性慧、心地無乱自性定。不増不減自金剛、身去身来本三昧」（二二〇頁）、宗宝本（『大正蔵』四八巻、三五八頁中下）。

(30) この項は『壇経』機縁品第七（宗宝本「機縁第七」）にもとづく。

(31) 『壇経』機縁品第七「臥輪有伎倆、能断百思想、対境心不起、菩提日日長」（二一九頁）、宗宝本「機縁第七」（『大正蔵』四八巻、三五八頁上）。

(32) 曹渓原本『壇経』参請機縁第六「慧能没伎倆、不断百思想、対境心数起、菩提作麼長?」（『六祖壇経諸本集成』二九八頁）。浄慧本（二一九頁）、宗宝本（『大正蔵』四八巻、三五八頁中）は「慧能」を「恵能」とする。浄慧師引用原文は「慧能」。

(33) この項は『壇経』付嘱品第十にもとづく。

(34) 原文「吾今教汝説法不失本宗、先須挙三科法門、動用三十六対、出没即離両辺、説一切法莫離自性。忽有人問汝法、出語尽双、皆取対法、究竟二法尽除、更無去処」。『壇経』付嘱品第十の文だが、浄慧本（二二五頁）、宗宝本（『大正蔵』四八巻、三六〇頁上中）ほか諸本原文には「皆取対法」下に「来去相因」四字がある。

(35) 「仏知見を開く」（原文「開仏知見」）は、『壇経』の語。浄慧本「機縁品第七」（二一一頁）、宗宝本「機縁第七」（『大正蔵』四八巻、三五五頁下）。

(36) 夫諸仏境界、唯趣不思議一心解脱之門。何謂不思議解脱? 以一切法非有而有、有而非有、非定量之所知故、称不思議。既以非有而有、即不住於無。有而非有、即不住於有。有無不住、即於諸法悉皆解脱、以一切法不出有無故。……如六祖偈云、〈菩提亦非樹、明鏡亦非臺、本来無一物、何用払塵埃〉。融大師云、〈至理無詮、非解非纏。霊通応物、常存目前。目前無物、無物宛然、不用人致、体自虚玄〉。又云、〈無物即天真、天真即大道〉。寒山子詩云、〈寒山居一窟、窟中無一物。浄潔空堂堂、皎皎明如日。糲食資微軀、布裘遮幻質。任汝千聖現、我有天真仏〉（『大正蔵』四八巻、五九四頁中下）。

(37) 「心における解脱の境地（一心解脱之中）」「涅槃」「生死」は『宗鏡録』巻三十一の語で、浄慧師引用の中略部分に見え

ている。「是知一心解脱之中、無有文字、則無生死、無煩悩、無陰界、無衆生、無憂喜、無苦楽、無繫縛、無往来、無是無非、無得無失、乃至無菩提、無涅槃、無真如、無解脱」（『大正蔵』四八巻、五四九頁中下）。

(38) 原文「無塵可染」。もとは［北宋］楊傑「『宗鑑録』序」（『宗鏡録』巻首）の語だが、浄慧師はこれによって慧能偈第四句の「何用払塵埃（何処惹塵埃）」を指しているようである。

(39) 浄慧本『壇経』頓漸品第八「吾有一物、無頭無尾、無名無字、無背無面」（二二三頁）、宗宝本「頓漸第八」（『大正蔵』四八巻、三五九頁中下）。

(40) 原文「法無定法」。［北宋］五臺山承遷『大方広仏華厳経金師子章註』「各無自性、由心迴転。法無定法、随心転変」（『大正蔵』四七巻、六七〇上）。ただし承遷の言う「法」は教えではなく現象のこと。

(41) 毛沢東『実践論』「梨の味わいを知ろうとするなら、梨を改革して自ら食べてみなければならない（你要知道梨子的滋味，你就得変革梨子，亲口吃一吃）」（『毛沢東選集』第一巻、人民出版社、一九九一年、二八七頁）。

(42) 浄慧本『壇経』般若品第二「師陞座、告大衆曰、〈総浄心摩訶般若波羅蜜多〉」（一九四頁）、宗宝本「般若第二」（『大正蔵』四八巻、三五〇頁上）。

(43) 次章「『六祖壇経』と生活禅」参照。

(44) 原文「若欲入甚深法界、入般若三昧者、須修般若行、持誦『金剛般若經』、即得見性」。『壇経』般若品第二の文だが、文字にやや異同がある。浄慧本一九六頁、宗宝本「般若第二」（『大正蔵』四八巻、三五〇頁下）。

(45) 浄慧本『壇経』定慧品第四「真如自性起念」（二〇四頁）、宗宝本「定慧第四」（『大正蔵』四八巻、三五三中）。

(46) 定慧本『壇経』自序品第一「何期自性能生万法」（一九一頁）、宗宝本「行由第一」（『大正蔵』四八巻、三四九上）。

(47) 浄慧本『壇経』般若品第二「諸仏刹土、尽同虚空。世人妙性本空、無有一法可得」（一九四頁）、宗宝本「般若第二」（『大正蔵』四八巻、三五〇頁）。『壇経』には、この一段は一度しか説かれていない。

(48) 浄慧本『壇経』般若品第二「仏法在世間、不離世間覚、離世覓菩提、恰如求兔角」（一九九頁）、宗宝本「般若第二」（『大正蔵』四八巻、三五一下）。

(49) 以上一連の教説は、『壇経』決疑品第三（宗宝本「疑問第三」）にもとづく。

(50) 原文「心平何労持戒、行直何用参禅。恩則孝養父母、義則上下相憐。譲則尊卑和睦、忍則衆悪無喧。若能鑽木取火、汚

泥定生紅蓮。苦口的是良薬、逆耳必是忠言。改過心生智慧、護短心内非賢。日用常行饒益、成道非由施銭。菩提只向心覓、何労向外求玄。聴説依此修行、天堂只在目前」。浄慧本『壇経』決疑品第三（二〇二頁）、宗宝本「疑問第三」（『大正蔵』四八巻、三五二頁中下）に見えるが、文字には少しく異同がある。もっとも近いのは『大正蔵』校勘記にいう甲本すなわち万治二年刊大谷大学蔵本であるが、なお全同ではない。さらには、次章「『六祖壇経』と生活禅」の引用文ともやや異同がある。次章注（14）参照。

(51)〔臺湾〕印順（一九〇六―二〇〇五）が提唱した仏教運動。凡夫が菩薩行を修めて仏となることが宗旨。信仰より実践を重視し、天神・鬼神への祈祷など神秘的な要素をしりぞける。印順「契理契機之人間仏教」「人間仏教要略」、郭朋「仏教思想史上的一位画時代偉人」（以上、黄夏年主編『近現代著名学者仏学文集　印順集』中国社会科学出版社、一九九五年）、および浄慧著・何燕生ほか訳『生活禅のすすめ』（山喜房仏書林、二〇一二年）の末木文美士「序」参照。

(52)八―十五頁に掲載。また、「関於慧能得法偈再探」の題で釈如禅主編『《六祖壇経》研究』第三冊（中国大百科全書出版社、二〇〇三年）にも収録される。本章原題は「関於慧能得法偈的再探」。『法音』初出版も同じ。

四　『六祖壇経』と生活禅(1)

今日の私の話は二つの部分に分かれます。一つ目は、各課の担当講師各位の講話を総括すること、二つ目は『六祖壇経』と生活禅についてのお話です。

まず一つ目の問題をお話ししましょう。講師のみなさんの講演は、先ほど申し上げたようにどれもすじみち立って、多くの教理について解説されました。わたしはただ、いくつかのことを簡単に述べて、みなさんが考える上で明晰な認識を得られるようにしようと思います。

第一に、仏学すなわち仏についての学問と、学仏すなわち仏を学ぶことの問題です。楽崇輝居士のまとめは、とても良いと思います。みなさん、覚えておいでですか。仏学とは何でしょうか？　学仏の視点から言えば、仏学は「理解」に相当し、学仏はすなわち「実践」なのでした。楽居士によるこのまとめは、真に仏法に参入しようとする我われにとって、とても役に立ち、我われの学問と修行のあり方を導くことができるものです。これこそが仏学と学仏の関係、すなわち理解と実践の関係なのです。みなさんはこの概念を覚えておき、これからの学習と修行の中で不断に具現化してゆかねばなりません。

第二に、学習と実践の問題です。実は先ほどもお話しした、仏学と学仏のことです。これをさらに具体的に述べれば、学習と実践の問題になるのです。ここにお集まりの僧侶の方々、居士の方々の講演は、ずっとこの主題を離れてはいませんでした。学習は、自己の生命を落ち着かせる過程において必要不可欠な段階です。しかし我われは、この段階にとどまることはできません。この段階にとどまっていれば、仏法の果報を享受することは永遠になく、あなたの生命もまた落ち着くことは永遠にありません。もしそうなれば、あなたは結局のところ単に仏法を研究し仏学を研究する人でしかなく、仏法と自己の生命、自己の現在、自己の苦悩とを、あたかも指定席番号に従って坐るようにきちんと対応させることができないのです。学習と実践とを離してはなりません。仏法への知的認識と自己の生命の本質とを、きちんと対応させなければならないのです。

第三に、事象と道理との問題です。これもまた、講師の僧侶のみなさんが繰り返し強調した問題です。私たちが仏法を学び始める時には、もとより道理を明らかにしなければなりません。しかし事象の上にこそ道理を明らかにするべきであって、事象を離れて何らかの道理を求めることはできないのです。事象を離れては、道理はありません。どうしてこのように言うのでしょうか？　なぜなら、真理は事相の中にこそ宿るからです。今日の午前中に楊先生がみなさんの多くの質問に答えましたが、その中に、因果による輪廻と業の報いの問題を、若い人たちが信じきれていないという問題がありました。これは見たところ事相の問題ですが、実は道理の問題でもあるのです。この問題を信じきれなければ、仏法に参入することはできません。なぜなら仏法は何を説こうと、虚雲和尚〔一八四〇―一九五九〕によれば、ただ二文字しかないからです。どんな二文字でしょうか？　一つは因、一つは果です。(2)三蔵十二部、すなわちあらゆる内容と形式の聖典は、すべて因果の二字を説き明かそうとするものに他なりません。因果を説けば仏法、因果を説かなければ外道なのです。因果には、世間の因果と出世間の因果、煩悩の因果である有漏因果と煩悩を離れた無漏因果が含まれます。午前中には、楊先生はさまざまな例を挙げて、因果による輪廻と業の報いが現実に存在することを、皆さんに教えてくれました。これは事象から道理を明らかにしたのです。妙華法師は人間生命についてのたくさんの哲理を話してくれました。これは道理から事象を明らかにしたのです。事象と道理が真に融合したところで、学仏ははじめて手がかりを得るのです。若者が因果と輪廻を信じきれないというのは、私が思うに、この問題の根本はやはり我われが思想の上で釈迦牟尼仏の人格、かれの偉大さ、崇高さ、かれの智慧、功徳を信じきれていないという問題にあります。なぜなら、因果による輪廻と業の報いを疑うのは、すなわち釈迦牟尼仏が究極的に我われの導師であるか否か、我われの依りどころであるか否かを、疑うことだからです。この問題について疑いを抱くのは、もちろんいけないと言うのではありません。しかし私たちは真実を求める態度で疑うべきであって、否定的な態度で疑うべきではないのです。否定的な態度で疑うのは、仏法を学ぶ人が取るべき態度ではありません。真実を求める態度で疑い、検討するのは、これは方法の問題であり、態度の問題ではありません。ですから、仏法という大海は、信じることが入る手段である[3]、と言うのです。何を信じるのでしょうか？　演臺の上にかかげられている標語には四句の語が書いてあります。「仏法僧の三宝を正しい信の核心とし、因果を正しい信の基準とし、般若の智慧を正しい信の眼目とし、解脱を正しい信の帰着点とする」と。わたしは、この四句は仏法のもっとも基本的でもっとも核心的な内容をまとめていると思います。真に仏法に邁進しようとする人なら、真実を求める態度の上に仏法への堅忍不抜の信念を打ち立てるべきです。私たち自身が決着をつけられない問題については、仏法や仏陀の教説こそ、それを思考する尺度と標準となるのです。古人はこれを聖言量《しょうごんりょう》と呼び、聖言量を私たちが問題を思考するための基準としたのです。これは我われ学仏の人の正しい態度です。ゆえに、正しい信を打ち立てるには必ず、「三宝を正しい信の核心とする」のです。

第四に中道の問題です。いまお話しした事象と道理、学習と実践、原因と結果などは、最後には中道に帰着しなければなりません。中道に帰着するとは、つまり一方に偏らないことです。中道に帰着するとは、つまり真実の空、神妙なる有です。昨日の午前には、明海法師が(4)『六祖壇経』の「三無」についてお話ししました。(5)わたしは、法師の語られる「三無」にはある気づきがあったと思います。改めて思い出していただきましょう、止住すること無く、思念が無く、形相が無い。この「無」とはどういう意味でしょうか？　この「無」は有無の無ではありません。ゆえに明海師は、止住すること無く、思念が無く、形相が無いというのは、つまりはこのように止《とど》まり、このように念じ、このように形を持つということだと語ったのです。このようにとは、本来のあり方のままにということ、これこそが中道です。ですから明海師のお話しになった気づきは、師が『壇経』について思索したということを証明するものです。三無は『六祖壇経』の根本思想であり、このように止まり、このように念じ、このように形を持つのは、すなわち中道であります。

ここ数日の法話には、このように簡単なまとめをしておきました。つぎに、『六祖壇経』と生活禅についてお話ししましょう。

今回の生活禅サマーキャンプの講義内容は、『六祖壇経』をめぐって展開したものでした。わたしは七、八年前すでに、『六祖壇経』は汲めども尽きない智慧をたくわえる仏法の大いなる宝蔵であり、また我われの人としての生活を指導する尊い典籍であると述べました。(6) 私たちが真に『壇経』を味わいつくし、さらにそれに依って修行するなら、学仏の大事はもう完成したと言えるのです。『六祖壇経』のさまざまな問題については、書かれた本や研究論文は、『六祖壇経』そのものの字数の一千倍を超えるでしょう。このことは、どのような角度にもせよ、肯定するにせよ否定するにせよ、人びとがこの経典を重視していることを証するものであります。

昨日ある居士の方が、毛沢東が逝去した後、彼の寝床から一冊の『六祖壇経』が見つかったとおっしゃっていました。(7) また聞くところによれば、毛沢東が生前、外出する時には必ず二冊の本を携えていた、ひとつは『金剛経』、ひとつは『六祖壇経』であったそうです。最後には毛沢東の提案により、中国のもっとも代表的な哲学書十部の中に、『金剛経』と『六祖壇経』を入れられたのです。どのような角度からこれら二部の経典に向き合うにせよ、毛沢東はきわめて深謀遠慮の人と言うべきです。まさにすぐれた見識があったために、彼はこの二部の経典を選んだのです。毛沢東は、『六祖壇経』は主観唯心主義を極限まで発展させた著作だと考えました。かれは『六祖壇経』をそう評価したのです。もちろん、かれのこうした評価の是非については、我われは問題にしません。しかし、少なくともかれがこの経典を本気で読んだ、この一点は認めなければならないでしょう。毛沢東が『壇経』を重視していたことについては、趙朴初老人が次のような逸話を語ってくれたことがあります。(8)「文化大革命」以前のこと、毛沢東が広東に視察へ行った時、省の指導者や幹部らがそろって会合を開きましたが、かれはそこで人びとに問題を出したのです。広東は唐代に最大の唯心主義哲学者を出したが、それは誰か知っているかね？　と。その場にいた指導者や幹部らは誰も答えられませんでしたが、当時、省委員会の書記をしていた陶鋳だけが知っており、(9) それは六祖慧能ですと答えました。続いて毛沢東が質問します、慧能には主観唯心主義哲学を極限まで発展させた著作がある、何という本か知っているかね？　と。人びとはやはり知らず、これまた陶鋳だけが知っていて、それは『六祖壇経』ですと答えました。毛沢東は、君たちはこの本をきちんと読み、理解しなければならないと言いました。毛沢東は唯物主義者です。ですから己を知り敵を知るという態度を持っており、だからこそ真剣に『金剛経』と『壇経』を研究したのでしょう。もちろんそれ以外の意図もあって、彼はこうした哲学書の中から有用な要素を吸収しようとしたのかも知れません。この二つの可能性は、同時に存在していたと言うべきでしょう。そうでなければ、両書を中国の哲学名著十部の一つとして推薦するはずがありません。惜しまれるのは、我われ哲学界には『六祖壇経』を真に理解する人が少なすぎることです。

我われ仏教内部の立場から言えば、一千年来この本と仏説の経典とを同等に見ていたのは疑いありません。なぜなら、中国の高僧・大師の著作が経と呼ばれる例はただこれ一冊だけであり、仏教界がこの書物に与えた地位の高さがわかるのです。ですから、もはやそれ以上の評価をして、屋上屋を架し、蛇に足を添える必要はないのです。

二番目に『壇経』のテクストについてですが、ここでは詳しくお話しすることができません。『壇経』にはさまざまなテクストがあり、おおよそ六、七種の多きを数えます。わたしはかつて『六祖壇経』のテクスト問題について二篇の文章を書きましたが、どれもとても長く、考証的なものです。わたしが一貫して揺るぎなく確信するのは、曹渓原本が『六祖壇経』のもっとも古く、もっとも権威あるテクストであるということです。しかしわたしの見解は学術界とちょうど反対のものです。なぜなら学術界は、敦煌で発見された一万余字しかなく、しかも一二〇箇所もの誤りを含んだテクストこそがもっとも古いテクストであると主張しているからです。わたしは決してこの意見に同意することはできません。

わたしはどういった角度からこの問題を考察したのでしょうか？ 六祖は南方で教えを説き、『六祖壇経』を記録した法海禅師は韶関〔広東省韶関市〕の人、六祖の衣鉢とご遺体はみな韶関の南華寺に保存されているからです。我われ仏教界の昔からの伝統では、祖師の形ある遺物をきわめて重視し、遺物は真理の象徴、真理の化身、真理の具現化と考えます。我われがこれらの遺物を尊重するのはすなわち真理を尊重することであり、これは事象から説きあかし、事象によって道理を明らかにすることです。だとすれば、真に六祖大師の法話を記録した『六祖壇経』を重視しない理由はなく、それを無上の法宝にしない理由はありません。ですから曹渓――すなわち六祖のご遺体がある土地に曹渓原本の『六祖壇経』が保存されている、これは理の当然です。ですからわたしは、学術界における『壇経』テクストについてのさまざまな見解について、受け入れることができません。それには胡適《こせき》〔一八九一―一九六二〕先生や、また台湾の我らが印順〔一九〇六―二〇〇五〕大師を含みます。[10] なぜなら、彼らのほとんどは南華寺に行ったことがなく、そうした切実な体験がないからです。

ここまでお話ししたところで、ちょっとした余談を挟んでも良いでしょう。六祖のご遺体が千三百年も保存されているのは、これはまったく容易ならざることです。中国は戦乱が頻発する国ですから、我われ出家者はあらゆる手をつくして祖師のご遺体を保存しようとします。これはつよい決意を持ち、仏法のために、生きとし生けるものの仏としての命のために、真心から生命を捧げる勇気があって、はじめて成し遂げられることです。わたしが今に至るまでずっと喜ぶべきことと感じているのは、かつて雲門寺にあって、一年のあいだ六祖のご遺体に香華を捧げてお仕えしたことです。というのは南華寺は交通の要衝にありますので、一九四九年の解放を目前にしたころ、虚雲老和尚は安全をおもんぱかって、(11)人に依頼して六祖大師と憨山徳清《かんざんとくせい》〔一五四六―一六二三〕大師という祖師お二人のご遺体を雲門寺に運び、そこに保存し供養するようにしたのです。わたしは一九五一年に雲門寺におもむき、受戒するとすぐに虚雲老人のそば近くで侍者になりました。六祖大師のご遺体と憨山祖師のご遺体は、どちらも住室の階上にありました。とても狭い棚の中に安置されており、毎日朝晩に焼香するのです。六祖のご遺体は千三百年の間にいくども漆を塗られており、身体も骨格もよく見えません。しかし憨山祖師は三百年しか経っていませんから、結跏趺坐している両足がはっきりと見えましたし、骨格も明らかでした。わたしはそのころ小坊主でしたから、焼香する時にはいつも祖師の袈裟をめくって、祖師のご遺体をなでさすりました。今に至るまではっきりと覚えていますが、祖師の身体に触れると、おのずと有り難い気持ちになったものです。対話することはできませんが、しかし我われが『壇経』を読み、憨山の『夢遊集』を読むのは、祖師と対話することと同じなのです。一九五二年に虚雲老和尚が雲門寺を離れる時になって、祖師おふたりのご遺体はやっと南華寺に戻されました。

我われ出家者が祖師のご遺体を尊重し愛惜することは、自己の生命の一千万倍にもまさります。我われはたとい身命を捨てても、祖師のご遺体、祖師の真身を損壊させてはならないのです。祖師が残した法話――『壇経』もです。当時はまだ印刷した本がありませんでしたが、人びとはきっと写本『壇経』をご遺体と同じ尊い聖遺物として、秘蔵し供養していたはずです。ですから、『六祖壇経』の曹渓原本が保存されていたのは、確実で疑いのないことなのです。それ以外の、曹渓原本を否定するあらゆる論点は、それにどれだけ十分な論拠があったとしても、事実上成り立ち得ないのです。なぜならどんな物事であっても、理論の上でどれだけうまく語ろうと、最後には事実によって語らねばならないからです。わたしは自分の見解をみなさんに無理強いするのではありません。お集まりの僧侶、居士、キャンプ参加者のみなさんがこの観点を理解し、これからみなさんが文章をお書きになる時には、『六祖壇経』のテクスト問題の上で誤った見解に固執しないでいただきたい、わたしは、そう願っているのです。もちろん、六祖は『六祖壇経』を説いておらず、神会《じんね》和尚〔六八四―七五八〕が説いたのだと言う人もいます。これがまさに胡適先生の見解です。なぜなら彼は神会和尚の語録の中に『六祖壇経』に類似した語句をたくさん見出したからです。[12] 学者がこうした説を唱えるのは、まるで最低限の常識すらないかのようです。彼は学生の知識が教師に由来するのを知らず、知識の継承と発展という視点すら否定してしまっているのです。『六祖壇経』のテクスト問題について、関連のない話をたくさんしてしまいましたが、その目的は事実によって道理を証明しようということです。

『六祖壇経』の内容は、先ほどお話ししたようにきわめて豊富なものです。みなさんが注意深く読みさえすれば、きっとそれぞれに得心するところがあるでしょう。今日は『六祖壇経』と生活禅という題目をお話しする以上は、その中の二首の『無相頌《むそうじゅ》』を学ぶことをおすすめしましょう。これはまったくよく説かれたものです。わたしの解説は必要ありません。みなさんはお帰りになった後、必ず以下の『無相頌』を暗唱してください。この『無相頌』を暗唱すれば、生活や修行の中で応用することができます。ここで、みんなで一度となえてみましょう。

言葉による教えも心に悟らせることも、大空に太陽が浮かぶようなもの。私はただ見性の法を伝え、世に現れて邪宗を打ち破るのだ。

真理そのものに頓漸の別はないが、修行者の迷悟には遅速の差がある。ただこの見性の法門だけは、愚人には了解しがたいのだ。説き方はさまざまだけれども、真理に契《かな》えばもとは一つ。煩悩という暗い家の中に、つねに智慧の太陽を昇らせるべきである。

邪な見解があれば煩悩が生まれ、正しい見解があれば煩悩は除かれる。正邪ともに用いなければ、清浄な境地で完全な涅槃に至る。

悟りはもとより自己の本性、そこに心を起こせば妄念となる。清い心は妄念の中にもうしなわれず、ただ正しい見解であれば煩悩・煩悩による業・業の報いという三障はなくなる。人びとが道を修めるには、すべて捨ててもかまわない。常に自己のあやまちを見れば、そのまま道と合致するだろう。

生きとし生ける者はおのずと大道に合致しており、互いに妨げ悩ますことはない。自己という道を離れ別に道を求めれば、生涯道を見ることはない。あたふたと一生を送り、最後に後悔するのだ。もし真の道を見ようとするなら、行いの正しさがすなわち道である。自らに道心がなければ、暗闇を歩いて道が見えないようなものである。

もし真の修道者なら、人びとのあやまちは見ない。もし他人の非を見れば、自分の非を顧みないことになってしまう。他人の非は非難せず、自分の非はもとよりあやまちと見る。ただ他人を非難する心をしりぞけ、それを打ち破れば煩悩も除かれる。愛も憎しみも、ともに心にかけず、両足を伸ばして寝るばかりだ。

他人を教化しようとするなら、方便を用いなければならない。相手に疑いを起こさせなければ、そこで自己の本性が顕現するのだ。

仏法は世間にあり、世間を離れずに悟る。世間を離れて悟りを求めるのは、ちょうど兎の角を求めるようなものだ。

正しい見解を出世間と名づけ、邪な見解を世間とする。正邪をすべて打ち破れば、悟れる本性がありありと現れる。この頌こそは頓悟の教え、また大いなる真理の船と名づける。迷える者は聞けば幾劫もさまようが、悟りは一刹那のことである(13)。

大変よろしい。これは多くの問題について、ただ二、三句でもって明々白々と説いているものです。

みなさんがよくよくこの『無相頌』を暗唱することを、わたしはもう一度すすめたいと思います。これを暗唱すれば、利益は限りないのです。またもう一首の『無相頌』があって、内容の上で互いに照らし合うものです。私たちがいつも口にする次の句です。

心が平らかであればどうして持戒の必要があろう、行いがまっすぐならどうして修禅の必要があろう。

（残念なことに我われの心は平らかにし難く、我われの行いはまっすぐにし難いものです。ですから我われはやはり持戒し、参禅する必要があります。戒律を守り禅に参ずる最終的な目標は、まさに「心平らか」「行い直」に到達することです。心が平らかでなく、行いがまっすぐでない時には、やはり持戒し、参禅しなければなりません。これがまさに事象と道理との関係なのです。）

恩に感ずれば父母に孝養を尽くし、義に感ずれば上下が互いに憐れむ。譲り合えば尊卑が和睦し、耐え忍べば悪人どもに悩まされることはない。もし木をこすって火を起こすようにたゆまず修行を続ければ、泥の中からもきっと紅蓮が生える。口に苦いのは必ず良薬、耳に逆らうのは必ず忠言。過ちを改めれば心に智慧を生じ、短所を隠しても心の内は賢者とはいえぬ。日々つねに人助けをするが、成道は布施の結果というわけではない。悟りはただ心にのみ求めるのだ。外に玄妙さを求め

る必要などあろうか。聞く所ではこのように修行すれば、西方浄土はもはや目前にある。(14)

これら二首の『無相頌』を読むのは、結局のところどんな問題を説明しようとするのでしょうか？本題に結びつけて言えば、まずは我われの執着をやぶり、一端に偏る執着を除かせるということです。何をするにしても一方に固執すれば、それは中道に合致しないことです。中道に合致したなら、執着もなくなるのです。執着は対立から生まれます。自己と他者との対立、私とあなたとの対立、是と非との対立、有と無との対立……。『六祖壇経』では三十六対を列挙していますが、三十六対をうまく運用すれば、こうした執着を打ち破ることができるのです。ですから、『六祖壇経』で説かれる一番目の偈頌は「菩提にもともと樹などはなく、かがやく鏡は臺座ではない。本来何物も無いのだから、どこに塵や埃がつくだろうか」なのです(15)。この偈の本来の意味は菩提樹を否定することではなく、明鏡臺を否定することでもありません。執着を打ち破ることなのです。「執着」とはつまり、事物そのものの上に人びとが無理やりつけ加えたさまざまな分別や思考です。もしあらゆる事物を在るがままに認識すれば、それがまさに中道です。我われが事物の上に加えたさまざまな分別や思考は執着です。それが、その在りのままではないから、執着なのです。人びとの妄想によって事物の上に加えられたあらゆる執着を取り去るのが、まさに中道なのです。

唯識宗における三性三無性の教理はとても良いことを言っています。三性とは遍計所執性《へんげしょしゅうしょう》、依他起《えたき》性《しょう》、円成実性《えんじょうじつしょう》です。この三性にはひとつの喩え話があります。円成実性は麻に喩え、依他起性は麻をより合わせた縄に喩え、遍計所執性は夜道を歩いていて、麻縄を見て蛇だと思い込み、同時にさまざまな恐怖を生じて激しく恐れることです。麻縄は麻縄であり、もしそれを蛇だと思いこめば、それは事実の真相を明らかにせず、麻縄の上にさまざまな分別、さまざまな判断を加えているのであり、ですから遍計所執性と呼ぶのです。依他起性なるあり方から分別、思考を取り去り、遍計所執を取り去って、依他起性を見破り明らかにすれば、即座に円成実性を悟ることができるのです。これは、依他起を離れてさらに円成実があると言うのではありません。つまり、あらゆる事物から妄想、執着、分別、判断をすっかり除いてしまえば、そこに現れる在りのままの境界が、まさに円成実性なのです。

執着を取り除くために、菩提にもともと樹などはないと説くのです。もし悟りが一本の木だと言い張れば、それは間違いです。菩提は一本の木でしょうか？　もし私たちが判断、分別を加えず、単に比喩として言うのであれば、そのようにも言えます。神秀《じんしゅう》大師は「体は菩提樹、心はかがやく鏡を置く臺のよう(16)」と説きましたが、彼はけっして間違ってはいないのです。ただ彼は真に対立を断ち切り、分別を離れた境界にはまだ到達していないと言うのです。ですから、六祖慧能は神秀の偈の意味をひっくり返して用いましたが、実はこれは相手の矛で相手の盾を攻撃するというやり方で、執着を打ち破ったのです。これはとても巧妙なやり方で、仏教における議論では常に用いられる方法です。ですから六祖大師は悟りを開いてからは、学問をしたことのない人であるにも関わらず、辨証論理と辨証法的思惟を運用して相手の執着を打ち破ったのです。このことは、六祖の見解の高邁さを示し、彼が完全な智慧に満ちていることを示しています。

執着を打ち破ることが、仏法の目的なのでしょうか？　わたしは目的だとは思いません。仏法は世俗のあり方を否定しないのです。執着を打ち破るのは、修道上の一つの境界、一つの体験、一つの真理への認識受容なのです。真理を認識受容し、そうした境界に到達したなら、その上で世俗に戻り衆生を救済しなければなりません。悟りの道はまだまだ永く続きます。ですから大乗の視点、禅宗の視点から言えば、出世間は世間に入るため、衆生を救済するためなのです。執着を打ち破るのは事実上は超俗ですが、妙華法師が昨日引用した朱光潜〔一八九七―一九八六〕の語にある「超俗の精神で、俗世の仕事をおこなう」なのです(17)。二首の無相頌はどちらも、執着を打ち破るのは何のためかを十全に説明しています。

世俗に交わるのもけっして簡単なことではなりません。世俗に交わるにも修行が必要なのです。どのように修めるのでしょうか？　これがまさに禅宗でつねに語られる、「正しい境界を保持する」ことなのです。なぜなら教理的に言えば、第八地が不動地であり、八地の菩薩に至ってはじめて修行が後退することがないからです。保持の努力には深浅があります。執着を破り世俗に交わるには、いかなる時にもそれを保持しなければなりません。私たちが普段口にする脚下を照顧せよ、今ここの自己を顧みよというのは(18)、実際には保持の努力をおこなうことなのです。

何を保持するのでしょうか？　正しい思念を保持し、日常の言動の中で正しい思念を失わず、生死の中にあって生死に支配されないようにする。ここで生死と言うのは、世間はすなわち生死、出世間はすなわち涅槃、迷いはすなわち生死、悟りはすなわち涅槃であります。生死には大まかに言って二種類があります。ひとつは一瞬一瞬における生死、ひとつは一生の生死です。心身が一瞬一瞬に生滅しているのが、つまり一瞬一瞬における生死です。私たちがある一念において悟ったなら、その一念はすなわち生死に決着をつけたのであり、もし一念一念において悟っていれば、それは一念一念において生死に決着をつけているのです。生活禅と言えば、わたし自身が仏法を学び、仏法を修めてきた過程において体験したことですが、生活禅はもっとも困難な修行の法門であり、もっとも高邁な修行の法門であり、もっともよく如来の本懐にかない、歴代祖師の本懐にかなう法門です。仏は三蔵の聖典を説き、私たちに何を教えたのでしょうか？　この心を管理することを教えたのです。それはどんな心でしょうか？　迷っている時には妄想心であり、妄想を打ち破ればすなわち真実心です。ですから、私たちはまずこの妄想心を管理しなければなりません。保持には二つの意味があります。私たちが大悟大徹していない時には、時々刻々に自己の正しい思念を保持し、どこまでも明晰清浄でなければなりません。二年前に、私はこうした境界について一つの総括を得ました。それは快活にして明浄ということです。つまり、修行者が一日二十四時間のあいだ身体は快活、心は明浄でいられるか否かということです。我われ修道者が快活明浄を成し遂げたなら、つまり最初にその境地に到達したなら、たとい一分一秒のあいだ成し遂げたのだとしても、必ずそれをしっかりとつかんで離さず、きちんと保持し、維持し、管理しなければなりません。これは私たちが迷っている時、修行に努力する過程の中で、正しい思念を保持、管理する実践です。また悟りを開いた後は、その悟境と体験を保持し、ふたたび外境や煩悩に汚染されないようにするのです。

ある人びとはいつも、このような修行をすべきである、あのような修行をすべきであると言って、修行をばらばらにし、仏の法門をばらばらにしてしまっています。私たちは、私たちの心が一念一念に生滅を繰り返し、一瞬一瞬に生死を繰り返していることを知らなければなりません。私たちはこの心を治め、この心を制御しなければならないのです。この心を制御、管理することが、すなわち観心です。観心法門はそれなりに難しいものですので、門を叩く小石、支えになる杖として、阿弥陀仏を念ずることにしても良いでしょう。これは百千の妄念を一念に集中させ、名号の一句に集中させて、妄念によって妄念を制するものです。これはとても効果的な方法で、その目的はまさに妄心を制御することにあります。阿弥陀仏はまた西方極楽浄土に往生しようと私たちに説きますが、これはすなわち衆生が財産・色欲・名誉・食物・睡眠を追求する思いを極楽往生への追求に転移させ、阿弥陀仏と極楽浄土の荘厳なありさまを想像させることです。これらは、私たちの妄心を征服することにほかならないのです。ある日、桶の底が抜けるようにずばりと真正の悟りを得た時には、阿弥陀仏の説かれた極楽浄土に到達したということなのです。その時に至れば、どこへ行こうとすべてが極楽浄土です。地蔵菩薩の目には、地獄がすなわち極楽浄土です。ですから彼は、地獄が空っぽにならないうちは誓って成仏せず、生きとし生けるものを救済し終えて、はじめて悟りを得よう、(19)と言ったのです。なぜなら地蔵菩薩は誓願によって地獄におもむくのであり、業にしたがって輪廻するのではないからです。ですから、私たちは生活の至る所に禅があると説きます。しかし、生活を真に禅化するのは、なんと難しいことでしょう！　私がみなさんに望むのは、学仏の過程において、大志を立て、悪路を行き、高峰に登ることです。そうしてはじめて、私たちが天にそびえ地を踏みしめる益荒男《ますらお》であることを、示すことができます。女性のキャンプ参加者も同じです。この問題には男も女もありません。人はみなますらおなのです。ここには、浄土の法門を実践しておられる方がたくさんおられるでしょう。浄土の法門は今もっとも流行している法門です。浄土法門も同じように生活禅に取り入れることができます。なぜなら禅を離れては、どんな法門も説くことができないからです。あらゆる法門も、禅も、母体は一つです。「説き方はさまざまだけれども、真理に契《かな》えばもとは一つ」なのです。

注

(1)「生活禅」については、浄慧『生活禅鑰』(生活読書新知三聯書店、二〇〇八年)参照。日本語訳は何燕生ほか訳『生活禅のすすめ』(山喜房仏書林、二〇一二年)。

(2)虚雲「禅堂開示」の冒頭に「辦道的先決条件・深信因果」として、次のように言う。「誰であれ、ことに修道に努力しようとする人なら、まずは深く因果を信じなければならない。もし因果を信ぜずでたらめを行えば、修道が成就しないのは言うまでもなく、地獄・餓鬼・畜生の三悪道も免れないのである」(『応無所住―虚雲和尚開示録』雲居山真如禅寺、二〇〇二年)。虚雲和尚については、本書中国語版第四六章「虚雲和尚行業記―紀年虚雲和尚円寂三十周年―」、四七章「虚雲老和尚的禅風」を参照。

(3)原文「仏法大海、信為能入」は『大智度論』巻一・摩訶般若波羅蜜初品「如是我聞一時」釈論第二(『大正蔵』二五巻、六三頁上)の言葉。

(4)明海法師は、浄慧師の弟子。二〇〇三年、浄慧師を引き継いで河北柏林寺の住持となった。『生活禅のすすめ』解説参照(二一一頁)。

(5)「三無」については本書第一四―一六章参照。

（6）前章に同じ内容が見える。したがって本章の元になった法話は二〇〇四年か二〇〇五年になされたものか。

（7）典拠未検。龔育之ほか『毛沢東的読書生活』（生活読書新知三聯書店、一九八六年）掲載の写真を見るに、毛沢東は寝床に多くの本を並べていた。恐らくは、そのうちの一冊に『六祖壇経』があったということかと思われる。

（8）趙朴初（一九〇七―二〇〇〇）は近現代中国の書家。一九八〇年より没年まで中国仏教協会会長の任にあった。著書に『仏教入門』（円輝訳、法蔵館、一九九二年）など。浄慧師は一九九三年より趙氏の下で中国仏教協会副会長を勤めた。本書中国語版第四十九章には「親切的会晤―趙朴初会長会見沈家楨博士側記―」が収録される。

（9）陶鋳（？―一九六九）、湖南祁陽の人。一九二六年中国共産党に加入、新中国成立後は広東省委第一書記、国務院副総理などを歴任。文革中に迫害され、一九七八年に名誉回復。著書に『前進する人民公社：広東省農村人民公社五年らいの基本的総括』（外文出版社、一九六四年）、『陶鋳文集』などがある。毛沢東との会見については、『毛沢東年譜（一九四九―一九七六）』第三巻（中央文献出版社、二〇一三年）一九五八年四月二十八日、同三十日参照。

（10）印順『中国禅宗史』（一九七一年序、上海書店、一九九二年）第六章「壇経之成立及其演変」参照。日本語訳に、伊吹敦『中国禅宗史―禅思想の誕生―』（山喜房仏書林、一九九七年）がある。

（11）一九四九年十月一日に中華人民共和国の成立が北京で宣言されたが、華南・西南地域では同十月より翌年三月まで共産党と国民党との戦闘が続いた。天児慧『中華人民共和国史』（岩波新書）一九頁、岩波書店、一九九九年。

（12）胡適「荷沢大師神会伝」（一九三〇年、『神会和尚遺集』胡適紀念館、一九八二年）の説。日本語訳として、小川隆「荷沢大師神会伝（上）（下）」（『駒沢大学禅研究所年報』一、二、一九九〇年、一九九一年）を参照。

（13）原文「説通及心通、如日処虚空。唯伝見性法、出世破邪宗。法即無頓漸、迷悟有遅疾。只此見性門、愚人不可悉。説即雖万般、合理還帰一。煩悩闇宅中、常須生慧日。邪来煩悩至、正来煩悩除。邪正俱不用、清浄至無餘。菩提本自性、起心即是妄、浄心在妄中、但正無三障。世人若修道、一切尽不妨、常自見己過、与道即相当。色類自有道、各不相妨悩、離道別覓道、終身不見道。波波度一生、到頭還自懊。欲得見真道、行正即是道。自若無道心、闇行不見道。若真修道人、不見世間過。若見他人非、自非却是左、他非我不非、我非自有過。但自却非心、打除煩悩破、憎愛不関心、常伸両脚臥。欲擬化他人、自須有方便、勿令彼有疑、即是自性現。仏法在世間、不離世間覚、離世覓菩提、恰如求兎角。正見名出世、邪見是世間、邪正尽打却、菩提性宛然。此頌是頓教、亦名大法船、迷聞経累劫、悟則刹那間」。浄慧師編『在家教徒必読経典』

所収『六祖大師法宝壇経』（以下、「浄慧本『壇経』」）般若品第二（一九八―一九九頁）、宗宝本『壇経』般若第二（『大正蔵』四八巻、三五一頁中下）に収録の頌だが、文字には異同がある。中川孝訳注『六祖壇経』（たちばな出版、一九九五年）二〇九―二一九頁。なお『大正蔵』本『壇経』は、浄慧師編『禅宗名著選編』（書目文献出版社、一九九四年）にも収録される。

(14) 原文「心平何労持戒、行直何用修禅。恩則孝養父母、義則上下相憐。譲則尊卑和睦、忍則衆悪無喧。若能鑽木取火、淤泥定生紅蓮。苦口的是良薬、逆耳必是忠言。改過必生智慧、護短心内非賢。日用常行饒益、成道非由施銭。菩提只向心覓、何労向外求玄。聴説依此修行、西方只在目前」。浄慧本『壇経』決疑品第三（二〇二頁）、宗宝本『壇経』疑問第三（『大正蔵』四八巻、三五二頁中下）に収録の頌。前章の引用とは文字に異同があるが、『壇経』原文により合致するのは本章である。なお敦煌本、恵昕本にこの頌はない。

(15) 原文「菩提本無樹、明鏡亦非臺、本来無一物、何処惹塵埃」。浄慧本『壇経』自序品第一（一九〇頁）、宗宝本「行由第一」（『大正蔵』四八巻、三四八中）。中川訳五一―五七頁。

(16) 原文「身是菩提樹、心如明鏡臺」。浄慧本『壇経』自序品（一八九頁）、宗宝本「行由第一」（『大正蔵』四八巻、三四八中）。

(17) 原文「以出世的精神、做入世的事業」。朱光潜『悼夏孟剛』「……この態度を保持することがもっとも顕著だったのは釈迦牟尼仏であったと言える。彼の一生はすべて〝超俗の精神で、俗世の仕事をおこなう〟であった。仏教は末流に至ると、ただ世俗を拒絶するだけで自我を乗り越えることができず、釈迦の歩んだ道とは正反対となってしまったが、これは釈迦の思いもよらなかったことであろう……もし孟剛くんも〝超俗の精神で、俗世の仕事をおこなう〟ことに力を尽くしていれば、彼を苦しめ、また将来他人をも苦しめる罪障の数々を打ち破ることが出来たはずである」（『朱光潜作品新編』一五頁、人民文学出版社、二〇〇九年）。また「以出世的精神、做入世的事業―紀念弘一大師」（『朱光潜作品新編』四五―四六頁）も参照。

(18) 「今ここの自己」は原文「当下」。中嶋隆藏「浄慧法師の生活禅における『当下』の思想」（『東洋古典学研究』四十一、二〇一六年）、参照。

(19) 原文「地獄未空、誓不成仏。衆生度尽、方證菩提」。『瑜伽集要焔口施食儀』巻一「一心奉請、衆生度尽、方證菩提、地獄未空、誓不成仏、大聖地蔵王菩薩摩訶薩」（『大正蔵』二一巻、四七六頁下）。

五　無門の門―禅堂講話

今回の生活禅サマーキャンプでは、坐禅にあてた時間が三回しかありませんでした。ほかの活動が多かったので、坐禅の時間は少なくなったのです。坐禅の滋味をほんとうに味わうのは、簡単なことではありません。

みなさんご存知の通り、柏林寺《はくりんじ》は趙州《じょうしゅう》和尚〔七七八―八九七〕の道場です。趙州和尚の禅法、趙州和尚の禅風としては、趙州茶[1]、庭前柏樹子[2]、趙州四門[3]、趙州橋のほか[4]、影響がもっとも深く広く、もっとも生命力を持っているのが、すなわち趙州和尚狗子無仏性の公案です。趙州和尚はある修行者の質問に答えた際、「狗子無仏性」の語を説きました[5]。当時、禅に参ずる人びとはこれを話題として問答や悟境の検証をおこない、かくして有名な公案となったのです。この公案の重点は「無」字にあり、一無は一切無、言語や思考の道は途絶え、意識の流れを断ち切って、口を開く余地をなくしてしまいます。まさに口を開く余地のないところで力を尽くし、答えを探すのです。この公案は唐代にはじまります。つまり、趙州和尚が世にあった時から、すでにこれを取り挙げて話頭とし、公案とし、禅に参入させる方便として、解説を加えていた人がいたのです。ご存知のように、趙州和尚と同時代の黄檗禅師は彼の語録の中ですでに「無」字の公案に参ずることを言及しています。ですから、話頭に参ずることを提唱した初めの祖師は黄檗禅師なのです[6]。黄檗禅師は臨済義玄禅師〔？　―八六七〕の師匠で、趙州和尚とは同世代、同時代の人です。[7] 宋代以降、「無」字の公案に参ずる人はさらに増え、「禅宗無門関」と呼ばれるようになります。宋代の無門慧開禅師の著書に『無門関』があって、古来の有名な禅宗の公案四十八則を収録しますが、第一則がまさに「趙州狗子無仏性」の公案なのです。この本には次のようにあります。「参禅は祖師の設けた関門を通らねばならず、すぐれた悟りは思考の道が断ち切られたところを、極めねばならない。祖師の関門を通らず、思考の道が断ち切られなければ、そのような修行者はことごとく草木の妖怪のような怪しげなものになってしまうのだ。さあ言え、祖師の関門とは何か？　ただ、この無という一文字が、すなわち宗門に入る関所なのだ。かくて題して『禅宗無門関』とする」。[8] 本書の趣旨は「無」の境地を明らかにすることにあり、同時に悟りは「無」を法門とせねばならず、門が無いことが法門であることを強調してもいます。こんにちに至るまでずっと、中国で、日本で、韓国で、禅宗が伝えられたあらゆる場所で、趙州和尚による無字の公案は無数の禅者によって用いられ、禅門に参入する手がかりとされています。ですから、「狗子無仏性」の公案は今に至るまで強い生命力と大きな影響力を持っていると言うのです。現在、日本における著名な禅師の何人かが西洋人を指導する時に用いているのが、まさにこの無字の公案です。日本臨済宗のある禅師らが修める法門、説いている禅法は、基本的にはみな趙州和尚の無字の公案です。

この公案と仏教教理、そして禅師たちの禅法とは、つまるところどのような関係なのでしょうか？　この無字の公案は、趙州和尚が修行者の質問に答えるとき機に応じて、指導する方便として呈示したものではありますが、その回答の主な目的は、まさに修行者のあらゆる執着、あらゆる分別、あらゆる知的見解を押しとどめることです。なぜなら、執着があり、分別があり、知的見解があると、対立が生じてしまうからです。そうなれば私たちの心と本性の全体は破壊され、禅そのものではなくなってしまうのです。どのようにすれば私たちの執着、分別、知的見解を押しとどめることができるのでしょうか？

壁を作るのです。この壁とは何か？　それがこの「無」なのです。この「無」は、有無の無として理解してはなりません。無いと理解してもならず、有ると理解してもならないのです。理解しようとすれば、もう誤りなのです。ですから、達摩祖師の『二入四行論』という重要な禅文献の中に、すでにこのような四句の語があって、参禅はどのように始めるべきかを説いています。「外には外界との関係を止め、内には心が乱れず、心が墻壁のようであれば、道に入ることができる」と。[9]「心が墻壁のよう」と趙州和尚が唱えた無字の公案とは、教えの上で、禅風の上で完全に一致しています。これは趙州和尚と初祖達摩との関係から見たのです。この無字の公案は、『六祖壇経』が強調する三つの無、「わが法門はいにしえより、まず思念が無いことを宗旨とし、形相が無いことを本体とし、留まることが無いことを根本とする」とも軌を一にするものです。[10]無字の公案と仏陀の説法、経論の宗旨とは一致するでしょうか？それはよりぴったりとかなうものです。みなさんがよくご存知の『金剛経』は、「あらゆる形相は、みな虚妄である。もし形相が形相でないことを見たなら、すなわち如来を見ることである」と強調します。[11]これもまた、私たちが真に修行の真実の境界《きょうがい》に参入しようとする時、必ず一切の形相を除かねばならない、ということなのです。一切の形相を除かず、真に仏法の功徳を享受し、生命の困難という問題を解決しようとしても、それは全く無理な、あり得ないことなのです。ですから趙州和尚の門風はきわめて高邁です。清の雍正帝〔在位一七二二―一七三五〕は『御選語録』を編集しましたが、『趙州和尚語録』に至って、趙州和尚はまさに古仏の再来であると讃えました。しかし彼は同時に、趙州老人は屹立する百尺の桐のように、枝も葉も無かったと惜しみました。[12] つまり、趙州の門風が高尚すぎたため、継承する人がなく、宗派を形成しなかったということです。趙州和尚の門下は、ただ四代つづいただけで継承者がいなくなってしまいました。ですが、かれの無字の公案は、かえって禅宗各派に継承され採用されました。これは、自身が一つの宗派を形成する影響力より、さらに大きなものです。

私たちは修行の中でどのように無字の公案を用いて方便とし、禅の境界に参入すればよいのでしょうか？　この問題は、古人が少なくとも一万回以上は繰り返して考えたでしょう。祖師の語録をひもといて見れば、各人のこの問題への回答、この公案への解説は、一万人いれば一万人の回答法があるほどです。なぜなら、それらはすべて自己の悟りの体験によってなされた回答だからです。今日はただ、この方便をどのように扱い、どのように用いれば、私たちも禅の境界に参入できるのか、をお話ししたいと思います。この点についてはすでに、数年前の禅七法会[13]で看と参とのちがいをお話ししたことがあります。わたしが唱えているのは、最初は看、つぎに参ということです。最初は、「無」字を「看《み》」ます。まずこの「無」字をかすかに意識の上に挙げ、注意力のすべてを「無」字を念ずる心の上に集中させるのです。目は閉じますが、しかししっかりとそれを見据え、反省内観の智慧の眼によって、この「無」字を見据えましょう。そこに妄想があろうがなかろうが、気にすることはありません。この「無」字を見守っていればよいのです。妄想が起こっても、気にすることはありません。注意力を散らさなければ、それでよいのです。坐禅の時にもそれを見守り、道を歩く時にもそれを見守り、眠る時にもそれを見守り、さらには日常の動作、語黙動静、あらゆる時あらゆる場所で、いつもこの「無」字を見守っていれば、修行はたやすく効果を得ます。わたし自身が入門した頃に試しています。「仏を念ずるのは誰か」という「誰」字の話頭にも参じたことがあるのですが、(14)この無字の公案の迅速で容易に効果が上がるのにはおよびませんでした。それをずっと念じている必要もありませんし、口に唱え続ける必要もありません。時どき意識に上げておけば、それでよいのです。私たちが「無」字を看るときには、最初の一念で相手も無、自分も無、是も無、非も無、仏も無、魔も無であるときっと気づくでしょう。あらゆる対立を解消し、しっかりとこの「無」字を見据えていれば、順当に修行が進むことうけ合いです。仏がやって来ても無、魔がやって来ても無、このようであれば外的環境に邪魔されることはほとんどありません。

どのようにすればこの境地を継続できるのか？　私が思うに、最低でも三つの心が必要です。第一に、信心が必要です。何を信ずるのか？　諸仏の説いた教えが真実でいつわりのないことを信じ、自分は仏と同じ智慧を持っており、ただ自分が迷いの中にいるために、自己の智慧を体験できず、自己のすぐれた姿を認識できないのだ、と信ずるのです。また、自己に本来そなわっている真如仏性は釈迦牟尼仏、および歴代の祖師と同一で、ただ私たちが迷いを悟りに転じ、俗世を離れて悟りに合致すれば、すぐさま十方諸仏、歴代祖師と呼吸をひとしくするのだと信ずるのです。

二番目に、道を求める心が必要です。ただ信心があるばかりで求道の緊迫感がなければ、やはり決心を下すことができず、修行の境地を継続することはできません。どうして道を求めなければならないのか？　なぜなら、私たちは真実を見失った生活の状態にあり、私たちの生命はさまざまな無明《むみょう》煩悩《ぼんのう》によって覆われ、解脱を得ず、自在を得ていないからです。私たちは必ず何らかの方法を編み出して、内心の苦悩と迷いを解消しなければなりません。苦悩と迷いとは、つまり無明と煩悩のことです。この問題が解決しなければ、私たちは自在を得ず、さばさばと自由な生活を送ることができないのです。世の中のたくさんの人びとが、「さばさばと行こう」と書かれたロゴ入りTシャツを着ているのを見ます。実際には、あれは自分を慰めているに過ぎません。一日中、無明煩悩の中でのた打っていて、どうしてさばさばしていられるでしょうか？　ただ家に帰る道を真に探し出し、そして我が家へと向かってこそ、家に帰って安らかに坐る希望があるのです。

三つ目には決心が必要です。つまり信心と道心を持った後でも、もし堅忍不抜の決心がなければ、それは三日漁をして二日間は網を干し、種を播いては一日あたためて十日ひやすというもので[15]、今生現在の身に悟りの功徳を享受することはあり得ません。私は繰り返し強調しますが、私たちは臨終の時になってから阿弥陀仏の名を唱えて西方極楽浄土に往生することなど決してできない、その日を待っていることなど絶対にできません。かつて仏陀が教えを説いて生きとし生けるものを救済したように、必ず、現世に涅槃を証さなければなりません。今ここに仏陀の果報を得て、そこではじめて本当のさばさばと自由な境地にあるでしょう。日ごろは主体性を発揮できず、どのように生活すればよいのかわかっておらずに、四苦八苦が迫り来るその時に、どうして自己を主体とできるでしょうか？　その時には業の力に制せられて、改めて正しい思念をはたらかせる力などまるで無いのです。ですから、必ず決意を持ち、私たちがまだ健康な時、まだ年若く活力あふれる時に、この問題について明らかに決着をつけなければなりません。そうすればその先、私たちの人となりや行いは、はじめて真に方向性を持ち、目標を持ち、原動力を持ち、願いを持つことになるのです。仏教は老人の宗教ではありませんし、学仏は老いてから改めて学ぶことはできません。「老いてからはじめて道を学ぼうとしてはいけない、参る人もいない墓の主はことごとく若者なのだ」というわけです[16]。年わかく体力がある時に志を立て、決心を下し、我が生命の本来の面目を、きっと明々白々とさせるのです。釈迦牟尼仏は三十歳で成道しましたし、歴代の大きな功績を残した祖師はみな若い時にすでに開悟していました。そのようにしてはじめて教えを説いて衆生を救済し、広く仏事をなすことができるのです。

私たちは無字の公案を真によく看ようとすれば、必ずこの三つの心をそなえなければなりません。この三心をそなえず、この「無」字を取り扱おうとするのは全く不可能なことです。みなさんはあらゆる縁を放棄して、今ここの心のありさまを把握し、この「無」字を見据えますように。さあ、参ずるのです！

注

（1）『御選語録』所収『御選円証直指真際趙州諗禅師語録』「師問二新到、〈上座、曾到此間否?〉云、〈不曾到〉。師云、〈喫茶去〉。又問那一人、〈曾到此間否?〉云〈曾到〉。師云、〈喫茶去〉。院主問和尚、〈不曾到、教伊喫茶去即且置。曾到、為什麼教伊喫茶去？〉師云、〈院主！〉院主応喏。師云、〈喫茶去〉」（巻五第二十九葉右、『雍正御選語録』第一冊、自由出版社、一九六七年）。秋月龍珉訳注『趙州録』（禅の語録11）三六二—三六三頁、筑摩書房、一九七二年。

（2）『趙州録』「時有僧問、〈如何是祖師西来意？〉師云、〈庭前栢樹子〉。学云、〈和尚、莫将境示人！〉。師云、〈我不将境示人〉。云、〈如何是祖師西来意？〉。師云、〈庭前栢樹子〉」（巻五第二葉右）。「問、〈如何是学人自己？〉師云、〈還見庭前栢樹子麼？〉」（三二頁）秋月訳『趙州録』三五—三八、六一—六二頁。

（3）『趙州録』「問、〈如何是趙州？〉師云、〈東門、西門、南門、北門〉」（巻五第七葉右）。秋月訳『趙州録』一〇二頁。

（4）『趙州録』「問、〈久嚮趙州石橋、到來只見略彴子〉。師云、〈闍黎只見略彴子、不見趙州石橋〉。云、〈如何是石橋？〉師云、〈過来！過来！〉又僧問、〈久嚮趙州石橋、到來只見略彴子〉。師云、〈闍黎只見略彴子、不見趙州石橋〉。云、〈如何是石橋？〉云、〈度驢度馬〉」（巻五第二十葉左—第二十一葉右）。秋月訳『趙州録』二七一—二七三頁。

（5）『古尊宿語要』本「趙州録」上（『古尊宿語要』中文出版社、一九七三年）「問、〈狗子還有仏性也無？〉師云、〈無〉。学云、〈上至諸仏、下至螘子、皆有仏性。狗子為什麼無？〉師云、〈為伊有業識性在〉」（三七頁）。秋月訳『趙州録』一三〇—一三一頁。

（6）本書第二部第二章注（18）参照。

（7）趙州、黄檗ともに南岳懐譲禅師下第三世。

（8）『無門関』第一則・趙州狗子「参禅須透祖師関、妙悟要窮心路絶。祖関不透、心路不絶、尽是依草附木精霊。且道、如何是祖師関？只者一箇無字、乃宗門一関也。遂目之曰、『禅宗無門関』」（『大正蔵』四八巻、二九二頁下）。西村恵信訳『無門関』（岩波書店、二〇〇四年）二一—二五頁。なお『大正蔵』本『無門関』は、浄慧師編『禅宗名著選編』（書目文献出版社、一九九四年）に影印収録されている。

（9）原文「外息諸縁、内心無喘、心如牆壁、可以入道」。『少室六門』第三門「二種入」末尾の偈の一部（『大正蔵』四八巻、三七〇頁上）。『大正蔵』本『少室六門』は、浄慧師編『禅宗名著選編』に影印収録されている。

（10）本書第二部第一—四章参照。

（11）原文「凡所有相、皆是虚妄、若見諸相非相、即見如来」。［後秦］鳩摩羅什訳『金剛般若波羅蜜経』如理実見分第五（浄慧師編『在家教徒必読経典』一七一頁、『大正蔵』八巻、七四九頁上）。中村元・紀野一義訳『般若心経・金剛般若経』（岩波文庫）五〇―五一頁、岩波書店、一九六〇年）。

(12)『御選語録』巻五「円證直指真際趙州諗禅師」御製序「趙州諗禅師、圓證無生法忍、以本分事接人、竜門之桐、高百尺而無枝。朕閲其言句、真所謂皮膚剝落尽、独見一真実者……如趙州之接人、誠為直指人心、見性成仏之古仏云」（第一葉）。『卍続蔵』一一九巻、三六四頁上下。

(13) 来果「禅七開示録」（『来果禅師広録』上海古籍出版社、二〇〇六年）、虚雲「禅七開示」によれば、七日間あるいは七日間を数セット繰り返して、通常の勤行などをとりやめ集中的に坐禅をする修行のようである。その間、毎日禅堂において「開示」と呼ばれる説法がある。虚雲「禅七開示」癸巳正月（一九五三年二月）初七第二日正月初十日開示「禅七という修行法は、期日を限って悟りを得る最上の方法である。いにしえの人は素質が犀利だったから、この方法はあまりおこなわなかった。宋代になってはじめて次第に広まり、清の雍正年間（一七二三―一七三五）に至ってこの修行法が大いに盛んになったのだ。雍正帝は宮中でもよく禅七を行じていた（打七這一法、是克期取證最好的一法。古来的人根機敏利、対這一法不常表現。到宋朝時、始漸開闡、至清朝雍正年間、這一法更大興。雍正帝在皇宮里也時常打七）」（『応無所住―虚老和尚開示録』雲居山真如禅寺、二〇〇二年、四六頁）。日本禅宗における接心会のようなものか。

(14)［明］雲棲袾宏『禅関策進』智徹禅師浄土玄門「念仏一声、或三五七声、黙黙返問、這一声仏、従何処起？又問這念仏的是誰？有疑只管疑去。若問処不親、疑情不切、再挙箇畢竟這念仏的是誰？於前一問、少問少疑、只向念仏是誰、諦審諦問。評曰、径無前問、只看這念仏的是誰亦得」（『大正蔵』四八巻、一一〇二中）。藤吉慈海訳注『禅関策進』（禅の語録19）一〇一―一〇二頁、筑摩書房、一九七〇年。達本「来果禅師広録」序「話頭は多いけれどももとより優劣はなく、しかし機に応じ病に対して与えるので、選択することがある。そこで明の万暦年間（一五七三―一六二〇）より以後は、天下の禅林がひとしく『仏を念ずるのは誰か』を唯一の話頭として竜象のごとき人材を叩き上げてきたこと、数えきれないほどである（話頭雖多、本無優劣、応機対症、不無簡択。故於明万暦後、天下叢林均揀『念仏是誰』為唯一話頭、陶鋳竜象、不可縷計）」（『来果禅師広録』二頁）。

(15) 原文「一暴十寒」。『孟子』告子上「無或乎王之不智也。雖有天下易生之物也、一日暴之、十日寒之、未有能生者也。吾見亦罕矣、吾退而寒之者至矣。吾如有萌焉何哉」に基づく成語。金谷治訳注『孟子』（新訂中国古典選第5巻）三八一頁、朝日新聞社、一九六六年。

(16) 原文「莫道老来方学道、孤墳尽是少年人」。清の世祖順治帝が座右にかかげて自らを戒めていたという。[清] 紀蔭『宗統編年』巻三十二・諸方略紀下・世祖章皇帝己亥十六年(一六五九)条(『卍続蔵』一四七巻、四九三下)など参照。

六　趙州禅の特色(1)

親愛なる居士のみなさん、今日はこのような良き因縁にめぐまれ、共に集って仏法を研鑽することができることを、とても嬉しく思います。みなさんは昼間はお仕事に忙しく、今また夜の休息の時間を犠牲にし、ご家庭のこともしばらく忘れて、ここへやって来て仏法を研鑽しておられる。そのことに、私は大変感動しました。このような状況の中で、みなさんに仏法についてお話しするのは、わたしとしてはとても重圧を感じ、責任がとても大きいことを感じるのであります。しかし、潘校長からのお言いつけであり、また林居士とみなさんがかくも熱心に参加されている以上は、わたしもそこに従うほかはないのでしょう。わたしは広東語ができませんので、みなさんが私の話を聞き取れるのかどうか心配です(会場「問題ありません」)。師「問題なければよろしい」)。

今日お話しする題目は『趙州禅《じょうしゅうぜん》の特色』です。「趙州禅」とは読んで字の如し、趙州和尚の禅のことです。「趙州禅」を紹介する前に、先に趙州和尚について簡単に紹介しましょう。

趙州和尚の本来の諱《いみな》は「従諗」と言い、「服従」の「従」に、「諗」はごんべんに「念仏」の「念」です。これを「じゅうねん、cóngniàn」と読む人もいますが、「じゅうしん、cóngshěn」と読まなければなりません。かれの生没年は西暦七七八年から八九七年で、百二十歳まで生きましたが、それはちょうど中国の中晩唐期にあたります。趙州和尚はとても長命で、禅学における造詣が深く、しかも独特の宗風を打ち立てたので、人々はかれを「趙州和尚」と尊称しました。しかし、かれの本名を知っている人は少ない。「趙州和尚」と言えば誰もが知っていますが、かれの本名「従諗」に触れても、誰も知りません。中国仏教史上、住持した場所の「地名」を用いて徳のある高僧をよぶことに、われわれは慣れています。

そのむかし、趙州はとても有名な地域で、現在の河北省石家荘あたりにありましたが、もとは鎮州《ちんしゅう》府《ふ》に属していました。その頃はまだ石家荘はなく、鎮州府は現在の河北省正定県になります。趙州和尚の本籍は山東で、彼は年若くして出家しました。彼を剃髪したのは、彼の生地にいた僧侶です。彼が法を嗣いだ師は南泉普願。南泉普願は百丈禅師の弟子で、百丈禅師は馬祖の弟子。馬祖は南岳懐譲《なんがくえじょう》の弟子、南岳懐譲はすなわち六祖の高弟ですから、趙州和尚は六祖下の第五代ということになります。

南泉普願禅師は非常にすぐれた禅師で、俗姓は王、ですから禅宗史の上で多くの場合に「王老師」と呼ばれました。南泉もまたある土地の名前で、安徽の池陽、つまり現在の池州市にあたり、九華山の近くにあります。南泉祖師が継承した禅風は、まさに馬祖の「平常心《びょうじょうしん》是《こ》れ道《どう》(偏りのない心が道である)」でした[2]。馬祖の語録を読んだことのある方はご存知のように、馬祖が始めた禅風はまさに「平常心」を特色としていたのです。

私たちが趙州禅師あるいは趙州禅の特色を語ろうとする時には、つぎの二点に注意しなければなりません。一つは、かれが南泉普願禅師から「平常心是れ道」という概念を受け継いだこと、これが趙州禅師の一番目の特色です。二つには、「本分事もて人を接す(真実そのものによって人を指導する)」、これが趙州禅の二番目の特色です。「平常心」と「本分事もて人を接す（自他の本分に応じて人を指導する）」、これらは趙州禅においてもっとも普遍的意義を備えた二大特色と言うべきでしょう。

趙州禅師が柏林禅寺に留まり法を伝えていたころ、その寺は「観音院」と呼ばれており、まだ「柏林禅寺」という名前はありませんでした。禅宗史書の中に「柏林禅寺」の名は見えず、趙州和尚は観音院または趙州東院の住持をしていたと記しているだけです。

趙州和尚が観音院にたどり着いた時、すでに八十歳を越えていました。彼がそこで仏法を宣揚した期間は四十年の長きにわたり、大きな影響を残しましたが、それ以前の修行期間はもっと長いのです。わたしが思うに、少なくとも六十五年はあったでしょう。趙州和尚は六十五年の厳しい修行と行脚を経て、八十歳になってから初めて世に出て法を伝えたのです。この数字から、修行とはどれほど困難なことかを見て取ることが出来るでしょう！　かの老人は求法において、どれほど慎重であったことでしょう！

つぎのような詩があります。「趙州が八十を越えてなお行脚していたのは、心がいまだ落ち着かなかったからである。本来何事もなかったという真実に帰り着いて、はじめていたずらに草鞋《わらじ》代を払っていたことに気づいたのである」[3]。草鞋代とは何でしょうか？　現代の言葉で言えば、「学費を納める」ということです。まだ「帰り着いて」いない時には、この草鞋代、学費はかならず納めなければなりません。この学費を納めてこそ、真の収穫があり、真にわが家に帰り着くことができ、その時になってはじめて、「ああ！　わたしは学費をまったく無駄に納めたのだ！」と言え、そう言う時には、すでに何かを成し遂げているというわけです。それでは、趙州和尚が無駄に草鞋代を払っていたと気づいたのはいつでしょうか？　それは、かれが八十歳のころでした。修行し道を悟ることはきわめて苦難に満ち、長い修練を経てはじめて目標に到達できるということがわかるでしょう。目標に到達したらどうすれば良いのか？　さらに修行を続けるのです。草鞋代が無駄だったと知るのは、知ってからは、仕事はもうおしまいとばかりに修行を休んで良いということではありません。虚雲和尚も、みなさんご存知の通り、また百二十歳まで生きました。彼が修行した期間はどれくらいでしょうか？　彼は五十五歳以前にはまだ厳しい修行を続けており、あちこちを行脚していました。五十五歳の時、高旻寺で禅七を修めていたとき、湯呑が床に落ちた「パリン」という音を聞いて開悟し、草鞋代を無駄に払っていたことにはじめて気づきました。開悟してからも、虚雲和尚は決してのんびりしていたわけではなく、引き続き教えを広めることにつとめました。彼が教えを広めはじめたのは五十五歳より後で、彼が道場を建てた時には、すでに六十歳を越えていました。修行をなしとげた人は自分に確信があり、六十歳になってから仏教において何事かをなすことができると思う。だから虚雲和尚もまた百二十歳まで生きたのです。私たち現代人は六十歳になれば退職しなければなりませんが、いにしえの祖師たちにあっては、まさに円熟のとき、まさに絶頂のとき、まさに教えを広め人びとを救済するときなのです。

趙州和尚が観音院の住持をつとめた唐・宋時代には、趙州観音院は最盛期をむかえ、宗風が大いに振るいました。遼・金時代になって、柏林禅寺は律宗の道場になりました。元朝のころ、ある臨済宗の禅師がふたたびこの寺院を禅宗の道場に戻し、これを「律を格し禅と為《ただ》す」と言います。その後ずっと明・清に至るまで、ここは変わることなく禅宗の道場でした。清の雍正帝《ようせいてい》は趙州和尚の禅風と語録を賞賛したことがあります。『御選語録』の中で、雍正帝は特に趙州和尚の語録のために序文をしたため、趙州和尚は達摩以来、六祖以下においてたいへん特色があり、非常に透徹した見解を持った大禅師であると考えました。(4) 必ずしも雍正帝の「玉音放送」を判断基準にしなくとも良いのですが、しかし誰もが知っているように、雍正帝はかつて禅宗を実践したことがあり、当時と後の時代の大禅師らの印可を得ました。この点については宗教界でも学会でも公認されていますから、雍正帝の言葉には根拠があると言うべきなのです。

現在の日本の禅学界でもっとも有名な中国禅宗の研究者は阿部正雄ですが、彼は自著の中で、六祖以降でもっとも代表的な禅師が二人いる、一人は臨済祖師、もう一人は趙州和尚だと述べました。彼によればこの二人は、一人は智慧を体現し、一人は慈悲を体現していると。臨済禅師は智慧を、趙州和尚は慈悲を、体現しているのです。(5)

二人の禅風にはそれぞれの特色があるのですが、かれらが禅を広めた場所は百二十里しか離れておらず、当時は共に鎮州府に属していました。臨済宗発祥の地は現在の正定県にある臨済寺で、石家荘の北十五キロのところにあります。趙州和尚の観音院は現在の趙県にある柏林禅寺で、石家荘の南四十五キロのところ。同じ時代の同じ地域において、このように偉大な二人の禅師が同時にあらわれたのは、決して偶然のことではありません。みなさんご存知のように、中国語には「江湖をさすらう（走江湖）」という言葉があります。この言葉はもっとも早くには仏教で使われていたもので、禅宗の人びとが言い出したものです。「江湖をさすらう」という言葉は、中唐以後の禅宗の発展における一つの状況を示しています。当時、江西・湖南両省の禅宗は非常に盛んで、とても有名な多くの大禅師らがあらわれました。天下の禅者の誰もが尊崇の念を寄せ、参学する禅者は江西でなければ湖南に行くという情勢でした。そこで、「江湖をさすらう」という言い方が生まれたのです。当時、禅宗の有力な祖師たちの多くが江西・湖南の両地で教えを広めており、河北にやって来る人びとは極めて少ないものでした。趙州和尚と臨済禅師とが時を同じくして河北にあらわれ禅法を宣揚したことは、二人の祖師の禅風が北方人に大いなる因縁があることを証明しているでしょう。

以下、五つにに分けて趙州禅の特色をお話しし、話し終えた後、すこし時間を取って皆さんと意見交換することにいたしましょう。

はじめに、趙州禅の一つ目の特色―「平常心《びょうじょうしん》 是《こ》れ道《どう》」についてお話ししましょう。

「平常心 是れ道」は、趙州和尚の開悟にまつわる公案に由来しています。『趙州禅師語録』の語るところによれば(6)、趙州和尚が南泉普願禅師に参じていた時、師匠に次のような質問をしました、「如何《いか》なるか是れ道?」。南泉禅師は答えて言います、「平常心 是れ道」。趙州和尚はさらに問います、「還《は》た趣向すべきや無《いな》や?」。つまり、平常心に向かって行くことはできるのか、どうすれば平常心に向かって行くことができるのか、という意味です。南泉は言います、「向かわんと擬《ほっ》すれば即ち乖《そむ》く!」。平常心という目標に向かおうとすればもう間違いなのだ、と。会場のみなさんは知識人ばかりで、厳ご老人のような(厳寛祜《げんかんこ》居士は虚雲老和尚の在家の弟子であったが、このとき会場にいた)、仏学の大先達も少なくはありません。みなさんなら、「向かわんと擬すれば即ち乖く」という一句の深い意味を体得できることでしょう。ある場所へ行こうとして、たどり着くべき目標があると認識したら、もはや平常心ではありません。道は心の中にこそあって、初めから備わっているのです。「向かわんと擬すれば即ち乖く」、なんと深遠なことでしょう！　趙州和尚はすぐには納得することができず、続けて問います、「擬《ほ》っせざれば争《いか》でか是《こ》れ道なりと知るや？」。目標に向かうのでなければ、どうやってそれが道であることを知るのか？　と言うのです。この時点での趙州和尚は、師匠の「平常心　是れ道」をまだ知識の次元でのみ受け止めていたことがわかります。南泉は続けて言います。道は知には属さず、また不可知にも属さない。知に属するとしても誤りだし、不可知に属するとしても誤っている。知は妄想であり、不知は議論の回避だからです。「若し真に疑わざるの道に達すれば」、本当に道の境界に到達したなら、心は明月のように夜空に高くかかって、万物を明るく照らしながらも、自らはその本来の姿を失いません。この「朗月《ろうげつ》　孤《ひと》り円《まど》か」の境地こそが平常心なのです。この時に至って、趙州和尚はやっと「玄旨を頓悟し」、忽然として開悟したのです。

わたしたち現代人も、「平常心」という言葉をよく使います。たとえば、誰かが大きな名誉を得た時には親切な人がきっと、決して浮かれてはいけない、平常心で受け止めることだと注意するでしょう。なぜなら、かつて大きな名誉を得たり、短い間に大金を稼いだりして、喜びが過ぎたあまり、最後には一巻の終わりとなった人びとがいたからです。ですから、毀《そし》りにしろ誉《ほま》れにしろ、それを念頭に置くことや忘れ去ることができるようにし、平常心で受け止めて、執着し過ぎないことが必要なのです。

禅宗においては、平常心は非常に高い境界であって、一般の人が成し遂げられるものではありません。

けれども、平常心というきわめて禅味の濃い高く深い境界に、少しの水を加えて薄め、そして生活の中で運用してみる、これはとても有用で、また効果的なことです。それは、私たちが毀誉に直面した時の心理状態をおだやかに保ち、動揺し過ぎないようにするための助けになるでしょう。

平常心を保つのはとても難しいことです。わたしは子供のころ、明日は正月だと聞くと、気持ちが高ぶって眠れませんでした―年越しには新しい服を着るからです。わたしはごく幼いころに出家しましたが、ある年老いた尼僧の世話で[7]、毎年年越しの折にはやはり新しい服を着ることが出来ました。ですから新年の前の晩には眠れず、次の日に新しい服を着るのを待っていたのです。ここにご参集の各位、特にお年寄り、厳ご老人くらいの年齢の人びとには、みなこのような経験がおありのことと思います。いま二十歳前後の人達には、こうした気持ちはわからないでしょう。彼らは毎日あたらしい服を着て、毎日たっぷりと食べているのですから。子供のこうした心理状態は童心と呼ぶべきもので、身体にさほどの悪影響はないはずです。しかし、もういい齢の人が小さな子のように何かあればすぐ興奮して忘れることが出来ず、たとえば次の日に何か嬉しいことがあったり、あるいは次の日に何か特に嫌なことがあれば、心の中でずっとそのことを考え、眠れず、食事も喉を通らず、坐っていても落ち着かない、これはとても危険です。心身にとっては、一種の虐待になります。これは童心ではなく憂慮の心であり、平常ではない心です。

ですから必ず禅の平常心によって、生活上のあらゆる毀りや誉れ、名声や利益、好ましいことや好ましくないことに向き合うべきだと、私は提案します。社会のあらゆる局面に、こうした平常心によって向き合い、受け止め、処理し、そして忘れ去るのです。「それに向き合い、受け止め、処理し、忘れ去る」(8)、聖厳《しょうごん》法師のこの言葉はとても良いものです。(9) しかし、さらに一歩を進めてはっきりさせなければなりません。どのような態度で向き合い、処理し、忘れ去れば良いのか？　まさに平常心をもってするのです。ですから私は、この四句の前にさらに一句を加えれば、さらに完全になると思うのです。―平常心をもってそれに向きあい、受け止め、処理し、忘れ去る、と。これは私たちが日常生活の中で修行するためのとても重要な方法です。

先にお話ししましたように、真に平常心を保つのは難しいことです。趙州和尚は六十五年の修錬を経てはじめて、一点の曇りもない境地に到達しました。おもうに、私たちの時代は末法の世にあたっています。生活環境は昔と大きくちがっており、きっと何万倍も複雑なことでしょう。こんにち私たちが受ける誘惑は、唐代に比べ、また清代に比べ、いや十年前と比べてさえ、まったく同日の談ではありません。一方では善良な素質がとぼしくなり、一方ではあまりにも強い誘惑にさらされて、求道の時間が大きく減少しているので、道を成し遂げることは昔に比べてさらに難しくなっています。ですから、もしほんの少しでも道にかなうことがあれば、私たちはそれまでの百倍の信念、百倍の努力によってそれを保ち、生活の中でしっかりと運用してゆくのです。

これが趙州禅の第一の特徴です。この特徴は、こんにちすでに社会生活のさまざまな面に浸透しています。人びとがみな平常心ということを口にする、このことがまさに禅の力量――禅の浸透力と禅の生命力――のあらわれです。私たちはみな、日々「平常心」を口にし、使っているのに、その源流がどこにあるかを知りません。源流はまさに六祖にあり、馬祖にあり、南泉にあり、趙州にあります。これこそ「人びとは日々道を用いながらそのことを知らない[10]」というものでしょう。わたしは、事業に成功した方々、いましも事業を起こそうとしている方々、仏教を学んで成果を上げた方々、いましも仏教を学んでいる方々がみな、この平常心を養い、この平常心を保つことを願っています。

趙州禅の第二の特徴は、「本分事もて人を接す〔本分事接人〕」です。馬一浮《ばいっぷ》〔一八八三―一九六七〕先生は、「平常心是道、本分事接人」という対聯〔柱や壁に掲げる対句〕を書きました。馬一浮先生はわが国の現代における偉大な儒者であり、また偉大な禅者、偉大な書道家、偉大な篆刻家、偉大な学者です。かれが世を去ってもう数十年になりますが、その影響はまだあります。弘一《こういつ》大師〔一八八〇―一九四二〕が出家したのは、まさしく馬一浮先生の功績なのですよ[11]。

「本分事」は、趙州和尚の語録でつねに触れられています。彼は、「わしはただ人それぞれの本分によってのみ導く〔老僧は只だ本分事を以って人を接す[12]〕」と言いました。それは次のような意味です。もしこれ以外の指導方法があったなら、それは三乗十二分教といった教理学のことであり、わしには関係がない。だから君が根本から問題を解決しようとするなら、わしのところへ来るがよい。もしそうしようと思わないなら、他の法門を選んでもよい、わしには関係のないことだ。わしはただこの一句を教える――「本分事もて人を接す」、と。こうした指導方法はとても高尚で、かつ英明なやり方です。今のことばで言えば、「専門化によって、高品質・精密・最先端を実現する」ということでしょう。人にはみな本分事があります。生死という大事が明らかでないのも本分事ですし、大事をすでに明らかにしたのも本分事です。禅宗が解決しようとする問題、また仏教が解決しようとしている問題は、まさに私たちそれぞれの本分事です。――本分事とは何か？　どのように解決するのか？　解決した後はどうするのか？　などなどです。私たちが仏法に触れ、仏法を学ぶのは、解決できない根本問題があるからです。

わたしは、前に楊剑《ようしょう》さんと話した時のことを覚えています。みなさんご存知のように、楊剣さんは私たちの世界では紛れもなく有名な方です。彼はとても能辯で、楊さんが話していると他人は口を挟むことができません。八年前、一緒に食事をしていた時、彼は自分が仏教を学んできたいきさつについて話し出しました。事業がそれなりの水準に達して、衣食の憂いはなくなった。さらには衣食住から楽しみまで一切心配なくなったと言える。ここから何かをしようとすれば、何をすれば良いのだろうか？　自分のすることに結局のところどんな意義があるのか？　彼は迷いました。そしてその何かを探し始め探し続けて、ついに仏教にたどりついたのです。仏教にたどりついてからは、彼は何かをすることに意義があると思えるようになりました。意義とは何でしょうか？　彼が言うには、自分のためだけに何かをするのではなく、生きとし生ける者に恩返しをするために何かをするべきだ、と。これがまさに菩薩の本分事です。わたしは、誰もがここから始めることができると思っています。まずはただ自分のためだけに生活せず、自分のことばかりを考えず、他人のことをより多く考え、菩薩の精神によって自己を律する。菩薩道をおこなう中で、途切れることなく自己を超越し、向上させ、そして完成させることができれば、みずからの本分事は解決したと言えるでしょう。私たちみなが六十年、八十年といった時間を費やして本分事を解決しようとするなら、それは難しいことですが、楊剣さんが本分事を解決した経緯は、参考にするに足ると思えます。利他の精神を通して、自分の事業を途切れることなく発展させ、しかも途切れることなく社会に恩返しをしていく、その過程の中で次第にみずからの本分事を解決することができる。本分事を解決するというのは、流行りの言い方をすれば、自分の魂を浄化するということ。仏教は霊魂を説きませんが、しかし霊魂の影のようなものが無いと言うこともできません。霊魂の影のようなものは、やはり有るのです。霊魂の影が無ければ、私たちのすべての努力は何の意義もなくなってしまうでしょう。これでは断滅論——完全と不完全、十全と欠如、超越と非超越などがみな同じになる——になってしまうではありませんか。

仏教が解決しようとする問題は、私たちそれぞれの本分事です。「本分事」とは突き詰めて言えば、私たちの本来のありかた（本来面目）を探し当てるということです。本来の面目は菩提心、菩薩道、菩薩行の中に探し求めるべきであり、と同時に菩提心、菩薩道、菩薩行の中で実現されるべきものです。本来の面目を探し当てて、にも関わらず、それを利他のおこないに活用しないならば、探し当てていないのと何の違いがあるでしょうか？　大乗仏教の根本精神、あるいは禅の根本精神とは、自己から出発させることなく、すべてを利他から出発させ、利他の中で自分を利益することにあります。これは少しマルクス主義に似ています。マルクス主義の考えでは、無産階級は全人類解放という条件においてのみ、完全に自己を解放することができる。実際、もし本当にそれが実現できれば、これもまた一種の菩薩精神でしょう。太虚法師〔一八八九—一九四七〕は、次のように語っていました。かつてスターリン伝を読んで、読み終えてのち、本の上に批評の書き入れをした。スターリンは仏教の菩薩精神を備えているが、惜しいことにいささか慈悲心を欠いている。なぜならあまりにも多くの人を殺しているからである。太虚法師がこのことをお話しになったのは、日中戦争のころです。[13] そのころすでにスターリンに対してこのような評価をしていたというのは、「ずば抜けた知恵の現れ」というもので、先見の明をそなえていたといえます。[14] 一代の大師として、こうした問題についてこのように見ていたのは、たしかに私たちがじっくり考えるに値することです。

趙州禅師の語録には二つの公案があります。一つは趙州関、もう一つは趙州橋と言いますが、これらは趙州禅の三つ目の特色および四つめの特色と言えるでしょう。

趙州の語録では、「趙州関」が何度も言及されます。[15] でも注意してください。実在の趙州関とここで言う趙州関の意味は違います。雲居山《うんござん》に行ったことのある方はご存知でしょう、雲居山の最初の山門を趙州関と呼びます。[16] しかし趙州禅師の語録では、趙州関とはある禅の境地のことなのです。

宋代に無門慧開禅師（一一八三—一二六〇）という人がいましたが、かれは趙州語録の中にある「狗《く》子無仏性《しむぶっしょう》」の公案を「無」の一字に練り上げ、それを禅門で最初に通るべき関所（禅門第一関）としました。この「無」字の公案は、趙州禅の関門であるばかりでなく、禅宗の関門でもあり、だから「入り口の無い関所（無門関）」とも呼びます。「無門関」は「趙州関」から発展して来たものです。

「狗子無仏性」の公案とはどういうものでしょうか？

ある僧が趙州に「犬には仏性が有りますか」と質問した。趙州は「無い」と答えた。

もちろん、この後にもう少し話が続いているのですが、[17] 無門慧開禅師はそれらは放置して、ただ前半の数句を取り挙げました。日本人もまたそのように――ただ「無」の一字のみを提示し、それを宗門第一の関門として参ずる――しています。日本の禅僧が条幅を書くとき、ただ「僧問趙州、〈狗子還有仏性也無〉。州云〈無〉」の数文字だけを書くことがあります。「州」は趙州、「云」は言うということです。時に「州云」とだけ書き、その下にとても大きな「無」の一文字を書くことがあります。日本の禅僧は説法を終えるたびに、「無――!」とひとこえ獅子吼します。ある年、柏林禅寺普光明殿の落慶式典で、日本の福島慶道禅師が趙州塔の前で焼香しました。[18] 焼香した彼は四句の偈頌をとなえ、それから「無」字を大声で叫びました。境内のすべての柏樹と趙州塔とが揺らぎ、震えているように感じられたものです！　これがまさに禅の精神です。無門慧開禅師は、趙州和尚による「狗子無仏性」の「無」字が禅宗の第一関門であって、だから「無字関」「無門関」と呼ぶのだと言いました。[19]『楞伽経』に「無門を法門と為す」と言うのも、[20] また同じ意味です。門は無く、しかしまた法門でもある。参禅して悟りに至る道はかならずこの門をくぐるのであり、この門をくぐるのでなければ、禅に参じようとは思わないことです。

「無」とはどんな意味でしょうか？　大慧《だいえ》宗杲《そうこう》（一〇八九―一一六三）の頃に至って、その意義がはじめて明らかにされました。どのように明らかにしたか？　次のように説きました。「無」は「有無」の「無」ではない。何も無いということでもなく、「虚無」の「無」でもない。これを知識で理解しようとしてはならない。思惟の領域でその意味をはかろうとして、大体こんな意味、大体あんな意味、とあれこれ推測してはならない。大慧は、こうしたことはみな間違いだと言う。無は無であって、それは一つの全体であり、二元対立したものではない。有無の無であれば二元対立になってしまいます。無門関の無も二元対立ではなく、対立する要素を持ちません。[21] 対立的要素のない無の境地は、仏法における最高の境地であるはずであり、またあらゆる哲学の最高の境地、また生活における最高の境地でもあります。生活における最高の境地、もっとも切実な体験は無であって、他のものではありえません。

あなたが頷《うなず》く時、なぜ頷くでしょうか？　あなたが頷いたのはなぜか？　私にはわかりません。何に得心したかは本人だけにわかることです。あなたが笑っている時、なぜ笑っているのでしょうか？　やはり私にはわかりません。あなたが心にかなうと感じたからこそ、微笑んでいる。もしあなたが何か不満なら、きっとこんな感じでしょう（師は不満げな表情を作ってみせる）。あなたはこのような動作をしてみせるかも知れませんが、しかしその心中の思いは他人には感じ取ることはできません。それは共有できるものではない。人それぞれの心中の思いは独立したものだから。この共有できないものは何でしょうか？　これがまさに無の境界なのです。これは生活の中では一つの普遍的現象であり、深い次元ではないけれども、しかし実際に存在します。プロテスタントやカトリックでも、その信徒が最終最高の境地に至れば、やはり表現することはできず、「無」によって表現するしかありません。そして、「無」を用いて表現するのも、やむを得ず取る手段に過ぎません。あの境地の真の味わいは、「無」と言うのも余計なことなのです。しかし人類は結局は交流し、意思疎通しなければならず、何らかの手段を講じて、心中に体得したところを伝えなければなりません。そのために、ある種の符号を用いてそれを表します。無字もまたそれなのです。無は大いなる智慧、煩悩を離れた智慧であり、禅の最高の境地、仏教の最高の境地であり、また私たちの生活における最高の境地なのです。

「無」は目と目で伝え合うことはできますが、しかし言葉によって伝えることはできません。なぜなら言葉によって言われたことは有であり、言葉によって言われたことは無ではないからです。修行の過程において、「無」は一種の手段であり、それは「無」字の公案に参ずると言われます。この公案に参ずる時には、一切合財をすすぎ去り、あらゆる物事を空無にしなければなりません。あらゆる二元対立的事象を思考の中からすっかり取り去ってしまったその時には、思いの対象も思いそのものも全く生起しないのです。残念なことに、私たちの圧倒的多数は長くとも五分と待たずに次の思念が生じてしまいます。短ければ一分も持たずに第二の思念が生まれ、さらには第三、第四の思念までが保持され、妄念が矢継ぎ早に連続することになるでしょう。

修行とはこのように困難なものです。つまり、私たちの修行が置かれている心の環境は、そのように深刻であるということです。人類の置かれている環境が深刻になれば、私たちの心の環境もそれだけ深刻になります。ですから「無」字に参じようとするなら、それが精神空間の全体を占めるようにし、私たちの心の全体に他のものは何もないようにしなければなりません。その状態に至れば、親しく本来の面目を見ることに希望が出てきます。無字が精神空間全体を占めることができずに、本来のありようを見ようとするなら、容易《たやす》くどうしてできましょうか！

趙州禅の四つめの特色は「趙州橋」です。趙州には確かに趙州橋が実在していて、これは隋代に架けられました。しかし趙州語録の中では、それは主に一種の精神的な架け橋を意味しています。橋というものは、この岸からかの岸へ、南から北へ、あるいは東から西へと、人びとが行ったり来たりするのに便宜を提供します。

趙州語録の記述によれば、ある僧が趙州に質問しました。「仏法とは何でしょうか?」。趙州和尚は今日のわたしのように無責任な長広舌をふるうのではなく、ただ三文字を答えました。「趙州橋」。考えてみてください、仏法と趙州橋になんの関係があるのか? 関係はあるのです。件の僧はさらに質問します。「趙州橋とは何でしょうか?」。趙州和尚は答えました。「驢馬を渡し馬を渡す」。橋とはまさに馬や驢馬を渡らせ、驢馬も馬も橋の上を行ったり来たりします。仏法もそうではないでしょうか? 仏法とは一つの架け橋であり、あらゆる生きとし生ける者がそこを渡って、煩悩の此岸から菩提涅槃の彼岸へと到達するものです。人はこの橋を渡らなければなりませんが、その他の一切衆生もこの橋を渡らなければなりません。仏法はまさにこのような働き、荷物を背負い、道案内をする働きをするのです。これは一種の大地の精神、菩薩の精神です。橋は、人は通ってもよいが牛や馬は通行禁止などとは決して言いません。驢馬を渡し馬を渡すとは、平等で差別がなく、驢馬や馬もここを通れるし、あらゆる生きとし生ける者がここを通れるということ、これを普《あまね》く衆生を度《わた》すと言います。これがまさに仏法です。「趙州橋」は、趙州和尚の禅法における大いなる慈悲の精神を体現しているのです。

そういうわけで、趙州の禅法における第三の特色と第四の特色は、それぞれ慈悲と智慧をあらわしています。趙州関は大いなる智慧、趙州橋は大いなる慈悲です。この二つの公案から、「人間生命に目覚める」大いなる智慧、「人間生命に献身する」大いなる慈悲を引き出すことができます。これがまさに、私が提唱する生活禅の根本なのです。

つぎに、生活禅について簡単に紹介しましょう。生活禅の宗旨は「人間生命に目覚め、人間生命に献身する（覚悟人生、奉献人生）」です。この標語は何に由来するのでしょうか？　趙州和尚の「無門関」と「趙州橋」です。[22]この二句の標語は菩薩精神の現代的解釈であり、慈悲と智慧を二つながらめぐらすことへの世俗化した理解です。大乗仏教の精神のすべてが、「人間生命に目覚め、人間生命に献身する」の二句に凝縮されています。最近わたしは、これを私たち一人ひとりの思想的修養にさらにかなうようにするため、「人間生命に目覚める」と「人間生命に献身する」を、次のように位置づけました。まず「人間生命に目覚める」は、みずからの素質を不断に改善させること。そのことには終わりはなく、善行を積んで人間界や天界に生まれることを目指す人天乗から、他者救済の行を続ける菩薩乗、さらに仏陀の境地を実現する仏乗に至るまで、すべては素質を改善する過程です。「人間生命に献身する」は、自他の関係を不断に調和させること。慈悲の最終的な到達点は、世の中のあらゆる人びとが調和して共にくらし、お互いに思いやり、お互いに献身できるようにすることです。いわゆる「みんなは一人のために、一人はみんなのために」という状態で、一種の生命の調和、生命の融和としての生活を送ることです。調和した生活とは、つまり道徳的生活であります。わたしの記憶では、道徳とは何か？　という問題について、梁漱溟〔一八九三―一九八八〕先生はこう言っています。「生命の調和こそが道徳である」と。[23]

ここ数日は毎日新聞を見る機会がありますが、寺にいる時にはその機会がありません。新聞を読むと、この世界はあまりにも調和を欠いており、私たちの生命はあまりにもお互いの調和を欠いていると感じます。昨年の「九・一一」事件の時、わたしはちょうどローマにおり、その日はすこし体調を崩しておりましたので、見学に出かけませんでした。同行した人が帰って来て、アメリカの世界貿易センタービルがテロリストに破壊された、死者は何人いる、と言うのです。ああ！　わたしの心は張り裂けそうでした。私たちが直面しているのはこのように恐ろしい世界です。世界貿易センタービルの最上階にはわたしの足跡が残されていることを覚えていますが、今その足跡を探そうにも、雲散霧消してできません。なんと恐ろしいことでしょう！　今年の十月十二日から二十三日のたった十一日間に、想像を絶する悲惨で大きなテロ事件が二度も起こりました。みなさんの方がお詳しいでしょう、十二日にインドネシアのバリ島で起きたテロ事件では、二百人以上が死亡し、多数の負傷者が出ました。今に至るまで、四十人あまりの香港人の遺体が見つかっていないと聞いています。二十三日には、モスクワのある劇場で人質拘束事件が起こり、八百人以上がテロリストに拘束されました。この問題は解決しましたが、五十人余りのテロリスト全員が亡くなりました。生命ということから言えば、かれらは愚かさに支配され、みずからの生命を無駄に捨ててしまったのだと私は感じます。なんと無価値なことでしょう！　テロ行為は責められるべきですが、しかしかれらのそうした愚かさはやはり同情に値します。もちろん罪なくして亡くなった人質は、より同情されるべきであります。

人類の生存環境がこのような状態にまで至ってしまったのは、まったく憂えるべきことです。ですから、人と人の間におけるお互いの調和はとても重要です。修行とは慈悲の精神を、自他の関係を不断に調和させる実際の行動へと転化させることだと私は思います。このようにしてはじめて、仏教の菩薩精神は言葉の上、書物の上にとどまらず、あるいは寺院の中に限定されないのです。私たち一人ひとりの素質を不断に改善するには、大いなる智慧によって導かれねばなりません。自他の関係を不断に調和させるには、大いなる慈悲の精神によって導かれねばなりません。趙州禅における趙州関と趙州橋が示す精神は、私たちの今日の世界にとって余りにも大切なものです。

つぎに、今日お話しした内容について、簡単なまとめをいたしましょう。たとえ一千語、一万語を口にしても、それを実際の行動に移さなければ、単なる口頭禅にとどまり何の実際的価値も持ちません。もっとも肝要なのは、それを今ここで実現させることです。修行は今ここから始めなければなりません。一時間待ってから、明日になってから、ではもちろんいけません。一時間待てないのは言うまでもありませんが、ひと呼吸さえも待ってはなりません。まさにこの時、この瞬間、この場所で、修行をしっかりと実現しなければなりません。安楽自在な境地も今ここ、仏陀となり祖師となるのもやはり今ここ、決して明日を待ってはなりません。今日の努力があって、はじめて明日の成功がある。そして今ここの努力さえあれば、今ここに成功があります。努力と成功は同時に存在し、まったく距離がない。ですからいつも、もし修行を今ここに実現させれば、今ここで安楽自在を得、今ここで仏陀となり祖師となることができる、と言うのです。最後に、私が常に口にする四句をみなさんに差し上げましょう。「信仰を生活の中に実現させ、修行を今ここに実現させる。仏法を世間に融合させ、個人を全体に融合させる」。

私たちはどんな瞬間にも大衆に感謝し、すべての人に感謝します。私たちの敵に感謝し、私たちの友人に感謝し、私たちの肉親に感謝します。なぜなら、これらの人すべて、仇敵、友人、肉親は、みな私たちの存在に条件を与え、助力を与え、機会を与えてくれているからです。私たちは感謝の心をもって社会に向き合い、世界に向き合い、人びとに向き合うべきなのです。

南無阿弥陀仏！　皆さん、ありがとうございました！

まだ少し時間がありますので、何かご質問があればお互いに議論できるでしょう。

林富華さん：私たちは浄慧法師のとても素晴らしいお話を拝聴しました。法師のお話はたくさんの有名な禅宗の公案に触れていました。会場にはたくさんの修道者がいらっしゃいますが、修行する中でこれらの公案にさまざまな解答を得ていることと存じます。この機会に、それを披露して話し合うのもよいでしょう。また日常生活の中で何らかの困難に遭っていれば、それもまた法師に質問して教えを請うことができます。平常心はとても重要です。平常心　是れ道です。平常心を成し遂げるのはたやすいことではありません。たとえば、私たちは平時にあっても、心が真に平和で気分もなごやかな状態を維持するのは難しい。私は、もっとも重要なことは、うまくいかない時、心が晴れない時、気に沿わない時に、心おだやかで気分なごやかな境地を成し遂げることだと考えます。ふだん皆さんは筋を通して意気盛んなのを、正しいと思っておられるでしょう。しかし私は、これは間違っていると思います。私たちは平常心をもって、筋を通して気性はなごやかであるべきなのです。「智度会」の会員と会場のお客様はそれぞれに相当な人生経験をお持ちです。いま、浄慧法師のような大徳がいらっしゃる機会に、積極的に質問なさることを望みます。

浄慧大和尚：みなさん、広東語でご質問ください。わたしは理解できます。わたしは聴いて理解はできるのですが、話せないのです。

問：日本の禅僧が師のお寺に来て「無」を説いた時、塔も木も振動したとおっしゃいました。わたしはそれで「獅子吼」の法門を連想したのですが、師におたずねします、棒や喝をどのように理解すれば良いのでしょうか？

答：ふだん私たちが話すあらゆる言葉は、すべてみな相手の分別心を刺激します。途切れることのない分別を先方に引き起こすのです。禅宗の「棒喝」は、ちょうどその反対です。棒と喝とは、禅宗が常に用いる人を指導するための二つの方法です。ひとたび棒で打てば、あらゆる意識の流れは一刀両断にされ、その瞬間にはただ感覚のみがあって、分別はありません。「喝」もまたそうです。ホーッ！（師は大喝一声する）いかがですか？　無分別ですね。あなたの修行がよくなされていれば、この一喝によって、意識の流れは切断され、分別心も切断され、この突然の一喝のもとに豁然として開悟できるのです。いわゆる「三尺の棒のもとに正しい眼を開き、ひとこえの喝のもとに狂った心をやませる」です。狂った心がもし止めば、それは悟りであり、正しい眼がもし開けば、それは仏です。これは禅宗のもっとも直接的な教化の法門です。しかし、現代の人びとはすでに受け入れられなくなっています。私が突然に喝を入れれば、みなさんは驚いて逃げ出し、この坊さんは最低限の礼儀さえないと恨みに思うでしょう。棒で打つことについては言うまでもありません。本当に棒で打ったなら、あなたはおそらく警察に通報して私を訴えるでしょう。（一同わが意を得て爆笑）

しかし禅門においては、打たれるのを打たれたと理解してはならず、怒鳴られるのも怒鳴られたと理解してはなりません。そうであってはじめて道を修める精神状態と言えます。

問：スポーツ選手はどのようにすれば平常心を保てるでしょうか？　かならず相手を打ち負かしてはじめて平常心なのでしょうか。

答：スポーツ選手は、競技場でのさまざまな出来事に平常心で対応することをもっとも求められる人びとです。スポーツ選手の心の揺れ方はもっとも激しいのですから。平常心がなかったなら、きっと成績に影響し、実力の発揮に影響します。もし平常心をもって一時的な得失成敗に応ずることができれば、必ずよい成績をおさめることができます。

問：もし相手を負かしたら、慈悲に欠けるということにならないでしょうか？　（一同笑い）

答：それは最大の慈悲です。（一同笑い）相手に自己を向上させる、より良い機会を与えたのですから。（一同爆笑、大きな拍手）

問：和尚さま、平常心と開悟には関係があるのでしょうか？

答：南泉禅師が説いた平常心、趙州和尚が説いた平常心、あるいは禅宗の説く平常心は、開悟して後の境界ですが、日常で言う平常心は生活上の修養であって、両者の次元は明らかに異なっています。日常で言う平常心は、まだ無理をしているところがあって、単なる生活上の修養に過ぎません。これは比較的浅い次元での平常心であって、禅宗の説くそれの高みにはまだ到達していません。けれども私が思うに、生活上の修養であっても、平常心を持っているのは平常心が無いよりも良いものです。禅宗の平常心は、時には一見すると異常な用いられ方をします。たとえば禅僧があなたを棒で打ったとして、平常だと感じるでしょうか？　しかし、禅師の本心から言えば、それは平常なのです。師匠があなたにひとこえ大喝を浴びせる、あなたから見れば異常ですが、しかし彼の心は実は慈悲なのです。生活上の修養として、私たちは朝から晩まで自分を戒めています。紳士的に振る舞わねばならない、礼儀正しく振る舞わねばならない、出来る限り自分をおさえなければならない、と。これらはすべて「意識して努力」しているので、これを成し遂げるのさえ、すでに得難いことです。しかし、それはまだ究極ではありません。とにかく、日常で人びとが口にする平常心は、単に生活上の修養、人格の陶冶、また人間関係の調和した状態に過ぎません。

問：和尚さまにお尋ねします。悟ってからの平常心は、ありのままで動かない（如如不動）とどう異なるのでしょうか[24]？

答：両者は本体と作用の関係のはずです。如如不動は本体、平常心は本体から作用を起こしたのです。よって両者の間は異なりつつまた異ならず、区別なくしてまた区別あるものです。

問：和尚さまは、みずからの平常心を養うことが必要だとおっしゃいました。それではお聞きしますが、どのようにして平常心を養えばよいのでしょうか？

答：わたしが思いますに、それは長い長い仏法修行の道のりです。仏教的修養には四つの道筋があります。禅宗の説く平常心は、高次元の平常心です。この種の平常心を得るには、禅の方法のほか、通常の方法を用いることもできるのです。たとえば経論に言う、「善士に親近《しんごん》し、正法《しょうぼう》を聴聞《ちょうもん》し、理の如く意を作《おこ》し、法は法行に随う」です[25]。この数句はすばらしいものです。この数句にしたがって行えば、私たちの平常でない心はしだいに平常になって来ます。「善士」とは善知識です。よい教師、よい道友などはみな善知識です。「親近」とはいつも近づき、いつも教えを請うことです。古人は言いました。「善人と交わるは芝蘭の室に坐るが如し」と。(26) その意味は、善知識と交流すれば、私たちは善の薫陶を受けることができる。それは、いつも花の下に坐っていれば、私たちの体にも香りが染みつくのとちょうど同じだということです。「正法を聴聞」するとは、言葉や文字を通して仏法の薫陶を不断に受け、しだいにみずからの心の状態を改善してゆくことです。善なるものに多く接触し、不善なるものを遠ざける。「法は法行に随う」とは、法とは仏法を指し、「法行に随う」とは私たちの一つ一つの言動すべてを仏法の要請にしたがってする、これを「法は法行に随う」と言うのです。「理の如く意を作す」とは、ここでは観照、目覚めた認識のことです。私たちは知識の上で仏法を知るだけではまだ足りません。さらに一歩進んで仏法の道理から物事を観察し、問題を思考しなければならない。仏法の道理を用いることを本当に身につけ、日常生活において不断に観照してはじめて、仏法は私たちにとって有用なものとなり、人間生命の浄化、平常心の養成に、はじめて希望が出てくるのです。私は、皆さんがこの四句を記憶されるようにと思っています。これは仏法を学ぶもっとも基本的な道筋です。この四句は聴聞による智慧、思惟による智慧、修行による智慧、すなわち「聞思修」の三慧を含んでもいます。「聞慧」から教えの理解である文字般若に参入し、「思慧」から空なる実相を観察する観照般若に参入し、「修慧」から空なるあり方そのものである実相般若に参入するのです。

問：和尚さま、お導きいただきたい質問がございます。修行の中で、私は自分を向上させたい、自分が道を得たいとつよく思っています。この道理はよく理解していますしすっきりわかるのです。でも、修行がある段階に至った人は、さらにあまねく生きとし生ける者を救わなければならない、この点が私にはよくわからず、理解できないのです。どうしてそうしなければならないのでしょうか？またもう一つ質問です。もしわたしが道を得ていなければ、わたしにはあまねく衆生を救う能力がないのでしょうか？

答：仏教の考え方では、大地に生きる一切の衆生は、その生命は一回きりのものではありません。私たちの生命は過去にさかのぼれば始まりもわからない無限の過去、未来に向かえば終わりも知れない無限の未来なのです。それは始めもなく終わりもない生命の流れです。私たち一人ひとりは、この生命の流れの中で休むことなく輪廻転生しています。あらゆる衆生の身分は不断に変化しており、これは私たちが作る善悪の業の力によって決定されます。終わりのない輪廻の過程にあって、あらゆる衆生、あらゆる生命は、みなかつて互いに親子となり、兄弟姉妹となり、友人同士となっていたのです。たとえば、今生では彼が自分の父親、自分が彼の子供ですが、もしかしたら前世では自分が彼の父親、彼が自分の子供だったかも知れない。そうである以上は、あらゆる衆生には、私たち一人ひとりにとって無限の過去からの無量の恩義がある。この道理がわかれば、数限りない衆生を前にした時、心に恩義を感ずるのです。これはまさに仏教でいつも説かれる、「上に四重《しちょう》の恩を報じ、下に三途の苦を済《すく》」わねばならないということです。(27)「四恩」とは、「国土の恩、衆生の恩、父母の恩、三宝の恩」のことです。報恩の理念から出発して、私たちはあまねく一切衆生を救済しなければなりません。つまり、自分に与えられた条件のゆるす限り、自分にとって恩のあるあらゆる人に対して、助力を提供する。あらゆる人に助力を提供すること、これがまさに「衆生を度す」です。私たちは、衆生救済をそう難しくとらえるべきではありませんし、またそう簡単にとらえるべきでもありません。人助けは平凡なことですが、しかし同時にきわめて崇高な理念を体現しているのです。こうお答えしましたが、お役にたちましたでしょうか。

問：二時間余にわたって和尚さまの法話を拝聴し、たくさんのことを学べたと思います。先ほど言及されたいくつかのテロ事件には、私も非常な恐怖と驚きをおぼえました。このような事件に対して、昨年の「九・一一」事件も含めて、私たちはどのようにして平常心で向きあってゆけばよいのでしょうか？　どうかお導きください。

答：「平常心」を俗世間への無関心として理解する人がしばしばいますが、こうした理解は正しくありません。こうした理解は、平常心が包含する大いなる智慧と大いなる慈悲の精神を丸ごと消し去ってしまっているのです。平常心には必ず大いなる智慧が含まれ、必ず大いなる慈悲が含まれます。「九・一一」事件に際して、私たちは無関心ではいられません。最近起きた二度の想像を絶するほど悲惨なテロ事件についても、やはり無関心ではいられません。平常心は大いなる智慧と大いなる慈悲が統一されたものです。平常心と大智慧・大慈悲との関係は本体と作用の関係であって、仏法の世俗救済の精神を体現しており、また仏教における世俗救済精神の具体的な顕現と応用であります。よって、平常心を語る際には、それと大悲の心とを対立させては絶対にならないのです。ひとたび対立させれば、仏教の慈悲の精神をそこなってしまうのです。「九・一一」事件に際して、「へえ、そんなことがあったのですか。平常心で対応すれば、それでおしまいですよ」などと言えば、これは平常心ではなく、冷酷非情なのです。平常心は平坦で飾りのないものですが、そこには血も肉もあります。そうでなかったら、仏教はこの世界に対して何の利益もないでしょう。まさに平常心があるからこそ、「自他を一体に見る同体の大悲、相手を選ぶことない無縁の大慈」が生まれて来るのです。平常心とは一種の平等心、一種の無差別の愛であり、数限りない衆生に対してあまねく甘露をほどこし、あまねく法雨を降らせる大いなる慈悲なのです。このように平常心を理解してはじめて、真正な仏教の精神をつかんだことになります。

問：私は仏教についてとても浅薄な学びしかしていませんが、でも私は何かをするには責任を伴うことを知っていますし、また因果応報と輪廻転生の事実も知っています。たとえば「九・一一」事件のように、好ましくない環境のもとで死んでしまう人びとがいます。ならば、かれらの死は、彼らがそれ以前に何がしか良くないことをしたために、このような報いを得なければならないということなのでしょうか？

答：みなさんは『薬師経』をお読みになったことがおありでしょうか？　『薬師経』には九種の横死が説かれています。横死とは、本来は避けられたのだが回避する措置をとらなかった思いがけない死という意味で、正常ではない死とみなされます。[28]　それは必然中の偶然なのです。必然的なこと、たとえば生老病死などは、避けることができません。しかし、偶然に起こること、たとえば交通事故、医療事故などは、もしふさわしい対策を講ずれば、避けることができる。ある種の災難は、本来は避けることができたのですが、しかし何らかの原因によって有効な措置を取らなかったために、災難の発生をもたらしたのです。「九・一一」事件にしても、最近起きたバリ島やモスクワの事件にしても、それらはすべて横死に属するものです。私の記憶では、一九九六年に中国南部で洪水があり、当時、中国の宗教界はこぞって救援活動を展開しました。仏教界は動きがもっとも早く、寄付ももっとも多く、行動がもっとも積極的であったと言えましょう。当時、ある宗教のある人びとは、「彼らが災難に遭ったのは、彼らが主を信じないからだ。これは神の計画と懲罰なのだ」と言っていました。その時、丁光訓主教はこうした言い方を厳しく批判したものです。彼は次のように語りました。大きな災害を前にして、少しの同情心さえなく、かえってこのように災害を喜ぶかのようなことを言い出すとは、どこに人間性があるのだろうか？ 神性は言うに及ばず、人間性すらないではないか。[29] 神性と人間性は統一されるべきもので、神性は人間性の向上したものです。もし人間性さえ無かったなら、神性はどこから生まれるのでしょう？

注

（1）〔原注〕二〇〇二年十月二九日、香港智度会での講演。

（2）『江西馬祖道一禅師語録』（『禅学叢書之三　四家語録・五家語録』）四頁上、中文出版社、一九八三年。入矢義高編訳『馬

祖の語録』三二一―三四頁、禅文化研究所、一九八四年。［北宋］道原『景徳伝燈録』巻十・趙州章「異日問南泉、〈如何是道〉。南泉曰、〈平常心是道〉」（『大正蔵』五一巻、二七六頁下）。入矢義高編訳『景徳伝燈録』四、五八―五十九頁、禅文化研究所、一九九七年。なお、『祖堂集』『宋高僧伝』をはじめ一般に南泉は馬祖の弟子とされる。浄慧師が百丈の弟子とする根拠は不明。

（3）原文「趙州八十猶行脚、秖為心頭未悄然。及至帰来無一事、始知空費草鞋銭」。［明］雲棲袾宏『竹窓三筆』「八旬行脚」にほぼ同じ偈が見える（『蓮池大師全集』第三冊、一四七九頁）。日本語訳は、宋明哲学研討会訳注『竹窓随筆：明末仏教の風景』中国書店、二〇〇七年を参照。

（4）前章「無門の門」参照。

（5）浄慧師の言う阿部正雄の著書が何かは未検。趙州の慈悲については鈴木大拙の理解を分析するかたちで、Masao Abe "*Zen and Western Thought*" (McMillan, 1985) I-3"True Person and Compassion—D.T.Suzuki's Appreciation of Lin-Chi and Chao-Chou" が詳論している。

（6）以下の一段は、『御選円証直指真際趙州諗禅師語録』冒頭の問答を解説するかたちで話が進められている。『趙州語録』原文を以下に掲げる。「師問南泉、〈如何是道〉。泉云、〈平常心是〉。師云、〈還可趣向不〉。泉云、〈擬即乖〉。師云、〈不擬、争知是道〉。泉云、〈道不属知不知、知是妄覚、不知是無記。若真達不疑之道、猶如太虚、廓然蕩豁。豈可強是非也〉。師於言下頓悟玄旨、心如朗月」（『御選語録』巻第一葉右、自由出版社、一九六七年）。秋月龍珉訳注『趙州録』（禅の語録11）二一―二三頁、筑摩書房、一九七二年。

（7）于凌波『当代大陸名僧伝』房山雲居寺釈浄慧伝（大千出版社、二〇〇一年）によれば、浄慧師は幼年より一九四八年十五歳まで、湖北省黄岡県にあって海善（?-）、仁徳（? ―一九七九年）という二人の尼僧に育てられた。

（8）原文「面対它、接受它、処理它、放下它」。聖厳「従東亜思想談現代人的心霊環保」（『法鼓全集』第三輯「学術論考Ⅱ」）五九頁において、「心五四運動」の中の「四它」としてまとめられた実践項目。なお、『法鼓全集』は聖厳法師公式サイト内に公開されている電子版を参照した（http://ddc.shengyen.org/pc.htm）。

（9）聖厳法師（一九三〇―二〇〇九）は台湾の仏教教団・法鼓山の創設者。日本の立正大学に提出した博士学位論文が『明末中国仏教の研究：特に智旭を中心として』（山喜房仏書林、一九七五年）として出版されている（『法鼓全集』第九輯「外文書」にも収録)。

(10)『周易』繋辞上伝「仁者見之謂之仁、知者見之謂之知、百姓日用而不知、故君子之道鮮矣」。本田済訳注『易』(「新訂中国古典選」第一巻)四九〇頁、朝日新聞社、一九六六年。

(11)『馬一浮全集』第三冊(下)「散曲・聯対」(江蘇古籍出版社、二〇一三年)八一〇頁参照。潘良楨主編『中国書法全集83 近現代編 李叔同馬一浮巻』(栄宝斎出版社、二〇〇二年)所収「李叔同、馬一浮年表」一九一八民国七年戊午「李叔同三十九歳。正月、馬一浮の紹介により、虎跑寺で彭遜之と知り合う。八日、彭氏が発心出家、李叔同はそれを見て深く感動する。十五日、悟老法師に帰依して在俗の弟子となる。法諱は演音、法号は弘一」「馬一浮三十六歳……九月、霊隠寺に受戒する弘一に同行し、『霊峰毘尼事儀』『宝華伝戒正範』を贈る」(一五一―一六頁)。

(12)原文「老僧只以本文事接人」。『大慧普覚禅師語録』巻三十「答鼓山逮長老」に引かれる趙州の言葉が文字の上でもっとも近い。「趙州云、〈若教老僧隨伊根機接人、自有三乗十二分教接他了也。老僧這裏只以本分事接人。若接不得、自是学者根性遅鈍、不干老僧事〉。思之思之」(『大正蔵』四七巻、九四三頁上)。荒木見悟訳注『大慧書』(禅の語録17)二四〇―二四二頁、筑摩書房、一九六九年。

(13)印順編「太虚大師年譜」一九四七(民国三十六年)五十九歳「スターリン伝をお読みになり、共産党員が具えるべき体力・智力・意志力という部分について、同感の意をおぼえて言う、「この一段を読むとまことに、『瑜伽師地論』が、菩薩の具えるべき六波羅蜜の善なる素質を検証する部分を読むのと同じく、粛然として身が正され、菩薩に出会ったような感じである。ただ、いささか慈悲仁愛を欠いている!」」(『太虚大師全書』三十二、太虚大師全書影印委員会、一九七〇年)。これによれば、太虚師のこの言葉は国共内戦のころに発せられたものであり、またスターリンの人格や言動というよりは、彼の言う共産党員の条件に慈悲仁愛を欠いているのを惜しんでいるようである。いずれにせよ、スターリン(一八七八―一九五三)の存命中にすでに何らかの疑念を感じていたことにはなろうか。

(14)日中戦争中、そして大粛清直後の一九三九年十二月二十一日には、毛沢東が「延安各界のスターリン六十歳誕生日祝賀大会における講話」(竹内実編訳『毛沢東 文化大革命を語る』現代評論社、一九七四年)を発表している。

(15)「『御選語録』本『趙州録』に「趙州関」を含む問答はつぎの一則のみ(数え方によっては二則か)。「師問新到、〈従什麼処〉。云、〈南方来〉。師云、〈還知有趙州関麼〉。云、〈須知趙州関者〉。師叱云、〈者販私塩漢〉。又云、〈兄弟、趙州関也難過〉。

云、〈如何是趙州関〉。師云、〈石橋是〉」（巻五第二十六葉左—二十七葉右）。『古尊宿語録』本も同様。秋月龍珉訳注『趙州録』（禅の語録11）三四七—三四八頁、筑摩書房、一九七二年。

(16) 雲居山は江西省にある、雲居道膺開山の道場。［民国］岑学呂編『雲居山志』巻二・創建「関」に「趙州関」項があり、「趙州はかつて道膺祖師を訪ねて雲居山に来たことがあり、よって名づける。今に至るも苔むした石壁の上に〈趙州関〉の三大字がのこる」と説明されている。同書口絵には写真が掲載され（一四頁）、「山図」には伽藍の南東角に「趙州関」が見える（二六頁）。同巻「墻」条には「山門」が別にある。『中国仏教寺史志叢刊　第二輯』第十五冊二二一「雲居山志」（明文書局、一九八〇年）参照。

(17) 『古尊宿語録』巻十三『趙州録』ではこの後に、「学云う、〈上は諸仏に至り。下は螘子に至るまで、皆な仏性有り。狗子什麼《なん》の為めにか無きや〉。師云〈伊《かれ》に業識性《ごっしきしょう》在るが為めなり〉」と続いている。

(18) 福島慶道（一九三三—二〇一一）、更幽軒と号す。東福寺専門道場師家を経て、一九九一年には臨済宗東福寺派管長に就任。一九九二年八月二十七日より九月五日まで、中国河北省、浙江省を訪問した。「河北省　趙州柏林寺　普光明殿落慶法要香語」に言う、「柏樹蒼々在庭前。普光明殿落成天。心香一片拝真際。冤灌趙州無字禅。無（柏樹蒼々、庭前に在り。普光明殿、落成の天。心香一片、真際を拝す。冤《うら》みは灌《ふか》し、趙州無字の禅。無）」（福島慶道『更幽録』私家版・ヨシダ印刷、二〇〇九年、二八二—二八三頁。中村慶学『更幽軒福島慶道老大師』角川学芸出版、二〇一三年、一〇八—一〇九頁）。また福島師の自伝『いま、ここを無心に生きる』（春秋社、二〇〇五年）第二章「禅とはなにか——私の後半生」において、浄慧師との交流が言及されている（一四六—一四七頁）。

(19) 『無門関』に「無字関」の語は見えない。

(20) 『祖堂集』巻十四・馬祖章「又数引『楞伽経』文、以印衆生心地、恐汝顛倒、不自信。此一心之法、各各有之。故『楞伽経』云〈仏語心為宗、無門為法門〉」。『楞伽経』にこの経文はない。

(21) 『大慧普覚禅師語録』巻二十六「答富枢密」に言う、「僧問趙州、〈狗子還有仏性也無〉。州云〈無〉。此一字子、乃是摧許多悪知悪覚底器仗也。不得作有無会、不得作道理会、不得向意根下思量卜度、不得向揚眉瞬目処採根」（『大正蔵』四七巻、九二一頁下）。荒木訳『大慧書』五一—五三頁。『無門関』第一則「趙州狗子」「……参箇無字、昼夜提撕、莫作虚無会、莫作有無会」（『大正蔵』四八巻、二九三頁上）。平田高士訳注『無門関』（禅の語録18）一四—二〇頁、筑摩書房、一九六九年。

なお大正蔵本『無門関』は、浄慧師編『禅宗名著選編』（書目文献出版社、一九九四年）にも収録される。

(22) 「無門関」は、厳密には趙州ではなく無門慧開の言葉。本章では、「趙州関」と「無門関」は同じ宗旨をあらわした言葉とされる。前注15も参照。

(23) 原文「生命的和諧就是道徳」。ほぼ同文が、梁漱溟『人生的三路向』（一九三三年頃）第三章「道徳之真」にある。「道徳とは何か？ それは生命の調和、つまり人生の藝術である。生命の調和と言うのは、人間生命の生理と心理―知・情・意―の調和であり、同時に自己の生命と社会の中の他者の生命との調和でもある（道徳是什么？ 即是生命的和谐，也就是人生的艺术。所谓生命的和谐，即人生生理心理―知、情、意―的和谐；同时，也是我的生命与社会其他人生命的和谐）」（梁漱溟『人生的三路向』当代中国出版社、二〇一〇年）。

(24) ［姚秦］鳩摩羅什訳『金剛般若波羅蜜経』応化非真分第三十二「不取於相、如如不動。何以故。一切有為法、如夢幻泡影、如露亦如電、応作如是観」（浄慧師編『在家教徒必読経典』一八五頁）。『大正蔵』八巻、七五二中。

(25) ［唐］玄奘訳『瑜伽師地論』本地分中菩薩地第十五・初持瑜伽処力種姓品第八「此雑染法相違因者、謂出世間種姓具足、値仏出世演説正法、親近善士、聴聞正法、如理作意、法隨法行、及与一切菩提分法」（『大正蔵』三〇巻、五〇一下―五〇二上）。

(26) 『孔子家語』六本第十五「故曰、与善人居、如入芝蘭之室。久而不聞其香、即与之化矣。与不善人居、如入鮑魚之肆。久而不聞其臭、亦与之化矣」。宇野精一訳注『孔子家語』（新釈漢文体系53）二一四―二一五頁、明治書院、一九九六年。

(27) ［南宋］王日休『竜舒増広浄文』巻第十二「讃仏偈〔并回向発願文〕」「願以此功徳、荘厳浄土。上報四重恩、下済三塗苦」（『大正蔵』四七巻、二八八頁上）。

(28) 玄奘訳『薬師琉璃光如来本願功徳経』に、「救脱菩薩、「大徳、汝豈不聞如来説有九横死耶。是故勧造続命幡燈、修諸福徳。以修福故、尽其寿命、不経苦患」。阿難問言、「九横云何」。救脱菩薩言、「若諸有情、得病雖軽、然無医薬及看病者、設復遇医、授以非薬、実不応死而便横死……」（『大正蔵』巻十四、四〇八頁上）とあり、以下九種の横死を列挙する。①医師や呪術師の誤った処置による死、②国家権力による死、③度を越した享楽による死、④火災による死、⑤水難死、⑥猛獣による死、⑦高所からの落下死、⑧毒薬や呪詛による死、⑨餓死。

(29) 丁光訓（一九一五―二〇一二）の言葉は未検。したがって丁主教の言葉と浄慧師の言葉の境目も未詳である。陳沢民「関於丁主教的生平和著述」（劉華俊編『天風甘雨：中国基督教領袖丁光訓』南京大学出版社、二〇〇一年）、周加才『愛無止境：我所尊敬的丁光訓主教』（紐約神学教育中心出版、二〇一〇年）によれば、丁光訓主教は、一九八〇年より一九九七年まで中国基督教協会会長の任にあり、同時期に中国仏教協会会長であった趙朴初とも親交があった。周氏は丁主教と趙居士の共通点を七項目にまとめているが、その三番目にカルト教団に反対することを挙げている。また周氏は、趙居士、丁主教が災害救援活動や各種慈善事業に熱心であったことも記す（『愛無止境』第七章「丁光訓主教与趙朴初会長、韓文藻博士」）。また、『天風甘雨』には、本書第二部第四章「『六祖壇経』と生活禅」に登場した妙華法師が「思想之樹木長青―読《丁光訓文集》引起思考」なる一文を寄せている。一九九三年より趙朴初のもとで中国仏教協会副会長を勤めた浄慧師は、丁光訓とも面識があっただろう。なお趙朴初については、本書第二部第四章「『六祖壇経』と生活禅」注8参照。

七　無門関よもやま話

「無」字の宗旨は、柏林禅寺《はくりんぜんじ》の禅風がもとづくところと言えます。このことは、何度もお話しして来ました。今日ふたたびお話しするのも、古い話の繰り返しに過ぎません。なぜなら、これは修禅における必然の階梯であって、このことを話さなければ、いかにも十全を欠くことになるからです。

無字の要訣の由来は、『趙州禅師語録《じょうしゅうぜんじごろく》』にはっきりと書かれています。ある僧が趙州和尚〔七七八―八九七〕に、「狗にも仏性がありますか?」と質問した。趙州和尚は「無い！」と答えた。(1) 後に、宋代になって無門慧開《むもんえかい》〔一一八二―一二六〇〕という禅僧が禅門の公案四十八則を一書に編集しましたが、趙州和尚による「狗子無仏性《くしむぶっしょう》」の公案を第一条に置き、その本を『無門関』と名づけました。無門関はこのように出来上がったのです。

無門慧開禅師は南宋時代の人で、禅学にとても見識のある偉大な禅師でした。彼のこの書物は世に出て以来、今に至るまで絶えることなく伝えられてきました。日本ではほぼすべての禅宗寺院が、この本を必修科目にしています。日本人はこの本に対して三十六種以上の注釈書を作りました。(2) しかし、わが中国では現時点でなお一冊の注釈書もないのであります。(3)

無門慧開禅師は『無門関』の中で次のように述べています。(4)「参禅には祖師の関門をくぐらなければならない。そのためには奥深い悟りが極められねばならず、心のはたらく道が断たれなければならない。

祖師の関門をくぐらず、心の道が断たれていなければ、すべてこれ草木に憑《よ》りつく妖怪のようなもの。さあ言え、祖師の関門とは何か？　この〈無〉字こそが、宗門第一の関門なのだ。そこで禅宗〈無門関〉と名づける」。祖師の関門とは、すなわち入口のない関所（無門関）であり、門の無い関所とは祖師の関門のことです。奥深い悟りは極められ、心のはたらく道は途絶えている、これは関門をくぐる前提条件です。そうでなければ、ことごとく草木に憑りつく妖怪になってしまうのです。草木に憑りつく妖怪とはなんでしょうか？　ある種の妖怪は、草木に憑依してはじめて生存することができます。ここではそれを用いて、修行がまだ開悟見性にいたらず、なお自らの生命を自在にできない人に喩えています。努力が足りず、人間に転生することができないため、草木に取り憑《つ》いて草木を依代《よりしろ》とし、それで修行を継続するというわけです。おわかりのように、これはまともなあり方ではない。たとえば化け狐の類《たぐい》でしょう。(5)この無字の関門をくぐれば、「親しく趙州に見《まみ》えるのみならず」、また歴代の祖師と「手を取り合ってともに歩み、眉毛を結び合わせて同じ目で見、同じ耳で聞くのだ。なんとめでたいことではないか」。つまり、門無き関をくぐれば、仏祖と平等無二になるというのです。

ならば、どうすればこの無門関をくぐり抜けることができるのか？　この関門をくぐろうとするなら、「三百六十の骨と節、八万四千の毛穴の、からだ全体を疑いのかたまりとして、無字を参究せよ」。つまり、生命全体でこの無字に参ずるのです。どのように参究するのか？　「昼も夜もこれを取り上げ、しかも有無として理解してはならない、また虚無として理解してもならない」のです。この「無」は「有無」の「無」ではなく、「虚無」の「無」でもありません。「有無」の「無」は「有」と対立するもので、

「虚無」の「無」とは何も無いということです。無字の要訣の「無」字は、有無相対を超越した絶対の「無」です。それは無であり、しかし同時に有でもあります。ですから、無門関の「無」を「有無」の「無」として理解することはできないし、「虚無」の「無」として理解することもできません。ここがまさに努力するべきところです。この日常では意識を向けないところに力を入れて、はじめて悟りへの手がかりがあるのです。無門禅師は、比喩をもちいてこのことを説明します。かれが言うには、「熱鉄丸《ねってつがん》を飲み込んだように」、吐き出そうと思っても吐き出せないのです。熱された鉄球を喉のあたりまで飲み込んだら、どれだけつらいことでしょう？　参禅してまさに力を尽くしている時には、ちょうどこのような状態なのです。この瞬間には心のはたらきはなく、一瞬の思念もなく、日常の悪しき認識や見解は、きれいさっぱり一掃されてしまいます。いわゆる悪しき認識や見解というのは、貪《むさぼ》り・瞋《いか》り・癡《おろ》かさ、妄想分別のことです。

公案への取り組みが「しだいに純化熟成され、おのずと一つの全体が完成する」ころになると、「口をきけない者が夢を見る」のと同じ状態になります。口をきけない人が夢を見れば、「ただ自分だけが知っている」。それがどんな事態でどんな味わいなのか、自分自身だけが知っているのです。この比喩はとてもすばらしい！　まさにこの時において、「正面から突破する」ことができれば、突如としてこの熱い鉄球を一気に吐き出し、疑いのかたまりは打ち砕かれる、つまり心を明らかにし性を見て、生死という大事もまた打ち破られる。

このような時、人はどのような状況にいるのでしょうか？　まさに「驚天動地」なのです。ある公案によれば、ある祖師が開悟したその夜、天人たちがお互いに知らせ合ってこう言う、「誰それ禅師が今夜成仏しました！」[6] これは天を驚かし地を動かすということではないでしょうか？ ここで、無門禅師はさらに一つの比喩を用います。ちょうど「関将軍の大刀」を奪いとったようなものだと（関将軍とは関羽さまのことです。関公の大刀は「並ぶもののない威力」ですから、根本の智慧を得たことを、刃に毛を吹きつければ切れるという吹毛剣を得たようなものと喩えているのです）。「仏に出逢えば仏を斬り、魔に出逢えば魔を斬る」[7] のだと（つまり、仏陀という認識、仏法という認識をきれいさっぱり除き去るということです）。どうして仏陀や仏法に関する認識を除き去らねばならないのか？ なぜなら、心に念を起こしてはならず、ひとたび思念が生ずれば、それはもう間違いだからです。少しの概念も立てず、仏に逢えば仏を殺し、祖に逢えば祖を殺すのです。[8] この時に至れば、修行者の任務ははじめて真に完成されたことになり、あらゆる問題はみな解決します。あたかも関羽将軍の大刀を奪い取ったように、「向かう所敵無」く、「生死の岸辺に立って大いなる自在を得、卵・胎・湿・化の四生、地獄・餓鬼・畜生・修羅・人・天の六道のうちにあって、遊戯《ゆげ》三昧《さんまい》をなす」のです！

この一段には三つの比喩が用いられています。一つ目は公案に取り組んで努力しているとき、まるで熱い鉄球を飲み込んだようである。二つ目はその努力が成って完成に近づくとき、まるで口のきけない人が夢を見たよう。三つ目は疑念のかたまりを打ち破るとき、あたかも関羽将軍の大刀を奪い取ったように無敵になる。これら三つの比喩はきわめて巧みで、修行の過程全体を生き生きと、微に入り細を穿って描き出しています。この過程を貫く鍵となるのは、「平生の気力を尽くして、無字に取り組」み、中断してはならないということです。仏法という不滅の燈をともしたように、この燈明をあかあかと輝かせ、いっときも消えないようにする、そうしてはじめて、祖師の関門をくぐり、すぐれた悟りを得ることに、可能性が生まれてくるのです。

最後に、無門禅師は狗子無仏性の公案における要点を総括して言います、「狗子に仏性無し、全く正《しょう》令《りょう》を提《さ》ぐ。若《も》し有無に渉《わた》れば、身を喪《うしな》い命を失わん」。

狗子無仏性の公案は、宗門の正しい命令（正しい命令とは、もっとも根本的でもっとも肝要な部分のことです）を提示しました。有無の次元でうろうろしてはなりません。もし有無の次元でこの公案に取り組めば、すぐさま生命をうしなってしまいます。有無を離れ、この二元対立を離れて、単刀直入にこの無字を提起すれば、そうしてはじめて、この公案の含意が得られるのです。

公案に取り組む際には、以下に挙げる禅病の出現を防がなければなりません。なぜならこれが無字の公案であるため、人びとはたやすくこの無字を有無の次元で理解しようとしたり、虚無として推し量ろうとしがちだからです。宋朝の大慧宗杲禅師は、無字の公案への参究について、十か条の必ず防止すべき偏見と錯誤を挙げました(9)。

第一、「有無の会《え》を作《な》すを得ず」。狗子無仏性というのは、要するに犬には仏性が無いということなのだろう。これは有無の無です。この公案を、有無の無として理解しているのです。

第二、「真無の無に作し来たりて卜度《ぼくたく》するを得ず」。犬には本当に仏性が無いのだろう。このように考え、推し量るなら、それは虚無の無なのです。

第三、「道理の会を作すを得ず」。これを理屈として推し究めようとしてはなりません。これは一つの法門、一つの公案、一つの疑いのかたまりなのであって、理屈ではありません。

第四、「意根の下《もと》に向《お》いて思量卜度するを得ず」。この疑いのかたまりについて、意識の根本（すなわち第七識）の上で思考、推量し、(10)ある論理を見つけ出そうとしてはなりません。

第五、「揚眉瞬目の処に向いて堕根《だこん》するを得ず」(11)。眉を上げ、まばたきをするといった日常行為の中に答えを探し求めてはなりません。

第六、「話語の上に向いて活計を作すを得ず」。言語において解釈してはなりません。

第七、「無事の甲《よろい》の裏《うち》に堕すを得ず」(12)。坐禅の時はこの無字を参究するべきで、単純な空の迷いに落ち込んで、何も取り組むものがない状態ではいけません。三百六十の骨と節、八万四千の毛穴を総動員して、からだ全体を疑いのかたまりとすることです。太平無事という鎧の中に坐り込んで、のらりくらりとしていてはいけません。(13)

第八、「挙起《こき》する処に向いて承当するを得ず」。挙起とは、この話頭《わとう》を思い起こすことです。「州云う、無！」あるいは「僧趙州に問う、〈狗子に還《は》た仏性有りや？〉州云う、〈無！〉」などと。このように、話頭の文字を頭の中で読み上げてはいけません。話頭を読み上げることは話頭に参ずることではありません。それを一つの疑問、一つの疑問のかたまりとして参究するのです。

第九、「文字の中に向いて引証するを得ず」。経論の中に理論を探してはなりません。経論の中で、仏陀は犬に仏性が有るか無いかを説いているだろうか？　仏性が有るとはどういうことだろうか？　ならば仏性が無いとはどういうことだろうか？　どんな状況で仏性が有ると説かれ、どんな状況で仏性が無いと説かれるのだろうか？　などということは、文字の中に証拠を引こうとしているのです。

第十は、「迷を将《も》って悟を待つを得ず」です。公案に取り組んでいる時には、開悟を待ってはいけません。そうではなく、公案にじかに没入し、じかに参与するのです。つまり、ひたすら耕し収穫を問わないのです。このように取り組むのを厭わないことでこそ、いつかある日、桶の底が抜けるように悟り、いつかある日、祖師の関門をくぐり抜けて、歴代の祖師と手を取り合って共に歩んでいるのです。

今日みなさんにこのお話をした目的は、長く参禅している方が、みずからの呼吸を観察する息道観《そくどうかん》に習熟して後、(14)次の段階としてこの無字の公案に参じていただくためです。これこそ、私たちが禅七の坐禅をする本意なのです。(15)初心の方は無字に参ずることはありません。やはり呼吸を数える数息観《すそくかん》をおこなうのが良いでしょう。(16)この修行をダイヤモンドの種として、心という畑に播くことで、後にそれを応用することができるでしょう。このほか、祖師がどのように私たちの生命について心を尽くされていたかを聴くのも、やはり非常に大切なことです。

注

（1）『古尊宿語要』本「趙州録」上（『古尊宿語要』中文出版社、一九七三年）「問、〈狗子還有仏性也無?〉師云、〈無〉。学云、〈上至諸仏、下至蟺子、皆有仏性。狗子為什麼無?〉師云、〈為伊有業識性在〉」（三七頁）。秋月龍珉訳注『趙州録』（禅の語録11）一三〇—一三一頁、筑摩書房、一九七二年。

（2）駒沢大学図書館編『新纂禅籍目録』（日本仏書刊行会、一九六二年）は、清拙正澄『無門関註』より山本玄峰『無門関提

唱』に至るまで、『無門関』の注釈書五十八種を著録する（四七三―四七五頁）。

（3）二〇〇四年、崇文書局より于亭訳注『禅林四書（無門関、林間録、羅湖野録、竹窓合筆）』が出版されている。

（4）これより、浄慧師は『無門関』第一則の無門慧開による解説部分をほぼ全文引用しながら話を進めている。『無門関』の原文は次の通り。

無門曰、参禅須透祖師関、妙悟要窮、心路絶。祖関不透、心路不絶、尽是依草附木精霊。且道、如何是祖師関。只者一箇無字、乃宗門一関也。遂目之曰、禅宗『無門関』。透得過者、非但親見趙州、便可与歴代祖師、把手共行、眉毛廝結、同一眼見、同一耳聞。豈不慶快。莫有要透関底麼。将三百六十骨節、八万四千毫竅、通身起箇疑団、参箇無字、昼夜提撕。莫作虚無会、莫作有無会。如呑了箇熱鉄丸相似、吐又吐不出、蕩尽従前悪知悪覚、久久純熟、自然内外打成一片。如唖子得夢、只許自知。驀然打発、驚天動地。如奪得関将軍大刀入手、逢仏殺仏、逢祖殺祖、於生死岸頭、得大自在。向六道四生中、遊戯三昧。且作麼生提撕、尽平生気力、挙無字。若不間断、好似法燭一点便著。頌曰、「狗子仏性、全提正令。纔渉有無、喪身失命」。（『大正蔵』四八巻、二九二頁下―二九三頁上）。

日本語訳は平田高士訳注『無門関』（禅の語録18）一四―二一頁、筑摩書房、一九六九年。なお、大正蔵本『無門関』は、浄慧師編『禅宗名著選編』（書目文献出版社、一九九四年）にも収録される。

（5）原文「如同野狐之类的东西」。『無門関』第二則「百丈野狐」に、かつての百丈山住持が野狐に転生しており、老人に化けて百丈懐海の説法を聞きに来ていたという故事が見える。『大正蔵』四八巻、二九三頁上―中。平田訳『無門関』二〇―二六頁。

（6）浄慧師の念頭にある公案が何かは不明。類似の話は、六祖慧能の門人・瑝禅師の故事として『曹渓大師別伝』（『六祖壇経諸本集成』中文出版社、一九七六年）に見える。「景雲二年（七一一）、却帰長沙旧居。二月八日夜悟道。其夜空中有声、告合郭百姓、〈瑝禅師今夜得道〉」（四二〇―四二一頁）。

（7）原文「仏来仏斬、魔来魔斬」。『無門関』にこの語は見えない。

（8）原文「逢仏殺仏、逢祖殺祖」。浄慧師は引用符をつけないが、これも『無門関』第一則の言葉である。前注4参照。

（9）以下に引く十か条は、『大慧普覚禅師語録』巻二六「答富枢密」と同巻三十「答張舍人状元」に見える。「答富枢密」に云う、「僧問趙州、〈狗子還有仏性也無〉。州云、〈無〉。此一字子、乃是摧許多悪知悪覚底器仗也。1不得作有無会、3不得

作道理会、4不得向意根下思量卜度、5不得向揚眉瞬目処垛根、6不得向語路上作活計、7不得颺在無事甲裏、8不語得向挙起処承当、9不得向文字中引證。但向十二時中四威儀内、時時提撕、時時挙覚、〈狗子還有佛性也無〉。云〈無〉」(『大正蔵』四七巻、九二一頁下)。「答張舎人状元」に云う、「如僧問趙州、〈狗子還有仏性也無〉。州云、〈無〉。只管提撕挙覚、左来也不是、右来也不是。10又不得将心等悟、8又不得向挙起処承当、又不得作玄妙領略、1又不得作有無商量、2又不得作真無之無卜度、7又不得坐在無事甲裏、又不得向撃石火閃電光処会」(『大正蔵』四七巻、九四一頁中)荒木見悟訳注『大慧書』(禅の語録17)五一―五三頁、二二六―二二七頁、筑摩書房、一九六九年。

(10)[明]宗泐・如玘『楞伽阿跋多羅宝経註解』巻一上は、『楞伽経』巻一「大慧、略説有三種識、広説有八相。何等為三、謂真識・現識及分別事識。大慧、譬如明鏡、持諸色像、現識処現、亦復如是。大慧、現識及分別事識、此二壊不壊、相展転因」を解説して次のように言う、「〈分別事識〉即意根・意識及五識身。此開蔵識為二、合事識為一也。〈広説有八相〉者。攬後経文、即合上〈真識・現識〉為一蔵識、開上〈分別事識〉為七識。謂意根・意識・眼識・耳識・鼻識・舌識・身識也……〈現識〉含蔵善悪種子無失、故名〈不壊〉。事識以根対境、起憎愛心念念生滅、故名為〈壊〉」(『大正蔵』三九巻、三五〇頁中)。ここでの「意根」は六根のうち「意識」に対応する感覚器官ということではなく、前六識の根源のことのようである。「意根」が「第七識」に等しいとは、こうした説にもとづいているのだろう。

(11)無著道忠『大慧普覚禅師書栲栳珠』(禅文化研究所、一九九七年影印)は、「垛根」を本文として掲げつつも、「又た垛根に作る」として、「当《まさ》に〈垛跟〉に作るべし……蓋し垛跟は足踵を妥定するなり……又た思量卜度する者、思念を停留すること、踵を妥するが如し。亦た垛跟と言うべし」(一六六頁)と言う。道忠は、思索して結論にとどまるとの意に解しているようである。

(12)浄慧師は、この「垛」を坐るの意に解しているようであって、これは前注11所引『大慧書栲栳珠』の理解にも共通する。ただ、『大慧語録』「答張舎人状元」では「又不得坐在無事甲裏」に作っており、師の脳裏にはこうした本文も記憶されていたかも知れない。また「答富枢密」では「不得颺在無事甲裏」に作っておりやはり「垛」ではないから、本書が「又不得垛在無事甲裏」に作るのは、何らかの誤りである可能性もある。

(13)原文「不要坐在无事家里头，飘飘然」。浄慧師は、「答張舎人状元」「答富枢密」の二者を総合した理解をしているようである。前注9、12参照。

（14）原文には単に「息道观纯熟之后」とある。「息道観」の詳細は未詳だが、〔東晋〕仏陀跋陀羅訳『達摩多羅禅経』や〔隋〕天台智顗『六妙法門』には、「息道」すなわち呼吸を観察して諸法の虚妄あるいは真実相を観想する禅定が説かれており、それらを参考に「みずからの呼吸を観察する息道観」と訳した。

（15）禅七については、本書第二部第五章「無門の門―禅堂講話」注13参照。

（16）数息観については、本書第四部第六章「禅観十善」を参照。

三、生活禅サマーキャンプと若者

一　仏法・生活禅・サマーキャンプ(1)

1

二千五百年以上の歴史をもつ仏教は、人類の最も貴重な精神の財宝です。仏教がインドから中国に伝わった後、その思想精神は広くわが民族の血液の中に浸透しました。同時に、人間生命を思いやり、慈悲によって世を救う仏陀の精神も中国で大きく広がり、深く大きな影響をもつ大乗仏法の各学派を形成しました。

大乗仏法は中国仏教の特色です。大乗仏法の精神は、私心なく奉献し、国土を荘厳にし、有情を利楽する精神であり、人間生命を思いやり、盛んにする人間仏教の精神です。私達が今日、豊かで、清浄で、和やかな人間浄土を建設しようとするならば、仏教の優良な伝統を広め、その慈悲・智慧・平和の教義を社会主義精神文明の建設に役立てなければいけません。数年来、河北省仏教協会はずっとこれを己の任務としており、法会を行い、雑誌『禅』を編集し、書籍を刊行することによって、仏法を社会と結合させようとしてきました。また、現世の人々に健康で有益な精神の糧を与え、極めて多くの在家の居士に仏法の甘露と潤いを与え、社会に良い効果をもたらすよう努力してきました。生活禅の提起と禅学研究所の成立は、仏教文化を広める上での新たな一つのテーマです。

生活禅は伝統的な中国の禅を、現代の条件下で具体的に運用したものです。伝統的な中国の禅は仏教の中で最も中国的な特色を持つ宗派で、それは直指人心《じきしにんしん》・見性成仏《けんしょうじょうぶつ》といって、現実の人生に立脚し、その生活の中でただちに悟りと解脱を完成することを人々に要求します。生活禅はこの精神を継承すると同時に、現代人の生活の実情を考え合わせて、「生活の中で禅の悦びを実現し、禅の悦びの中で生活を行う」ことを強調しています。生活禅では、仏を信じ禅を学ぶことは、人生から逃避することではなく、人間生命を思いやり、人間生命に目覚め、人間生命を捧げることだと考えます。生活禅は、奥深く難解な教義を、身近な生き生きとした方法で表現しました。それによって、現代社会の多忙な人々に受け入れられ、社会における精神文明の建設に、仏法を新たな姿で参与させました。そして、そのあるべき効果を発揮させたのです。

私達の「生活禅サマーキャンプ」は、生活禅を主体とした大型の布教活動です。この活動を通して、厖大な在家信者に叢林生活を体験していただき、三宝に親しんで、正しい信心を固めていただき、さらに伝統仏教・禅学と現代社会生活を切り口として、法師・居士の皆様と深く討議できることを心から願っています。「生活禅サマーキャンプ」を、千年の古刹である柏林寺で行う意味は深遠なものです。趙州祖庭は中国仏教と同じく、古老にして年若いものです。千数百年前、趙州禅師はここで法を広め、独自の一派をなす趙州禅を形成しました。趙州禅師の語録には、「喫茶」「洗鉢」「庭前の柏樹」や「平常心是れ道」等、公案の至る所に生活禅の風格が現われています。

私達が今日、祖師の宗旨を受け継いで生活禅を提唱し、仏教内外の大徳から同意と肯定を得られたことに、私達は深く励まされています。私達がここで試行した第一回生活禅サマーキャンプは、政府の各階級の指導者から肯定と激励をいただき、信者の皆様の同意もいただきました。生活禅に関する特集号が刊行されると、雑誌『禅』の多くの読者が私達に手紙をくださり、私達の仕事に賛嘆を表し、私達がこのような弘法活動をしっかりと続けていくことを口々に求めました。生活禅サマーキャンプが、仏教を広め、仏教の方面から精神文明の建設を促すのにとても良い形式であると、皆さんが認識されているのです。広大な教友が寄せる生活禅サマーキャンプへの期待は、私達の自信を固めてくれます。「人間生命に目覚め、人間生命を捧げる」、私達はこれが仏法全体の中心思想であり、禅の中心思想でもあると考えています。仏法が解決しなければならない問題は、生命の目覚めと実現にほかなりません。生命の目覚めは、人の生命を大切にし熱愛することを私達に要求し、人の生命を円満で自在で清浄な悦びに満ちたものにします。生命の実現は何も特別なものではなく、ただ無私無我・無窮無尽に捧げることです。目覚める中で捧げ、捧げる中で目覚める。これこそが禅の人生であり、菩薩の人生でもあります。生活禅の提唱を通して、人々の生活が更に充実し、更に幸福になることを、そして社会が更に和やかに、更に素晴らしいものとなることを、私達は心から願っています。このようになれば、「国土を荘厳にし、有情を利楽する」という仏教徒としての責任を、いくらか果たしたといえるのです。

私達が居る柏林寺は、千七百年以上の歴史を持つ古刹です。唐代、ここにかつて一人の偉大な禅師がお住まいでした。趙州禅師です。学人が喜び勇んでこの禅師の元に教えを請いに来ると、彼はいつも淡々と彼らに「鉢を洗っていきなさい」「お茶を飲んでいきなさい」と言ったり、庭の柏樹を指さして「庭先の柏の木だ」と言ったりしました。

私が思うに、生活禅サマーキャンプが社会に一定の影響を生み出せているということは、以下の三つのことを意味しています。一、仏法の生命力が強大で、常に新しいものであること。仏法は時代遅れになるものではなく、永遠に現代的なものです。二、私達の社会が仏法を必要としていること。仏法は人の精神上の要求を満足させられるのです。人の心に安らぎと快楽をもたらし、社会の安定や精神文明の建設促進に、何者にも代え難いプラスの作用を有するのです。三、生活禅の提唱は合理的でタイミングに合ったものであるということ。生活禅は、「仏法を現代化する」ことと「仏法が現代を変える」ことの両者が有機的に結合したもので、現代人の根性（仏に教えを受ける者としての性質）に比較的適合しており、人々が受け入れやすいものです。「人間生命に目覚め、人間生命を捧げる」が生活禅の宗旨であり、「生活の中で修行し、修行の中で生活する」こと、信仰を生活の中で確かめ、修行を今その場で行い、仏法を世間の中に溶け込ませ、個人を大衆の中に溶け込ませることを強調しています。このようにしてこそ初めて、私達は法としての人格を真に養うことができ、仏教の「有情を利楽し、国土を荘厳にする」という、この崇高な目標を実現することができるのです。

生活禅サマーキャンプは三つの面に特に注意しています。まず、内容を計画するときには、テーマを作るように。次にメンバーを受け入れるときには、若年化するように。なぜなら若い人は仏法の火種を社会生活の中へ伝えやすく、それによってより多くの人に仏法を理解してもらい、仏法を受け入れてもらえるからです。さらに、主観的な目的の面では、探求性により注意を払っています。中国仏教協会は私達が行うサマーキャンプを高度に重視しており、私達はこの活動を堅持しつづけることを望んでいます。仏教が現代の人心を浄化し、社会を安らかにする効能を如何に発揮するかを探求しようと試みているのです。

七日間の禅修生活はとても辛いものですが、皆さんは敬虔に、誠実に精進をされており、最初から最後まで積極的に朝晩の課誦や座禅に参加し、法を聴くなどの法要に関わる活動もされています。多くの参加者が自覚的に機会を求めて善知識（指導する僧）に親しみ、仏法が関係する問題について尋ねたりもされています。多くの参加者が、少し時間ができると塔院や大殿の前に行き、黙々と礼拝を行っています。お堂を通る時には、多くの参加者が自主的にみんなのために奉仕し、おかずやご飯を盛りつけたり、野菜やお椀を洗ったりしています。嶂石岩に行って雲水の生活を体験した時には、誰もが利他友愛の精神を奮い立たせ、病気の参加者や年長の居士の手助けを、自覚的に行っていました。

修行は長く苦しい過程です。みなさんがそれぞれの地に帰ってから、ここで学んだ仏法理論を日常生活で実行し、誠実に身を持し、真摯に職責を果たされるようにと思います。私達は責任と義務の中で生活しなければなりませんが、全ての一分一秒で自己の生命を遂行し、自己の生命を平穏にしなければなりません。自覚的に仏法を用いて私達の行為と心を観察し、反省して、自分の心を浄化し、自分の人格を高めなければなりません。全ての機会と方法を利用して、自分の法の人格と力で、より多くの人が仏法に親しみ、仏法を理解し、仏教を信仰するように誘導し、感化し、仏法の火種を社会に向かって広く伝えてください。仏法が広く伝えられれば、仏法の教化は一代また一代と、各世代の人へ影響を与えることができます。それは国家の安定、社会の安定にとって、見過ごせない要素となります。私達が仏法を善く用い、仏法の信仰と修行の原則を智慧として日常生活の中で用いることができれば、それは私達が一人の仏教徒として国を愛し、教えを愛していることの、具体的な表れなのです。

2

仏教はインドで生まれ、これまでに二千五百年以上の歴史があります。中国に伝わってからは、すぐに中国本土の文化に吸収され、輝かしい中華文明の重要な構成要素の一つとなりました。千百年来、それは民族精神を作り上げ、民族文化を繁栄させ、国家の安定的な統一を維持させました。人心を浄化し、社会を安らかなものにし、道徳的な情操を増進させるなどの面において、プラスとなる貢献をしました。しかし私達は同時に、この百年来、我が国の社会生活における仏教の地位と影響力が、衰退していることにも目を向けなければなりません。これは仏教それ自体が時代遅れになったということでしょうか？ そうではありません。仏教は、仏陀が証得（到達）した宇宙と人間生命に関する究極の真理であり、昔から、永遠に時代遅れにはならないものなのです。それは強大な生命力と時代への適応性を持っています。この点は、仏教の悠久の歴史と伝播した地域、更にこの半世紀の間、それが西洋社会で生み出した大きな反響などから証明することができます。それでは結局どのような原因によって、仏教の社会生活における地位と影響力が、落ちてしまったのでしょうか？ 最も根本的な点は、厖大な仏教信者が仏法を理解し実践する中で偏りを生じ、仏教と現実の社会生活が互いに食い違ったことだと私は思います。中国仏教がこの百年に発展してきた歴史をちょっと振り返ってみれば、大部分の人が仏法を受け入れる過程の中で、出世と死後の解脱を過分に強調して中道を離れ、知らず知らずのうちに現実社会と乖離したマイナスの状態に入り込んでしまったことに気づくのは、そう難しくはないでしょう。その主な現われは、往時、太虚法師が指摘したような事です。一つめは、山林に隠遁し、自ら人の群れを拒絶し、社会的な責任と義務をないがしろにすること。二つめは、死後の解脱にこだわり、死者供養に熱中し、現世の今この時に解脱することをないがしろにすること。このような状態では、仏教が積極的に社会の人々を思いやる大乗菩薩の精神は極端に薄められ、人為的に仏教と現実社会との距離が引き離されます。仏教が持っている現実生活を受け入れる力や、それを教化する力が削がれてしまい、人々に「仏教は現実の人生とは関係が無く、専ら死後や死人の為に仕える宗教だ」というイメージを与えます。実は仏教が人に与えるこの種のイメージを、現在もまだ社会の大衆の心の中で転換させることができていません。中国近現代仏教の衰退は、これと無関係であるとは言えません。はっきりとしていることは、仏教が現在のこのような寂しい状態を根本から打破し、本来持っていた生命力を回復するためには、他の方法ではなく、まず仏教を、現在のような根の無い状態から現実に引き戻し、生活の本来の状態の中に還すことが必須だということです。趙朴初先生が提唱した「人間仏教」では、仏教は社会・人生を本位としなければならない、社会主義社会に適応し、大乗菩薩の精神を高揚させなければならない、と強調します。その目的は、あらためて仏教を現実生活の中へ引き戻すことなのです。

今日、私達が生活禅を提唱するのも、歴史の呼びかけに順応するためであり、それによって仏教を全面的に振興させようとしているのです。私達は「人間生命に目覚め、人間生命を捧げる」ことを生活禅の宗旨として確立しましたが、その目的は、理に合わせ時機に合わせる原則に基づいて、仏教は社会での人生を本位とし、利他を道とし、解脱を行き先としなければならないことを強調することです。積極的に社会・人間生命と大衆を思いやり、積極的に責任と義務を負うことを提唱し、「責務を尽くす中に満足を求め、義務の中に心の安定を求め、奉献する中に幸福を求め、無我の中に進取を求め、生活する中で禅機を現し、保任《ほにん》する（しっかりと保つ）中で解脱を証する」という、修行の理念を最優先とするのです。

3

二千年、二十世紀もの時間は、なんと悠久で長いのでしょう。あなたたちが初めて仏門に入る時、あなたたちの両足はすでに、仏教のしっかりとした、堅実な歴史の肩の上に立っているのです。これはあなたたちが、その身に神聖な使命と光栄な責任を引き受けたことを意味します。大まかに言って、今日の若い仏教徒は、少なくとも三重の責任を引き受ける必要があります。第一に、自身の生命浄化と悟りの責任です。仏陀の教えは私達を導いて、人生の迷いをきれいに除き、本来もっている智慧を開発し、円満な人格を整えることを可能にします。これは仏法の最も根本的な価値の所在であり、またすべての仏教徒、とりわけ人生の旅路に出たばかりの若い仏弟子が体得し、担うべきことです。第二に、三宝を護り、仏教を盛んにする責任です。在家の仏弟子は仏教の四衆弟子の一部に属しますが、仏教教団の一員でもあり、仏法の隆盛に対して出家人と同様の責任を負っています。今、仏教が直面している差し迫った問題には三つの面があります。一つめは人材の育成、二つめは自身の建設、三つめは引き継ぐべき優良な伝統と、中国の特色ある社会主義社会に適応し、世界文明につながる発展の道を探求することです。これははなはだ困難な歴史任務なので、実に多くの在家・出家の仏教徒が共に努力することによって、実践の中で完成しなければなりません。第三の責任は、中華を振興し、祖国を建設する責任です。仏法は世間と出世間の円融を説き、仏弟子の社会的責任を強調します。仏教徒は仏法の薫陶を受けており、社会で仕事をする生活の中で、より多くの大衆的な奉献精神をそなえ、祖国の富強と民族の振興の為に貢献するべきです。国家の富強と仏教の隆盛は不可分ですから、個人の安楽と衆生の安楽も不可分であり、愛国と愛教もまた不可分です。上述の三重の責任は、概括して言うと、自身の生命に対する責任、教団に対する責任、社会に対する責任です。この三者は相互に関連していて、分けることのできない、有機的に統一されたものなのです。

世界全体の視野から述べると、どのように私達人類の生活を質的に向上させるか、生存する環境を保護するか。これが今、全世界で最も声高に叫ばれている事です。仏教についていえば、それは最初から環境保護活動であったといえるでしょう。なぜでしょうか？　なぜなら仏教では悪を断ち、善を修めなければならないと説くからです。悪を断たねばならず、善を修めねばならないということは、仏教は一貫して、いわゆる「心の環境保全」をしてきたといえるのです。自然環境の保全であれ、社会環境の保全であれ、心の環境を保全しなければ、その他の面の環境保全は本当の意味で確実に行うことはできないと思います。ある日私は、環境保全活動の指導者とおしゃべりをしました。私はすぐに、私達が環境保全をする場合には人心の浄化から始めることに注意しなければならない、とアドバイスしました。人心の浄化、社会の浄化があってこそ、環境の浄化があり得るのです。しかし、今、私達はどのように人心を浄化させるべきなのでしょうか？　社会の様々な方面の人が、人心の浄化をしているはずですが、仏教は、それ以上に責任を負わなければなりません。現在、環境保全活動をしてみると、環境の汚染は深刻で人類の生存が脅威にさらされ、様々な疾病が絶えず私達に向かって侵攻しているのを目にします。しかもそれは、不治の病であり、治療することができません。今、環境汚染は一つの苦しい現実であると言えますが、仏教はこれを一つの「果」であると考えます。私達はこの苦しい現実の中から、その「因」が何であるかを見つけ出さなければなりません。苦果には必ず苦因があります。これはまさに仏陀が四諦法を説いた時の順序です。四諦法とは苦・集・滅・道で、いわゆる「苦を知りて集を断ち、滅を慕いて道を修む(2)」ことです。環境の汚染は、私達が環境を重視しなかったことによるものだということを、私達は知っています。私達は好き勝手に大自然を略奪し、好き勝手に大自然を汚染し、好き勝手に社会を汚染したのです。その「因」は、何でしょうか？　その「因」は、私達の人心の汚染、思想の汚染であるはずです。人心の汚染、思想の汚染が、まさに私達の環境を汚染した根本です。人心の汚染とは何でしょうか？

仏教では「無明」であるといいます。「無明」というのは、私達の一つの言葉や一つの行動、一挙手一投足が作り出す後の「果」を理解しない、わかっていないということです。好き勝手に大自然で何かをすると、最終的にそれがどのような結果を引き起こすのか、私達はそのことを考えたことがありません。これがまさに無明なのです。無明であれば「業」を造り、「業」には「果」が感応します。あなたは、今がこういう状況であると思いませんか？　だから言うのです。私達は仏教の学習を通し、仏教の修持を通して、社会主義に直接貢献し、私達の子孫に少しでも清浄な国土を残そうとしています。そのために私達一人一人の心の浄化から始めます。そうしてこそ、私達は、今の社会に有益な事や、私達の子孫に対して有益な事ができるのです。

4

「生活禅」の源は祖師禅の精神と「人間仏教」の思想であり、その目的は人間仏教の理念を実行し、さらに、少人数の仏教を大衆の仏教に変え、彼岸の仏教を現実の仏教に変え、学問の仏教を実践の仏教に変えるところにあります。

生活禅は人間仏教を行い実践する一つの法門であり、聖教に根ざし、三学に心を留めます。人間の現実を土壌とし、自他を浄化することを宗旨とします。生活の今のこの場を観照することを修行とし、現法楽住する（禅定によって心身の安楽を得る）ことを証量（悟り）とします。生活禅の順序は「菩提の心を発し、般若の見を立て、息道観[3]（呼吸を数える修行法。数息観）を修め、生活禅に入る」です。

生活禅の修行では、仏法を現実の生活と結合させることが求められます。禅の精神、禅の智慧をまんべんなく生活に溶け込ませ、生活の中で禅の超越を実現し、禅の意境、禅の風采を体現し、禅宗精神の生き生きとした活発な本性へ還るのです。禅の方法を運用して、生活の中にある困惑を取り除き、私達の精神生活をさらに充実させます。物質生活をより高雅なものにし、道徳生活をより円満に、感情生活をより純潔なものにします。人間関係をさらに睦まじくし、社会生活をさらに安らかにし、そうすることによって智慧の人生、円満な人生に向かうのです。

生活禅の修行で求められるのは、大乗の、積極的に世に出る菩薩の精神を発揚することです。深く衆生の世界に入り、直接に人間生命に接し、仏法を弾力的に生活に運用する。修行を生活の中で実行し、仏法と生活を有機的に一つに溶け合わせる。人間生命を浄化（有情を利楽）し、社会を浄化（国土を荘厳に）する仏法の精神を、生活の中や仕事の中で完全に実行する。人として事にあたる一分一秒の中で、信仰を生活に溶け込ませ、生活の中で修行し、修行の中で生活し、人間生命を思いやり、人間生命を浄化し、人間生命に目覚め、人間生命を捧げることです。

生活禅の修行は、生活の中で戒定慧の三学と慈悲喜捨の四無量心を勤勉に修めることです。職責を尽くし、力を捧げ、仏法の智慧で生活を指導し、生活を教化して、心身を浄化し、人間生命が幸福・自在・洒脱・安祥《あんじょう》（ゆったりとおごそかなさま）・有意義・有価値になることを求める。生活の中で法楽と禅悦を体験し、正受《しょうじゅ》（瞑想による精神統一の結果として受け取った状態）を獲得する。それによって生活を超越し、生死を看破し、周囲の人を導いて一緒に正見《しょうけん》（仏教の正しい道理を自覚した見解）・正受の生活を過ごし、さらに国土社会を浄化し、人間浄土を荘厳にするのです。

生活禅の修行では「信仰を生活において実行し、修行をその場で実行し、仏法を世間に溶け込ませ、個人を大衆に溶け込ませる」ことが求められますが、それによって「責任を尽くす中に満足を求め、義務の中に心の安定を求め、奉献の中に幸福を求め、無我の中に進取を求め、生活の中に禅機を透し、保《ほ》任《にん》の中に解脱を証する」ことができます。

仏教は中国において、世の中が移り変わる二千年もの歳月を経てきました。人類はすでに二十一世紀に入っています。当世の人類の生活に特徴的なのは、チャンスと戦いが併存し、発展と淘汰が共にあることです。これらの特徴は、全ての事物に存在する、発展が公平に選択されるという法則を集約的に反映しています。仏教では、教化の実体もまた、例外なくこれらの法則の制約を受けていると見なしています。歴史上、少なからざる仏教圏（仏教の母国インドも含めて）の仏教信仰が、その他の文化にとって変わられました。これは歴史が教える教科書であり、私達が真剣に考えるに値するものです。これは私が一九九一年から多くの場所で話し始めたことですが、二千年の中国仏教史を、異なる時空の環境に適応させ、理に合わせ時機に合わせて推し進め、発展させた、という視点から考察すると、この二千年に、私達中国の仏教徒が永遠に心に留めるべき、時代を画した三人の里程標となる人物がいます。西晋から東晋にかけての道安大師、盛唐時代の慧能大師、近現代の仏門の泰斗太虚大師です。これら大師クラスの人物を代表とする歴代の高僧大徳は、まさにその高く深い智慧と恐れを知らない胆力で、チャンスを捕まえ、挑戦を受け、中国で仏教に発展のピークを何度も迎えさせました。民族の全体的な発展の為に、仏教の慧命の伝承の為に、不滅の貢献をしたのです。道安大師は、花を別の木に継ぐようにして仏教の中国化を完成した、仏教エリートたちの代表です。慧能大師を代表とする（禅宗と浄土宗を含む）宗師たちは談玄説妙の（とらえどころのない話をする）殿堂を抜け出し、仏教の大衆化の任務を完成しました。太虚大師は、遠くまで見通す卓越した見識をもった僧俗の大徳たちの代表で、現代化に向かう大きな流れに向けて仏教を一歩一歩推し進め、「人間仏教」の理念を強調し、仏教が現代において生存し発展する為に、通るべき道を指し示しました。この任務は今に到ってもまだ完成していませんが、現在の仏教界の有識者で、仏教の命運に関心のある人は、やはり絶えず仏教を現代化する活動に力を尽くしています。「人間仏教」の理念は、仏教の現代化理論を基礎にしたもので、仏教を社会主義社会に適応させるための基本思想でもあります。私達が「生活禅」を提唱し、「生活禅サマーキャンプ」を行うのも、「人間仏教」の理念を中心に置き、仏教が、現代の生活環境の中で実践を行う方法と、社会とのコミュニケーションに適応する方法を模索することを旨としています。

「生活禅」の目的は、「禅生活」を実現することです。生活禅から禅生活へと至る中で実行しなければならない理念が、すなわち「人間生命に目覚め、人間生命を捧げる」ということなのです。大乗仏教には悲智の二門がありますが、それは衆生を救い度す慈悲と、菩提を求め証する智慧のことです。この二者のうち、智慧は自利を重んじ、慈悲は利他を重んじます。両手に譬えると、悲は左手、智は右手であり、悲智がともにあることは、両手がどちらもあるのと同じく、ともに不可欠なものです。「人間生命に目覚める」とは自ら目覚め、他を目覚めさせることです。「人間生命を捧げる」とは自ら度し、他を度すものです。仏を学ぶときに般若の智慧によって悟り（菩提）を求めれば、「生活禅」から「禅生活」の過程に入ったということです。仏を学んで、慈悲の精神によって衆生を度すことができれば、それは禅生活が生活禅の過程に帰ってきたということです。人間生命に目覚めるとは、今のこの場を観照して煩悩を破り除くことであり、人間生命を捧げるとは、今この場で発心して衆生を成就させることです。

人間仏教の思想は、人間生命に目覚め、人間生命を捧げることを通して実践をおこない、それによって生活禅や禅生活の生活上の境地と精神的な境地に到達することです。生活禅をとおして、人間生命に目覚め、人間生命を捧げるという宗旨を貫徹し、人間仏教の理念をこの世で、今この場で実行すること。上は仏陀の円満大覚の本懐に合わせ、下は現在の人類の精神が求めるタイミングに合わせ、それによって仏教が社会主義社会と相適応するというこの時代の命題に答えること。これが私達、生活禅を提唱する者の初志なのです。

生活禅サマーキャンプを開催することによって、仏法が大衆を思いやり、大衆が仏法に親しむための橋を架けることができました。これは仏法伝播に必要なことであり、さらには仏法を理解することを渇望した社会の人々の要求でもあります。

5

私達は禅を学ぶ人間ですが、禅とは何でしょうか？　禅とは本来の面目（すべての人がもともと持っている自然のままの心性）のことです。ですから私は少し「本来の面目」について話をしたいと思います。しかし皆さん、誤解しないでください。私が話す本来の面目とは悟りを開くことを論ずるのではなく、それにこと寄せて別に指摘したいことがあるのです。以下に私は三つの問題を語りたいと思います。

一、生活禅、禅生活に関する考え。何が生活で、何が禅で、何が生活禅なのか。全体的な把握の面で、まだ相当足りない所があります。これは一つの根本的な問題であり、この問題をきちんと解決しないと、私達が行う一切のことは水面の浮き草のように根の無いものとなります。生活禅の目標を「禅生活」の実現に設定すると、ある程度認識は高まり、進歩します。もし「人間仏教」の理念が、この時代に仏法を仏陀出生の本懐へ回帰させることであるとすると、「生活禅」は、この時代に、始祖禅を代表とする中国禅風へ、禅法を回帰させることです。なんとかしてこの問題を認識面でさらに深くシステムに踏み込み、解釈面でさらに明晰で具体的にし、方法面でさらに操作性を持たせ、そのうえ理論面でさらに多くの模索をし、方法面で真摯に総括すれば、それで初めて「生活禅、禅生活」というこの時代の要求にあった禅学の命題を、確実に実行させられるのです。

二、生活禅サマーキャンプの活動方法に関する考え。ここにはいくつかの問題があり、ずっと私達を困らせています。一つめは、この種の活動は、仏陀の教法を伝播する上で、結局どのような確かな意義をもつものなのか、ということです。二つめは、特に若い男女が同時に参加している状況の下で、この種の活動を繰り広げることは、僧団自身の建設に大きすぎる負の影響を与えないか、ということです。三つめは、この種の活動を連続して行うと、中国伝統寺院の雰囲気が薄くなってしまわないか、ということです。私は、私達仏教界、特に僧団は考えを広くし、時節の因縁を把握する必要があると思います。古いしきたりを固守し自我を閉じ込めた袋小路から出て、時代に向き合い、未来に向き合って、憂い苦悩する意識を強化しながら、確かな立脚点を探してこそ、私達仏教の生存する発展空間があるのです。このような認識に基づくからこそ、私達が生活禅サマーキャンプを開催することは、仏法が大衆を思いやり、大衆が仏法に親しむための橋を架けることだと本当に思えるのです。この橋を愛護し、この橋を絶えず強化し、この橋を広げ、何の障害も無く通じさせることが、私達柏林寺僧団が道義上引き受けなければならない職責なのです。

三、禅文化の弘法に関する考え。皆さんもご存じのとおり、河北禅学研究所と生活禅サマーキャンプは同じ日に誕生しました。様々な原因によって禅学研究所の仕事は、これまで十分に発展していません。仏教の人材を養成することと弘法、利生（衆生に利益を与える）活動の必要性から、実際に禅学研究所の様々な活動の具体的な運用を推し進めるために、今回のサマーキャンプ期間には、授業担当の先生方にお越し頂いて教えを賜り、専ら禅学研究所の活動について何度も検討を重ね、指導力を充実させ、近い将来の計画を制定します。関係する専門家・学者・法師をお招きして研究員を担当していただき、『中国禅学』『趙州禅叢書』などの研究活動計画についてのコンセンサスを形成します。禅文化研究所の活動が実際に発展するにつれて、必ず「生活禅」という、時機に合った修行理念の実行も一歩進められるものと深く信じています。

十年来、柏林禅寺はずっと寺院の建設に力を尽くしています。経費は比較的厳しいですが、それでも中国仏教協会と河北省の各級政府部門の親身な配慮と、大護法居士各位の熱心な支持によって、生活禅サマーキャンプは何とか一年一回を堅持しており、一度も中断したことはありません。教界の友人からも政府の主管部門からも反響は比較的良く、私達が頑張って続けていくことを、しばしば奨励してくださっています。

当初、私達は、どうしてサマーキャンプをしようとしたのか？　ほかでもありません。若いインテリの信者の為に仏法を学習し、仏法を体験する機会を提供したい、そして人材不足の仏教界の為にいくらかの人材を養成し吸収したいと考えたのです。歴史的な原因により、ここのところ中国仏教はずっと低迷萎縮の状態にあり、人材は少なすぎ、僧団は振るわず、仏教に対する一般大衆の誤解も深刻です。現実を見れば、情報の発達に従って、国内外の経済文化交流は日増しに深くなっています。仏教側から言えば、これはチャンスでもあり、戦いでもあります。このような状況の下で、仏教は如何にすれば生存が可能なのか、如何にして自身の優良な伝統を継承し、世界性のある宗教として、その教化効能を発揮し続けるのか、これが私達仏弟子一人一人の面前に連なっている厳粛な問題なのです。一方、私達の伝統的な弘法の方法は、比較的単一で受動的でした。皆さんもご覧の通り、寺院に礼拝に来る若い人は比較的少なく、私達も教化に際して待っているだけの消極的な態度をとり、若い信者の為に、能動的に環境や機会をつくり、彼らが仏法に近づきやすいように助けることは、とても少なかったです。若い教友も同様に社会の戦力です。彼らの受容能力は高く、影響力も比較的大きいので、在家信徒の若い信者に対する指導と養成を軽視することはできません。仏教は現実生活と結合し、人間仏教の精神を実行し、社会に教団の良好なイメージを打ち立てて、最終的に仏弟子全体（若く知識のある仏弟子を含みます）を通して実践とその体現をしなければなりません。様々な形式の活動を展開して、若く知識のある人が仏教に入るよう引きつけ、彼らが仏教を学び修め、高みに向かい善に向かうという人生の目標を確立するのを助けます。これは仏教の人材を養成し、仏教の良好な社会イメージを創造する重要な方法であり、同時に優秀な僧の予備軍を開発し、僧団全体の質を高める有効な道なのです。

6

現在至る所で「世界経済の一体化」が語られています。私が思うに、私達仏教も同様に「入世」[4]の問題に直面しており、私達に一種の緊迫感と使命感を生じさせずにはいられません。現在私達には、既に宗教政策面での保証があり、政府の積極的な支持があり、大衆の仏教に対する正常な理解があります。これらはみな中国仏教を再興するのに有利な条件です。仏弟子として、現在大きな力を尽くさなければならないのは、仏教の前途の為に大いに考え、今日と明日の仏教の為に考え、条件を創造する努力をし、チャンスをつかみ、社会に仏教を理解してもらい、仏教を社会に入らせ、仏教を社会に溶け込ませ、社会と調和し、社会に奉献し、社会を浄化することです。

青年は国家の希望です。青年の仏弟子は二重の責任をもっていることになります。愛国でなければならない上に、愛教でなければなりません。国家の希望であると同時に、仏教の希望でもあるのです。国家が繁栄していてこそ、仏教が隆盛を極められます。国が興れば教が興る。愛国と愛教は一致するものであり、統一的なものなのです。仏教の前途も、希望も、歴史も、若い仏弟子がその責任を負うことになります。愛国にしろ、愛教にしろ、どちらも正確な人生観と価値観が必要で、どちらも高みに向かい善に向かう人生の目標を確立することが必要で、どちらも本当の能力と、しっかりした功夫（修行の実践）を備えることが必要なのです。

青年期は、ちょうど知識を吸収し、才能を充実させ、健康的に成長する段階です。時代のチャンスを大切にし、青春の歳月を大切にして、絶えず自分の素質を磨き、絶えず自他の関係を調和させてください。そして、誠実に身を持し、着実に事にあたり、手堅く学問を行うこと。この三つができれば、生活禅と禅生活の基本的な要求を実行したことになります。

「誰か言う寸草の心、三春の暉に報い得ん」。これは私達だれもが浴びた母の愛への、最も崇高な賛美です。この詩を流用して、仏陀を賛頌し、三宝の言葉を賛頌すれば、私達の三宝への心情もこれと同様のものといえるでしょう。

地上の衆生は皆仏性を持っており、地上の衆生は皆仏縁をもっており、地上の衆生は皆成仏できます。しかし決して誰もが皆、この因縁によって仏と縁を結ぶことができるわけではありません。私はいつも、私達は女衆を重視すべきであり、女衆の仏教中における地位を重視すべきだと強調しています。私はいつも自坊の和尚たちと話しています。私達の血気盛んな一切の活動は、全て幾千万もの字も読めないおばあさんたちが、背後で黙々と貢献してくれているおかげなのです。彼女たちはその体力を捧げているだけではなく、彼女たちのささやかな経済力も可能な限り捧げています。彼女たちが、しばらくの間食べものまで減らして倹約し、集めた十元や二十元を持ち出して、三宝を供養するのを見る度に、私にはいつもこみ上げるものがあり、いつも立派だと感じるのです。これはとても偉大なことです。柏林寺の自坊の和尚と私は、彼ら普通のお爺さん、お婆さんにいつも非常に感謝しているのです。当然、私達は別の点も見なければなりません。お爺さん、お婆さんたちが、このように積極的に貢献するのは、それによって幾千万もの若い友人たちが仏教に参与し、教団に参与できることを望んでいるからでもあります。それでこそ、この教団がさらに生き続けられ、さらなる希望も持てるのです。私達は彼らの心情を完全に理解できます。彼らはこんなに多くの若い友人がここに来て、仏法を聞き、仏法を学習し、仏法を体験するとき、彼らは内心で比べるものがないほど感激し、喜んでいるのです。

私があれこれ話したいのは、どのようにして人生に向き合ってほしいのかということに他なりません。私達が直面している人生は、身を処す事がとても難しいものです。古人が「不如意の事は常に八、九、人の意す可き処二、三無し」と言っていますが、十件の事があれば、八、九件は思い通りにいきません。そして自分が満足と思えるような順調な事は二、三件あるか無いかです。このような人生は、私達に多くの煩悩と苦痛を与えるかもしれません。仏法によってこれを解消し、仏法によって向上し、円満ではないことを仏法によって円満で自在なものにできるようにすることが、求められています。

仏を学ぶ体験は、菩提の種をまき始めることにすぎません。この種が衆生の木陰となる菩提の大樹になるまで育つことが出来るか否かは、やはり私達の今後の活動、生活の中における不断の灌漑と培養によるのです。どのように灌漑と培養をおこなうのか？　参禅打坐し、念仏観心することはもとより欠かせません。しかし、それらが修行の内容の全てではありません。皆さんに必ず憶えておいていただきたいのは、修行は人の群れを離れて行うことはできず、現実生活から逃避して行うこともできないということです。必要なのは、生活に向き合い、生活の中で生活を向上させ、生活を浄化させることです。それこそが本当の功夫なのです。普段の仕事や職業の外に、まだ何か修行・功夫があると思ってはいけません。修行とはあなたの生活方法を、ある種向上させることなのです。仕事はやはりこれまでの仕事、生活はやはりこれまでの生活で、これまでと異なるのは心が落ち着きを増し、穏やかさを増していることです。そしてあなたはより慈悲の心を持ち、智慧の力を持ち、奉献の精神を持つように変化するのです。いわば悟りと奉献の心を用いてこれまで同様のことを行う、それがまさに修行です。あるいは、信仰を行う心でこれまで同様の事をする、それがまさに修行です。「仏法は世間に有り、世間の悟りを離れず」の「悟り」は、世間の生活の中で悟ろうとするものです。世間の生活の中で捧げること、それが仏法の精神です。世間の法を離れて、あなたはどこに仏法を探しに行こうというのでしょうか？　煩悩を離れて、あなたはどこへ菩提を探しに行こうというのでしょうか？　仏法は対治の（煩悩の悪魔を降伏させる）法門です。対治しようとするのは私達の無明の煩悩であり、対治している時が修行であり、仏法の効能の体現なのです。

私はよく三つの言葉を出します。外見的にはお爺さんの雑談なのですが、実際には、私は老婆心が強いのです。その三つの言葉とは、愛国愛教、尽職尽責、向上向善です。この三つができれば、修行は軌道に乗ったと私は考えます。愛国愛教とは、自覚的に国家の安定と民族の団結を護ること。職責を尽くして本来の仕事をきちんとすれば、国家の富強のために自分が貢献したことになります。私達は人間生命を捧げなければなりませんが、人間生命を捧げるには対象が必要であり、私達は有情の生命と無情の万物を包括した世界全体に向き合っているのです。国家が安定し、経済が発達し、厖大な人民がいてこそ幸せと言うに足り、仏教も隆盛をきわめていると言えます。だから仏教は世間に頼っており、この社会に頼っており、所属する具体的な国家に頼っているのです。いわゆる「皮がなければ、毛はどこにつくのか」というもので、私達は毎日回向《えこう》（自分の積んだ善根功徳を自分や他人の悟りに差し向けること）して、上は四重の恩に報い、下は三途の苦を救おうとします。国家の恩は四恩の一つなのです。

みなさんは、三、四十年前、あるいは五十年前の生活について、あまりご存じないでしょう。私のような七十歳以上の人間だけが、この数十年間に私達の国に発生した巨大な変化を本当に体感できています。このように多くの人が一緒に文殊師利菩薩を拝み、一緒に智慧の灯をともすのは、極めて優れた因縁ですが、こういうことは四十数年前にはできませんでしたし、三十数年前にも、二十数年前にもできませんでした。だから私達は、この時代に特に恩を感じなければなりません。私達は仏法を学び、仏法を弘法する機会をもっています。このことは、国家の宗教政策が開明であるからであり、そのことに恩を感じなければなりません。また、人々の仏法に対する理解と承認に恩を感じなくてはなりません。私達の時代の因縁は、非常に優れています。愛国は仏教の基本精神であり、愛国は決して口だけのものではないと、必ずしっかりと憶えておかなければなりません。

私達は、仏法を自己の日常の生活と仕事の中に貫かなければなりません。勤勉に学習し、奉献を楽しみ、自覚的に自身の素質を向上させ、自他の関係を調和のとれたものにしなければなりません。自身の素質の向上と、自他の関係の調和は、今日の社会において特別に重要なものです。そのようにすることができれば、仏弟子として合格だといえます。自身の素質を向上させることは、人間生命に目覚めることであり、自覚、自度することであり、自身を荘厳にすることです。自他の関係を調和させることは、人間生命を捧げることであり、国土を荘厳にし、有情を利楽することです。自他の関係の調節は戒律と道徳の約束に頼る他はありません。戒律は、私達に自分の本分は何かを知らせ、何をするべきで、何をしてもよくて、何をしてはいけないかを教えるものです。戒律は私達に、悪を止め、善を行わなければならないと教えるものです。

仏法を学習した後、私たちは一歩ずつ戒律の精神を建て始めなければなりません。在家の仏弟子についていえば、五戒は私達が必ず遵守しなければならない生活の原則です。私達は、修業は戒律に照らして修めなければならないと説きます。五戒に照らして修めるとは、あなたが生活の中で五戒を実行することで、あなたはそれによって清浄な在家の弟子となります。あなたが戒を受け、戒律に従って行えば、あなたはそれで清浄なのです。高すぎる要求は必要ありません。在家の弟子が出家人の生活を超えることは不可能です。だから皆さんが生活の中で五戒の精神をしっかりと行い、生活の中で信仰を行い、五戒の精神を信仰生活の中で実践されるよう希望します。

7

『華厳経』は宇宙万物の調和と共存、融通無碍を詳説した経典です。この書は人性・衆生を仏と同じレベルに高めます。衆生が如何にして善知識に親しみ、菩提の心を発し、菩薩の道を修めるのか、如何にして国土を荘厳にし、有情を利楽し、それによって人格を完全な善に到達させ、最後には成仏させるのか、を説いた経典です。浄行品は『華厳経』三十九品中の一品です。専ら菩薩の道を行い、菩薩の行を修める人が日常生活の中で直面する一切の環境に対して、如何に「善くその心を用い」、如何に全てを大切にするのかを論述しています。この一品は全部で百四十一首の偈があり、どの偈も一つの事を説いており、どれもほとんど日常生活の中の小さな事です。経文は、菩薩の道を修める人が一件一件の小さな事に「善くその心を用いる」ことを強調しています。どんな時でも、どんな場所でも、衆生を心に置き、他人を第一に考えていれば、身・口・意の三業を清浄にできるのです。

仏法の観点を用いて観察すると、人類に存在する最大の問題は、自分を中心とし、全てが「我」から出発していることです。これは人間生命を迷わせる根本であり、一切の是非紛争、互いの騙し合い、弱肉強食から、戦争や争奪が止まないことに至るまでの全ての根源です。仏教では、宇宙にある万事万物の存在は、一種の因果で互いにつながっており、依存し合っていると考えます。（有情の世間と器の世間を包括した）どんな事物も、独自で存在する性質は備えていません。本当の「自己」とは何か？　上は天から下は黄泉まで、鉄の靴で踏破しても見つかることはありません。仏法は私達に教えます。衆生だけがあり「我」は無いのだと。「我」はどこにあるのか？　「我」は衆生の中にあります。「衆生」は一切の生命体の総称です。いわゆる衆生というのは、衆《おお》くの因縁が和合して生まれたもので、衆生の間で互いに存在するとする前提は、本当の意味での個体、独立した生命は存在しないということです。衆生の実相、生命の実相はこのようなものなので、互いに敵視し合うと必然的に両者とも傷を負い、互いに仲良くすれば両者ともその美を全うします。つまり、衆生の生命の存在は一つの集合体であり、どの衆生も数限りない友人をもち、どの衆生も知らず知らずのうちに、自分以外の衆生に奉仕したり、傷つけたりしているのです。仏陀は私達に諸悪をなさず、多くの善を行い、その意を自浄するよう教え導いています。これは仏教の修行の総則であり、人類の行為が則る規則とみなすべきものです。浄行品は「衆善奉行」の思想を具体化したもので、日常生活の中で逐一実行していく仏法の修学の教科書であり、本当の意味での生活禅の教科書であると言ってもいいでしょう。

浄行品を朗読し、浄行品を学習し、浄行品の精神を理解し、その運用を日常生活において行えば、その心を善く用い、一切を大切にする性格と品質を一歩ずつ養成します。仏法を修学することも言葉の上のことに止まることはなくなり、諸悪をなさず多くの善を行うということが、私達の生活の実際の内容になるのです。

SARS（重症急性呼吸器症候群）の突然の襲撃を経て、人類が自身の思惟の方法と生活の方式について反省を始めているこの時は、浄行品を読むことを提唱し、「その心を善く用い、一切を大切にする」ことを提唱するのに最適なタイミングかもしれませんし、大衆のために広大な思想空間を提供できるかもしれません。「生活禅」の宗旨は人間生命に目覚め、人間生命を捧げることですが、浄行品は、深く生き生きとこの種の大智慧、大慈悲の崇高な菩薩精神を体現しています。具体的に言うと、その心を善く用いるとは、大智慧を用いて人間生命に目覚めることであり、全てを大切にするとは大慈悲を用いて人間生命を捧げることとです。どのような時にでもその心を善く用いれば、それを通して自身の素質を絶えず向上させられます。どのような事に対しても、どのような場所にいても全てを大切にすれば、それを通して絶えず自他の関係を調和のとれたものにできます。自身の素質の不断の向上と自他の関係の不断の調和を通して、人類が代々夢見てきたような高度な文明、調和のとれた安らかで楽しい社会生活が、理想から現実になり、文字で書かれた描写から、実際に存在する環境になるかもしれません。

注

(1) 〔原注〕一九九三年に河北省趙県の柏林寺で初めて行われた「生活禅サマーキャンプ」の活動は、影響が大きく、反響も良かった。生活禅サマーキャンプはいくらかの人たちに寺院生活に接する機会を与えたが、更に重要な事は、人々の現代社会における意識に対し、一つの選択肢を提供したことであり、社会の安定・民族の団結・国家の富強の為に仏教が成すべき努力をしたということである。本文は第十二回サマーキャンプの開幕式と閉幕式で浄慧法師がされた講話を整理したものである。ここに説明を加えておく。

(2) 『大般若波羅蜜多經』六巻(『大蔵経』二百二十巻、六百五十九頁上)など。

(3) 浄慧『生活禅のすすめ』(二四七・二五〇―二五六頁、山喜房佛書林、二〇一二年)参照。

(4) 「入世」は社会に出ることだが、当時中国のＷＴＯ(世界貿易機構)加盟の意味も有した。ここでは両方の意味をかけていると考えられる。

二　大乗・小乗・生活禅　――生活禅サマーキャンプでの講演

大乗と小乗

これはみなさんが比較的関心をもっている問題です。私はまずこの問題の性質について、いくつか初歩的な検討をします。今回のサマーキャンプを通して、皆さんが仏教のいくつかの基本問題に対して、比較的はっきりとした認識を持てることを希望しています。

大乗にしろ、小乗にしろ、どちらも仏法です。大乗仏教は小乗仏教の基礎の上に発展し始めたもので、小乗仏教とは異なる時空環境に適応し、特定の時空環境、文化環境、歴史環境の下で発展し始めたものです。仏教の本来の意味から言えば、大乗とか小乗といったようなものは無く、人乗・天乗・声聞乗・縁覚乗・菩薩乗の五乗の仏教があるだけです。厳格に言えば、小乗仏教は南伝仏教、あるいはパーリ語仏教、上座部仏教と呼ぶべきであり、そのように呼んでこそ、彼らの感情を傷つけません。そうすると、私達の大乗仏教は、漢語系仏教、あるいは漢伝仏教、北伝仏教と呼ぶべきだということになります。

小乗仏教は歴史の観念から言えば、原始仏教と部派仏教を包括したものになるはずです。原始仏教は仏陀の時代から、仏陀の入滅後百年間ぐらいを包括した、仏教がまだ分裂する前の仏教です。仏陀涅槃後百年ほど経つと戒律上の問題から部派仏教が生まれました。部派仏教はわずかに二派から始まりました。上座部と大衆部です。大衆部が発展したことにより、少しずつ大乗仏教のような思想が生み出されました。私達は、現存する仏像の構成内容から、仏陀の時代にはもう仏教の中に異なる観点と主張があったことが見いだせます。仏陀の僧団は、仏陀の親族が大きな比重を占めていました。例えば阿難尊者、難陀尊者などです。ほかの部分は当時の社会にいた異教徒の長老たちが構成していました。例えば大迦葉尊者などです。ですから、当時から、いくつかの問題の上でいくらかのやや異なる観点があったのです。歴史が発展するに随って、少しずつ仏教の教義、組織、戒律などの面で、上座部と大衆部が形成されました。一般には、大乗仏教は大衆部から発展したもので、現在の南伝仏教は、もともと上座部仏教の伝統であったものを受け入れていると考えられています。上座部と大衆部の戒律上の分岐が、だんだんと思想上の分岐に発展して、後の大乗仏教の発展がうまれたのです。太虚法師（一八九〇―一九四七）の教判（経典の内容を判定、解釈すること）によると、原始仏教の時期には大乗が隠され、小乗が表に出ていました。大乗仏教は比較的隠蔽された状況の下で伝播したのです。そして部派仏教の後期になると、大乗仏教がようやく公然と伝播されるようになりました。このように教判すると、大乗仏教と小乗仏教は同時に伝播し、同時に仏陀の元から続いてきたのだと説明できます。現在、南伝仏教の国や日本、台湾の一部の仏教学者は、大乗は仏説ではないと考えており、この問題はとても長い時間論争されています。しかし、仏教の経典は歴史が発展する過程の中で、当時のインドの羅漢、菩薩の伝播を通して、少しずつ集まったもので、集められた根拠は彼らが代々相伝する中で記憶していた仏陀の教えであることだと、私達は信じるべきです。部派仏教が終わってから、ようやく正式に大乗仏教と小乗仏教という呼称ができました。この二派の仏教は、一つは南に向かって伝わり、一つは北に向かって伝わりました。

南に向かったものはスリランカに伝わり、北にむかったものは西域各国に伝わり、最後に中国に伝わりました。

それでは、大乗と小乗との根本的な区別はどこにあるのでしょうか？　根本的な違いは、以下の三点にほかなりません。第一は誓願の違いです。地蔵菩薩の「我《われ》地獄に入らざれば、誰《たれ》か地獄に入らん」という言葉、普賢菩薩が衆生に代わって苦を受けたこと、観世音菩薩が三十二種類の苦を救い、難を救ったこと等に、大乗仏教の救済精神、奉献精神を顕示しないものはありません。私達が毎日お勤めをするときには四弘の誓願を発しなければなりません。これは大乗仏教の根本的な願力（誓願の力）であり、大乗仏教の最も特色を具えた宏大な願力でもあります。仏教の中の一種の思想は、私達が今日提唱する雷鋒精神といくらか相通ずるところがあります。『華厳経』普賢菩薩行願品では、「自己の為に安楽を求めず、ただ衆生の苦を離れ得るを願う」と説かれています。これは願力の体現であり、奉献精神の体現です。中国・日本・朝鮮・韓国など、大乗仏教が伝播した地区では、この種の精神はどの地域でも極めて完全に体現されています。中国仏教は二千年近く前から伝播しています。中国仏教史をひもとくと、この二千年の間に、仏教は種々の困苦、種々の曲折を経てきましたが、人を救い世を救う輝かしい事績も体現してきました。ほかでもありません、現在全国に保存されている景勝地や名勝の七割近くは仏教のものです。仏教徒が一代また一代と苦しい努力をした結果、これほど多くの名所旧跡、名寺古刹を保存することができたのです。これは我が国のこの千数百年間のはかり知れない歴史財産であり、今に至ってもまだ影響を及ぼしています。これらはみな、仏教の願力の結晶であり、仏教の四衆弟子が衣食を節約して捧げた精神の財産なのです。

上座部仏教の中にも様々な利他の教えがあり、具体的に実践もされています。彼らは阿羅漢の果を証することを最終目標としていますから、南伝仏教の国家にも、当然例えばミャンマーのシュエダゴン・パゴダ（ヤンゴン中心部に存在する寺院）のような、輝かしい建築があります。しかし南伝仏教の大部分の寺廟は比較的簡単なものです。このような点に願力の大小、修行の重点の違いが現れています。南伝仏教では、一人一人の個別の修行、個人の安らぎと精神生活の充実が重視されます。中国の大乗仏教も同様に、個人の安らぎ、安祥、完全を求めます。しかしこの種の完全、安らぎ、安祥は、奉献の中で実践され、利生の中で実行され、菩薩道を行うのと同時に実現されなければなりません。その順序の前後に違いがあります。声聞乗あるいは小乗仏教の、大乗仏教との最も根本的な区別は、誓いの違いにあるのです。

第二は見地《けんぢ》（真理の見極め）の違いです。大乗仏教では、煩悩は「即ち」菩提、生死は「即ち」涅槃であると考えます。「即ち」という言葉の意味は、決して浄化の過程がいらないということではなく、超越する過程の中で両者の平等を実現したのです。四阿含から一切の大乗経典まで、至る所にこのような観点が充満しています。中国には「賢に見《あ》いて斉《そろ》わんと思う」という成語がありますし、また「彼既に丈夫なれば、我また爾《しかり》」というのもあります。古代中国の人は堯舜を、身を処する上での最高の規範と考えました。そこで「人人みな堯舜為《た》る可《べ》し」とも言います。まさにこのような思想の下敷きがあって、仏教の「人人みな仏と成る」「当下に仏と成る」「即身すなわち仏と成るべし」という思想が中国では充分に発展しました。これは見地の問題であり、このような見地があってこそ、このように追求されるのです。禅宗では特に見地を強調し、「見の師と斉《ひと》しきは、師の半徳を減ず。見の師に過ぎて、方《まさ》に伝授するに堪えたり」[1]ということを強調します。何を見するのでしょうか？　時機を外さず即断して自己の仏を認めようとすることです。そうしてこそ、煩悩を断ち、無明を破る勇気を持つことができ、一切の良くない習慣や欠点を取り除く勇気を持つことができるのです。もし私達が、自分は仏からとても遠いと考えているなら、私達には成仏できる希望がなくなり、そうすると修行しているときの向上心もきっと影響を受けます。中国の伝統文化は私達に、高遠な志を立てなければならないと言っています。いわゆる見地は、まさに立志の問題であり、直下承当（そのまま受け取ること）の問題なのです。仏教の理論には、直下承当は明確に提唱されていませんが、「煩悩すなわち菩提、生死すなわち涅槃」の意味については、多くの大乗経典とその他の各宗の経典の中にも充分に表れています。

第三は、帰宿（到達点）の問題です。これは最も重要な問題です。南伝仏教徒は、涅槃を証した後の、法身《ほっしん》（真理そのものとしての仏の体）が常住（永遠不変）なのか不常住なのかという問題については、討論を加えないものと考えます。仏は涅槃に入った後、生死の流れが断たれました。生命の流れが断たれたとも言えます。大乗仏教の教則では、仏の法身は常住であると考えます。小乗仏教では「無余涅槃」（完全な悟りの境地）に到達し、何も残さなかったとします。大乗仏教では、涅槃に住（執着）せずに悟ろうとし、涅槃を悟っても涅槃には決して住しなかったとします。涅槃は常楽我浄[2]である。これは大乗仏教の非常に重要な一つの観点です。涅槃に住しないのであれば、法身の常住とは、何に住するのでしょうか？　仏には千百億の化身（姿）があります。化身は衆生を度《ど》すためのものです。ですから、大乗仏教ではいたるところで法身が衆生を慮り、仏が一大事因縁によって世に埧われ、一切の衆生の為に仏の知見を開示し悟らせるのです。彼は涅槃を証した後、まだ衆生の中へ餓鬼の中へ行くことができ、餓鬼の中へ行くことができ、さえも行きます。燃面大士などは観世音菩薩の化身です。餓鬼の相を現わし、お腹は大きく、のどは小さく、食べ物を食べたくても永遠に飲み込めません。餓鬼は、衆生が貪欲で満足し難く、欲望の谷を埋め難く、永遠に飢餓状態であることを象徴しています。ですから、仏・菩薩はそれに似せて化身し、衆生が得度すべき身に合わせてその身を現わし、説法を為すのです。大乗仏教と小乗仏教には帰宿の問題において、このように大きな違いがあります。中国仏教は大乗仏教が最も発達した地域です。歴代の祖師の発揚と、創宗、立説を経て、大系が非常に完備され、非常に充実しており、実践内容も非常に豊富です。どの宗派に従って修行したとしても、境から、行、果という順番で歩みを進め、深く入って行けます。しかし、今日の大乗仏教が非常に漠然としているのは、各宗派とも皆人乗仏教の教義を本当の意味では発揚できていないからです。例えば天台宗の教義の捉え方は、各宗派の中で最も完全な一派であると言えます。『摩訶止観』という分厚い本は、数十万字もかけて、私たちがどのように惑いを断ち、真実を悟るべきかを説いており、これは非常に立派な著作です。また、小止観というものもあり、一般人がもし小止観に従って修行をすれば、非常にシステマティックに修行が行えます。張声作先生は「中国仏教の各宗派の名山大寺はみな、その宗派の経典・教義を専門に研究する人員を有しており、だからこそ本当に中国仏教の優良な伝統を継承していくことができるのだ」と言っています。しかし私は、大乗仏教には致命的な問題が一つあると考えています。それは、あまりに円融され（融通をきかせ）すぎて、各宗派間の境界線がどれも抹殺されていることです。円融にはもちろん良い一面もあります。みなさん良ければ私も良いと、禅も浄土も両方修行でき、浄土も密教も両方修行でき、禅も密教も両方修行できますが、しかし結果として、どれも同じく成就しきれないのです。各宗の教義をそれぞれみんな浅く味わうに止まり、深く入った研究、深く入った理解、深く入った実践修証《しゅしょう》（修行して悟ること）を、誰も行わないのです。このような状況下では、いきおい各宗派とも大師クラスの人物が現われて大いに発揚することはできません。私たちはどのようにすれば、私たちの強みを発揮できるのでしょうか？それは、私たちの修行、私たちの修証、私たちの実践によって勝ち取るほかはありません。私たちが道風の面や自己建設の面で、仮に本当に力をつけたならば、私たちはやはり優先的な地位を得ることができます。大乗仏教には、極めて豊富なその内容があり、各宗派にはそれぞれ完備された思想体系と修行のシステムがあります。これらを全て私たち自身の力で学習・研究・発揚しなければなりません。当然、台湾であれ、中国であれ、原始仏教の時代や阿含の時代に回帰しようとする潮流があります。この考え方は少しも間違いではありません。しかし中国仏教を二千五百年以上前に引き戻すのは、あまり現実的ではありません。仏教は中国において既に二千年以上もの歴史の過程を歩んできました。もし、もう一度引き返したなら、この二千年もの過程は無駄になってしまいます。この二日間、王雷泉先生、于暁非先生は、お二方とも仏教の中国化の問題について話されました。大乗仏教は中国において非常に重厚な歴史的現実の基礎を持っています。大乗仏教徒として、私たちは大乗仏教の優良な点を発揚することに、責任を持つべきなのです。

悲と智

現在、仏を学ぶ多くの人が、功利的な目的から神仏を拝んでいます。しかし、功利的な目的で仏を学ぶならば、彼の心の器はとても小さいということになります。一時的な目的として、例えば財産を求める、子を求める、幸運を求める、昇級を求める、厄災から逃れる為に仏を学ぶのです。これらを求めることは正しいでしょうか？　私はこれらを求めることは、どれも正しく、有効であると思います。少なからざる人が仏を学んだ後、体が良くなった、家庭が平安になった、事業が順調になったといいますが、これはとても正しいことです。もし、仏を信じても何も良いことをもたらさないのであれば、誰も仏を学ばなくなります。仏を信じると健康になったり、平安になったりする、これは一体何故でしょうか？

これは情報のようなものが反映したものだ、と私は思います。大乗仏教では仏菩薩の法身は、一切の場所に行きわたるといいます。まるでラジオと同じように、周波数さえ合えば、その作用をもたらすのです。仏の感応もこのようなものであるはずで、私たちが仏や菩薩を信じる願力や懇願、あるいは叫びだけで、もう感応があり得るのです。ある人は某寺院に行って体調が良くなったと言いました。それは寺院の中にはみなも良好な情報フィールドがあるからです。私たちが寺院と称して道場としているのは、修道の場所です。これほど多くの良好な情報を帯びた人がこの道場に来るのですから、やはりこの場所にも多くの良い情報を残すのでしょう。しかし感応があるか否かは、一人一人の、その時の心の状態とも関係があります。もしあなた自身の心の状態が、この道場と共振、共鳴しなければ、やはり反応はありません。仮に私たちが、ただただ自分一人の平安、幸福の為だけに仏を信じ、仏を拝むならば、不十分です。なぜなら、そのような拝仏ではレベルを高められないからです。仏菩薩の悲智双運の精神を、私たちの仏を信じ、仏を学ぶ実践に貫徹させるべきです。悲智双運とはどのような種類の精神なのでしょうか？　衆生に代わって苦を受ける精神であるべきです。ある人が、信仏は本当に感応があると言っていました。彼の話では、五台山を登っていて前の車がひっくり返ったのですが、彼は道中ずっと文殊菩薩を念じていたので、幸いに難を逃れることができたというのです。しかしこの種の心量は、充分に大きいとは言えません。慈悲の慈は、楽を与えることができ、衆生を安楽にします。悲は苦を抜くことができ、衆生の苦難を解放します。苦を抜き、楽を与えることができなければ、慈悲は何の為にあるのでしょうか？　しかし、懸命にしてもできない慈や、智慧の無い慈悲では、ただ感情的なだけになるかもしれません。智慧のある慈悲であってこそ、感情から昇華できるのです。私たちは必ず大慈悲心を具え、充分な大智慧を具えなければなりません。この二つがあってはじめて、車に両輪があるように、鳥に両翼があるように、遠くまで高く飛べるのです。高く飛ぶのは上に仏道を求めるために、遠くに至るのは下に衆生を教化するためです。だから仏教徒は永遠に休むことなく、永遠に衆生の為に奉献するべきなのです。

宗と教

宗教は、最も古い時代には仏教語の一つでしたが、現在では全ての信教の通称になっています。仏教の中での宗教は、特定の含意があります。宗は宗門を指し、教は教下を指し、宗説ともいって、実践と理論の両面を指します。宗は教を離れることはできません。宗教は『六祖壇経』で言う「宗通じ説も通じて、日の虚空に処《あ》るが如し。当来仏祖を作《な》して、現世に邪宗を破す(3)」です。禅宗はその広大な実践と高深な見地を、仏教経典の基礎の上に打ち建てました。六祖は文字が読めない人でしたが、壇経の中に引用された経典は十一種にのぼり、その中のいくつかはとても重要な経典です。禅宗は事実上、唯識宗・三論宗・天台宗・華厳宗など教理的な仏教宗派の危機的な時期に出現しました。永嘉大師（六七五―七一三）は『証道歌』で、「名相を分別して休むを知らず、海に入り沙を算えて自から困す(4)」と言っています。これらの宗派は理論研究にだけ重きを置きすぎて、その宗派の実践的な観法をよく継承しなかったため、精神もなくなってしまい、一種の学問になってしまったのです。だから禅宗は、実践・修証を中心とした、直指人心、見性成仏の法門の発揚を始めました。それはつまり教理がいらないということなのでしょうか？　違います。達摩大師から六祖慧能に至るまで、この段階の禅師は、自己の言教を仏教経典の基礎の上に打ち建てています。達摩大師は明確に「教を籍《か》りて宗を悟る(5)」と言っていますし、六祖も『壇経』の中で、不立文字は決して不用文字ではないと、明確に表しています。彼は、あなた自身が経を読もうとしないせいで、衆生を誤った方向へ導かせてはならない、衆生を誤らせることは罪である、と言います。六祖は字を知らない人でしたが、彼は悟りを開いた後、仏教を発揚する時には、やはりしっかりと経典教養を踏まえるよう彼の弟子を教育しました。後に歴史の発展によって、禅と教が対立する局面が形成されました。禅師の中には、経を読むと知見を増大させ、知見が多くなると煩悩も多くなると考えて、経を読むことに反対した人もいたのです。しかしだからといって、決して最初からすぐにそうさせた訳ではありません。過去の仏教においては、修学の順序はやはりとても明確でした。沙弥律を学んだ事がある方はご存知のとおり、出家した人は五年間は戒律に専念することが求められ、五年すぎた後にようやく教を聴き、参禅するのです。この学習の順序は非常に良いもので、私たちが知っている禅宗のとても多くの祖師は、みなしっかりとした教理の基礎を身につけています。だから今日、私たちが仏を学ぶときにも一層このようにするべきでしょう。努めて狂禅を戒め、同時に文字禅・葛藤禅を避けなければなりません。もし狂禅であれば、それは空中楼閣のように理論基礎の無い禅であるかもしれず、本当の禅ではあり得ません。もし文字禅であれば、それは特に修行の優れた法門が一種の知識や口だけの禅に変わってしまったようなもので、何の役にも立ちません。だから私は、禅を学ぶ全ての人が、必ず経典を基礎とするように、経の教えから乖離して禅を語ることの無いようにと願っています。いわゆる「宗に通じて教に通じざれば、口を開けば便ち道を乱す」です。

生活の迷いと生活の覚醒

私たちの言う生活禅は、生活そのものから言うならば、迷いの生活から覚醒の生活まで、この過程が生活禅で、これが第一歩です。第二歩は生活の覚醒から生活の超越まで、というのが生活禅です。生活の中で、どのようにして仏法を実行し、どのように修行し、どのように仏法の精神を体現するのでしょう？　私たちが生活の中に仏法を運用できないのならば、仏法が生活と乖離しており、それは生活禅ではないだけでなく、修行者がとるべき態度でもありません。仏を学ぶ最終目的は、仏を学ぶきっかけは、とも言えますが、それを生活と緊密に結合させ一つにすることであり、もし生活と緊密に結合させられず、生活は生活に帰し、信仰は信仰に帰し、生活と信仰を二つに分けてしまうのであれば、私たちが仏を学んでも永遠に収穫はなく、本当の体得もあり得ません。仏法の精神、それは定慧の精神、利他の精神、慈悲の精神、智慧の精神でもあります。それを具体的に生活のすべての面に運用し、身を処す際の一分一秒の中で運用できてこそ、仏を信じ、仏を学ぶことの効果が得られるのです。いつでもどこでもしっかりと自己を観察し、私たちの生活の一分一秒、全ての時間、全ての空間を仏法の精神で占めるようにしなければなりません。そのようにすれば、私たちは一人の法の化身に成ることができ、上に仏道を求め、下に衆生を化す菩薩の行者に成れるのです。仏を学んでもこのようになれないのであれば、「食を言い宝を数える」だけの人になってしまいます。私たちは仏法の精神食料を本当にお腹に収め、仏法の宝物を本当に手に入れなければなりません。そうしてこそ、仏法を擁する人であり、仏法を体現する人であり、本当に生活禅を学ぶ人なのです。現在の社会は非常に忙しい社会で、挑発や誘惑が特別強力な時空環境でもあります。私たちが目を上げると、いつでも欲望が私たちを誘惑し、私たちに向かって挑発がなされています。私たちが何とかして、このような環境の中で、身を清く保ち世俗に染まらない人、品格が高尚な人、浄化された人、心身の健康な人、自ら利し他を利すような人でいるためには、仏法の精神によって、常に、一分一秒ごとに自己を薫陶し、私たちの迷いの生活を覚醒させ、浄化された生活に転化させなければなりません。

法師のみなさんや、居士や学者のみなさんが、すでにたくさんの事を説いてくださいましたので、ここではこの四点だけをみなさんに供養し、みなさんへ贈る言葉とさせていただきます。ありがとうございました！

注

（1）『鎮州臨済慧照禅師語録』行録。

（2）永遠（常）で、安楽（楽）で、自在無碍（我）で、清浄（浄）であること。

（3）『六祖壇経』般若品に「説通及心通、如日処虚空、但伝見性法、出世破邪宗」とある。『大正経』四八巻、三五一頁中。柳田聖山『禅家語録Ⅰ』（世界古典文学全集三六A）九三頁、筑摩書房、一九七二年。

（4）『永嘉證道歌』（『大正経』四八巻、三九六頁下）。

（5）『景徳伝灯録』（『大正経』五一巻、四五八頁中）。前掲柳田聖山『禅家語録Ⅰ』七頁。

三　第一回生活禅サマーキャンプ法座(1)

課堂での開示（教導）の一

生活禅の話をするときに、最初に排除しなければならないと思われる誤解があります。私達がいう生活禅は、打坐と習定《しゅうじょう》（座禅）が要らないということではありません。生活禅は打坐・習定だけではなく、念仏や止観(2)を修めることとさえも親密に関係しています。集中して修行や修定をする過程がなければ、生活禅は語り始めようがありません。生活禅は仏教一般の儀式とも相矛盾するものではないのです。一般の儀式とは昇殿・読経・焼香・拝仏などを指します。もしこれらの儀式が無く、これらの活動がなければ、生活禅も語りようがありません。生活禅はその目的と宗旨として、人間生命を思いやり、人間生命を悟り、人間生命を捧げることを強調しています。ですから生活禅と、私達が積極的に世間に入っていこうとする精神は、密接に結合したものなのです。なぜなら、積極的に世間に入っていく精神がなければ、大悲心を起こし、人間生命を思いやり、社会を思いやり、仏教の前途と命運を思いやることができないからです。生活禅の最終目標は、生活のどの方面においても仏法の精神を実行することにあるのです。

仏教精神の核心を語るなら、それは菩薩の精神です。菩薩の精神は二つの文字で表せます。一つは「智」、一つは「悲」です。仏教の千万もの経や論、八万四千もの法門は、すべてこのような精神を体現しようとしたものです。智慧があってこそ、解脱を語り、煩悩からの超越を語り、出世の追求を語ることができるのです。慈悲があってこそ、救世救人を語り、世間に入っていく仏教精神の体現を語ることができるのです。だから、生活禅が追求する目標は、生活のどの方面、どの領域にも、仏法の慈悲・智慧の精神を終始貫くことです。このようにすれば、私達は仏法と世法を一つのものとし、出世の精神を入世の事業にすることができるのです。

生活禅で、私達は「禅」という一文字を用いていますが、実際には仏法の一切の法門は、すべて禅から離れることはできません。生活禅は仏教の一切の法門を内に含むものです。なぜなら一切の法門は、みな禅定（心を一点に集中し、雑念を退け、安定させて瞑想すること）から離れることができず、それらはすべて禅定の異なる表現形式だからです。例えば浄土を修めるとします。浄土は念仏を主としていますが、原始仏教の中の念仏は、六念法門の中の一念です。六念法門には、念仏・念法・念僧・念戒・念施・念天があります。ですから、念仏法門は事実上とても古い法門の一つであり、非常に重要で根本的な法門の一つです。しかしその内容は、現在のように豊富ではなく、このように専門的ではありませんでした。念仏を修める法門は、最終的に念仏三昧を体得できることを望むのですが、念仏三昧とは何でしょうか？　それは念仏の定《じょう》（念仏によって心を安定させること）です。したがって、生活禅の禅とは、私達が現在それを指すような禅宗の禅だけのことではなく、六度（六つの実践修行）の中の禅定度だけのことでもなく、仏教の一切の修行法門を包括するものなのです。

仏教の持戒修行の根本は、すなわち戒・定・慧の三学です。生活禅では戒律の精神を体現するだけではなく、禅定の精神、智慧の精神も体現しなくてはなりません。もし、ある法門が戒定慧の三学をそのまま反映させられなければ、その法門には問題があります。もし、ある法門の内容が戒定慧の三学を離れてしまっていたら、その法門には更に問題があります。生活禅は、仏教の戒定慧の三学を内に含んだ最も厳粛なもので、仏法の内容を最も円満にまとめたものなのです。

生活禅は、名前から考えると、生活の中で禅定するというところから離れられません。今日、私達が過ごしている生活とはどのような生活でしょうか？　修行をしていない人の心理状態とは、どのような種類の心理状態なのでしょうか？　それは何かを見失った生活であり、一種の分裂した心理状態です。仏教の道徳生活は戒を基礎とします。戒には悪をやめる一面があり、善を行う一面もあります。悪をやめる面からいえば、戒律上では「止持」といい、善を行う面からいえば、戒律上では「(作)持」といいます。つまり、悪を止め善を行うことが、仏教道徳の基礎であり、これが仏制戒律の根本的な出発点になります。仏教に接触していない人には、悪を止め善を行うことの意義を本当に理解することはとても困難です。ですから、道徳生活についていえば、私達は禅定の中で生活し、禅悦の中で生活する必要があり、そうしてこそ非常に充実した道徳生活があるのです。社会生活についていえば、それは主に人間関係を指します。なぜなら私達はだれでも、たとえ山林の奥深くに住んだとしても、この一期の生命がまだ存在している限りは人間関係があり、まさにそれが社会生活でもあるからです。社会生活が、逃れられない事実である以上、私達はこれを正視する必要があり、まさにそれが人間関係でもあるのです。仏教が人間関係を処理する時の原則が、すなわち四摂法《ししょうぼう》です。四摂とは布施(物や教えを与えること)・

愛語（やさしい言葉をかけること）・利行（利益を与えること）・同事（他の人と苦楽をともにすること）です。仏教の説く四摂法によって人間関係を処理すれば、私達は一つの原則を持てることになります。在家の仏教徒であれば、道徳生活の他にも、家庭生活と愛情生活があります。仏教は、世間の家庭生活や愛情生活を人々が完全に抛つように主張している訳ではありません。仏教には異なる戒律の階層があって、それぞれに異なる戒律の条項が規定されています。在家の仏教徒が、どのように家庭生活と愛情生活を処理すればいいかということも、戒律の原則に基づく必要があります。在家の仏教徒は五戒を生活の根本原則としますが、さらに一歩進んで、八関斎戒[3]と菩薩戒[4]を受持する（戒を受けて守る）人も当然います。五戒は在家仏教徒が、家庭生活と愛情生活を実際に処理するための基礎であり、一切の修行の基礎でもあります。それだけではなく、五戒は社会全体の道徳秩序を維持するための基本原則でもあります。当然、仏教徒として最も重要なものとして修行生活もあり、それは精神生活・信仰生活でもあります。出家の比丘、比丘尼、沙弥、沙弥尼、在家の男女の居士のいずれであっても、信仰を、一つの生活と見なして体験し、真摯に私達の一言一行の中に透徹させるべきです。社会には、私達出家人に対する一種の誤解があります。それは私達が教えを信じるのは一つの職業だというものです。もし私達が教えを信じることを職業とするならば、信仰と生活を密接に結びつけるのは難しくなります。この外、在家の仏教徒の中には、仏教を一種の知識として研究している人達もいますが、これも仏法の原則を私達の生活と真に関係づけることはできません。もし私達が仏教の原則を生活の中で実行できなければ、理論と実践が切り離されてしまうかもしれません。仏教の言葉でいうと、解と行が不相応だということです。私達が生活禅を提唱するのは、生活の各方面で仏法の精神を貫徹し、禅の喜悦、禅の落ち着き、禅の安らかさを貫徹できることを希望しているからなのです。

禅堂での開示の二

仏法には因と果、事と理、真と俗、迷と悟があり、自受用と他受用等の問題があります。これらの問題の境界線について基本的な認識がなければ、とても簡単にでたらめな観念を生み出してしまいます。例えば因と果との関係について、禅宗でも仏教全体でも、大地の衆生は直ちに仏であると説いています。禅宗ではさらに、あなた自身がまさしく仏であるのに、あなた自身がそれを請け負わないのであれば、何が仏なのか逆に尋ねたい、と言っています。このような問題に、明確な理解がなければ、容易に問題を生み出します。もし私達が今この時にすでに仏であり、大地の衆生は今この時にはもう仏であるのなら、私達はさらに何を修行しようというのでしょうか？　私達には修行がいらないということになってしまいます。ここでいう仏は、天台宗の述語を用いて理即仏とよばれています。仏であるということを、道理の面から言えば、人には一人一人みな仏性があるので、だから私達は今この時にもう仏であると言えます。因果関係から言えば、これは因の中の仏であり、私達は成仏の可能性を備えており、成仏の素因を備えているということです。だれもが仏性をもち、成仏できるといっても、釈迦牟尼仏や阿弥陀仏、薬師仏のような、果の上での仏と等しいわけではありません。私達は誰もが皆仏ですが、この一点は誰もが認めるはずです。もしこの問題について認められないのであれば、私達は仏を学ぶ必要はないということになります。なぜなら、私達が仏を学ぶ目的は成仏することだからです。私達が仏について理解し、様々な功徳や智慧について理解するためには、必ず因果の関係をはっきりさせる必要があります。因の中の事を果の上にもってきて説いたり、果の上の事を因の中にもってきて説いたりしてはいけません。因果の間の境界線をはっきりさせないといけないのです。

あるいくつかの問題は事の面について説き、あるいくつかの問題は理の面について説いたものです。例えば、禅宗では開口即錯（口を開けば間違える）といいますが、これは不立文字のことで、言葉は真理そのものを表現できません。真理・法性《ほっしょう》（真の本性）・実相（一切の事物の真実の姿）は実証を通してこそ、理解することができ、感じ取ることができます。これは理の面や、実相について説いたことです。もし、このような観念を、事の面である様々な方便（教える手段）や、様々な施設《せせつ》（教えのたてた）に適用しようとするならば、話が通じるようにするのが難しくなります。午前中、どなたかが、「禅宗は言葉や文字で表せるものでない以上、私達のサマーキャンプの講法も終わりにしていい」というような類いの話をされていなかったでしょうか？　しかし、事の面もありますから、サマーキャンプの講法を終わりにできないだけではなく、私達の一切の修行、多聞薫習《たもんくんじゅう》、経を読み念仏し、焼香して叩頭するというような事は、やはり決まったとおりに行わなければならないのです。事相の面のすべてを本来のとおりに行って、私達はようやく理の面の実相を体認でき、理と事を円融できる（溶け合わせられる）のです。仏教に二句の言葉があります。「実際の理地は一塵にも染まらず、仏事の門中は一法も捨てず」(5)。事の面から説くと一法も捨てないということであり、理の面から説くとどんな法も立てないということです。仏法にはさらに一句の言葉があります。「法が一つ多くても仏法ではなく、法が一つ少なくても仏法ではない」。仏法が説いているのは理と事の円融なのです。

このほかにさらに自受用と他受用の問題があります。一人一人が体得し、一人一人が証量した（悟った）ことは、人が水を飲んで、冷たいのか暖かいのかが自分でわかるようなものです。これは口頭でちょっと言えばいいというものではありません。実際の受用（悟りの享受）、実際の証悟、実際の功夫がなければなりません。それでは、人が水を飲んで、それぞれが冷たいのか暖かいのかがわかるのなら、説法は要らないのでしょうか？　それを表現しなくていいのでしょうか？　それを他に開示しなくていいのでしょうか？　そうではありません。釈迦牟尼仏も成仏した後、最初は衆生を度《ど》すのは非常に難しいと感じ、説法をせずに涅槃に入ろうかとさえ思いました。しかし大衆の願いを受けて、仏はやはり説法し、衆生を度しました。仏が説法して衆生を度したのは、他人を利するためであり、他受用のためです。自分が証悟したら、証悟したその道理、その実相を、様々な方便を用いて顕示し、表現してこそ、自受用の基礎の上に立って他受用の目的に到達できるのです。ですから、仏は一大事因縁の為に世に出現したのです。それでは何を一大事因縁というのでしょうか？　それは一切の衆生に仏の知見を開示し悟入させることです。私達が禅宗の祖師の語録や、いくつかの大乗経典を読むとき、必ず仏の自受用と衆生を利益する他受用とを、祖師の自受用と時機を外さず導く他受用とを、区別しなければなりません。区別してこそ、仏を学ぶ過程の中で、受用を得られるのです。私達が受用を得たら、また転化して他受用とすることができます。このようにして仏教の法輪を絶えず回転させること、これが法輪常転なのです。

仏を学ぶ過程の中では、必ずこれらの相互関係の問題をはっきりさせなければなりません。そうして初めて、ありのままに障害無く仏法の大海に入れるのです。仏教の修学の順序に従い、善士と親しくし、正法を聴聞し、理の如く作意し、法に随って法を行います。仏法の道理に拠って修持し、まず自受用を得て、その後、縁に随って世を救えば、自受用が転化して他受用となるのです。

蒼岩山旅行小休憩時の開示

「趙州八十にして猶行脚するは、只心頭未だ悄然たらざる為、帰来に至るに及びて一事無く、始めて知る草鞋銭を空費するを」(6)。趙州老人は八十歳で行脚していました。これは江西の雲居山で起こったことです。現在はこの場所を真如寺と呼んでいます。八十歳の一人の老人がまだ外に参方し、行脚し、雲遊生活を過ごしていたのは、何のためだったのでしょうか？　この偈の第二句に「只心頭未だ悄然たらざる為」であると答えています。私達の心はどうすれば悄然と（静かに）なれるのでしょうか？　いつでもどこでも道に合致し、趙州老人が言ったように、平常心こそ道であるという境地に本当に達すれば、心は悄然とし、私達の大事も成就します。大事がまだ完成しないときには、趙州老人のようにたとえ八十歳になっていても、長い旅路に疲れ果てながら、外地で雲水參方の生活を過ごすのです。当時雲居山の住職は雲居道膺法師（？　―九〇二）でした。道膺法師は曹洞宗の洞山良价禅師（八〇七―八六九）の法徒であり、一代の宗師でした。趙州和尚が雲居山に着いた時、道膺法師は言いました。あなたはもうお年を召されているのに、まだ住む場所も探さないで、どうしてまだ外で東奔西走しているのですか？

その後、二人の禅師の間に非常に素晴らしい問答が始まります。これらの問答は『趙州禅師語録』に記載されています。現在、真如寺に行こうと思えば、やはり「趙州関」と呼ばれる一つの関を超す必要があります。趙州関を通らないと真如寺に着けないのです。趙州関は真如寺の第一の山門です。

天下の叢林の中で環境が良く、修行が良く、道風が良い場所といえば、やはり私は真如寺が最も良いと思います。周囲数平方キロメートルの内に他の住戸は無く、夜は山門を閉めて誰も入ってこられません。特に地理的な位置が非常に良く、雲居山の山頂にまた平地があります。平地の上にはまた山があり、水があり、樹木があり、本当に人間仙境と言え、それで別名を「天上雲居」といいます。

趙州和尚は雲居山に至った後、そこで一つの廬を結び、住み始めました。雲居道膺禅師は大徹大悟の人で、趙州和尚がそこに住むのは良くないことだと感じ、故意に彼を叱りました。だから趙州老和尚はまた行脚して北方に帰りました。私達が今回サマーキャンプを開催した柏林禅寺は、古名を観音院、別名を東院と言って、当時の趙州開元寺の一部分です。趙州老和尚は観音院に至った後、基本的にはここを離れることはありませんでした。ただ、円寂の二年前、趙王と燕王に、現在の正定（河北省石家荘市）に行って供養するよう請われました。最後は正定で円寂したのです。

趙州和尚が八十歳で行脚していたのは、心がまだ悄然としていないからでした。「帰来に至るに及びて一事無し」、帰ってくると心は既に悄然とし、大事は既に終わり、旅人は既に故郷に帰り着きました。もし私達が精神の故郷に帰り着いたなら、崔顥（？　―七五四）が黄鶴楼で書いた題詩のような寂しく悲惨な心境には二度とならないでしょう。崔顥の詩の後半の二句「日暮郷関何の処か是れなる、煙波江上人をして愁へしむ」で、彼は景色を描き、情を寄せています。夕日が西に沈むある夕方、老境にさしかかった一人の学者が黄鶴楼に登り、浩々たる長江に向ってこのような大きな嘆きを発する事に、非常に深く考えさせられます。今日、ここに座っている同学のみなさんの大部分は、明るい太陽が天高くにあるような年齢です。ある人はまだ昇り始めの太陽かもしれません。私達にはまだ「日暮郷関何の処か是れなる」という感慨はありません。しかし、このような感慨を持つようになってから、私達は人生の落ち着き先を探すわけにはいきません。それでは間に合わないからです。私達は縁があって仏法に触れ、仏法を信奉し、理解することができました。しかも縁が有って千里の彼方から柏林寺に招き、十方から来て下さった学者と一緒に仏法を学んでいます。これはとても得がたい機会です。このような良好な始まりがあれば、精神の故郷に帰る日もそう遠くはありません。その時になって、来た道を振り返ってみると、ああ、そうだったのかと、長い距離を旅してきて家に帰ると結局何も無く、「草鞋銭を空費するを」「始めて知る」わけです。どうしてでしょうか？　煩悩が全て取り除かれ、自分が元々もっていた智慧が全て開発されたからです。それは菩提を円満にし、無所得（空の真理を理解し、一切の物事に執着しないこと）についに達したからではありませんか！　だから、草鞋銭を空費したと言ったのです。私達はこころがまだ悄然としない時には、草鞋銭はやはり支払わなくてはなりません。これを支払わないと、草鞋銭を空費したという精神的境地にはたどりつけないのです。以上が、私達が先ほど唱えた「趙州八十にして猶行脚する」の簡単な解釈です。

もう一首、蘇東坡の詩があります。「渓声便ち是広長舌、山色豈に清浄身非ざらん、夜来八万四千偈、他日如何ぞ君に挙せん」[7]。今、私達の向かいに青山があります。緑水が欠けているのですが、天の神様の思し召しで、少し雨が降りました。青山が有る上に緑水も有るのですから、私達は体験してみることができますね。結局どれが禅なのでしょうか？　青山が禅なのか、それとも緑水が禅なのか、濛々と降る霧雨が禅なのか、それとも照りつける太陽が禅なのか。「渓声便ち是広長舌」というのは、無情（心のはたらきが無いもの）も説法をしており、無情が私達に向かって人生の大道理を啓示し、諸法の実相をはっきりと示しているということです。諸法の実相とは縁生・縁滅のことです。私達は道理の上で理解はできます。しかし、直接現象を透して縁生法の本体、本質を見ることはとても難しい。私達は論理を通して分析し、それによって一切の法が縁に生じ縁に滅していることを理解しているのです。「山色豈《あ》に清浄身非ざらん」。これは、見渡す限りの青山が、まさに私達の清浄な法身であるということです。昨日私が話したのと同様に、ここには理と事との関係があります。もしこの両者を入り交じらせてしまったら、私達は「自然外道」となり、山を見れば拝みに行き、樹を見れば拝みに行くことになります。だから、事相を通してその理体を理解することは、法を学ぶ過程であることに加え、一つの修行の過程でもあるのです。それがまさに仏教の説く悟りの問題です。あなたに一つの切実な体験があってこそ、渓声がなぜ広長舌なのか、山色がなぜ清浄身なのかが本当に理解できるのです。広長舌相は仏の三十二相の一つで、仏は説法の時に、広長舌を出す相で、遍く三千大千世界を覆いました。だから仏が一音説法すると、衆生はそれぞれの性質に随って理解したのです。もしも私達が本当に縁生縁滅の実相を証得したならば、せせらぎを聞けば仏の説法が聞こえ、見渡す限りの青山を見れば、ほかならぬ仏の法身が見えるのです。「夜来八万四千偈」。せせらぎが広長舌である以上、二十四時間流れるそのせせらぎが皆説法していることになるので、彼が語っている内容は八万四千もの偈になるのです。しかし、本当にしっかり把握して、彼が語ることを別の人に聞かせようとすると、全く語れなくなります。だから「他日如何ぞ君に挙せん（他日如何挙似君）」というのです。「挙」は言い出すという意味で、「似〜」は「〜に」という意味です。どうやってそれを言いだし、どうやって私達に聞こえたこの八万四千もの偈を他の人に知ってもらおうか。手立てもない。ですから、これも人が水を飲むようなもので、冷たいか暖かいかは、それぞれ自分で知るほかないことなのです。もし私達が行脚、参方したり、あるいは旅行をしている時に、このような心理状態で事物に対面することができたならば、私達は至る所で禅を体得し、至る所でいつも禅悦から離れないのです。

臨済祖庭に参礼した時の開示

臨済祖庭という、この場所は小さく、様子も粗末ですが、この場所の歴史的な地位とその仏門における重要性を、私達は知らなければなりません。仏教は中国に伝わった後、八つの宗派に分かれました。この中で最も早いのが三論宗で、その次が天台宗、その後が浄土宗、律宗、法相宗、華厳宗、禅宗、それから密宗、という八つの宗派です。この八宗派の教義は、漢伝仏教の全ての内容を包括しています。唐末の会昌滅法以後、全国の寺廟は七日以内に殆ど全部たたき壊され、すべての僧が還俗を迫られました。どうしてこのような悲惨な事態が出現したのでしょうか？　一因として、当時仏教が道教と論戦していたことがあります。これは外部の要因です。私が最も重要だと思うのは、やはり内部の要因です。資料から、仏教が当時非常に腐敗していたことがわかります。何十万もの僧尼が人民の膏血を享受する生活をしていました。当時の大文豪韓愈は「その居を廬とし、その書を火とし、その人を人とす[8]」という三条の方法で、仏教に対処することを提唱しました。その書を火とするとは、仏典を全部燃やしてしまうことです。その居を廬とするとは、寺院を全部民家にしてしまうということです。その人を人とするとは、和尚を全部普通の俗人にしてしまうということです。ですから、当時の政界も、文化界も、仏教の多くの腐敗に対して非常に恨んでいたのです。さらに韓愈自身は一人の儒家思想者ですので、排外的な思想もありました。しかし仏教自身から言っても、私達はやはり私達自身の問題を検証してみなければなりません。そのような仏法の不幸な事件が起こったとき、どの宗派が中国仏教を救ったのでしょうか？　禅宗です。禅宗は試練に耐えられました。還俗したければ、当時は現在よりももっと容易だったのです。なぜならその当時の人は皆、現在僧が着ているこのような衣服を着ていたので、布で頭を一巻きすれば、すぐに在家の人になれたのです。禅宗の師父は、すぐにそのようにして水辺や林下に行き、自給自足し、僧格を保持し、自己の仏法の精神を保持したのです。一度朝廷の禁令が緩むと、彼らは頭の布を外し、また和尚の姿にもどりました。他の宗派ではそうするのはとても難しいことでした。なぜなら経典が焼かれ、寺院が壊されてしまったからです。不安定で、すべてが変わってしまった生活方式では、回復するのがとても困難だったのです。禅宗の人は、彼に功夫があり、禅定の力があれば、当時のそのような逆流に耐えることができました。当時の禅宗は、八宗の中で最も力の弱い宗派でしたが、会昌滅法を通して禅宗が起こり、仏教を護り、仏教を救いました。ですからその地位はすぐに高くなりました。当時の寺院は殆ど禅宗が回復したのです。当時、多くの種類の寺院、律寺、講寺、浄土寺がありましたが、禅宗は大人数の僧格を持つ僧を保持していたので、一度で天下を席巻し、その後の中国仏教の中で最も重要な宗派となりました。

それ以後、禅師によって修行の方法が異なり、衆生の導き方も異なったので、また五家の宗派を生み出しました。五家の宗派のうち、最も早いのは潙仰宗《いぎょうしゅう》で、当時潙仰祖師は湖南瀏陽県のめったに人の来ない大きな山の中に隠れていました。朝廷の廃仏の禁令が停止されると、すぐに頭巾を外して、寺院を修繕し、潙仰宗を建てました。第二の宗派がすなわち臨済宗です。どうしてこの様な比較的辺鄙な場所に宗派を作ることに決めたのでしょうか？　それは安史の乱以降、唐王朝はすでに開元、天宝のようなしっかりと統一された政治局面ではなく、群雄割拠の状態だったからです。河北のこの場所は、当時思想的に最も活発な場所でした。臨済禅師はこのような場所を選んで一家の宗風を樹立し、当地の官吏の支持を得たのです。趙州和尚は臨済禅師と同時代の人で、臨済禅師より一世代上の人です。彼が河北まで行脚して来たのも、本当に自己を体現する禅風、自己の宗旨を体現する天地が見つからなかったからです。趙州が八十にして猶行脚したのは、ただ心頭未だ悄然たらざる為でした。未だ悄然たらざるのは、もちろん「本分事」（自己の問題）があるためではありますが、それ以外に、仏教の慧命が続けられるようにしなくてはならないという責任感と厳粛な使命感の為でもありました。ですから彼は、中央政権を遠く離れ、知識だけを重視し実践を重んじない当時の状況を離れ、思想が比較的自由な河北のこの場所に来て道場を開いたのです。この二人の禅師がどちらもここで弘法したのは、偶然ではなく、ここには仏法の因縁があり、時節の因縁があったのです。現在、当時のそのような盛況ぶりを目にすることはできませんが、私達は歴史をふりかえることを通して、当時の祖師がここで活動をしたのは、決して単純な事ではないとわかるのです。六祖慧能の後、禅宗思想を代表できる二人の人物は、一人が趙州和尚で、一人が臨済禅師であると言われます。趙州和尚の禅風は完全に一片の悲心から出ています。かつてある人が、趙州和尚に尋ねました。「どのようなものが仏法ですか?」趙州和尚は言いました。「趙州橋です」。その人はまた尋ねました。「どのようなものが趙州橋ですか?」彼は言いました。「驢馬を渡し、馬を渡すのです」。この公案はとてもわかりやすく、ちょっと考えれば理解できるもので、力を使って参究する必要はありません。私達、仏を学ぶすべてのものは、趙州橋の精神をもって、地上の一切の衆生を負い、私達のこの橋の上を渡らせなければならないのです。趙州橋の精神は大地の精神です。慈悲の精神も大地の精神です。菩薩の精神も大地の精神です。私達はこの一点を体得できれば、古人のそのような並大抵でない苦心を体得できるのです。臨済祖師も非常に人を重視しました。彼が重視したのは真人です。真人とは私達一人一人の仏性であり、一人一人の本来の面目であり、一人一人の当下です。臨済禅師は言いました。私達一人一人の今この時が、すなわち無位真人である、と。彼の説法の重点は智の面にあります。ですから、二人の祖師は一悲一智なのです。そしてこの二点は、また同時に、二人の祖師の身に完全に体現されています。もし、悲と智を結合させられなければ、それは本当の禅者とはいえません。

私は河北のこの二つの祖庭に来て、また数え切れないほどこの二人の祖師の語録を読み、当時の状況をいくらか理解し、ようやくこの一点を体得しました。私はどうして河北に対し、このような感情が起こるのでしょうか？　それは祖師の道徳が影響したのです。中国仏教協会はずっと私に、この場所での仕事をやめさせようとしました。それは、ここでの仕事が多すぎて、私が苦労し過ぎないように、精力が分散しないようにということでしたが、私は言いました。もし河北仏教の仕事を辞めてしまったら、二人の祖師に申し訳ないし、この土地にも申し訳ないことです、と。私は相変わらずここで苦労して動いています。ただ、動いているとしか言えませんが、一寸一寸前に向かって動いています。もしかしたら、一年で動けるのはほんの少しかもしれません。しかし、私はこれに深く感動しているのです。

これはこの二人の祖師がどのようにして生まれたのか、どうしてこんなに重要な意味があるのかという話です。以下に、私は臨済禅師の伝えた法偈について話します。

臨流不止問如何（流れの止まらざるに臨みて如何と問う）、
真照無辺説似他（真に無辺を照らし他に説く）。
離相離名人不稟（相を離れ名を離れて人稟《う》けず）、
吹毛用了急須磨（吹毛用いれば急ぎて磨くべし）[9]。

まず、その中のいくつかの主要な語句について解釈し、それから道理の面に入っていった方が比較的容易です。「流れの止まらざるに臨みて」の「流れ」とは何を指すのでしょうか？　事（現象）としての流れでもいいですし、正定《しょうじょう》に入ろうとする時に通るという有名な滹沱河《こだか》としてもいいです。滹沱河《こだか》は臨済宗の象徴で、一首の賛語では臨済の宗旨を「滹沱嫡旨、祖印真伝」と称えています。しかしもっと重要なのは理（本質）の上の流れ、意識の流れ、業識《ごっしき》の流れです。これこそが、本当に指しているものです。「真に無辺を照らし他に説く」の「他」は「トウ」と読むべきで、それでこそ韻を踏んでいることになります。「説似他」の「似」は、「〜に」の意味です。「相を離れ名を離れて人稟《う》けず」の「稟ける」とは，手に取るとか、把握するという意味です。「吹毛用いれば急ぎて磨くべし」の「吹毛」は吹毛剣を指します。剣が鋭利であることを形容しています。以下にこの偈の全体的な意味をちょっとお話します。

これは臨済祖師の臨終の時の偈語です。どのような人であれ、臨終の時というのは生命の一つの転換の時であり、内心に様々な考えが激しく起こります。人によってはこの問題を考えていて思考を見失ってしまい、業識に随って流されてしまいます。悟りを開いた人、修行をした人は、滔々たる業識の流れの前で、止まらない流れに臨んだ時に、どうするべきなのでしょうか？「流れの止まらざるに臨みて問う如何」というのは、彼自身のその時の境地だけではなく、私達一人一人が修行をしているときや、生命の最後のひとときにどうするべきか？ということを指しています。孔子は川辺で「逝く者は斯くの如きか」と言いました。(10)一人の人の生命が終わろうとしています、どうしましょう？「真に無辺を照らし他に説く」のです。他の方法はありません。ただ自分の正念、自分の正知・正見、智慧の力量を奮い起こすしかないのです。智慧の力量があってこそ、この業識の流れを断ち切ることができ、自分の生命の最後のひとときを把握することができるのです。あなたにこの方法を話してあげて、あなたにこの事を伝え、それによってこそあなたは必ず智慧を用いて観照（理法を洞察）し、智慧の剣を用いてこの業識の流れを断ち切ろうとします。そうは言っても、この業識の流れは、名も無く、相もありません。名が無いと言い表すことができませんし、相が無いと把握することができません。だから「相を離れ名を離れて人稟《う》けず」というのです。この相を離れ、名を離れた、人が把握できないものが業識の流れと言うことができ、これは無位真人であり、私達の生命本体であるとも言えます。人々はそれを把握したいと思うのですが、間違いなく容易ではないことです。ここまではそのままの意味の言葉、ここからは譬えになります。「吹毛用いれば急ぎて磨くべし」。たとえ吹毛剣のような鋭利な剣であっても、磨かなければ鈍ります。だから悟った人でも、悟りを開いた後、常に観照（洞察）を始めなくてはなりません。この種の観照は運命に任せた観照であり、意識的な観照ではありません。私達はこの離相離名の生命本体を把握しようとするならば、吹毛剣を用いるときと同様に、用いたらすぐに、時を移さず磨かなければなりません。この四句の偈語は臨済禅の全部の内容を概括して余すところがありません。仏教とはこのような精神で人生に対峙することであり、これが臨済禅の精神であり、これがまさしく仏教の精神なのです。

臨済禅にはまだとても多くの内容があります。三玄、三要、四料簡、四照有、四賓主等々。山門の所の碑には臨済禅に関する、もう一首の有名な偈語「三玄三要事分け難く、意を得て言を忘れ道意に親しむ、一句明明にして万象を該《か》ね、重陽九日菊花新なり」があります。この二首の偈を理解すれば、臨済禅の精神も理解できたということです。私が今日語ったのは葛藤禅ですが、ここまでとします。今、私達みんなでもう一度この二首の偈語を味わってみましょう。きっと全く新しい感覚があると思います。

注

(1)〔原注〕一九九三年七月二十五日。
(2) 雑念を止めて心を一つの対象に集中し、正しい智慧を起こして対象を観ること。
(3) 在家信者が六斎日に守る出家の戒。殺さない、盗まない、姦淫しない、でたらめを言わない、酒を飲まない、化粧や歌舞に接しない、高くゆったりとした床で寝ない、昼過ぎに食事しない、の八戒。
(4) 大乗の菩薩としての自覚をもっておこなう戒。止悪・修善・利他という三つの面を持つ三聚浄戒の性格を備える。
(5)『景徳伝灯録』九巻などに「実際理地不受一塵。万行門中不捨一法」とある。『大蔵経』五一巻二六五頁上。
(6) 北宋の張商英の偈。
(7) 蘇軾「贈東林総長老」『蘇文忠公詩合註』巻二三、但し第四句は「君」ではなく「人」となっている。
(8) 原文は「民其庐、火其书，人其人」。訳文は『昌黎先生集』十一巻「原道」に従い改めた。
(9)『景徳伝灯録』十二巻。『大蔵経』五一巻二九一頁上。
(10)『論語』子罕第九。

四　第八回生活禅サマーキャンプ開会式講話(1)

今年のサマーキャンプは特に暑く、指導者や来賓の方々には大変な中ご光臨賜りまして、私達全員まことに光栄に存じ、大いに励まされております。ここで河北仏教協会・柏林寺及び今回のサマーキャンプの参加者を代表いたしまして、心より感謝申し上げます。

先ほどから皆様にしていただいた多くの励ましのお話に、私は心より感激しております。今回のサマーキャンプには、台湾霊鷲山無生道場の住職で世界宗教博物館発展基金の創始者、心道法師にお越し頂くことができ、禅修を指導していただけますことは、真にすばらしい法縁であり、得がたい機会です。これは何より、本寺中興の護法者である香港旭日グループ総支配人、楊勛居士のご尽力によるものであり、感謝いたします。今回はさらに、『香港仏教』編集長、秦孟瀟居士にも、河北に、そして祖庭にご来臨いただき、河北の仏教の状況について実地で考察していただくことになりました。また、心道法師、秦孟瀟居士がこのたび来られたことは、両岸三地の仏教界の理解と交流に重要な影響を生み出すものと深く信じております。今回のサマーキャンプにはさらに仏教界の何名かの青年法師に来賓として来ていただいております。互いに切磋琢磨し合うことは、河北仏教協会と柏林寺の弘法活動を推し進める上で、必ず新たな活力を注入することでしょう。

私達が生活禅サマーキャンプの活動を開催するのは、一九九三年が最初で、今年で第八回目となっております。この数年の実践と模索をとおして、生活禅の思想内容と修行方法は一歩ずつ充実し、完全になっています。生活禅サマーキャンプとしてのこの弘法形式は、仏教界の内外でいくらかの影響を生み出しており、「人間仏教」の思想に対し、皆さんのコンセンサスを既に得ています。

「生活禅」の来源は祖師禅(2)の精神と「人間仏教」の思想であり、目的は人間仏教の理念を実行し、さらに進めて少数の人の仏教を大衆の仏教に変え、彼岸の仏教を現実の仏教に変え、学問の仏教を生活実践の仏教に変えることです。

生活禅は人間仏教を実行し実践する一つの法門で、聖教に根を張り、心を三学に宿すものです。世間の現実を土壌とし、自他を浄化することを宗旨とし、生活の今この時を観察することを修行とし、現法楽住する（禅定によって心身の安楽を得る）ことを証量（悟り）とします。生活禅の進め方は、菩提心を発し、般若の見を立て、息道観（呼吸を数える修行法。数息観）を修め、生活禅に入る、となります。

生活禅を修行するときには、仏法と現実生活を互いに結びつけ、禅の精神、禅の智能をまんべんなく生活に溶け込ませ、生活の中で禅の超越を実現し、禅の意境と風采、さらに禅宗精神の生き生きとした活発な本性を体現しなければなりません。禅の方法を運用し、人々の生活中に存在する様々な困惑を解除し、私達の精神生活をさらに充実させなければなりません。物質生活を一層高尚にし、道徳生活をさらに円満に、感情生活をさらに純潔にし、人間関係を一層睦まじく、社会生活をさらに安らかにします。そしてそのことによって、智慧の人生、円満な人生に向かうのです。

生活禅の修行では、大乗仏教の、人の世を肯定する菩薩の精神を奮い立たせることが要求されます。深く衆生の生活に入り、人間生命に向き合い、仏法を生活に生き生きと運用します。修行を生活において実行し、仏法と生活を有機的に溶け合わせて一体にします。人間生命を浄化（有情を利楽）し、社会を浄化（国土を荘厳に）するという仏法の精神を、完全に生活の中で実行し、仕事の中で実行し、人として事にあたる一分一秒の中で実行します。信仰を生活に溶け込ませ、生活の中で修行し、修行の中で生活するのです。人間生命を思いやり、人間生命を浄化し、人間生命に目覚め、人間生活を捧げるのです。

生活禅の修行では生活の中で、修・戒・慧の三学と、慈・悲・喜・捨の四無量心を勤修することが求められます。職責を尽くし、力を捧げ、仏法の智慧で生活を指導し、生活を教化し、心身を浄化します。人の生活を幸福・自在・洒脱・安寧・有意義で価値のあるものにします。生活の中で法楽と禅悦を体験し、正受を獲得し、それによって生活を超越し、生死を看破し、周囲の人を動かして、共に正見正受の生活を送り、さらに国土社会を浄化し、人間浄土を荘厳にするのです。

生活禅では「信仰を生活で実行し、修行をただちに実行し、仏法を世間に円融し、個人を大衆に溶け込ませて」、「責任を尽くす中で満足を求め、義務の中で心の安らぎを求め、捧げる中で幸福を求め、無我の中で進取を求め、生活の中で禅機を透し、保任の中で解脱を証する」ことが要求されます。

参加者の皆さん、第八回生活禅サマーキャンプが本日正式に開始されます。今後七日間、先生の指導の下、講法があり、禅修があり、交流があり、行脚があります。生活が充実して慌ただしい上に、天候もひどく暑く、寺院生活は設備に不便なところがたくさんありますが、皆さんが積極的に各種活動に参加される一方で、健康にも注意していただくことを希望いたします。
皆さんの、この七日間の、法喜充満、心身愉悦をお祈りいたします。

注

（1）二〇〇〇年七月二十日
（2）祖師達磨によって伝えられた禅。特に六祖慧能の系統に連なるものをいう。

五　生活禅は大法門である

生活禅については、あちらこちらで語ってはいるものの、まだ語り尽くせていません。このテーマは永遠に語り尽くせないであろうと思います。なぜなら、私達の智慧は有限で、認識能力も有限であるのに対し、存在の有り様や法は無限だからです。私達の限りある能力で、無限に対峙しようとしても、明確に語ることは永遠にできないし、語り終えることも永遠にできません。これこそがおそらく私達が学習し、絶えず進歩を追求しなければならない根本的な原因の一つでしょう。

生活禅は大きな概念であり、小さな概念ではありません。ここでいう「禅」も、「生活の中で修行し、修行の中で生活する」という言葉の中の「修行」も、大きな概念であり、大きな智慧であり、大きな悟りであり、大きな境地です。それは生活のあらゆる側面を覆っており、在家と出家の法の全てを覆っています。これこそが生活禅の「禅」なのです。

私は第八回生活禅サマーキャンプの開会式で、言ったことがあります。「生活禅は、祖師禅の精神と人間仏教の思想から打ち出された法門である」と。もし私達が正確に（あるいは比較的正確に）生活禅の意義を理解することができなければ、とても大きな誤解を作り出し、ひどく誤った道に迷いこんでしまう恐れがあります。私達が、生活禅は大きな智慧であり、大きな悟りであり、大きな境地であると言うのは、このように多面的に生活禅を理解することで、私達の認識がいくらか全体的になり、理解がいくらか深まるからです。

まず、最初に説明しなければならないのは、生活禅の「禅」とは結局何を指すのかということです。この問題をはっきりさせないと、生活禅の意義を把握することはできません。生活禅の「禅」とは、禅定の禅に限ったものではなく、六度（大乗菩薩の六つの波羅蜜（実践修行）。布施・持戒・忍辱・精進・禅定・智慧を指す）の中の禅波羅蜜だけのことをいうのでもなく、六度の全内容を包括したものです。このような禅がまさに祖師禅であり、このような禅は、一つの大きな範囲・大きな境地・大きな智慧の禅ということもできるのです。それは見地（真実の道理を見ること）の部分を含んでおり、さらに功夫（修行に精進すること）の部分も含んでいます。私達の仏学の内容を二つに分けると、その一つは見地、一つは功夫です。一つは理論であり、一つは実践であると言い換えることもできましょう。この角度から生活禅の「禅」を理解すれば、生活の中でそれをどのように運用し、どのように悟ろうとすればよいのかが、比較的容易に把握できます。

生活禅の「禅」が、見地と功夫の両方を含んだものであるからには、それは次第禅の修法に従って、この種の基礎的な功夫を行わなければならないことになります。これが根本です。もし、次第禅の基本功夫に従わずに禅修を行い、功夫を進めれば、功夫と見地を統一させることはできません。だから私は、生活禅は私達の修行の一切の法門を包括するはずだと言うのです。生活禅は私達の生活のあらゆる面を覆うはずなのです。どのように覆うのでしょうか？　禅の智慧、禅の悟りを用いて、私達の生活を浄化し、私達の生活を導き、私達の生活を超越させます。私達の生活が低俗化することなく、私達の生活が真・善・美の原則に背くことなく、清浄法（煩悩・私欲・最悪などのない、清らかな心の状態）・善法（正しい道理にしたがった行動）の原則にも背くことが無いようにさせるのです。だから、生活禅は生活のあらゆる方面に運用できるのです。

皆さんはもしかするとこう思うかもしれません。「在家の仏弟子である私達の生活内容は非常に多様で、また非常に複雑である。だから生活禅は、ある部分については運用できるが、運用できない部分もあるのではないか？」と。私が思うに、仏法に、もし一つでも運用できないような箇所があるのならば、釈迦牟尼仏は「三覚円満、万徳具備」の称号(1)にふさわしくないはずです。仏法は一切の法を捨てません。それはつまり、どの法も、どの事物も、一つ一つが全て仏法なのであり、全て浄化しなければならず、超越しなければならず、看破しなければならないものなのだ、ということを言っているのです。だから在家の仏弟子はもちろん、仏を信じない人だったとしても、生活禅を運用し、生活の中で悟りを開くことができるのです。禅は、仏弟子についていえば、信仰が非常に重要です。しかし厳密に言うならば、もし本当に正確に禅の精神を把握したのであれば、それはもう信仰の範囲を超えています。ですから、その人が仏を信じているかいないかは重要なことではなく、真理こそを信じなければならないのです。普遍的な意義を備えた真理を信じさえすれば、信者と同じように生活禅を運用できるのです。

ここまで話してきて、私は、修行や仏学の方面に存在している様々な誤解に思い至りました。この数日間、特に昨晩の普茶会（茶話会）で出された質問から見ると、（質問に見られる）各種の観点、各種の見方は、質問者の出発点から言えば、みな非常にすばらしい念願を有したものです。しかし、別の方面から見れば、私達仏教徒の様々な活動、別の言葉で言うと、仏教を信仰することの社会的意義は、決して社会の特別な関心を引き起こしていない、ということも物語っています。もし社会の関心を引こうとするのであれば、私達はすぐにでも、信仰によってマイナスとなるものを防がなければなりません。宗教の肯定的な面に関心が払われていないのは、社会の側だけに原因があるわけではありません。私達仏弟子はまず自己の検討から始めなければならず、私達はまだまだそれをやり足りないと、私は思っています。私達が、仏陀の無我利他の精神を、本当の意味で把握し、きちんと大いに広めていない場合、社会の人々がもつ印象は、和尚は飯を食って経を唱え、仏を拝み、そこに座して死を待ち、西方極楽世界を求めている、といったものになります。あるいはこう言うでしょう。「彼らは封建的な迷信活動をし、一般人を騙して得たいくらかのお金で生活を維持していて、みな生きていく道の無い奴らだから空門に至ったのだ」と。社会の人の仏教に対する関心や、仏教に対する理解には、とても大きな誤解が存在していますが、私達が仏教の仕事を展開し、教化を広めるにしたがって、また、私達仏弟子が、社会生活の各方面で、身を持して事にあたる中で、他人を思いやり、他人を慈しみ、他人を助け、人間生命を悟り、人間生命を捧げるという仏陀の思想を体現するにしたがって、私達の与えるイメージは少しずつ良くなり、仏教の肯定的な影響は一歩ずつ増していくでしょう。私が河北に来た十二年間を見ると、この方面でとても大きな進歩を遂げたと言えるはずですが、しかしまだまだ努力は継続しなければなりません。だから仏教が、社会の中で最終的に多大な作用を発揮できるか、最終的にどのような位置にあるかは、完全に仏弟子と仏教に関心を持つ人一人一人の、力を合わせた努力次第なのです。

生活禅を修めることは、生活を離れずに修行を語り、世を離れずに修行を語ることであり、世間を思いやるある種の意識で修行を行うことです。これは未来の仏教が向かう方向の一つかもしれませんが、やはり全体的な方向と言うことはできません。それでは、未来の仏教の全体的な方向とは何でしょうか？それはそれぞれの層から人間仏教の思想を実行することです。これが大きな方向であり、大きな前提であり、仏教の根本精神でもあります。キャンプの参加者の皆さんにお配りした『人間仏教』という小冊子は、人間仏教の思想的根源と、人間仏教の現代社会における展開について、とても系統立てて紹介したものです。私達一人一人が正確に人間仏教を理解し、把握することに対して、大きな助けとなるでしょう。

注

（1）「三覚円満」は『金光明最勝王經玄樞』五六巻（『大蔵経』二二九六巻、五〇六頁上）などに、「万徳具備」は『金剛頂大教王經私記』六一巻（『大蔵経』二二二五巻、三三九頁下）などに見られる。自覚・覚他・覚行窮満の三つの「覚」と、万の「徳」を、仏が全て備えていることを意味する。

六　生活禅、禅生活

今日はみなさんに、生活禅と禅生活について少し話してみたいと思います。これは古くからのテーマであり、新たなテーマでもあります。このテーマをきちんと語るのは決して簡単なことではなく、同時にこのテーマはおそらく永遠に語り尽くせないものです。私がこの話をする意味は、生活禅というこの理念が本当にみなさんの修行の理念、生活の理念となり、仏法が二十一世紀に衆生を導くための一種の法門になることを希望しているのです。現在の情報網は比較的発達し、人文思想は比較的豊富ですが、それでも一つの思想が成熟し、なおかつそれを大多数の人に受け入れてもらうためには、相当長い過程が必要となります。仏教の内容はあまりに豊富すぎますので、生活禅の内容を展開して説き、これを使って仏法の基本理念の一つを修学すれば、仏法全体の内容を包括することになるはずです。

どうして仏法を建立しなくてはならないのでしょうか？　仏陀はどうして俗世に出て説法をしたのでしょうか？　皆さんは異口同音に言うかもしれません。『法華経』の中で言っているように、仏陀が世に出現したのは一大事因縁のためであり、一切の衆生に仏の知見を悟らせるためであり、それがまさしく仏陀が世俗に出て説法した本懐だ、と。しかし、衆生と仏には結局のところどのような違いがあるのでしょうか？　違いの根本的なところはどこにあるのでしょうか？　私はいろいろ考えて、この答えは、仏と衆生との生活面の違いの中に探し求めるしかないと考えました。千経万論が提示する仏陀の生活のさまざまな面と、それが指摘する衆生のいろいろな煩悩・無明のさまざまな面を見ると仏陀の生活が三業を清浄にすることの体現であるのに対し、衆生の生活は三業を汚染することの体現であるところに、仏と衆生の違いがあります。三業とは身・口・意（心）のことで、誰にでもあります。業とは造作（行い、働き）の意味で、私たちの生活は、つまり三業の作り出したものです。行いは言葉と行動に表れます。言葉と行動の累積が業です。業は善業と悪業に分けられます。私たちの身・口・意が行う業には、善業もあれば、悪業もあります。清浄な業もあれば、汚れた業もあります。もし、三業を清浄にする基準を少し引き下げていえば、善法を修めることが三業を清浄にすること、悪事を為すことが三業を汚すことになります。当然、清浄な三業というのはこれほど簡単ではありません。仏をより説明しやすくするために、基準を下げて言ったのです。三業の活動とは私たちの生命存在の表れであり、生命存在の表れがまさに生活なのです。

私たちは三業を転化しなければなりません。汚れた三業を清浄な三業に転化するのです。この転化の過程が修行です。修行とはすなわち身・口・意の三業の転化であり、修行とはすなわち私たちの生活を変えることなのです。広い意味で言えば、一切の修行に禅でないものはありませんし、生活禅でないものもありません。全ての仏法が、人々にこの事、すなわち私たち一人一人が三業を変化させ、三業を修正する事を促しているのです。だから全ての仏法の修行が、みな生活禅なのです。これほど大きな題目は三年二ヶ月かかっても語り尽くすことは不可能です。仏教では創立してから現在まで、二千年以上もずっと語ってきて、まだ語り終えていないのです。私が「生活禅」という理念を用いて仏法を詳しく説明しようとする目的は、仏法と私たち一人一人の距離を確実に近づけ、確実に縮め、生活にぴったりとくっついて、少しの距離もないようにするためです。私たちが仏法を学んで、本当にこのレベルにまで達することができれば、三業を転変させるのに少しの問題もありません。

私は今回の生活禅サマーキャンプの開会式で、生活禅と禅生活について語りました。生活禅の目的は禅生活を実現しようとすることであり、禅生活こそが生活禅の目標であると言いました。皆さんはこの問題を考えるべきです。この問題を考え通せば、生活禅を発揚することができ、生活禅を修行することができ、生活禅を現実化することができます。そうでなければ、現実化はできません。

ここまでの一段はこの題目のまくらにあたります。以下に、具体的に生活禅と禅生活について、おもにどのような内容があるのか話してみましょう。

1　生活禅を談ず

（一）何が生活なのか？

第一に、精神生活と物質生活についてお話しします。人々の生活は千差万別で、豊富で多彩であると言えますが、まとめると精神生活と物質生活に他なりません。一切の無形のもの、感情・言語・思想を用いてしか表現できないものは、精神生活に属します。一切の有形のもの、実在の物によって感覚器官を満足させられるものは物質生活です。人類が活動する実際の内容は、この二つの部分です。精神生活は、感情生活・道徳生活・文化生活などの各方面を包括します。物質生活は、行う、住む、座る、横たわる、飲食する、寝るなどの各方面を包括します。

私たち人類は往々にして物質生活のみを重視し、精神生活を軽視します。現在「精神生活が空虚である」という言葉をよく聞きますが、これはおそらく現代病なのでしょう。若い人は一日物質面の刺激がなくなり（これは服を着たりご飯を食べたりすることを言っているのではなく、物質のもつ刺激から離れられないことを言っています）、外部の刺激が一度欠けると、すぐにたまらなくなってしまい、寂しさに耐えるのは難しいです。私はみなさんのような若い人がこの数日間どうするのか――見るテレビもなく、聴く音楽もないので、みなさんのことを心配しています。つまり感覚器官はこのような物質の刺激（実際の物質消費と、物質の助けを借りて表現された文化・芸術の刺激を含みます）を必要とするのです。ある子供たちは家でじっと座っていられず、学校から帰ってきて最初にすることは、本をソファーに投げて、テレビをつけることです。なぜなら彼の精神は非常に空虚であり、感覚器官は刺激を求めているからです。彼は今日学校で習った内容を急いで復習しなければならないとか、故きを温めて新しきを知らなければならないなどということは思いつきもせず、ただただ学校で一日中天罰を受けるような目にあっていて、楽しい時間が無かったことを、急いで埋め合わせたいのです。年齢が少し上がったサラリーマンたちは、朝起きて出勤したときから、早く昼になって三、四人の友人達とレストランへ行きたいと思っています。職場で仕事をしている人は、私の観察によると、昼ご飯に家に帰る人はとても少なく、みんなそれぞれの理由をつけてレストランへ行ってお腹いっぱい飲んだり食べたりしたいと思っているようなのですが、それもいくらかの物質面の刺激を得たいと望むからです。飲んでほろ酔いになると、午後の仕事はやりにくいので、ちょっと職場へ行くとすぐに帰りたくなります。そして夜はカラオケに行って時間をつぶすのです。これは私も最近ようやく気づいた問題です。こういう方面の人に接触する機会があり、このようなおしゃべりをしたので、理解できたのです。

ある人の精神が空虚であり、このような淡泊で寂しい生活を過ごすことに不満足なのであれば、これは個人の成長、身体の健康、学業の成就に不利であり、事業の発展には更に不利です。私たちは周囲の人や出来事について、少し考えてみてもいいでしょう。ある人たちは物質生活に夢中になる、あるいは夢中になりすぎて、学業や事業の成就に悪影響を受けたり、家庭の幸せや円満まで影響されたりします。私は社会生活に対する理解が足りないので、生き生きとした例をたくさん挙げることができず、説得力はあまりありませんが、皆さんご自身で実際の状況に関連させてたくさん考えていただければ、いくらか啓発が得られるかもしれません。仏法の目的は人の病気を治すことです。人にその病気があれば、それに合わせた処方箋を書きますが、その病がなければ、その処方箋を書いても役に立ちません。

私たちの現代は物質生活が精神生活に勝っています。これは私たちが人間生命を成就し、道徳を高めるのにとても不利です。ですから逆に、健康な精神と正当な物質生活を結合させなければなりません。これこそが、私たちが追い求めるべき生活方式です。ここで私は決して皆さんに物質生活を無視せよと言っているのではありません。みなさんもご覧の通り、寺院の中での物質生活はとても質素ですが、必要最低限の生活条件と施設はやはり無くてはなりません。ですから、仏教では僧団管理の原則を語る時には「利和同均」、つまり物質面の分配と使用が平等でなければならないといいます。

第二に、迷いの生活と悟りの生活について。迷いの生活とは、私たち凡夫が三業を汚染し、それが表れた生活形態です。悟りの生活とは、聖者の清浄な三業によって体現された生活の境地です。原則としては、物質生活を精神生活より重く見ることが、迷いの生活の表れであり、健康な精神生活を物質生活よりも重要だと見るのが、悟りの生活の第一歩です。それは完全な悟りの生活だとは言えませんが、少なくとも悟りの生活の起点であり、始まりです。本当の悟りの生活は聖人の生活の境地です。仏を学ぶ者として、最初にこのような願いと要求を持つことは、私たちの悟りの生活の始まりであり、清浄な三業の始まりと言えます。

第三に、浄化された生活と汚染された生活について。迷いの生活によって最後に得られる結果は、汚染された生活です。迷いの生活は生活の過程であり、汚染された生活は業の累積です。業の累積は、我々がこの一生で修行や事業の面で成就することを妨げるだけではなく、私たちが六道を輪廻し、三界を転流するのも、全て汚染された生活によるものです。悟りの生活も過程の一つで、悟りの生活で到達したい目標は、完全に浄化された生活を送ることです。浄化された生活は目標です。浄化された生活とは、私たちが汚染された三業の中からの解脱を獲得し、三業を浄化させ、円満を悟ることです。

第四に、凡夫の生活と聖者の生活について。汚染された生活によって三界を輪廻するのが凡夫であり、浄化された生活によって解脱を獲得し、三界を離れるのが、すなわち聖者です。

まとめて言うと、生活はさまざまな面にさまざまな現われ方をしますが、身・口・意の三業を離れることはありません。身・口・意の三業は私たちの生活の具体的な内容です。身・口・意の三業には善と悪があります。身・口・意の三業に善悪の区別があるので、凡人と聖人の差異があるのです。この四つの問題には、どの問題にも二つの面があります。物質生活に過度に関心を払えば間違いなく悪性の循環の方に傾き、迷いの生活、汚染された生活、凡夫の生活は確かに悪業が主となるのです。この世界に生きている人は誰でも、自覚しているいないに拘わらず、ただ悪だけをなして善を修めないということはあり得ませんが、凡夫にはただ善業だけがあり悪業が無いということもあり得ず、知らず知らずのうちに道徳と相容れないことをしているものです。

最近、一人の大企業家が私に言いました。彼は七十数歳の人生で、自覚している意識から言うと、一切の好い事は百パーセント行い、悪いことは九十九パーセント行わなかったそうです。私は、ある人がこのように修養できていることを、非常に素晴らしく、すでに完璧に近い事だと思います。彼は非常に有名な企業家で、事業はとても大きいのですが、このように自信を持って自分の七十数年の生活を評価できるのは素晴らしいことです。私にこのような自己評価はとてもできません。なぜなら多くの好い事ができたのに、私はする勇気が無かったり、する力量が無かったり、する自信が無かったりしたからです。また、本心とは違う多くのことや、時にはするべきではないことをしたかもしれません。私の自分に対する評価は七対三ぐらいで、好い事はだいたい七十パーセントぐらいでき、悪いことは七十パーセントぐらいしないようにできています。もちろん逆の三対七にしてはいけません。三対七になるようでは、問題のある人ということなのかもしれません。

ここまで、簡単に何が生活なのかを説明しました。当然、何が生活なのかというこの問題は、二言三言ではっきりと説明できるものではありません。簡単に「是《かく》の如く説を作《な》す」しかないのです。

(二) 何が禅なのか?

私たちは、毎年サマーキャンプを開催し、今年で既に第九回となります。毎回もしかすると、このテーマについてお話ししているかもしれません。何が禅かということです。はっきりと語ったでしょうか?法を語っている私の今現在の感覚からいえば、いつもはっきり語っていると思っています。法を聴いている人の感覚でも心にはっきりとわかっていればいいのですが。このテーマは語り終われないものです。永遠に語り終えられず、語り終わったらたいへんです。もし語り終わったら、それは仏法の教化の効能が止まったことを意味するからです。仏教は真理です。真理は発展できないものです。例えば「縁起性空」の道理は、発展することはできません。しかし、この四文字をどのように表現するか、この四文字をどのように明確に語るか、ということは発展しなくてはなりません。発展しないと時機に合わなくなってしまいます。さまざまな方法で、さまざまな角度からこの道理を語り、通じることができれば、それも仏法の円融無碍なのです。「何が禅か」を語るのも同じで、さまざまな角度から語れるので、いくらどのように語っても、それが通じても、語り終われるということはありません。何が禅なのでしょうか? 四点に分けてお話しします。

第一に、禅は方法です。禅の最後の結果からいうと、それは必ずしも方法ではありませんが、しかしその第一歩、どのように禅に入ろうかというところから言えば、それは方法という一面を持っています。ですから時に禅と道を合わせて「禅道」と言います。道は道路であり、方法であり、門です。だから時に「禅門」と呼び、禅の門に入って行きます。禅道でもいいし、禅門でもいいのですが、指しているのは方法です。

禅の方法は多種多様で、世間禅と出世間禅があります。世間禅は基本的に修練を重んじる全ての文化体系と相通ずるもので、仏法の角度からは、共外道禅と呼びます。仏法では、心の外に法を求める全ての信仰体系・文化体系を、みな「外道」と呼びます。「外道」は必ずしも貶す言葉ではありません。心外に法を求めるのが外道で、次第禅や世間禅は外道と共通する禅です。世間禅は主に四禅八定を指します。当然まだその外に他の修禅方法がありますが、それも共世間の（世間と共通する）ものです。気功をする人たちの中には、私たちのサマーキャンプハンドブックに書かれている方法で教える人もいて、それでも能力を得られます。この方法には共世間の一面を見ることができますし、それを共法と言うこともできます。しかし共法の中には、不共の一面もあります。共と不共、世間と出世間との鍵となる違いは、出発点にあります。同じようにここで座禅を組んでいても、張三さんが修めているのは出世間の法で、李四さんが修めているのは世間法かもしれません。同様に呼吸を数えていても、あなたの修行には漏れが無く、彼の修行には漏れがあるかもしれません。その原因は、外道修禅の目的が、来世がいくらか良くなるようにとか、明日がいくらか良くなるようにとか、体の健康、あるいは能力の獲得にあるからです。病気を診られる能力があれば、吉凶も判断できるでしょう。病気を診たり、将来を予測したりすることは、誰かが収入をつかむためのもので、それが世間のものであることが見て取れます。これが世間のものだというのは、彼がまだ生死の中でぐるぐる回っているからです。もし、出離の心を具え、菩薩の心を具えた人が修行に来たら、完全に忘我の精神でこの法門を修めます。お金のためでもなく、能力のためでもなく、明日の生活を少しでも良くするためでもなく、永遠の好いことのためです——永遠の好いことといっても自分のためだけではなく、一切を衆生から出発し、四弘の誓願を修禅の出発点とするものです。それが出世間禅なのです。ですから、方法は同じでも発心が違っていれば、求められる結果も異なります。禅法を修めるには指導に来る人が必要ですし、先生による直々の指導が必要です。そして常に修禅者としての態度を正します。態度というのは、この発心を指すのです。

第二に、禅は道路です。この道に沿って行けば、此岸から彼岸にたどり着き、この道に沿って行けば、凡夫から聖人の境地にたどり着けます。この道に沿って行けば、迷いから悟りに向かいます。私たちはどうやってこの道を理解するのでしょうか？　上述の、何が生活かというテーマと結びつけて理解するのです。

第三に、禅は体験です。禅の有無は、私が今この水を飲むようなもので、自分で体験するしかありません。あなたたちは、私が今飲んだ水がどんな水なのかわかりませんし、冷たいのか、熱いのか、塩水なのか、淡水なのかも知りません。なぜならあなたたちは自分で経験していないからです。自分で経験してこそ、わかるのですし、体験があると言えるのです。禅とはこのようなもので、禅は自分の体験に拠らなければなりません。決まった方法を用い、正確な道を通れば、あなたは決まった体験ができるのです。この体験は、あの決まり文句、「有道無道は、自分が知道（知っている）」です。ある人たちの中には、本来その人には道などないのに、まるで道があるようなでたらめを言う人がいますが、実際には穴だらけで道などありません。だいたい自分で、自分には道があるなどと吹聴する人は、基本的にほとんど道などなく、よく言われる「真人は相を露さず、相を露すのは真人ではない」なのです。この言葉はとても面白いです。民間の諺は多くの真理を示し出してくれます。往々にして私たちはぼんやりしていて、ある人を見て、彼がしゃべりまくっている事はあからさまにでたらめなのに、それでも大きく動かされたりします。その時あなたは、「真人は相を露さず、相を露すのは真人ではない」ということを考えてみないからです。能力は少し出してみせるだけで良いのです。あんなにたくさん話す必要はありません。

当然、本当に禅を修め、体験のある人は、言動に表れます。表れて「その言う所を行う」ということになるのです。しかし、自分で嘘の自分を吹聴するようなことは無く、教化を実行しようとすれば、言教と身教を並べ重ねるか、身教を言教よりも重視します。

第四に、禅は境地です。禅のある人はどのような境地なのでしょう？　禅の無い人はまたどのような境地なのでしょうか？　禅は、結局のところは一つの境地です。それは聖者が三業を清浄にして体現する境地であり、悟りを獲得した人が体現する生活の境地であり、迷いから悟りに至った人が体現する生活の境地です。

高い所から低い所へ、あるいは低い所から高い所へ、このような境地・体験、あるいは方法・道といったものや、個人が修行し、体験した時に獲得した境地は、みな不共であり、分け合うことはできません。しかし時には、その人と言葉を交わして十分ほど座っていると、古人の言ったように、学問のある人たち、道徳のある人たちに近づくと、まるで春風を浴びたような感覚があり、心身全てが暖かくなることがあります。あなたが本当に彼に近づいた時には、少しだけ境地を分けてもらえますが、もしある疑いの心を抱いたなら分けてもらうことはできません。これはとても面白いことです。多くのものは賛同があってこそ分け合え、賛同しないと分け合えないのです。医者が診察するのも同じです。あなたがその医者を信じれば、あなたの病気はすぐに良くなるかもしれませんが、もし若造が診察し、ちょっと触っただけであなたの処方箋を書いたとすると、あなたはいいかげんに診られていると感じ、彼を信じません。出された薬も飲まないかもしれません。あなたが彼を信じないということは、あなたには彼に対する賛同が無く、それであなたの病気はなかなか良くならないのです。これは私たちの主観による障害です。ですから、本当に他人が修行した境地・成就を、分けてもらえるか否かは、私たち一人一人の心の状態がどうであるのかを見る必要があります。しかし根本的なことを言えば、あなたが分け与えてもらえたとしても、努力を継続せず、この方法に基づいてやっていかなければ、その分け与えられたものは一時的なものに終わり、その場所を離れればすぐに無くなってしまいます。

多くの人が言っているのですが、寺院で泊まった何日間かはとても清浄なのに、一旦家に帰るとそういう感覚がなくなってしまうそうです。あなたは道場の清浄な雰囲気を分け与えられ、この雰囲気があなたの三業を一時的に浄化しました。だからあなたは心身が清涼で自在であるように感じられたのです。

ですが、家に帰ると、光熱費や、米や、油や、塩や、醤油や、酢や、お茶や、妻や子など全てのことがまた戻ってきて、もちろん煩悩に感応してしまうのです。それでは、私たちが仏法を学ぶのは何を学んでいるのでしょうか？　それは、寺院ではその方法を学ぶのです。心身を浄化させられるように学び、家に帰ってもやはり心身を浄化できるようにすれば、このような境地をまだ持てるのです。これは決して妻や子が要らないと言っているわけではありません。妻や子はやはり必要ですが、これまでと違うのは、そのような精神の境地をさらに保持できることであり、あなたは慈悲をもって平等に、全ての事に対応できることです。それは妻や子を私有財産と見なしたり、掌中の玉のように見なしたり、あるいは面倒なものと見なすことではありません。これらは全て間違いです。あなたは因縁法によって扱うべきです。一定の因縁の条件の下でこの一法が成就したのですから、それは合理的なものです。合理的な存在であれば、私たちはありのままにそのことを観察し、ありのままにそのことに対処すれば、あなたの心の状態はずっと良くなるでしょう。あなたがそれを私有財産であると見なしていると、自分の妻が他の男性と少し話すと、あなたはすぐ不愉快になり、煩悩が訪れます。あなたがそれを面倒なものと見なしていると、子供が今日はアイスを買いたがり、明日は本を買いたがったりすると、あなたはお金が掛かることだけを見て、これが義務であり合法的な事であることは見ず、不愉快になります。もし、あなたが自分の尽くすべきこの義務をはっきりさせれば、わずかな煩悩もなくなります。

煩悩はみな、自分で探してきたものです。煩悩は人を探しません。人が煩悩を探すのです。これは凡夫の境地であり、仏を学ぶ人の境地ではありません。あるいは仏を学んでいてもまだ三業を改変したり、浄化したりしていないのです。仏を学んで三業を改変すれば、清浄な生活の境地が目の前に現われます。ですから、禅は結局のところ、一種の境地なのです。

先ほど述べたこの四点は『入禅之門』というあの小冊子に、やや具体的に説いてありますので、ご参照いただけます。

(三) 何が生活禅なのか?

この問題に関しては、先に「何が生活なのか?」で述べた四点をひっくり返せばいいのです。第一、物質から精神へ、これが生活禅です。第二、迷いから悟りへ、これが生活禅です。第三、汚染から浄化へ、これが生活禅です。第四、凡夫から聖者へ、これが生活禅です。

この四つの面のことができさえすれば、それが生活禅です。禅は日常生活を離れられません。日常生活を離れれば、禅の基礎が無くなります。生活とは三業の活動です。生活を離れたら、三業はどこへ行って浄化できるのでしょうか? 何を浄化するのでしょうか? どこで成仏するのでしょうか? 『六祖壇経』では「仏法は世間に在り、世間を離れて覚するにあらず、世を離れて菩提を覓《もと》むるは、恰《あたか》も兎角を求むるが如し[1]」と言っています。世間はまさに生死であり、生活です。私たちは世間をただ抽象的な空間と時間のことだけだと見なしてはいけません。空間・時間は私たち凡夫からいえば、その表れの最も根本的なものが生死であり、生活なのです。ですから「仏法は世間に在り」とは、仏法は生活の中にあり、仏法は生死の中にあるということです。「世間を離れて覚するにあらず」というのは、生活を離れて悟ることはできないし、生死を離れて悟ることはできないということです。「世を離れて菩提を覓むるは、恰も兎角を求むるが如し」とは、生死を離れ、生活を離れて菩提を求めることは、ウサギの頭の上に角を探すのに等しく、決して見つからないということです。なぜなら法はそういうものではなく、あなたは事物に存在する客観的な規律に逆らっているからです。全ての事物の存在は、本来こういうものです。みな法爾《ほうに》（真理にのっとった本来あるがままの姿）であり、法爾の規律は個人の意志によって移り変わるものではありません。

ですから、何が生活禅かというと、精神生活を物質生活より重んじられることです。私たちは人生の正しい修養を物質生活より重んじ、迷いの生活を一歩ずつ自覚的に自発的に、悟りの生活に変えなければなりません。汚れた生活を一歩ずつ浄化された生活に変えなければなりません。凡夫の生活を一歩ずつ聖人の生活に変えなければなりません。これが生活禅です。生活禅の目的は、根本から言うと、この四つの事をおこない、この四つの事の位置を正そうとすることです。

2　禅生活

（一）何が禅生活なのか？

禅生活にはおおよそ四つの必要条件があります。第一、純正な信仰生活が禅生活です。第二、理性的な因果の生活が禅生活です。第三、現実的で道徳的な生活が禅生活です。第四、自覚的で良心的な生活が禅生活です。「信仰・因果・道徳・良心」という八文字によって指導された生活が、すなわち禅生活なのです。私はこの数年、さまざまな場所で異なる角度から、この八文字が身を処すのにいかに重要かを説いてきました。この八文字をやり遂げられれば、それが禅者の生活なのです。

禅生活の第一条件は純正な信仰を持つことです。何故信仰を持たなければならないのでしょうか? 儒家は仁義礼智を説きますが、説いている人が信じていなければ成り立ちません。社会では一般に、処世には信用が必要だといいます。現在は情報化社会ですが、すべて情報を語る時には、その情報が信頼できるソースでなければなりません。仏教ではさらに信を何よりも重要視します。『大智度論』では、信は人の両手だとして、「信は手の如し」と説きます。私たちは今日、五湖四海（あちらこちら）から柏林寺というこの清浄な道場、この清浄な僧団に来ました。私たちにもし信仰があり、信心があり、信頼があれば、私たちはここからいくらかのものを「持って」行けるでしょう。もし信心がなければ、信仰は起こらず、この道場も信頼できず、あなたは手ぶらで帰ることになります。両手があるにもかかわらず、まるで手が無いのと同じことです。ですから信を手とするのは、宝の山に至ったからには手ぶらで帰ってはならず、何かを「持って」帰ってこそ、無駄に来たのではないということです。つまりあなたはいくらかの仏法、いくらかの修行の体験や処世の道理などを持って帰って、そういった精神の食糧を吸収しなければなりません。ある人はこれを「充電」に譬えます。充電をしようとするならソケットをコンセントに差し込まなければなりません。

『大智度論』では、「信は杖の如し」とも説きます。「信」は一本の杖のようなもので、私たち一人一人は子供や病人のようなものなのです。私たちが菩提の道の上をゆっくりと歩き出そうとすると、杖に頼る必要があります。この杖はあなたが安定してこの菩提の街道を行くのを助けることができます。また、「信は船の如し」とも説きます。信というこの船は、私たちを煩悩の此岸から解脱の彼岸へと、渡すことができます。生死の大海では、信という船に頼って私たちを渡してもらうのです。「信は門の如し」とも言います。信は一枚の扉であり、私たちの信仰・信念・信心によって、仏法の大門に入るのです。さらに「信は根の如し」でもあります。信を道の元、功徳の母とし、一切諸の善根を成長させるのです。まずは信心が必要で、信心が堅固になって根を生やします。信仰に根があれば、それは力になります。だから信仰は非常に重要です。禅生活の第一条件は、まさに純正な信仰を具えることなのです。

禅生活の第二の条件は、因果を説くことです。私たちは生活の中で、因を知り、果を知らなければなりません。因果の規律にしたがって生活し、因果の規律によって一切のことをするのです。世間の一切の事は、「善は善報有り、悪は悪報有り、是不報にあらず、時辰に未だ到らざる、時辰に一たび到れば、一切みな報す」です。だから、一人の禅者たる者、一人の修行人たる者、一人の禅を生活とする者は、必ず因果の生活を送らなければなりません。

仏法はとても多くの道理を説きますが、すべて「因果」の二字をめぐって説かれたものです。世間には多くの事があり、多くの人がいて、収拾が付かなくなっていますが、それは因果が不明だからです。私たちが因を知り果を知り、因果応報の規律に従って仕事をし、やるべき事をやり、やらざるべき事をやらなければ、世間は一歩ずつ浄化され、人間生命も一歩ずつ浄化され、生活は非常に安らかになり自在に過ごせます。ですから仏教は私たちに教えます。修行をする人、法を学ぶ人にとって最も重要な事は、因果を誤らないこと、因果を誤ることをやらないことです。言い換えれば、信仰を具えた人の過ごしているのが、因果の生活なのです。

善生活の第三の条件は道徳的な生活を過ごすということです。道徳的な生活とは戒律的な生活です。戒律の精神は主に倫理道徳の面を体現しています。

みなさんは、戒律という二文字を聞いても恐れる必要はありません。戒律はとても弾力的なもので、私たちが想像している清規戒律のように怖くはありません。戒律には多くのレベルがあって、初めて発心し仏を学ぶ人が受けるのは、ある種の戒律、学習時間が長い人が受けるのはまたある種の戒律、出家人が受けるのはまた別の種類の戒律です。出家人の中でも、戒律はいくつものレベルに分かれています。これは、私たちが順序を追って少しずつ進められるためのもの、一歩ずつ高められるためのものであって、あなたにすぐに「緊箍呪《きんこじゅ》」（孫悟空の頭にある緊箍児を絞める呪文）をとなえようとするものではありません。仏教は道徳・戒律の生活を自覚の基礎の上に打ちたてるもので、自覚的に一歩ずつ自己に対する要求を高めることを求めます。自己の要求が高まると、他の人から見ればとても厳格に感じますが、当事者から言えば、彼は自分はこうあるべきだと感じていて、無理をしているとは少しも感じておらず、これが一種の約束であるとは少しも感じていません。逆に彼は、このような生活こそ快楽であり、持戒・守戒は楽しいことであり、道徳的に過ごす生活は一種の楽しい生活だと考えているはずです。ですから、みなさんは決して、戒律を「緊箍児」と見なしてはならず、自覚的な道徳生活を送らなくてはなりません。

今日社会に存在する種々の問題は、道徳生活が厳粛ではないとか、道徳が喪失したとか、あるいは道徳の内容がかつてと比べて空洞化し、現実的でなくなったことが理由ですが、それは目標が遠く、高く、大きすぎたりして、一般人は見ただけで怖くなり、永遠に到達できない事だと感じるからです。例えば「少しも自分を利せず、専ら人を利す」という目標は大きすぎます。少しも自分を利さないというのは、実際とても難しいことです。仏教はとても現実的に説いていて、「自ら利し、他を利す」「自他二利」といいます。自他双方が益を受け、精神生活と物質生活の二つとも包括しており、とても円満で、だれでも一歩ずつ行っていけるものです。

道徳的に過ごす生活は、日常生活の中の身・口・意の三業から入手しなければならず、操作性を具えていなければなりません。もし操作できないようなものなら、それは空洞そのものであり、道徳生活は永遠に実行のしようがなくなります。ですから私は、初めて仏法を学ぶ人や、場合によっては久しく仏法を学んだ人にも、現実的な道徳に則って功夫を行うことを勧めるのです。例えば在家の仏弟子には、『善生経』『優婆塞戒経』と『十善業道経』を学習するように言います。これらの経が説く道徳生活の内容は、操作性が極めて良く、極めて具体的です。これらは在家教徒の必読経典であり、これらの経典を学習すれば、仏弟子としての日常道徳生活の修養を高めることができます。私たちが刊行した『在家教徒必読経典』は深い意味をもっていますので、みなさんがしっかり学習されることを望みます。

第四は、良心的な生活を過ごさなければならないということです。仏教では本来、良心という言葉は使わずに、仏性を説き、菩提心を説き、大悲心を説きます。この良心という言葉は儒家が提唱するものです。一般の社会人も良心を説いてほしいと言います。社会は儒家思想を吸収しているので、良心というこの言葉を受け入れていますが、良心というこの言葉を仏教の内容にあてはめると、それは大悲心と菩提心を統一したものとなります。このように説けば、仏法は社会と容易に繋げられ、これらのわかりやすく理解しやすい説法を通じて、社会の人が仏法に入って来やすくなります。仏法臭が非常に濃い内容を、希釈し薄め、社会の大衆と分け合うことができるのです。良心という言葉は仏教にはありませんが、近代の高僧大徳には提唱している人もいます。例えば印光法師の儒学の素養は非常にしっかりしていて、儒家思想の修養も非常に高いレベルにありますが、彼の文章中にはよくこの「良心」という言葉が使われています。

禅生活は主にこの四つの面の条件を含んでいます。当然、まださまざまな異なる角度から説明ができ、私が今日語った内容が全面的であるとは限りません。今日お話する対象としたのは、仏を学ぶ青年の友人達です。今日の社会道徳上の必要から、この八文字を提示することを出発点としました。現在政府は徳治国家を提唱しています。私は、この八文字をやり遂げられれば、徳治国家は実際に実行できるだろうと考えます。

(二) 禅生活の内容は何か?

禅生活で貫くべき精神、それこそが禅生活の内容です。それはおおよそ四つの面を含んでいます。

第一に、禅生活は善に向かうものです。第二に、禅生活は向上を目指す積極的なものであり、消極的ではないものです。往々に私たちは善に向かうことだけを説き、向上を説きません。禅を消極的なものと理解し、人にひっぱたかれてもやり返さないことだと理解しています。しかし、禅生活は積極的なものので、大丈夫《ますらお》の精神があってこそ参禅できます。大丈夫の精神が無ければ禅を学びきれず、参禅しきれず、禅に入りきることもできません。なぜなら、禅は主に自分に頼るもので、ほとけさまに頼るものではなく、天龍八部（仏法を守護する八神）に頼るものでもありません。自力を主とするものなので、大丈夫の精神が無ければ向上することができません。当然、物事は絶対化しなければならないわけではありませんから、禅は自力のものであるとはいっても、実際には他力の補助作用を排斥しません。他力は外在する力です。私たちは内心に三宝を持っていますが、外在する三宝も又、当然私たちの加護となります。私たち自身に力量があれば、外在の力量はきっと私たちを少し助け、私たちを少し支えるでしょう。

善に向かい向上することは、私たち一人一人の仏弟子が一刻も忘れてはならない目標です。何をするときにでも、善に向うという条件に符合していなければならないのに加え、向上するという条件にも符合しなければなりません。善に向かうことは下に衆生を化す（教化する）ことであり、向上することは上に仏道を求めることです。向上することは人間生命を悟ることであり、善に向かうことは人間生命を捧げることです。善に向かうことは他受用であり、向上することは自受用です。向上することと善に向かうことを結びつけて説くのは、私の発明でしょうか。私は私が特許を持っていると思っています。

禅生活の第三の内容は、恩に感ずること、第四の内容は、報いを返すことです。人はいつでもどこでも、自分だけを見て、他人が見えていません。考えるのは自分の利益のことで、他人の利益には考えが及びません。人は社会に向けてただ要求することを考えるばかりで、社会に恩返しすることなど考えつきません。もしこれが禅だと言われたら、私はそれを認められません。なぜなら、禅は自分勝手なものではないからです。なぜ恩を感じなければならないのでしょうか？　私たちはみんなこの世の中で生活をしていますが、生まれたばかりの赤ちゃんでも長寿高齢の老人でも、孤立した存在ではなく、お母さんのお腹の中の胎児でさえも、みな独立した存在ではないのです。私たち一人一人の、一つ一つの細胞は、みな個人に属しているのではなく、みな社会の大衆の成果なのです。皆さんは、私たちの一刻一刻の中で、生活がどのような環境の中に置かれているかを、冷静に考えてみればいいと思います。子供達はそのご両親がお金を使って養っていると思う必要はありません。ご両親がお金を稼いできて養っているのは、まぎれもなく否定できない事実ですが、しかしご両親のお金はどうやって稼がれてきたのでしょうか？　社会とは切り離せず、全人類とも切り離せず、全ての山河とは切り離せず、一切の草木叢林や一粒一粒の砂、一つ一つの石ころ、一滴一滴の水とも全て切り離せないのです。

みなさんも、私たち個人がこの世界を離れられるかどうか、山河大地の恩賜を離れ、社会の配慮を離れて、さらに自分があるか否かを、子細に考えてみてもいいと思います。これらの条件から離れて、独立して存在する自己など、絶対に見つかりません。この「我」とは一つの縁が法を生じたものであり、因縁によって生じたものです。つまり、一切の一切が私を成り立たせているのです。ですから、私たちは恩に感じる心を持つべきであり、一切の一切に対して恩に感じなければなりません。

今年五月にシンガポールに行った時、私は浄宗の学会を訪問しました。彼らは私に手提げ袋をくれました。手提げ袋にはこのような言葉が書いてありました。「恩に感じる世界で生活しましょう。あなたを傷つけた人に感謝しなさい。なぜなら彼はあなたの意志を鍛えてくれたから。あなたを騙した人に感謝しなさい。なぜなら彼はあなたの見識を高めてくれたから。あなたを鞭打つ人に感謝しなさい。なぜなら彼はあなたの業障（悪業によって生じた障害）を消してくれたから。あなたを捨てた人に感謝しなさい。なぜなら彼はあなたを自立に導いてくれたから。あなたを躓かせた人に感謝しなさい。なぜなら彼はあなたの能力を強化してくれたから。あなたを叱責した人に感謝しなさい。なぜなら彼はあなたの定慧が育つのを助けてくれたから。」普通なら感謝すべきではないと感じるこれらの人が、まさしくあなたが最も感謝すべき人なのです。なぜなら、彼らは別の角度からあなたを成り立たせ、別の角度からあなたを鍛錬し、別の角度からあなたに試練を与えるからです。ですから、あなたは恩に感じる心を持ち、一切すべてに対して恩に感じなければなりません。

禅生活の内容には、さらに報いを返す心を持つことが含まれます。一般の人はただ要求することばかりを考え、返すことを考えることはとてもまれです。私たちが大自然から取り立てすぎたために、現在、砂嵐や干魃、空気汚染などの報いを返され、生態環境が日ごとに悪化するという報いを返されています。これは私たちみんなが作り出したものです。私たちはいつも無制限に大自然から奪い取り、新陳代謝が間に合わず、ついには生態のバランスが崩れて、結局直接災難に見舞われるのは、人類自身です。かなりの長期間にわたる悲痛な教訓を経て、私たちはようやくこの問題を認識し、この道理を理解できたのです。

仏陀は二千数百年前には、もう私たちに依報《えほう》（業の報いとして得た環境）と正報《しょうほう》（業の報いとして得た衆生の心身）は、不二（一つ）のものであると告げています。依報は、宇宙空間・山河大地・草木叢林などで、つまりは環境です。正報はすなわち私たちの心身です。この二つは不二のものであり、相互に共依存しているものです。私たちのこの世界は、正報が荘厳でなければならないだけではなく、依報も荘厳でなくてはなりません。このような生活こそが、調和のとれた生活です。正報が荘厳であるだけでは、生活は調和をとることができません。同時に依報の荘厳も、正報の荘厳を離れることはできないのです。私たちが唱える『阿弥陀経』の中に描写されている西方極楽世界の、あのような麗しさは、極楽世界の依報です。あの環境は阿弥陀仏を始めとした極楽世界の仏、菩薩の偉大なる誓願と実践によって創造されたものです。

とても嬉しいことに北京オリンピックの招致が成功しました。私たちは近い将来、生存空間が一歩ずつ改善されるという希望を持つことができます。これはみんなで慶賀する値打ちのある事件であり、非常に重大で、私たち中国人の命運に大きな影響を与えるでしょう。オリンピック招致が成功し、加えてWTOへの参加が成功したことで、中国人の依報は八～十年ぐらいの間に大いに改善するかもしれません。同時にこの二つの事は、私たちを厳しい挑戦に直面させます。このことに私たちが積極的に向き合い、善に向かい、向上する精神で向き合えば、私たちはきっと勝利できるでしょう。しかし、天を怨み、人をとがめるなら、一部の人が時代の潮流から淘汰される可能性もあります。私はこのキャンプの開会式でも、この時代の特徴は、チャンスと挑戦が併存し、発展と淘汰が一緒にあることだと言いました。善に向かい、上に向かい、恩に感じ、報いを返す精神で、私たちの生活と未来に向き合えば、私たち一人一人の前途には大いに希望が持てるだけではなく、私たち民族の前途にも、全人類の前途にも、大いなる希望が持てるのです。

(三) 禅生活を実行するポイント

第一に、「八正道」を修め、生活態度を正すことです。仏教の根本教義は「苦・集・滅・道」の四諦です。四諦の中の道諦の内容は三十七道品です。私たちの修行は三十七道品に基づいて行います。三十七道品の核心となる内容がまさに八正道です。八正道は三十七道品全体の内容を余すところなく包括しています。禅生活を実行するとは、すなわち八正道の修行方法によって私たちの生活態度を正すことです。八正道に基づいた生活が、まさに禅生活を実行できるということなのです。

八正道の内容は、正見・正思惟・正語・正業・正命・正精進・正念・正定です。この八条に基づいて生活態度を正せば、私たちの生活は一種の清浄な生活となり、汚染された生活を清浄な生活に変えられます。

正見とは、清浄見、般若見のことです。どのような見解を清浄とするのでしょうか？　汚れから離れると清浄なので、邪見が無ければ、見解は清浄になります。邪見とは、三宝を信じず、因果を信じないことです。「瓜を植えれば瓜を得、豆を植えれば豆を得る」という因果の道理を深く信じ、因果の規律によって一切を行うこと、それが正見です。正見とは邪見から遠く離れることです。邪見から遠く離れれば、私たちの見解は清浄になります。いわゆる般若見とは、愚痴（愚かで道理に暗いこと）を遠く離れ、大智慧を開くことです。般若見を道具とすれば、一切の善悪是非を正確に判断できます。

正思惟とは、意業を清浄にしようとすることで、正思惟の本意は四諦の道理を思惟することです。世間と出世間の一切の法は、苦集滅道の四文字で余すところなく包括されています。苦は世間の現実、集は苦の根源です。集は招集の意味で、因の意味でもあります。なぜなら苦には必ずその原因があるからです。まさに身口意の三業の行いを通して、絶えず苦因の種を撒いたからこそ、苦果を招くに至っているのです。苦・集の二諦は世間の因果を説き、滅・道の二諦は出世間の因果を説いています。滅は涅槃の意味です。滅は滅苦のことで、苦を滅したその時こそが清涼で、自在で、涅槃です。涅槃の果は、縁なく故もなく訪れるのではありません。それは善法を修めた因の累積を経る必要があります。善法を修めることは道を修めることであり、八正道を修めることです。八正道を修めれば涅槃果は得られます。これが出世間の因果です。

四諦の道理は、私たち凡夫に向けて説いたもので、四諦法に随って修行すれば、二乗の聖果を得られます。凡夫の特徴は、目の当たりにした体験を述べたてることです。例えば今日は暑く、一人一人がたまらないと感じている。これがまさに果であり、一つの結果です。どうして今日はこんなに暑いのでしょうか？　窓を開けていないとか、エアコンが弱いとか、外の気温が高すぎる等々の原因が考えられます。往々にして私たちは果から因を探そうとします。これが「衆生は果を畏れる」というもので、苦を見て怖くなり、畏れるのです。菩薩は因を畏れます。菩薩が衆生と異なるところは、何をするにしても慎み深く、すべて上に向かい、善に向かうという原則で行い、因果を誤ることを恐れていることです。

正思惟とは四諦の道理を思惟しようとすることです。四諦の道理を思惟したら、私たちは「苦を知り、集を断じ、滅を慕い、道を修す」るようにしなくてはなりません。苦が因から来ることを理解し、苦因を作らなければ、苦果を受けることはありません。涅槃がとりわけ優れて清涼自在であることを忘れないでください。この種の自在は道を修めることから来ますから、八正道を修めるのです。どのように修行するかを思惟し、因果の道理を思惟し、世間と出世間の善法を思惟し、貪・瞋・癡の三毒を遠く離れること、これこそが正思惟であり、その逆が邪思惟なのです。

正語は、口業を清浄にしようとすることです。私たちが正思惟によって指導しようとして発する言葉は、必ず世間・出世間の道理に符合した言葉です。いつでもどこでも因果の道理に基づいて話し、妄言・綺語（美しく飾った言葉）・二枚舌・悪口という四種類の口業の面の悪業から遠く離れれば、口業を清浄にすることができます。

正業とは、身業を清浄にしようとすることです。正業の表れは、一切の因果の事理に違反する悪事を行わないこと。例えば殺・盗・淫は、身体に直接に行う行為に属します。殺・盗・淫から遠く離れることが、身業を清浄にするでしょう。

正命は、すなわち生活が清浄なこと。正命は邪命に対して言う言葉です。邪命というのは、正当ではない生計を立てる全ての手段のことで、人相見、占い、易者、おみくじなど、他人を愚弄することによっていくらかのお金を得て生活を維持することを、邪命自活といいます。現在、出家の格好をした少なからざる人が街や民家に出没し、吉凶を語り、このような手段で生計を立てているのは、国法でも許しがたく、仏法でも許しがたいことです。ゆえにこれを邪命自活というのです。

正精進は、すなわち正確な努力です。無漏（煩悩のない）慧によって涅槃道を修め、善を修め悪を断つよう努力し、勤行精進し、疲れず倦まず、一念一念を結びつけ、心と智を一つにするのです。

正念とは、正確に憶念しよう（思い起こそう）とすることです。常に正道を思い起こし、思想や行為に錯誤のないようにするのです。好い事を一つ二つするのは、比較的容易ですが、いつも絶えずしようと思えば、憶念の功夫に頼り、善法を憶念しなくてはなりません。もし善法を記憶の外に置いてしまうと、今日したとしても、明日には思い出せないので、しなくなるでしょう。例えば、寺院で毎日打坐を練習し、精進料理を食べ、毎日清浄な生活をしたら、帰ってからは常に寺院の生活を憶念しなければなりません。精進努力して、清浄な生活を送ったときの願いと探求心を常に持てば、善法を増長させ、悪念を取り除けるのです。

正定とは、禅定を修習することです。平たく言うと情緒の安定を保持することです。禅定を修める目的は定（精神の集中）を得ることで、定を得るためには、まず情緒を安定させなければなりません。情緒が不安定では定を得ることはできないし、世間の事一切をする時も同じように情緒を安定させなければなりません。情緒不安定では、気が変わりやすく、三日漁に出れば二日網を干すような、三日坊主の状態になります。情緒が安定してこそ正見、正思惟から正念まで保持することができます。

八正道は私たちが日常生活の中で貫徹して実行できる修行方法で、とても扱いやすいものになっています。例えば話をする時、正語を話しているか、問題について考える時、私は正思惟をしているか、何かするたびに、私は正業を行っているか、と考えます。「正」とは何でしょうか？　それは善法に違わず、因果に違わず、良心に違わず、道徳に違わないことを指します。因果・良心・道徳によって自分の目の前の身・口・意の三業が正であるかどうかを、評定することを現善といいます。身・口・意の三業は、さらに後善に符合しなければなりません。後善とは来世の善法を指します。さらに究極の善に符合し、善法を漏れの無い解脱に順わせます。当然、現善から始め、現善を善にできれば、後善は善にできます。現在、目の前のことを善にできれば、未来も善にできます。現在・未来を善にできれば、最後には究極の善に到達します。

第二に「四摂法《ししょうぼう》」を修め、人間関係の調和をとりましょう。「四摂法」は人間関係の調和をとる四種類の方法です。若い人の中には、既に社会に入ったり、あるいは社会に出たばかりだったり、あるいはこれから社会に出ようとしている人達がいるでしょう。社会とは一つの人間関係の網です。人がいなければ社会はありませんし、人間関係そのものがなかったらやはり社会はあり得ません。どのように人間関係を処理すればいいのか、それが修行の重要な内容の一つです。人間関係の調和がとれていないと、生活は順調にならず、事業に障害が起き、修行もうまくいきません。仏教では私たちに、四種類の人間関係の調和をとる方法があると教えています。それが布施・愛語・利行、同事です。話をするときには人を喜ばせ、人の福を増やすような話をしなければならず、粗悪な言葉を使ったり、感情を傷つけるような言葉を使ったりしてはいけません。何かをする時には、他人に利があるようなことをし、他人と一緒に何かをするときには、一方的に命令して口だけを動かすようではいけません。他人と同じように、一緒に行えば、みんな同じように共同の利益が得られるのです。

布施には内施と外施があり、財施と法施があり、無畏施と同喜施があります。財施にお金がかかることを除けば、その他の布施はお金が要りません。無畏施と同喜施はお金が要りませんし、法施もだいたいはお金がかかりません。法施は知識の布施と理解すれば良いでしょう。無畏施は安全の布施、同喜施は同情の布施です。財施は困窮している全ての人に物質上の援助をすることです。

例えば、あなたがある会社の社長だとして、もしあなたが部下との関係を非常に調和のとれたものにしたいのならば、布施は欠かせません。現在、社長をしている人がとてもできる人で、明日があなたの誕生日だとして、今日ケーキをあなたの家に送り、さらにお祝いまで付けてくれたら、あなたはほかほかとした気持ちを感じるでしょう。立場を変えてみて、社長が職員に良くすれば、職員も無情の物ではないので、恩返しも倍になるかもしれません。財物の布施は相手への配慮を体現したものです。同喜施と無畏施は思いやりと度量を体現したものです。ある社長たちが職員の家族の誕生日まではっきりと覚えていることも、それが真心や同僚に対する本当の配慮から出たものであれば、この方法が非常に採用に値するものだということを表しているでしょう。布施の動機は、必ず純潔でなければなりません。そうするのは、そうするというだけのことで、その他の打算があってはならないのです。唯一の目的は、人と人との関係に調和をもたらし、人情味をもたらすことです。今日の社会では、人情味がだんだん少なくなり、金銭の臭いや、酒肉の臭い、タバコの臭いしかしなくなっており、とても恐ろしいことです。

法施は知識の布施です。ある人が仕事の中で難題に遭遇したり、技術上の難題に遭遇したり、人生の境遇が困難なものになったら、あなたは援助したり、啓発したり、指導したりすることができます。これを法施というのです。当然、仏教でいう法施は仏法による啓発を指しますが、わたしは善法によって啓発を進める一切が、仏法の精神に適合すると思います。

無畏施は安全感を失った人たちに対し、私たちが助けようとすることです。例えば、子供が歩いていて転ぶのを見たら、あなたは彼を助け起こすべきです。しかしある人は言います。あなたが子供を助けた後で、あなたが子供を転ばせたなどと言われるかもしれないし、派出所に通報しようとされるかもしれないと。私はそのようなことはごく希で、仮に遭遇しても恨んだり怒ったりするべきではないと思います。ほかにも、老人が道を歩いていて動けなくなっているのを見たら手助けするべきですし、持っている物が重すぎる人がいたら少し助けてあげてもいいと思います。人があなたの意図を疑うのではないかと、恐れてはいけません。良いことがしにくい時もあります。社会が複雑過ぎるのです。私たち一人一人が常に恩を施して見返りを求めないようにしていれば、社会のそうした暗いものもゆっくりと減少するでしょう。良い事はしにくくてもするように努力しなくてはなりませんし、悪事は容易でも絶対してはならないのです。

同喜施は他の人の良い事を、一緒に喜ぼうとすることです。これは往々にして、とても難しいことです。他の人に良い事があると、いつもその人を打ちのめしてやりたいと思い、嫉妬の病にかかったり、良い事が他人の所に転がり込むことを望まず、自分の所に来ることだけを望んだり、私が得られないのならあなたも得たいと思うな、と考えてしまうような事例はとても多いです。仏の説く法は、性《しょう》に非常に焦点が合わせられていますが、仏は社会を極めてよく理解しています。仏は人の劣った性根を理解したからこそ、このような妙法を説いたのです。私たちは仏の説いた法に沿って、しっかりと行わなければなりません。皆さんがこの数条をやり遂げられれば、人間関係は次第にきっと調和がとれていきます。失敗を恐れてはいけません。誤解を恐れてはいけません。

「愛語」とは言葉の美しいことです。人をけなす言葉を言ってはいけません。他人を冷やかすようなことを言ってはいけません。辛辣で手厳しいことを言ってはいけません。皮肉を帯びたことを言ってはいけません。誠実な言葉、慰める言葉を言い、善意からの賛美の言葉を言えば、人を喜ばすことができます。人を成就し、事を成就し、人を喜ばせる言葉が、まさに愛語なのです。

「利行」は他人のために福利を図ることです。他人にとって利益になることをし、他人を損なうような事をしないことです。背後で悪巧みをしたいと思う人もいます。徳の欠けることをしようとするのは、仏弟子の基本条件から甚だしくかけ離れたことです。

「同事」とは、自分に対しても人に対しても何か利のある事を、大衆と一緒に完成させようとすることです。何もしないでただ見ていてはいけません。他の人にだけやらせて、自分は手を動かさないならば、他人とだんだん疎遠になり、人間関係が冷たくなり、ついには悪化して、調和がとれなくなるかもしれません。

このようにこの四条は、私たち仏弟子が人間関係を処理するときの規範となります。四摂法の「摂」が指しているのは摂受《しょうじゅ》（受け入れること）です。「摂」とは自発的に良い関係を築こうとし、自発的に自己を他人に溶け込ませ、社会に溶け込ませようとすることです。

第三に、「四無量心」を修めて、社会大衆を利すること。四無量心とは慈・悲・喜・捨です。これは菩薩道を修行する者が、無量の衆生を広く度し、苦を離れ楽を得させるために、必ず具えていなければならない四つの精神です。この四つの精神は、無量の衆生を摂受でき、衆生に無量の福を得させることができ、衆生に無量の善果を受けさせることができます。四無量心の中の慈無量心は無量の衆生に安楽を与えます。悲無量心は無量の衆生の苦悩を取り除きます。喜無量心は無量の衆生が歓喜を得ます。捨無量心は衆生を貪欲から遠く離します。慈・悲・喜・捨という四種の精神が社会で最も重要で、人生で最も重要で、各家庭でも最も重要です。私たちはこの四無量心を修めれば、積極的に社会に貢献でき、積極的に大衆に何らかの福利を与えられ、積極的に生活禅の「人間生命を悟り、人間生命を捧げる」という宗旨を実行でき、禅生活の「行うも亦《また》禅、坐すも亦《また》禅」という目標を実現することができるでしょう。

上記の三点——八正道を修めて生活態度を正し、四摂法を修めて人間関係に調和をもたらし、四無量心を修めて社会大衆を利益する、これがまさしく、私たちが生活禅を実行する上での要点なのです。

3　結び

生活禅の理念は一九九二年から正式に形成されました。その時に「覚悟人生、奉献人生（人間生命を悟り、人間生命を捧げる）」という八文字を生活禅の宗旨とし、生活禅を実行する四句の口訣を提示しました。それは「信仰を生活に実行し、修行を当下に実行し、仏法を世間に溶け込ませ、個人を大衆に溶け込ませる」というものです。さらに『生活禅開題』という一篇の文章を書きました。皆さん一目でおわかりのように、この文章の題目は太虚大師の『人生仏教開題』を模倣したものです。その後陳兵先生が『生活禅浅識』を書き、さらに青年仏学者たちが異なる角度、異なるレベルから意見を発表し、彼らが生活禅を学習して得た収穫や体得したことを語りました。十年間の不断の探求、不断の総括、不断の発揚を経て、生活禅の理念はだんだんと仏教界に理解され、大衆に認められて来ました。

今日はこのテーマを語るのに準備不足で、手当たり次第に話しましたので、充分なレベルのお話ができませんでした。私は生活禅の理念と宗旨は完全に仏理に合い、時機に適ったものだと思います。仏法が今、時代の需要にどのように適応し、優良な伝統を発揚するのかということの、これは一種の探求なのです。太虚法師、趙朴初老居士ら一世代前の大徳は、仏法の精神と時代の要求に基づいて「人間仏教」の理念を提唱しました。この理念は仏教の根本的な意義、趣旨であり、古今にわたって常に新しい理念であるというべきものです。生活禅は、「中国仏教の特質は禅にある」という特色をこれに結びつけ、仏教を中国伝統文化の重要な要素と見なすという大きな背景の下で提出された、人間仏教の思想体得の実践を、具体的かつ着実に進めるための理念に過ぎないのです。「生活禅」というのは、知識的な探求ではなく、実践体験の追求です。純粋に学術的な理性の思考ではなく、生活に密着し、今この時に浄化する悟性の受用です。それは信仰をしている層に限らず、このような智慧の生活を分け合いたいと願う全ての人民大衆に向かい合うものです。生活禅の宗旨である「人間生命を悟り、人間生命を捧げる」には、仏法の根本精神が洗いざらいさし出されています。社会について言えば、この宗旨を実行すれば、良心の保証が提供され、社会生活を優れたものにし、浄化できます。個人について言えば、生活の中でこの宗旨を実行すれば、絶えず自身の素質を優れたものにでき、絶えず自他の関係を調和のとれたものにできます。ここでは、仏教が強調する「自ら利し他を利す」「自ら悟り他を悟らす」といった原則が、扱いやすく、血肉があり、生き生きとした実践精神となっているのです。

人間仏教は現実や人を根本とする思想に立脚し、理論の面から仏教の人間的性格を強調します。生活禅の「人間生命を悟り、人間生命を捧げる」という宗旨は、実践の面から仏教の持つ人間の思いやりを強調します。従って、人間仏教の思想と生活禅の理念は、仏教がどのように社会主義と適応するのかという、重大なこの時代の課題に、理念の面と実践の面から作り出した一つの積極的な解答であり、仏教思想が現代において、どのように理に適い、時機に適い、時代と共に進むかについての一つの理性的な思考なのです。

禅は実践を重んじるものですが、生活禅はさらに実践を重んじます。今この場で行い、今この場で実践し、今この場で受用します。禅・生活禅・禅生活とはこのようなものなのです。

注

（1）『六祖壇経』「般若品」。『大正蔵』四八巻、三五一頁下。柳田聖山『禅家語録Ⅰ』（世界古典文学全集三六A）九四頁、筑摩書房、一九七二年。

四、禅修のあり方

一　禅堂講話

1　「無」字の公案について

本来私たちは、この燃えるような暑さの夏に、皆さんに少し涼しい環境を提供したかったのですが、今見たところ、どうやら願いのとおりにはならなかったようです。皆さんは酷暑を冒して遠い道のりを来て下さったのに、私たちは環境の面で、皆さんに清浄と清涼を感じていただくことができませんでした。心より申し訳なく感じております。にもかかわらず、やはり多くの法師・学者・居士の皆さんがわざわざ千里の外から来て下さり、皆さんに仏教の知識を供養していただくということで、私の不安な心も多少ほっとしております。

私たちがこのようなサマーキャンプを開催するとき、ハードの環境から見ても、ソフトの環境から見ても、明らかに気持ちに力が追いついていないことを、皆さんも感じることができるでしょう。とはいっても、私たちはやはり自分のささやかな力を尽くして、仏教のために、社会のために、そして私たちの仏法を渇望する広範な青年たちのためにも、少しばかりの奉献をしたいと思っています。

生活禅については、私はすでにたくさん、あれこれ話していますが、やはり老人の繰り言のように、また話をします。なぜなら仏法は口先のことではなく、結局は一つの体験、一つの生活、一つの思想の境地だからです。個人について言えば、仏法は一つの受用（悟りの享受）であり、この受用は実践を通してこそ体験ができるのです。

仏法の法門はとても多いのですが、しかし全ての法門に、中心となる法脈があります。この中心となる法脈は、一切を統率し、一切を概括し、一切を包容することができるものです。この中心となる法脈がすなわち禅なのです。すべての法門がもし禅を離れたら、仏教といえなくなると言ってもいいでしょう。仏法を、どのように体験し、どのように生活の中で実行するのかといえば、どうしても禅定を通すことが必要です。早くも五、六十年前に、太虚大師が、中国仏教の特質は禅にある、と言ったことがあります。この禅は、主に禅宗の禅を指しています。全ての禅は、深浅のレベルに違いが有るとはいっても、禅宗の禅によって余すところなく概括できます。禅宗の禅は、古より日常生活の中で実行されてきました。皆さんは多くの祖師や禅師の語録に触れたことがあるでしょうし、多くの祖師の公案を聞いたこともあるでしょう。その中から一つの共通する特徴を見つけることができます。それは、生活の現実から乖離した皮相的な空論は、禅宗の中にはめったに見られないということです。

今日、私たちは趙州祖庭で「生活禅サマーキャンプ」を開催します。あらゆる禅師の中で、趙州和尚の最も鮮明な特徴は、禅を緊密に生活と融合して一体化していることです。趙州和尚の語録は全部で五百条以上ありますが、殆どの一条の語録も、修行者が生活の中でぶつかる疑問に対して、劇的な変化をもたらす回答を与えています。禅宗には、公案に関するとても有名な書物が二部あります。どちらも宋代の著作です。一部は臨済宗の人が書いた『碧巌録《へきがんろく》』、もう一部は曹洞宗の人が書いた『従容録《しょうようろく》』です。この二部の書物は、どちらの本にも基本的には百の公案が載っています。二つの本の中に収録された趙州和尚の考案は、どちらにも十条以上あります。中国の禅宗には千人にものぼる禅師がいますが、百条の公案のうち、趙州和尚の公案が十条以上を占めているのです。ここから、当時臨済宗と曹洞宗の禅師たちの心中において、趙州和尚の禅がとても高い地位に有ったことが窺えます。宋朝には、このほかに『無門関』があり、この本には四十数則の公案があります。その書名は、趙州和尚のある公案から直接的に概括、抽出されたものです。この二日間、私たちが歌った生活禅の曲は、「春に百花有り秋に月有り、夏に涼風有り冬に雪有り、若し閑事の心頭に掛かる無くんば、便ち是れ人間の好《よ》き時節[1]」というものです。この禅偈は『無門関』から流れ出て来る趙州の禅法、趙州の禅学思想に対する賛頌で、実際に趙州和尚の「平常心是れ道」という公案の、描写と称揚なのです。

私たちが『無門関』というこの本の題名について考えてみると、ある疑問が生まれることは避けられません。疑問とは何でしょう？　「関」は一般にかんぬきや関所を指します。門があってこそ、かんぬきが有ったり、関所になったりするのに、「無門関」とは一体どのような「関」なのでしょうか？　それはつまるところ何を象徴しているのでしょうか？　また何に基づくのでしょうか？　現在日本の禅宗では、臨済宗でも曹洞宗でも、彼らが禅法を説く時にはずっとこの「無門関」を説きます。これについては趙州和尚の語録の中に公案があります。[2]ある修行者が趙州和尚に問いました。「犬には仏性があるのでしょうか?」趙州和尚は答えます。「無」。修行者は言います。「上は諸仏から、下は蚊や蟻に至るまで、皆仏性があります。何故犬に仏性が無いとおっしゃるのですか?」趙州和尚がまた言います「それには業識《ごっしき》（まよい）があるからだ。」話はここまでです。古人は趙州和尚が、犬には仏性が無いと答えたその「無」の字の上に一つの「関」を立てました。この「関」を「無門関」と名付けたのです。多くの禅師は、修行者が参禅するとき、公案に参ずるときには、まさにこの「無」字の公案に参じます。

趙州和尚の語録には、もうひとつ類似の公案があります。これもある修行者が趙州和尚に「犬には仏性はありますか?」と尋ねたのですが、趙州和尚はほのめかすような方法でこの問題に回答しました。趙州和尚は「家家長安に通ずる路有り」と言いました(3)。意味はとてもはっきりしています。どの家からも長安に通じる道(仏の境地にたどり着く道)があるのですから、犬にも仏性が有るはずだということです。同様の問題に対して、明らかに反対の回答をしています。しかし後の人が、後者のこの公案について功夫をすることは少ないです。逆に前の「無」字の公案に対しては、古代のあまたの禅師たちが全ての生命を注いで参じただけではなく、今日では、日本・韓国・欧米、そして我が中国でも依然として多くの人がこの公案を解決するために、全ての生命を注いでいるのです。

それでは今、私たちはこの「無門関」の意味をどのように理解すればいいのでしょうか? 理解と言いましたが、それ自体は既に修行ではなく、一種の知識的な探求になってしまい、体験とは言えません。なぜなら体験するには、このような滔々と語られる絶え間ない無駄話は役に立たないからです。体験しようとすれば、大声で一喝するのでなければ、痛棒を一発くらわすか、一句の言葉で身動きをとれなくするか、一句の言葉で腹を抱えて大笑いさせるかです。しかし今日では、そのように根機(素質)のある人は、結局とてもとても少ないのです。私自身も含め、ここではみなさんに知識のレベルで解説をするしか仕方ありません。

「無門関」は結局の所、どのような思想の境地なのでしょうか？　私たちのよく知っている所から説くために、わが柏林寺を用いて譬えてみます。わが柏林寺には山門があります。なぜこの山門があるのか？　なぜなら周囲は全て壁だからです。この門が無ければ、私たちは出入りもできません。それでは、どうしてこの壁で囲まなければならないのでしょうか？　外界の騒擾を避けるためです。私たちは自分を守るために囲いの壁を設置し、自由に出入りするために一つの門を作ったのです。この門を一つの「関」とよぶならば、それは「無門関」ではなく、「有門関」です。門が無い事の前提条件は、壁が有り得ないということです。壁が無ければ、どんな門も作らなくていいのです。

複雑な社会環境の中で、相対的に安定した生活場所を得るために、囲いを設けることは必要かつ有益です。しかし、私たち個人の心の状態や思想について言えば、何層もの防備をし、水も漏らさぬ防御をしたとしても、防ぐに防ぎきれず、煩悩は何重にも重なります。普段私たちはいつも、開放した心の状態でなければならない、度量を広くもたなければならない、自分を閉じ込めてはならない、つまらないことで思い悩んではいけない、と説いています。しかし実際には、私たちは一人一人皆無意識に自分を閉じ込めています。我執を用いるのでなければ、法執を用いてしまい、私たちの心は厳重に密閉されます。私たちが自身に内在する潜在能力を発掘し、心を外界と自然に溶け合わせたいのであれば、必ず我執・法執を取り除き、自分を密閉することを打破しなくてはなりません。我執が無くなり、法執が無くなれば、心の障害となる囲いは無くなり、私たちの心も徹底して外に開放されるのです。

これだけで充分でしょうか？　充分ではありません。なぜなら、至る所開放したのであれば、特別にまた一つの門を作る必要は無くなったのですが、至る所門になったとも言えるからです。私たちが直面する繁雑で複雑な世界は、至る所で試練が「関門」となっているからです。「無心便ち是れ道と説く莫《な》かれ、無心猶《なお》万重関を隔つ(4)」。「無門関」はなんと「万重関」だったとは！　いつでもどこでも「関」なのです。この何重にもなって尽きることのない「関門」を、私たちは通って行けるのでしょうか？　通って行けます。私たちの心こそ、本当に迷いを無くし、懸念を無くすことができ、徹底した解放を獲得することができるのです。そうなれば、私たちは帰家穏坐し（本来備わっている仏性に立ち帰って安住し）、大事了畢する（修行を成就する）ことができます。

私たちは、この境地に到達できるでしょうか。私は完全にできると考えています。そのためには、生活の中で、一刻一刻、どこで何をするときにでも、今この場の一念をしっかりと顧みなければなりません。この一念というのが非常に把握し難く、単純でありながら複雑であると言えるものです。単純であると言えば、一文字も要らないほど単純で、ひたすら今現在の一念をはっきりと、常にちゃんと見守ることができれば良いのです。複雑であると言えば、一念を見守らないのはまだいいとして、見守り始めるとすぐに妄想が飛び交うようならば、まず先に、今現在の一念をちゃんと守るところから始めなければなりません。どの一念もちゃんと守れるのであれば、どのような「関所」の有無も、一念一念正定した心にとっては何の意味もないからです。しかしこの境地に到達するには、私たちが全ての生命を注ぎ込んで観照（理法を洞察）し、全ての生命で努力することが必要です。皆さんが自分の全ての生命を尽くして、この「無門の関」を通過することを希望します。

皆さんは、酷暑にもかかわらず、千里はるばる私たちのこの非常に荒れた、粗末な道場にお越し下さいました。皆さんがいつでもどこでも「道」へと理解をすすめ、さらに多くの益を受けられますように。自坊の和尚も皆さんの生活をできるだけサポートし、皆さんが集中して活動に専念できるようにします。皆さんも注意して休息を取り、自分のお体にお気をつけください。

2　家家長安に通ずる路有り

私たちのこの度の法会の因縁は、非常に優れたものと言えます。私たちのために、講演と開示（教導）をしに来てくださったのは、大陸の法師・居士・学者だけではなく、台湾から来て下さった法師もいます。ご覧のように、台湾からお越しのこの法師は、個人的な仏教修行の面でも、学問修養の面でもとても造詣が深く、しかも弘法の能力でも、巧みな方便を具えておられます。こうしたことからも、大陸の仏教界は、香港や台湾の仏教界を手本にして学ぶべきところが、間違いなくたくさんあります。

青年の仏弟子が、これらの優秀な法師の法供養を受けて、仏法の精神の本質を理解し把握する意義は、非常に大きなものです。仏教の未来は青年のものです。出家二衆であれ、在家二衆であれ、未来の弘法の重責を背負わなければなりません。未来の仏教の使命は、青年仏弟子の双肩に託されています。ある意味でいうと、在家二衆の作用は、仏教の保持と、社会の各方面へ比較的広範に仏教の影響を拡大させていくという面では、時として出家二衆の作用より更に大きいものがあります。少なからざる法師が、今回百五十数名の若い仏学愛好者と若い仏教徒が集まり、サマーキャンプに参加されたことを、非常に嬉しく思っています。中国仏教協会の蕭秉権副秘書長は「これほど多くの青年仏弟子がサマーキャンプの活動に参加しに来るのを見て、仏教の未来に希望を見た」とおっしゃっています。私は、これは単なる社交辞令ではなく、内心から出た一つの期待であると感じています。

今年のサマーキャンプを去年と比較すると、人数は同じぐらいです。しかし参加者の年齢は去年よりもさらに若く、その年代の人がある程度の数揃っています。去年は若い人と四十歳以上の人とは、ほぼ半数ずつぐらいでした。今年は若い人が三分の二以上を占めています。こうした仏教徒の若年化は、仏教に新たな生命力を注入します。根本的に言って、仏教自体が若い人の宗教なのです。釈迦牟尼は三十歳で成仏しました。三十歳で彼は人間界と天上界の教主となったのですが、それは三界の指導者であり、大徹大悟の（徹底して悟った）人となったことを意味します。仏の弟子の中には、若い比丘・比丘尼と若い在家の男女居士もかなりたくさんいました。仏教には非常に著名な一人の若い菩薩がいます。善財童子です。もう一人、彼と同様に著名な女性がいて、それが龍女です。これらの代表的な人物が出現した事は、ある意味で、若い人が修行する重要性を強調し、仏教の若年化の必要性を際立たせています。ですから、私もいつも「青年は仏教を必要とし、仏教はそれ以上に青年を必要としている」と強調しています。しかし「人間生命を悟り、人間生命を捧げる」というその意味から言えば、仏教が青年を必要としているというよりも、むしろ青年がそれ以上に仏教を必要していると言ったほうが良いのです。なぜなら若者は社会に入ったばかりで、経験が浅く、すべてがゼロからのスタートだからです。このような時期に正法を聴き、善知識に親しみ、広く善根を修行することは、青年の成長と将来の事業の発展にとって、極めて重大な事です。ですから、私は青年が仏教に必要とされるより、仏教を必要としていると思うのです。

仏教は間違いなく大きく深い思想を持つ宗教です。私たちはあまたの法師・居士・学者の開示を聞くことができます。どの人のお話も宗旨と精神は大体一致しているのですが、様々な観点から、様々に異なる実際の状況に対して、あるいは、様々な人が持っている異なる心結に対して説くので、説かれる法は殆どそれぞれ異なるものになります。彼らはそれぞれに善巧方便（巧みな導き方）が有り、それぞれが新しい内容を発揮します。私たちは昨日趙州和尚の二つの公案についてお話しました。この二つの公案は実際には一つの質問なのですが、質問をした人が異なるので、趙州和尚も質問者の性に合わせて異なる回答をしたのです。今日もまた続けてこの二つの公案について説きます。私たちは、まず知識のレベルからこの二つの公案の精神について理解しました。これは私たちの修行にも、私たちが仏教を認識し、自身を認識することにも、とても助けになるでしょう。同時に、仏教のいくつかの重要な教義を理解する上でも、非常に助けになるものです。

昨日お話しした第一の公案は、「犬には仏性は無い」というものでした。どうして仏性が無いのでしょうか？　なぜならそれには業識があるからです。この観点から言えば、私が思うに、犬に仏性が無いだけではなく、全く修行をしていない凡夫や、一切善根が発掘されていない凡夫にも、仏性は無いはずです。なぜなら彼らは皆、業識が果てしなくあり、頼るべき根本もなくて、元々有った仏性を見失ったからです。それはまるで『法華経』の「窮子の譬え[5]」の中で比喩に用いられたあの貧しい男のようです。

彼は実はある大富豪の息子で、大富豪はとてもお金持ちでしたが、自分の死後息子が苦しめられるのを恐れ、とても値打ちが有り、とても貴重な光り輝く真珠を、古びた綿入れの襟に隠しました。そしてしっかりと縫い上げた後、それを息子に渡しました。後に彼の父親が亡くなると、家は一日一日と傾いていきました。家は落ちぶれましたが、その息子はあの古びた綿入れを終始失うことなく、それを着て、あちこちで乞食をし、あちこちへ流浪しました。ある日、以前彼の家で仕事をしていた召使いが彼を見つけ、流浪して乞食をしているのを見て、彼に言いました。「この服の中には、城幾つ分もの価値がある真珠があるのに、あなたはどうしてそれを知らないのですか?」それで、その綿入れの襟を引き裂いて、真珠を取り出しました。突然この貧しい息子はまた大富豪になったのです。この「窮子の譬え」は、『法華経』の中で非常に有名な比喩の一つです。この比喩は何を説明しているのでしょうか? この貧しい息子は、まるで私たち迷っている衆生のようです。服の中に宝の真珠があるというのは、私たちが元々仏性を具えているということです。たとえ我々が本来充分に清浄な仏性を具えていたとしても、私たちは業識果てしないありさまの中にあり、この業識に遮られることによって、私たち自身が元々具えているこの貴重な宝を見つけられなくなり、外であちこち探し回り、あちこち流浪するのです。そして仏法の啓発を経、善知識の導きを経ないと、自分が元々具えている仏性を知ることができないのです。一定の修行の過程を通過すれば、私たちの人生を根本から変化させることができます。私たちの迷いを転じて悟りとし、識を転じて智となし、凡を転じて聖となすのです。その時が、私たちが元々具えている仏性が明らかに現われる時です。

趙州和尚が犬に仏性が無いと言おうとしたのは、仏教の観点から見れば、六道の衆生の中で人道だけが修行でき、成仏でき、その他の五道は皆修行ができないからです。なぜなら天上は楽しすぎて、修行したいとは思いません。地獄は苦しすぎて、修行のしようがありません。畜類は愚かで、修行ができません。もし私たちが迷いの中で生活し、仏教の開示も無く、善知識の導きも無ければ、犬に仏性が無いばかりではなく、迷いがあり、修行を知らず、善根を培養することを知らない人も、たとえ元々は仏性を具えていたとしても、仏性が無いに等しいことになるのです。

第二の公案も、犬に仏性が有るか否かに焦点を当てたものです。犬に仏性はありますか？　趙州和尚は「家家長安に通ずる路有り」と言いました。この答えは理の面に重きを置いて説いたものであるはずです。理の面から言えば、どの人にも仏性が有るだけではなく、犬にも仏性があります。それはまるで私たち一人一人の、どの家の門前の道も、どうやって行っても、長安の街に通じているのと同じです。長安は、古代の多くの王朝の首都であり、中華民族の一つの象徴です。昔は多くの中国人が向かった中心の一つでした。趙州和尚がこの比喩の中で言う長安は、まさに私たち一人一人が向かう精神の家であり、私たち一人一人が争って到達したいと思う、仏性が現われるその時なのです。趙州和尚は比喩を借りて、誰にでも仏性はあり、皆仏性が現われるその時に到達できると、私たちに伝えたのです。これは理の面に重きを置いて説いたものです。さきほどお話ししたあの貧しい息子のように、自分の服の中に明らかに宝の真珠があるのに、見識がある人の指摘を受けなければ、ずっと同じように乞食をし、同じように異郷を流浪していたのです。ですから、理から言えば、誰にでも仏性はありますが、実際には、元々具えた仏性がもし開発されなければ、無いに等しいということです。

こんなにたくさんお話ししましたが、趙州和尚はこの二つの公案で、結局私たちに何を啓示したのでしょうか？　実際のところ、趙州和尚は私たちに向かって、仏教が解決しようとする人間生命の帰宿という、この根本的な問題について開示したのです。仏教が解決しようとする問題は、まず私たち一人一人が充分に自身の生命の価値を認識し、充分に自己の悟りを開発し、よび起こすことにあります。私たちが大誓願を立て、大道心を発し、真剣に人生に向き合い、徹底的に悟り、徹底的に解脱するように促しているのです。貧しい人であろうと、富める人であろうと、出家人であろうと、在家の人であろうと、人生に対して一つの厳粛で真剣な探求精神を持つことができれば、最後に解決しなければならないのは、人生の帰宿というこの根本的な問題であるということに気づくことができます。人生はわずか数十年です。仏祖釈迦牟尼もただ八十年しか生きていません。しかし彼は、人生で直面した問題をとてもうまく処理し、最後には徹底的に悟りを獲得し、人生の苦悩から抜けだし、究極の涅槃を悟り、人間界と天上界の教主となりました。彼の教義は広く流布し、全世界、全人類の隅々までを覆ったといえます。歴史上、仏陀の足跡を追って、解脱を求め、悟りを求めた聖者で、その人の代わりを務めようとした人が絶えたことはありません。彼らは仏教にあこがれ、悟りにあこがれる全ての人に、崇高な規範を打ちたて、私たちが万世の下で「高山は仰ぎ、景行は行く(6)」ようにさせました。

このほかに、私が強調したいのは、趙州和尚の二番目の公案の「家家長安に通じる道有り」という回答に対して、私たちは思想面における根本的な認識を持たなければならないということです。これはつまり、根本的にみれば人は皆仏性を持っており、一切の衆生も皆仏性を持っていて、もし仏性を持たない衆生がいると言うならば、それは誤った認識だということです。なぜなら釈迦牟尼が仏となった後の第一声は、次のような言葉でした。「奇なるかな！　奇なるかな！　大地の衆生、皆如来の智慧徳相を具す。只妄想執着に因りて証得する能わず(7)」これは仏教の根本的な見識です。この問題について少しでもあいまいな所があってはいけません。少しでもあいまいなところがあれば、それは聖教に背くものです。同時に、趙州和尚の一番目の公案に対する「犬に仏性は無い」という答えも、はっきりとした認識を持っています。言い換えれば、現実を見ると、犬に仏性が無いのは業識があるからですが、それは畜類だけに限った現実ではなく、私たち一人一人の現実でもあるからです。趙州老和尚は、私たちにこの真っ向からの一撃を食らわせ、私たちに言うのです。果てしない業識の中で煩悩が何重にも重なっており、外に向かって求めても得られないのは、自分で宝を持っていることを知り得ず、自分に仏性があるのに用い得ないからであり、持っていても無に等しい！　と。古人はずっとこれを「無門関」と見なして、修行しました。これは確かに並大抵の苦労ではありませんが、確かに私たち一人一人を皆解脱の門へと導く為になるものなのです。参ぜよ！

注

（1）『無門関』第十九。平田精耕訳「無門関」『禅家語録Ⅱ』（世界古典文学全集36Ｂ）三八一頁、筑摩書房、一九七四年。
（2）『趙州録』巻上。秋月龍珉訳「趙州録」『禅家語録Ⅰ』（世界古典文学全集36Ａ）四二八頁、筑摩書房、一九七二年。

（3）同注二、四七四頁。ただし「家家門前通長安」となっている。

（4）『円悟仏果禅師語録』「小参二」に「勿謂無心便是道。無心猶隔一重関。」とある。『大正蔵』四七巻、七四九頁中。

（5）一般に「窮子」の譬えとされ、長者の親と貧しい息子という組み合わせなのは『法華経』「信解品」の譬えだが、服の襟に宝玉を縫い込むのは「五百弟子受記品」にみられる譬え。こちらでは宝玉を縫い込むのも、その存在を伝えるのも親友である。

（6）『詩経』小雅・車舝《かつ》に「高山仰止、景行行止」とある。徳人を思慕する譬え。

（7）『註華厳法界観門』に「奇哉。我今普見一切衆生。具有如來智慧徳相。但以妄想執著而不證得」とある。『大正蔵』四五巻、六八三頁中。

二　禅七講話(1)

第一講　仏を学ぶことの三大綱目

去年、本寺では第一回禅七法会を開催しましたが、今年もまた禅七の時期になりました。ここに座っている多くの方が、去年禅七に参加されています。当時の情景を少し回想してみてください。まるでこの二回の法会の間に時間的な距離が無く、ほとんど二回の法会が続けて開催されたように感じます。このように言うこともできるでしょう。この二回の禅七法会だけではなく、他の法会も、そこには時間上の距離は無く、仏が霊山会《りょうぜんえ》で説法したあの情景、あの因縁でさえも、同じように時間上の距離は無いかのようです。ですから私たちは、法会の特別に優れた因縁を、往々にして「霊山一会、厳然として未だ散せず」という形容を用いて語ります。私は、今日多くの立派な方々が一堂に会し、ここで一緒に修学することは、間違いなく素晴らしい大事因縁であると思います。

今回の禅七法会の人数は去年の倍以上に増え、百二十人余りの居士にご参加いただきました。地理的な範囲も去年より広く、最も遠い方は新疆から、南は上海・杭州からいらっしゃいました。みなさんが千里もの遠方からここに参加して共に修行するという、この道を為す心、法を求める心に、私や自坊の和尚たちは皆非常に感動しています。ただ禅七を主宰する役目になるというだけで、私は非常に気恥ずかしく思っていますが、それは皆さんの来られたお気持ちに充分お応えできないかもしれないからです。

しかし、既にいらっしゃったからには、私たちは一緒に修行し、一緒に仏や祖師の言葉に教えを受けることにいたしましょう。

今日私が話す内容は「仏を学ぶことの三大綱目」です。この題目は何も目新しいことは無く、ありきたりなものです。しかし仏法から世間法まで、常に提起する毎に新しく、たとえ千言万語にわたって仏祖がすでに説いたことでも、私たちが今ここで、もう一度それを持ち出して詳しく解釈すれば、また一つ新しい意義が生まれるかもしれません。

仏を学ぶことの三大綱目は持戒・修定《しゅじょう》・証慧です。これは私たちが仏を学ぶときに行うことであり、私たちが仏法を修学するときの総則でもあります。

仏を学ぶ時、まず持戒をしなければなりません。持とは（戒を）受け、堅持し、永久に行うことです。戒は戒律のことです。戒律は二つの面を包括しています。一つはやるべきではないことをやらないことで、これを止悪といいます。もう一つはやるべきことをかならずやろうとすることで、これを修善といいます。持戒はこの両方の面の意味にほかなりません。いわゆる「諸悪莫作《しょあくまくさ》（悪いことをするな）」、衆《しゅう》善奉行《ぜんぶぎょう》（良い事をせよ）」ということです。戒律の上では、止悪を止持とよび、修善を作持とよびます。止めるべき事を止めないのは、もちろん戒を犯すことになりますが、やるべき事をやろうとしないのも、同様に戒を犯すことになります。ですから「諸悪莫作」ができたとしても、もし「衆善奉行」が出来なかったり、充分でなかったりすると、それはやはり持戒の条件が完全ではないことになります。みなさんは仏を学ぶ過程の中で、消極的に持戒の意義を理解して、持戒とはあれもしてはいけない、これもしてはいけないということだと、決して考えてはいけません。持戒とは「諸悪莫作、衆善奉行」であることを知らなければなりません。在家・出家の戒律はどちらも同じもので、ただレベルの違いがあるだけです。「諸悪莫作」の面で、在家の戒律は要求がやや緩やかであり、出家の戒律は要求が比較的厳格です。しかし「衆善奉行」の面では、どちらも利他を自利の出発点とし、広く衆善を行わなければならず、この面で要求されることは、在家も出家も同じです。

ですから、仏を学ぶ修行の第一歩は持戒であり、しっかり持戒し、私たちの心身をある程度制限させて、外界の擾乱を受けないようにしさえすれば、それで修定が可能になるのです。

定とは禅定を指します。これは心を集中させ、散乱させないようにする修行のことで、落ち着いた静寂の状態のことでもあります。禅定の範囲はとても広く、禅宗でいう禅だけではなく、その他の宗派でいう禅法・止観・観法なども含みます。ある居士が言いました。「私は打坐しても、ひたすら阿弥陀仏を念ずるだけだが、これは正しいだろう！」 阿弥陀仏を念ずることも同じように禅定の修行です。あなたが一心不乱に、一念一念はっきりと念じれば、それが「念仏禅」なのです。ほかに「私は大悲呪を持す」と言った人もいます。大悲呪を持することは乱れた意識を落ち着け、安定させます。これも禅定の修行です。だから、仏教の一切の修行法門は皆禅定を離れられません。禅定を離れると、仏法は基礎が無くなります。同時に仏法の一切の修行法門は、禅定に吸収されます。ですから着実に着実に定を修行しなければなりません。定が有ってこそ慧を発し、慧を証することができるのです。

慧は、小賢しさや、世智の弁に長けていることではありません。それは、持戒・修定によって引き出された高度で確かな決断力・判断力であり、極めて鋭敏で透徹した洞察力のことです。それによって私たちは、煩悩を完全に取り除き、悟りと解脱に向かうことができるのです。このような智慧を般若とも言います。それは一人一人がもともと具えているもので、外から獲得したものではありませんから「発慧」「証慧」というのです。

戒・定・慧のうち、持戒は根本であり、保証です。修定は基礎です。証慧は結果です。この三者を、私たちは普通、持戒・修定・証慧の順に並べます。所謂「戒より定を生じ、定より慧を発する」です。ある一定の程度まで修行すると、この順序は逆にすることもできます。智慧によって、決断力が持て、修定は半分の修行で倍の効果が得られます。とても深い禅定があれば、持戒を持していなくても持しているのと同じようにできます。とても自然に、少しの無理もなく、一刻一刻、言葉の一つ一つ、行動の一つ一つが全て戒律から外れない。それでも戒律に縛られている感覚は無いのです。

要するに、私たちが仏を学ぶ時には平常心をもって、戒・定・慧の順序に従って着実に行わなければなりません。決して玄妙を追求してはならず、どこかに老師を探して、一晩の内にいくらかの受用を得られれば、すぐに転凡成聖する（凡から聖へと転ずる）というような幻想を抱いてはいけません。もし自分にこのような根機（素質）があり、そのような老師に出合ったとすれば、一晩の内に転凡成聖する可能性が有るどころか、一念のうちに転凡成聖することさえ可能です。しかし末法の時期には、たとえ上根利智の修行者がいても、目利きの善知識をみつけなければならず、それはやはりとても難しいことです。更に大事なことは、一念の間に転凡成聖するような奇跡も、実は長時間、場合によっては何度も生まれ変わる程の時間をかけた、着実な修行の中から得たものなのです。ローマは一日にして成らず。仏を学ぶのは心身、気質を転換することなので、これは容易なことではありません。長期にわたる蓄積、長期にわたる継続、黙々と行う耕耘によって、大昔からの私たちの欠点や無明の煩悩を、絶えず持戒・修定・証慧する過程の中で、徹底して取り除かなければならないのです。多くの人はただ、仏・菩薩が果位（修行によって得た悟りの位）にある時の神通智慧をうらやみ、乞い求めますが、彼らが因地（修行中の位）の時に払った苦難と努力には注意しません。私たちが悟りたいと思い、神通を得たいのであれば、どこから功夫（修行の実践）を行うべきなのでしょうか？　平時の生活の中で功夫を行わなければならず、最も平凡な一つの言葉、一つの行いから功夫を行わなければならず、挙心動念の中で功夫を行わなければなりません。そうしてこそ、収穫できるものがあるのです。

戒・定・慧の三学は仏を学ぶ総則であり、修行の総則です。ですから、常に「勤めて戒定慧を修め、貪瞋癡を息滅す」と言います。私たちがこの事を一念も忘れずにいられれば、修行はきっと良い成就を得るでしょう。

第二講　修行の三大法門

昨日私は仏を学ぶための三大綱目、戒・定・慧について語りました。持戒は保証、修定は基礎、証慧は結果です。その中でも修定はとても重要です。定が有ってこそ、私たちは堅実な基礎を持ち、身・口・意の三業が無明の煩悩の動きに随って戒律に背くようなことが無くなります。定が有れば、私たちは大地のように安定して動かず、泰山のように高く大きくそびえ立つことができ、それでこそ「八風吹けども動ぜず(2)」と言えるのです。修定についていうと、現在流行しているものに三大法門があり、それは禅・密・浄です。この三大法門はいずれも、修定を離れることはできません。どれも修定・証慧をめぐって展開し、この修持によって生死からの解脱が得られるのです。しかし、それらの間には幾つかの違いもあります。

第一点は、何に頼るかの違いです。参禅は主に自力に頼らなければなりません。「主に」というのは、他力にも頼らなければならないのですが、自力を主とするということです。参禅では明心見性（真実の理法を明らかにし、自己の本性を見極めること）・見性成仏（自己の本性を見極め、悟りの境地に到達すること）しなければなりません。参禅をする人は、自分は仏であり、自分が今現在あるこの無明の殻を打ち破りさえすれば、ただちに見識が仏と並ぶということをまず受け入れなければなりません。ですから、参禅する人は、勇猛な心で精進し、精進の力で煩悩の魔を破り、凡心を取り除けば、それが聖人の境地なのです。

密宗の修法は自他結合であると言えます。なぜなら密法を修行する時には、三密相応ができなければならないからです。自己の身・口・意を、信奉する本尊と相応させるのです。一方では自己の主観的な努力を経ながら、もう一方では本尊のご加護を必ず得なければなりません。このようにして生死を脱するという目標を実現させます。その中には自力・他力のどちらもあり、しかも本尊のご加護の力は必要不可欠です。

浄土法門を修行するときには、他力を主とします。浄業（念仏）の修行者は、阿弥陀仏の本願に頼ります。憶仏念仏の修行を通して、仏の本願と相応し、臨終の時に正念がはっきりとし、仏の慈の力によって、極楽世界に往生するのです。浄土の法門は他力を主としますが、必ず自力を通してこそ、他力が作用を起こします。自力とは、浄業の行をおこなう人が必ず信・願・行を具える事を主に指し、それでこそ弥陀（他力）の本願と相応し、往生へと導かれるということです。

第二点は、修法の風格の違いです。禅宗の宗法は比較的融通が利くもので、活発自在であると言えるでしょう。寺院の中でも修行ができ、家庭でも修行ができます。仏像がある場所でも参禅ができ、仏像が無い場所でも参禅ができます。集団でも修行ができますし、個人でも修行ができます。経典が有っても修行ができますし、経典が無くても修行ができます。静座すれば禅であり、ご飯を食べるのも服を着るのも、家事をするなどの普段の日常も禅なのです。この法門が自力を主としているまさにそのために、その修法も活発自在なのです。

密宗の修法は最も厳格であるといえるでしょう。その修行は必ず祭壇のある道場で行われ、必ず上師の伝授や灌頂《かんじょう》（師が頭に水などをかける儀式）を経なければなりません。さらに決まった儀式の規則に従わなければならず、規則がどれほど煩雑でも、修行をする人は少しでも手順の割引をしてはいけません。こうしてこそ自分の身・口・意の三業を本尊の身・口・意の三業と相応させられ、修行の目標を実現できるのです。

浄土宗の修法は密教よりはいくらか融通がききますが、浄土宗の観想（心を集中させて観察すること）・念仏の修行をする時には、必ず仏像の有る場所で、仏のお姿と向き合い、口で唱え、心で思って、仏の相好（素晴らしい姿）や荘厳さを観想します。そうしてこそ比較的早く効果が生み出されます。念仏の法門は、出家人も在家人も修行できます。特に在家の人が念仏法門を修行するのは、参禅や修密するよりずっと便利なところがあるでしょう。

第三点は帰宿（目標とする結果）の違いです。参禅は、ただこの無明の殻を打ち破り、自己の本性を見極めて悟りを開こうとするものです。そうすれば、全ての場所が浄土であり、全ての場所が極楽世界なのです。悟りを開いた人が、必ずしも西方に生まれようとする訳ではなく、兜率天《とそつてん》（六欲天の下から四番目の天。弥勒菩薩が説法をしているとされる世界）に昇ろうとする訳でもなく、常に人間世界に生まれ、衆生を教化します。悟りを開いて成仏し祖となる目的は、「自己の為に安楽を求めず、ただ衆生の苦を離れ得るを願う[3]」ことです。当然今でも、悟りを開いた禅師が晩年に、西方浄土へ回向《えこう》することがあります。しかし禅宗の本来の意味から言えば、自分が願をかけて、浄土を形成しなければなりません。なぜなら、だれにでも自分の浄土が有り、誰にでも自分の極楽世界が有るからです。『六祖壇経』では、愚人は「東を願い西を願う」、智者は「在所一般なり[4]」と言っています。智慧の有る人には浄土でない場所はなく、いわゆる「唯だ其の心浄ければ、則ち仏土浄し[5]」です。

密宗の帰宿は、いくらか禅宗と相通ずる所が有ります。それは、即身成仏しようとし、この一生のなかで仏と同様の福徳智慧を悟り、それによって自己の浄土を成就しようとすることです。

浄土宗の帰宿は、皆さんよくご存じのように、西方極楽世界に往生することです。これは信・願・行の揺るぎなさに依らなければなりません。その中でも、信がとても重要です。信とは、西方極楽世界が実際に存在するということを信じ、阿弥陀仏の本願が真実で嘘が無いと信じ、自分が誠実に念仏すれば西方へ往生できると信じることです。

以上が、禅・密・浄という三大法門の主な相違点です。『金剛経』では「是れ平等なり、高下の有る無し[6]」と言っています。この三大法門に決して優劣の差はなく、大事なのは私たちが自分の根機に合った法門を選択して修持すべきだということです。禅宗を修めることが比較的合っている人には、私たちは参禅することを勧めます。浄土を修めるのが合っている人には、私たちは彼に念仏することを勧めます。もしかするとある人は、自分には密宗が合っていると感じるかもしれません。しかし、私たちは密宗を学ぶことをいいかげんに勧めることはできません。なぜなら、現在のところ、異民族の自治区を除くと、中国には密法を修める環境と条件が備わっていないからです。伝承がなく、上師もおらず、儀式の場所も無く、儀式の規則もわかりません。もしあなたがどうしても学びたいというのであれば、東密と藏密を学ぶしかありません。東密は日本の仏教のことで、真言宗ともいいます。藏密はチベット・モンゴル自治区に流伝した、藏伝仏教の中の密教の事です。東密を修めるには、日本人の上師を探さなければならず、明らかに現実的ではありません。藏密を修めるには、ラマを探し、活仏を上師としますが、まず、言葉が通じません。次に、生活習慣が異なります。彼らは牛や羊の肉を食べますが、私たち漢民族の仏教徒には受け入れられません。ですから、密教を修めることは比較的困難です。

それでは、参禅したり念仏したりする人は、密法には関係が無いのでしょうか？　実際には、禅や浄土を修める人も密法や密咒の加持から離れることはありません。ただ専門の祭場や、儀式の規則が無いというだけのことです。私たちの寺院では、毎朝『楞厳咒』『大悲咒』などを唱えますが、これらは真言密咒であり、チベット経典では密部に入れられて、密教に属するものです。浄土を修める人にとって『往生咒』は欠かすことができません。この咒語は大部分が諸々の仏や菩薩、護法の善神の名前になっており、私たちがいつも唱えていれば、加護を得られ、修行の助けとなります。ですから、漢伝仏教の中にも密教からの咒語がその他の宗派で採用されており、顕教と密教は相互に通じているのです。私が思うに、私たちの祖師がこのように仏法をあらゆる面から究めたのは、私たち衆生が修行し受用しやすいようにと、苦心に苦心を重ねた結果であることは間違いありません。

参禅と念仏について言えば、私たち柏林寺でも相互に補い合っています。昨日お話したように、ある面で念仏も禅に入れられますし、別の面では、念仏自身が禅でもあります。『趙州禅師語録』に、ある修行者が趙州和尚に「どのような人が七仏師なのですか?」と問い、趙州和尚が「阿弥陀仏！ 阿弥陀仏！」と答えたという話が載っています。(7) ここから趙州禅師の念仏法門に対する態度が見いだせます。私たちも現在これと同様に、浄土を広めて禅も広めますし、禅七法会もあり、念仏法会もあります。私たちが禅の基礎の上にこれらの法門を統一するのは、それらは相互に溶け合い、相互に補い合うことができるからであり、互いに矛盾したり、水と油だったりするものではないからです。

顕教と密教を溶け合わせ、禅と浄土を両方修めるような修行は、不純なのではないか？ この問題をちゃんと処理するためには、主次をはっきりとさせなければなりません。念仏の人は持咒を補助として、菩薩のご加護を獲得することができます。修禅の人は、打坐静修する時に、精神を集中させて数息・観心、あるいは公案を修行してもいいですし、日常の仕事や生活の中で意念が散漫にならないように、仏号を黙然することによって補助してもかまいません。とにかく「帰元の性に二無く、方便に多門有り」(8)です。皆さんが自分の実際の状況に基づいて、真剣に選択されることを願っています。

第三講　人の生の三大欠陥

人の生にはあまりにも多くの欠陥があります。私たちが仏を学び修行をするのは、人の生のさまざまな欠陥を取り除くためです。人の生の欠陥には、三種類の最も根本的なものがあります。それがすなわち、惑・業・苦です。これは私たち全ての凡夫が避けることのできない三種の欠陥です。

何を惑というのでしょうか？　言葉からその意味を考えてみると、惑は迷い・迷妄のことであり、それは無明・煩悩のことです。それは私たちが生死を流転し、諸々の悪業をつくる推進力です。惑は主に貪《とん》・瞋《しん》・痴《ち》を包括したものです。これは三種の最も根本的な煩悩で、私たちは一般に「三毒」と称しています。貪は順調な境遇に貪着・貪愛する（貪り執着する）ことです。瞋は逆境に対する憎悪、排斥のことです。痴とは愚かなことで、事理がわからず、因果がわからないことです。私たちはいつも「往昔造する所の悪業、皆無始より貪瞋痴なり」(9)といいますが、私たちが行う種々の悪業は、貪・瞋・痴という三つの煩悩が有ることによるのです。

業というのは、行為、行いのことですが、ここでは惑によって起こった業、悪業を指します。十善業に相反する十悪業です。私たちがもしその境について迷うと、煩悩を持ってしまいます。煩悩を駆使して行った諸々の行動が業になります。業の不断の累積が形成する強力な慣性の作用を業力と言います。衆生は業力に推し進められて六道を輪廻しながら、自分ではまだ気づいていません。これはとても悲しいことです。

業が行われれば、感果し（結果を得）ます。惑によって行われた業で得た果報（報い）が苦なのです。苦は人間生命の一種の真実、一種の現実であり、仏教では「苦諦」といいます。この言葉は、私たちの人間生命には様々な欠陥や、不本意なこと、不自由なことが根本から充満しており、それが現実だということを言い表しています。苦は私たちの体験でもあります。私たちは、自分の身体についても、生存するために頼っている環境についても、思い通りになったこと、思い通りにならなかったことがあり、これらは全て良い、あるいは、良くない体験です。そしてそれらは全て苦なのです。なぜ、良い、楽しい体験も苦なのでしょうか？　なぜなら、世の中には終わらない宴席はないからです。世間の快楽はいつも長く続かず、いつも短いものです。あなたがそれを良いものだと思えば思うほど、失った時の苦痛も大きくなります。ですから、苦しい体験も苦、楽しい体験も苦だと言うのです。故に仏教では、人の生には三苦・五苦・八苦が有るといい、何か体験することがあればそれを皆、苦だというのです。

これまで述べた惑・業・苦の三者は、休まず循環しています。惑より業がつくられ、業より苦を得ます。苦の報いに直面して、もし悟ることなく煩悩を生み出せば、続けて業を行い、輪廻は止まりません。それでは、どうやってこの現実を改変すればいいのでしょうか？　カギは苦に直面したときに、私たちが修行をするかしないか、そのまま流れに流されるのか悪い循環から飛び出すのか、にあります。例えば、私たちがこの世で貧困という果報を受けたとします。私たちが正当に、誠実に生活を改善し、現状を改変するならば、それは仏教では許されることです。もし違法な手段で財産や利益を得ようとしたならば、それは悪業を為すこととなり、絶えず悪業を追求してしまい、そうなれば堕落して生死を輪廻するしかありません。ですから積極的な態度で人の生における苦の現実に向き合い、因果の法則に沿って惑を断ち、私たちの行為の方向を調整し、善の因、解脱の因となる種を撒かなければなりません。そうすれば最後に受ける果報は善報であり、悪報ではありません。善報は低いレベルで言えば人天（人間界と天界）の果報であり、高いレベルで言えば声聞・縁覚・菩薩、つまりは仏果です。善果を得ようとするならば、私たちは人であるという前提の下で、積極的に悪を改めて善を為し、諸悪をなさず多くの善を捧げ、自ら意を清浄なものにすることが必要です。私たちが五戒を守り十善を行うことができれば、人天の果報を得ることができます。一歩進んで四諦・十二因縁・六度・四摂を修行することができれば、声聞・縁覚・菩薩という聖果を体得することができるでしょう。カギは私たちが今どのような選択をするかにあります。皆様がよく自分を大事にされ、修持に努力されますように。

第四講　修行の三つの側面

今日は修行の三つの側面についてお話しします。私たちは修行するときに三つの側面から始めます。三つの側面とは、身・口・意です。三業を清浄にすることができなければ、解脱を得、聖果を受け、西方極楽浄土に往生することはできません。修行の中では、この三つが分解してしまったり、その中の一つ、あるいは二つの面にのみ注意してしまったりして、身・口・意の三業全体を一つのものとして扱わないような事が、容易に起こってしまいます。

身業を修めるとは、殺生をせず、盗まず、邪淫を行わないという三善業のことです。これは在家の仏教徒の戒律です。出家人も、殺生をせず、盗まないのですが、もう一つは淫せずとなります。この三条の戒をしっかり守れば、悪道にはまり込むことはなくなり、同時に口業と意業を清浄にする基礎となります。

口業は、語業ともいいます。口業を修めるには、主に、でたらめを言わない、二枚舌を使わない、悪口を言わない、綺語（真実に反して飾り立てた言葉）を使わないという、四つの善業を行わなければなりません。この四条はとても簡単に見えますが、やってみると非常に困難です。なぜなら私たち人類が互いに交流するとき、書面の文字を除けば、もっとも広く使われるのが言葉だからです。自分で何かの問題を考える時には、まだ言葉の面の浄化に注意を払うことができますが、人との交流の時、特に双方に距たりや矛盾が発生しているときには、言葉は往々にして思い通りになりません。あなたが一言言えば、私も一語、あなたが一文話せば、私は十文というふうに、自分の静かな落ち着いた心の状態が全てなくなり、でたらめ、綺語、悪口、みんな出てきてしまいます。

ですから、口業は修めにくいのです。表面上は一言話しただけでも、その一言が良く言えていれば、実際には一人から一千万人までもの人の善業となります。良く言えていない場合は、一人から一千万人までもの人の善業と前途が損なわれてしまいます。いわゆる「一言が国を興し一言が国を喪う」というのは、この道理なのです。口業は五戒の中ではただ戒の一条、でたらめを言わない戒として表されていますが、十善の中ではさらに細かく、でたらめを言わないことは口業の一つにすぎず、それに二枚舌、悪口、綺語を加えて全部で四条となっています。こうすれば、私たちが非を防ぎ、悪を止める上で、さらに具体的になり、さらに明確になります。

意業の面では、不貪・不瞋・不痴という三種の善業を修め、貪・瞋・痴という三種の悪業から離れるようにしなければなりません。どうすれば、貪らないようにできるのでしょうか？　仏陀は私たちに、多貪の衆生は不浄観（肉体に対する執着をなくす修行）を修めなければならないと教えています。貪とは財・色・名・食・睡の五欲を貪ることにほかなりません。特に男女間の情欲の貪は最も深刻かつ最も根本的なもので、三界の衆生は淫欲によって性命を正して（生命を受けて）います。この一点に焦点を絞れば、不浄観というのは、人の外面を透過して、人体内部の実質を観察し、それによって欲念を克服・制御することです。人の外面は、とても美しく見えるかもしれませんが、内側の五臓六腑、場合によっては死後の腐乱したありさままで観察すれば、貪欲は薄まるか、場合によっては消え去ります。不浄観を修めることは、特に出家人には非常に重要です。

瞋恨（うらみ）の心が強い人は、慈悲観を修めなければなりません。瞋恨心が強いというのは、区別する心が強く、人と自分の善し悪しを思う心が強く、嫉妬し邪魔をしようとする心が強いことです。瞋恨心を治すためには、私たちは慈悲観を修めなければなりません。慈悲観とは、一切の衆生をすべて自分の父母兄弟姉妹のように見なし、相互に思いやり、苦楽をともにすることです。分け与えられる利益がある時、あなたが私よりも良い状況ならば、私は喜ぶべきだし、あなたが私より良くない状況ならば、私は助けるべきなのです。このような考えを持てた場合でも、わたしたちにやはり瞋恨心が生じるでしょうか？　当然生じません。仏陀は我々に、菩薩道を行う人は全ての衆生を一子のように思わなければならないと教えます。これは決して自分を高く見て、他人を低く見るということではなく、私たちが全ての人に対して、慈悲の心、思いやり、愛護の心を持つということです。今、自分の一人息子、一人娘に対する父親・母親の、至れり尽くせりとも言える配慮と愛護を、ちょっと思い起こしてみてください。その上で、私たちはそのような観念と感情を一歩一歩拡大して、全ての衆生を対象とするところまで広げられるでしょうか？　その方向で努力をしていけば、瞋恨心は自然に消えてなくなります。

痴が過ぎる人は、因縁観を修めるべきです。痴とは愚かなことで、一切の法が縁に生じ縁に滅びるという道理が解らず、むやみに執着することです。因縁観の修行は主に十二縁起を観察し、考えることです。諸法が移り変わる規律を理解し、その規律に順応すれば、悟りと覚醒した人生の態度を保持することができます。

私たちが修行をするときには、この三つの面、身業・口業・意業を修め、なおかつこの三つを一つの全体としてとらえて、全面的に自分の言葉や行い、立ち振る舞い、心の動きを点検して、三業の清浄・純粋・平和を成し遂げなければなりません。それでは三業が清浄になったという何らかの証明はあるのでしょうか？　私が思うに、基本的には、体が軽く健康になり、言葉が柔らかく慈悲深くなり、心の中は明るく嬉しくなります。これが三業が清浄になったときの最初の表れです。当然、もっと深いところへ行けば、禅定を得て、智慧を開くことも可能です。これらの検証を獲得するためには、三業を統一的に修める必要があります。そうしてこそ様々なズレを生じずにすむのです。例えばある人が、修行なんて大事なのは心を修めることで、心さえ良ければいいと、気ままにふるまい、規律を無視したとすると、これは「狂禅」です。またある人が、修行といえば、表面の形式だけをいい、精進をし、叩頭はするけれども、自分の心が清浄であるか、自分の性格が良い方に向かっているかということは気にしないのであれば、このような修行は生活の一部分に過ぎず、生活の全部ではないということです。ですから、必ず三業をすべて修め、それから、三業の清浄に到達するのです。

第五講　修行の四つのレベル

今日は修行の四つのレベル、信・解・行・証についてお話しします。信が起点で証が終点です。よい起点を具えてこそ、円満な終点があり得ます。

信とは、何を信じるのでしょうか?　私はかつて『生活禅解題』で述べたことがありますが、信とは三宝を信じ、因果、般若、解脱を信じることで、この四つの信を具えれば、信を正した一人の仏教徒といえます。しかし信自体にも幾つかのレベルがあります。

一般に「信仰」といいますが、これが信の第一歩です。信じることによって、仏法僧の三宝を敬慕し、仏法の真理、修行の貴さを敬慕します。これらは信仰の段階で完成すべきもので、そうでなければ、信仰に深く入って行くのは難しくなります。信仰の後には信頼をしなければなりません。三宝に対して信仰を生み出したからには、信仰の基礎の上で三宝をよりどころにし、頼りにするべきです。三宝にもたれかかれと言っているのではなく、凡夫が、正しい信仰の目標をよりどころにしなければ、生死の輪廻から離れ、人生の苦痛から解脱しようとしても、それは不可能であると言っているのです。この二千数百年の間、すでに無数の先人が三宝の慈光に照らされて悟りを獲得しました。私たちに、それでも三宝を信頼しない理由が何かあるでしょうか？　人身は得がたく、三宝は会い難し。私たちは幸慶の心、難遇の想いを生じ、毅然として、断固として、三宝の懐へ飛び込むべきです。

信頼の後は信受です。仏法の道理を信じて受け入れ、それが実行でき、その中から受用（悟りの享受）を得られることをいい、このようにして信仰は実行に移されるのです。

信仰・信頼・信受を経て、最後に至るのは信楽です。信仰によって、快楽が生まれ、法喜（信仰による喜び）が生まれます。信仰が自発から自覚に変わり、他律から自律にレベルアップすれば、様々な戒律も、もう決して負担でも束縛でもありません。なぜなら信仰の中で喜びを獲得し、しかもその喜びは、世間の五欲の快楽を遥かに超えており、清浄で崇高なものだからです。

私たちは、上に述べた信の四つのレベルに照らし合わせて、自分の信仰生活を測ることができます。自分がどのレベルに居るのか、どの面の努力が必要なのかを見てみてください。

信の後、さらに一歩進めて理解しなければなりません。仏法を理解するには「親しく善士に近づき、正法を聴聞し、理の如く意を作す(10)」ことから始めます。もっとも、親しく善士に近づいたり、正法を聴聞する条件が無い時には、自分でたくさん経典を読み、たくさん仏教理論の書籍を読んで、仏や祖師の言葉によって、仏法に対する正しい知見を樹立したりしてもいいでしょう。正しい知見があれば、修行は誤った道に入ることはありません。しかも理解が深まれば、信仰がさらに堅くなり、信仰が堅くなれば、また理解が深まるのです。

理解の目的は行持する（修行を怠らずに続ける）ことです。数日前に修行の三大法門は禅・浄・密であるというお話をしました。それ以外に修行の方法はないのでしょうか？　そうではありません。修行の内容は非常に豊富です。私たちに一刻一刻、いつでもどこでも修行のことが頭にあり、修行をする心の状態があれば、私たちには一日二十四時間、いつでも修行する機会があるといえます。私たちが打ち出した生活禅は、生活の中で修行し、修行の中で生活することを提唱しています。特に在家の仏教徒は、修行を生活や仕事と決して対立させてはいけません。対立させてしまうと、良い修行ができないだけではなく、修行が多くの煩悩、例えば家庭不和や職場の人間関係の緊張などをもたらします。

生活の中でどのように修行するのでしょうか？　この問題はとても複雑です。簡単に言うと、一つの基準を持つことです。それは仏の心で仏事をする、あるいは、良い心を持ち、良いことを話し、良いことをし、良い人になることです。それが仏事であるか、良いことであるかということについては、あなたの心の動き、一つの言葉、一つの行動が、五戒・十善の原則に符合しているか否か、仏法の解脱の道理に順っているか否かを見なければなりません。仏法の原則や仏法の精神を生活の中に貫徹させられれば、それがすなわち生活の中で修行するということなのです。

修行の目的は証果（悟りの果）を得ることです。もし修行をして、験証もなく結果もなければ、それは花が咲いても実を結ばないのと同じです。私たち一人一人は皆仏性を具えていて、誰にも成仏の可能性はありますが、それはただ「因位の仏」「理即ち仏」というだけのことです。実際には、私たちは皆縛られた凡夫であり、仏の悟りは無く、仏の神通智慧や相好の光明も無く、やはり果上の仏ではないのです。果上の仏に成りたければ、修行を通して少しずつ煩悩を断ち、無明を打破しなければなりません。一分の煩悩を断てば一分の法身を得、一分の仏性が現われます。これはとても長期にわたる過程であり、一朝一夕にできることではありません。

上に述べてきたのは、信・解・行・証は一歩ずつ深まるものであり、信が起点で証が終点だということです。皆さんがこれらの修行のレベルを知ったことで、矢は放たれ、確実に前進することでしょう。

第六講　修行の四大誓願

修行には大きな志と、大きな気概が必要です。なぜなら凡夫の境地は生死の流れに順うものなのですが、修行は生死の流れに逆らって上る、あるいは生死の流れを断たなければならないものだからです。これは非常に苦難に満ちたことで、大きな志が無ければ、この大きな目標を実現するのは不可能です。ですから、仏を学ぶためには発願しなければなりません。発願とは大きな志を立て、遠大な目標を樹立することです。その後、骨身を惜しまず、粘り強く、この目標に向かって努力します。今日は「修行の四大誓願」についてお話します。

修行の四大誓願は、私たちが毎日晩課で念じている「衆生《しゅじょう》無《む》辺《へん》誓願《せいがん》度《ど》、煩悩《ぼんのう》無《む》尽《じん》誓願《せいがん》断《だん》、法門《ほうもん》無《む》量《りょう》誓願学《せいがんがく》、仏道《ぶつどう》無《む》上《じょう》誓願《せいがん》成《じょう》(11)」です。これは十方三世一切の諸仏が発した通願で、どの衆生でも凡夫から修行によって仏になろうとする時には、皆必ずこの四弘《しぐ》誓願によって安心立命し、絶えず精進しなければなりません。

衆生無辺誓願度について。衆生が無辺（果てしない数）である以上、私たちが全ての衆生を度《ど》して、再び成仏させようとしても、成仏する可能性は無いのではないか？　なぜなら衆生は無辺であり、どうして度し尽くせようか？　こういう意味ではありません。ここで主に強調しているのは、衆生が無尽であれば、私たちは「我は無窮を願う」という菩薩の精神を学習しなければならない、ということです。そのようにすれば、私たちの心は広大になります。私たち一つ一つの生命が、広大な衆生の生命と緊密に結びついて一つになれば、私たちは無窮の力と勇気を持って自己の煩悩を断ち切り、自己の人格を完全なものにできます。もし、自分一人の為にだけ修行をしたならば、その目標はとてもちっぽけなものになります。自分一人のことであれば、どうやってもいいので、可もなく不可もなく、行いには怠惰と消極性が表れ、今日修行をしたから、明日は少し休んで明後日またやればよい、というようなことになります。常に無辺の衆生のことを考えていれば、責任感と使命感を持つことになり、そこから自己を勇猛に精進させる力、地蔵菩薩の「衆生を度し尽くし、方《まさ》に菩提を証せん。地獄空ならざれば、成仏せざるを誓う(12)」というような巨大な力を生み出すのです。

煩悩無尽誓願断について。煩悩無尽というのは、煩悩が多く、微細にわたっていることを極めて強く言っています。いわゆる「閻浮提《えんぶだい》の衆生、挙心動念、是れ業ならざる無く、是れ罪ならざるなし」[13]です。釈迦牟尼仏が説法をされる時、弟子たちは彼に挨拶して「世尊、病や悩みは少ないですか？　衆生は度しやすいですか？」と言ったといいます。仏が私たちのように頑固な衆生を教化する時には、往々にして煩悩（悩み）があったことがわかります。衆生の度し難さといえば、衆生を度す過程の中でも、またあれこれの誤解、場合によっては邪魔や破壊にも出会いました。しかし仏陀は、最後には勝ち気で頑固な衆生を調伏することができました。仏の煩悩と私たち凡夫の煩悩には、当然本質的な違いがあります。仏の煩悩は自分の私利が満足させられないことによって生まれたものではなく、衆生が頑固で度し難いことによって引き起こされたものです。しかもその時間は短く、苦報をもたらすものではありません。私たちの煩悩はそうではなく、貪・瞋・痴があり、人我執があり、報我執があるなど、何かと次々に執着があるせいなので、煩悩は尽きない。そうであれば私たちは、やはり何者をも恐れない気概をもって煩悩と闘わなくてはなりません。修行の過程は煩悩と闘う過程と言うことができます。

法門無量誓願学について。古人は言いました。「吾が生や涯《かぎ》り有り、而して知や涯り無し」[14]。仏法の観点から見れば、私たちの一期の生命は有限ですが、代々にわたって仏法を学んできた過程は無限です。この無限の生命に立脚して、大願の心を発し、広く仏法を学んで、広く衆生を度すべきです。ある人は「修行というのは一門に深く入らなければならないのではないですか？」と問うかもしれません。そのとおりです。私たちは専修しなくてはならないのですが、同時に広く学ぶべきなのです。修は専らに、学は広く、このようにしてこそ、あなたは善巧方便《ぜんぎょうほうべん》（人を導く巧みな手だて）によって各種各様の衆生を導けます。『華厳経』の善財童子の五十三参の事績は、私たちを広学多聞に教え導き、智慧を増させ、方便の善巧を成就させせます。

仏道無上誓願成について。仏道は至高・無上のもので、仏果菩提は至高・無上のものです。世間の目標は短く限りのあるものですが、成仏というこの目標は無上です。努力して仏果を追求するまさにその過程の中でこそ、私たちの人格はレベルアップし、完全になるのです。

この四弘誓願は、発心してから成仏するまでの全過程を貫くものです。私たちはこの一生、この世でこのような発願をするだけではなく、すべての未来に対してもこのような発願をするべきです。実際にこの四弘誓願は、仏法がこの世に存在する全体的な目的であり、宗旨を非常に徹底して説いており、私たちが仏を学び、修行し、菩薩道を行う目的や宗旨が、非常に明白に掲げられています。この四弘誓願を想えば、仏を学ぶ過程の中で、私たちはいつでも無窮の力を持つことができ、永遠に精進を保持し続けることができるのです。

当然、無駄に宏大な誓願があるだけではまだ不足です。さらに篤実な実践が必要です。そうでなければ、机上の空論であり、口頭禅です。「篤実」というこの二文字には、私たちが注意を払う価値が相当あります。実は果実の実です。それは実質的なものであり、果実は飢えを癒すことができるもので、表面的なものではありません。「篤」は上に「竹」があり、下に「馬」があります。竹とは鞭のことです。鞭を馬の頭の上に掲げておくと、馬は当然勇気をふるって前に向かいます。いわゆる「良馬は鞭の影を見て行く」です。ですから「篤実」というこの二文字は、一つには私たちに最後までしっかりとやりとおすことを求め、一つには私たちが鞭を振るい、蹄を奮って勇んでまっすぐ前に向かうことを求めています。これが篤実な実践なのです。宏大な誓願と篤実な実践、この二者を結合させれば、修行は成就を得られます。

第七講　生活禅を修める四つの要点

私たちが提唱する生活禅で強調したいのは、生活の中で修行し、修行の中で生活することです。ここでいう修行は、当然禅に限定したものではなく、念仏・学教・観心を含めた、とにかく仏教の修行の一切の法門を指します。一切の法門が皆禅定から離れることはできないので、私たちは特別に「禅」を強調したのです。『瑜伽師地論』には種々の禅が列挙されていますが、その中には「弁事禅」まであります。弁事禅の意味は、私たちが提唱する生活禅に似ていますが、生活禅が含む意味はより広く、要求しているのは禅を仕事や弁事（職務）の中で行うだけではなく、禅を生活のあらゆる面で行うことです。生活の内容はとても豊富です。生活空間は広大です。社会生活があり、家庭生活があり、道徳生活があり、感情生活があります。この全ての生活領域を禅の精神、禅の悦びで充満させるのです。それでは、生活禅の修学には何か要点があるのでしょうか？　生活禅を修学することには、生活において信仰を実行し、修行を今この場で実行し、世間に仏法を溶け込ませ、個人を大衆に溶け込ませる、という四つの要点があります。

第一点は、信仰を生活において実行することです。これは信仰の原則を、日常生活の中に貫き通すことを言います。その第一歩は、信仰を生活化させること。日常生活の中で、心を動かしたり、何かをしようとする時に、五戒・十善の原則に依拠して、私たちの人格を信仰の中、生活の中で完全な人格と成し、分裂した人格にならないようにします。寺院の中や座禅を組んでいる時はそうだけれども、生活の中ではまた違う様子であるというのではいけません。もしそうであれば、私たちは永遠に仏法と結びつくことができないでしょう。第二歩は、信仰化した生活を送るということです。私たちは信仰の原則を用い、仏法の精神を用いて一歩ずつ生活の品質を高め、生活の環境を改善します。そのようにして私たちの生活は品位のレベルが上がるのです。これには当然物質的な豊かさも含みますが、より重要なのは、生活の内容と生活の品質を浄化に向かわせ、完璧に向かわせ、崇高さに向かわせることです。下品で低俗な趣味や、体で感じる享楽の欲求を少しずつ洗い落としていく。これによって私たちは睦まじく楽しい家庭生活を持つことができ、完璧で高尚な社会生活を持つことができます。私たちは仏教化された家庭や、仏教化された社会を一歩ずつ実現できるかもしれません。

第二点は修行を当下に（今すぐに、この場の境涯に即して）実行することです。修行は一刻たりとも当下の一念から離れないようにしなければなりません。当下の一念をちゃんと処理できなければ、何も語りようがありません。『地蔵経』に閻浮提《えんぶだい》（人間界）の衆生は「挙心動念、是れ業ならざる無く、是れ罪ならざるなし」だと説いています。ここから当下のこの一念が重大に関わっており、十法界の形成は皆この一念から始まっていることが見て取れます。私たちは自分の一念一念をすべてはっきりさせ、ぼんやりしたものを少しも含まず、無明の煩悩が芽生えようとしたら、智慧の光でそれを照らして破らなくてはならず、無明の煩悩に流されてはならないのです。古徳の言う「念起これば即ち覚り、これを悟れば即ち無なり」、これが当下の一念を照顧する（省察し、顧慮する）方法です。

私たちがもし修行を当下に実行できるならば、大晦日になって年越しの準備にてんてこ舞いすることを心配する必要はなく、臨終になるまで前途の見通しがつかないことを心配する必要もありません。なぜなら、当下というのは永久不変の概念であり、当下は「この一念」と等しくはありません。この一念が過ぎても、次の一念がやはり当下となり、またその当下が主となるので、いつでもどこでも主となることができます。これがいわゆる「一念万年、万年一念」です。この一点をやり遂げられれば、どうして生死が終わらないことを憂い、どうして煩悩が絶えないことを憂い、どうして聖果が成就しないと憂うことがあるでしょうか？

皆さんは私自身も含めて、みな「修行を当下に実行する」という高い基準を用いて、自分を励まし、自分を制限しなければなりません。このように修めることによって、私たちは全ての時、全ての場所で修行ができ、一切の場所が皆修行の道場になります。それは仏典上でいう「処処総じて華蔵界と成り、個中毘盧ならざる所無し」です。

第三点は、仏法を世間に溶け込ませることです。釈迦牟尼仏は時世に合わせて説法し、世間を教化し、世間を浄化して、欠陥と煩悩を持っているこの世間を円満で清浄な人間浄土に変えようとしました。これが、仏法の世間における一つの根本目標です。この目標を離れると、仏法は高い棚の上に放っておかれる少しも使い道が無いものとなり、仏教経典もただの骨董の一種になってしまいます。

近来、仏教界に、世間を離脱する傾向が現われました。仏教は死人を済度する儀式となり、仏教徒は「厭世主義者」と呼ばれました。そこで太虚大師は、人間仏教の思想を発揚し、仏法は世俗社会を導き、世俗社会を改善しなければならないと主張しました。太虚大師の思想は、現在仏教の主流となっています。私たちはこれに順応し、積極的に向上しようとする態度で仏法を理解し、仏法を修行し、この世間を建設し、この世間を改善し、この世間で悟るべきなのです。六祖慧能が言うとおり「仏法は世間に在り、世間を離れて覚すにあらず。世を離れて菩提を覓《もと》むるは、恰《あたか》も兎角を求むるが如し」です。

第四点は個人を大衆に溶け込ませることです。仏法は縁起を説きますが、それは、どの個人もどの事物も、各種の条件から離脱し独立した存在ではありえず、万事万物は皆相互に影響し、相互に関連しているのだということです。ですから私たちの修行も、人と離れて独居（離群索居）したり、閉じこもって車を作ったり（閉門造車）するわけにはいきません。自分の修行を、衆生を救い度することと緊密に関係させるべきです。「自己の為に安楽を求めず、ただ衆生の苦を離れ得るを願う」というように、全ての衆生と苦楽をともにするのです。あるいは「そのようにして自分も利益を得られるのか？」と問う人がいるかもしれません。当然得られます。しかも大きな利益を得ることができます。なぜなら、菩薩は利他の中で自利を実現し、他者を悟らせる中で自分の悟りを完成するからです。同時に私たちが個人を大衆に溶け込ませれば、私たちの家庭生活や社会の人間関係は非常に調和のとれたものになり、仏を学ぶ人も、現実から逃避しているとか、消極的で厭世的であるという誤解を与えずにすみます。

上述の四点は生活禅の要点であるだけではなく、私たちが生活の中で一切の法門を修行するときの要点でもあります。まとめて言うと、この四点は、私たちが提示した生活禅の宗旨「人間生命を悟り、人間生命を捧げる」という二句に概括できます。私たちは、この二句は比較的正確に菩薩の根本精神を概括し、この時代において仏教が担うべき使命を掲げていると考えています。

人間生命を悟ることは智慧の体現です。人間生命を捧げることは慈悲の体現です。私たちが高度な智慧を持った上で、広大な慈悲の心や奉献の精神をもつことができれば、この時代において、仏法の精神、仏法のイメージをうまく樹立することができます。私たち一人一人の仏教徒は、皆積極的に向上し、積極的に奉献する人になることができ、そうすれば、私たちが社会で人々の譏りを受けることもなく、消極的で厭世的であると言われることもありません。ですから、「人間生命を悟り、人間生命を捧げる」というこの二句は、とてもシンプルに見えますが、やってみるとなかなかのものです。私たちがこの言葉を搾り出したのは、一面では私たち自身の座右の銘としてなのですが、生活禅に共感する人がこれによって自己を励まし、自己に要求することを希望してのことでもあります。禅七法会の最後の一日に、私はほかでもなく、この二句を皆さんにお送りいたします。私たちが、全ての時間に、全ての場所で、「人間生命を悟り、人間生命を捧げる」精神に基づいて生活でき、仕事ができ、修行ができることを願っています。

（本稿は弟子が録音によって整理したもので、初出は『報音』一九九四年第二・三・六期）

注

（1）〔原注〕一九九三年十一月三日から九日に、柏林禅寺の禅七法会で語られたもの。
（2）『寒山詩』など。
（3）『大方広仏華厳経』『大正蔵』一〇巻、一二七頁上。
（4）『六祖壇経』「疑問第三」に「凡愚（中略）願東願西。悟人在處一般」とある。『大正蔵』四八巻、三五二頁上。柳田聖山『禅家語録Ⅰ』（世界古典文学全集三六Ａ）九八頁、筑摩書房、一九七二年。
（5）『維摩経』「仏国品」に「随其心浄、則仏土浄」とある。『大正蔵』一四巻、五三八頁下。
（6）『金剛経』。『大正蔵』八巻、七五一頁下。
（7）『趙州録』に「云、如何是諸仏師。師云、阿弥陀仏、阿弥陀仏」とある。秋月龍珉訳「趙州録」『禅家語録Ⅰ』（世界古典文学全集36Ａ）四五八頁、筑摩書房、一九七二年。
（8）『楞厳経』六巻。『大正蔵』一九巻、一三〇頁上。
（9）『修証義』第二章に「我昔所造諸悪業、皆由無始貪瞋癡」とある。
（10）『解深密経』「地波羅蜜多品第七」に見える。『大正蔵』一六巻、七〇五頁中。
（11）四弘誓願。菩薩が仏道を求めるとき、最初に立てる四つの誓願。
（12）『瑜伽集要焔口施食儀』に「衆生度盡、方證菩提。地獄未空、誓不成佛」とある。『大正蔵』二一巻、四七六頁下。
（13）『地蔵菩薩本願経』「如来賛歎品」に「閻浮提衆生、挙止動念。無不是業、無不是罪」とある。『大正蔵』一三巻、七八二頁下。
（14）『荘子』「養生主篇」。

三　禅意三題

開悟：生命の覚醒

何を「開悟（悟りを開く）」というのでしょうか？　「開悟」とは、私たちが常に言う「明心見性（真実の理法を明らかにし、自己の本性を見極めること）」でもあります。仏陀が世に出現したのはこの一大事因縁の為であり、一切の衆生に仏の知見を開示悟入させようとしたのです。開示悟入とは仏の知見を開き、仏の知見を示し、仏の知見を悟り、仏の知見に入ることです。これは私たちが仏を学ぶ根本となる宗旨であり、根本となる出発点です。ですから「明心見性」といい、「開悟」と言っても、決して禅宗特有のものではなく、それは仏教全体の立脚点です。仏教全体が、仏の知見に開示悟入することをめぐって展開してるのです。「開悟」には一般的に二種類あるといわれています。一つは「解悟」もう一つは「証悟」です。「解悟」というのは、仏法を理解することから悟りを獲得することで、主に仏説の経典、祖師の語録、修行の法門・順序・道筋を理解し、その後、ある一法門に基づいて修行します。あるいくつかの法門における修行の順序を理解することは、すでに一種の悟りであり、これを「解悟」といいます。これはあたかも、私たちが北京に行ったことはなく、故宮に行ったことは無いけれども、しかし北京の地図は見たことがあり、故宮のガイドブックは読んだことがあるようなもので、私たちも金水橋のほとりが天安門であることは知っていて、その後ろが午門、大和殿、中和殿、保和殿、というふうに一つ一つの建物の場所は知っています。しかし私たちはただこの配列と経路を知っているだけで、自ら歩いた体験はなく、親近感もありません。それでは何が「証悟」なのでしょうか？　それは、私たちが天安門や故宮を通った一門一門の情景がどのようなものなのかを知っているだけではなく、自分でそこへ行って、自ら一種の体験をしていることです。このような体験の感覚そのものは、言葉では言い表せません。このような感覚は禅宗でいう「人の水を飲むが如く、冷暖自ら知る」であり、このような実感は、自分で修行によって悟ってこそ体得できるのです。これがすなわち「証悟」です。「証悟」は一種の自ら証した境地であり、それは知識の問題ではないのです。「解悟」は基本的には知識の範疇に属し、「証悟」こそ一種の受用（悟りの享受）であり、一種の体験なのです。ただ「解悟」するだけでは不足です。解悟の基礎の上に修行をすることによって「証悟」の境地に到達する。これこそ仏を学び参禅することの道筋であり、目標なのです。

どのように開悟を引き出すかは、昔の人と今の人ではそれぞれ異なる機縁（きっかけ）、異なる方法があります。現代の言葉で言えば、このように言えるでしょう。開悟は生命の転換であり、生命の覚醒であり、有限の生命から無限の生命へと邁進し、迷いの生命から悟りの生命の領域に入ることであると。何を修行というのでしょうか？　それは事実上「生命の奮闘」のことです。なぜなら、私たち一人一人はみな自己の生命の有限性を感じていて、いつも無限の生命の領域に入りたいと思っていますが、その無限の生命の領域に入ろうとするとき、奮闘する精神が無ければ、断じて入れないからです。私たちは『大懺悔文』を念じますが、八十八仏の名号の中に「闘戦勝仏」があります。仏は本来慈悲を説き、平和を説くものです。どうして闘わなければならず、戦わなければならないのでしょうか？　なぜなら煩悩の魔、貪・瞋・痴の魔には、戦わなければ勝てないからです。ですから仏教では「諸魔と戦う」ように教え導くのです。この魔とは煩悩の魔であり、菩提が煩悩と奮闘するのです。生命の奮闘を経ないで、開悟し、生命の転換――有限の生命から無限の生命への邁進をしたいと思っても、それは根本的にできないことです。ですから古代の修行をする人は、私たちが毎日晩課で唱えている『警衆偈』のように「是の日已に過ぎ、命亦随いて減ず、少水の魚の如し、斯れ何の楽有るや」(1)なのです。私たちはいつも、わたしたちの生命が奮闘する必要があることに思い至らなければなりません。そうしてこそ有限から無限へと転換でき、迷いから悟りへと転換できるのです。ですから「開悟」は生命が奮闘する過程における、一回の大衝突なのです。一回の大衝突を経て、私たちの心の深い場所が、徹底した「浄化」を受けるのです。

「悟」には様々な機縁が有り、経を読むことで開悟する人もいます。ここでいう、経を読んで開悟するというのは、解悟のことではなく、証悟のことです。現代の有名な太虚大師（一八九〇――一九四七）は『大般若経』を読んで開悟しました。円瑛法師（一八七八――一九五三）は『楞厳経』を読んで悟りを開きました。ですから経を、文を追って瞑想に入るまで読み、他人と自分を共に忘れるほど読み、体と心を共に忘れるほど読んだ時、太虚法師や円瑛法師と同じように開悟できるのです。自然界の何らかの状況を見たときに、自己の生命に対する認識に大きな啓発が生じ、開悟したという人もいます。霊雲禅師（生没年不詳、唐代の人）が桃の花を見て開悟したり、洞山祖師（八〇七――八六九）が水の流れを見て開悟したりしたような事です。これは仏教で説く縁覚・声聞・悟道・証果の道筋と一致しています。「声聞」は仏が説法する音声を聞いて、縁生縁滅の道理を悟り、それによって開悟することです。孔子も川で水が流れ行くのを見て「逝く者は斯くの如きか」(2)と感嘆しています。桃の花を見て開悟する、流れる水を見て開悟する、これはまさに自然界で花咲き花落ち、水が流れるという無情(心の働きのないもの)の発展変化が目に触れたことによって、縁生縁滅という宇宙や人間生命の根本法則を悟ったのです。当然、徹底した反省を経た一言による啓発の下に開悟した人もいます。例えば臨済祖師は黄檗祖師に向かって三度仏法の大意を問い、三度黄檗の痛打に遭いました。打たれた後も、まだ開悟していなかったのですが、彼の生命の奮闘は停止しませんでした。その後、黄檗の導きによって、大愚禅師のもとへ出向き拝謁することになります。大愚禅師の一言の啓発によって、彼は忽然と道を悟りました。これは生命が奮闘している時に外界から受けた誘発や刺激によって、とたんに心の深い所で猛烈な衝突が起こり、開悟したのです。虚雲和尚(一八四〇―一九五九)の開悟は、さらに生命が奮闘する精神を体現しています。彼は五十六歳の時、揚州高旻寺で禅七(七日間の坐禅修行)を行い、無意識の中で修行、打坐するほど修行に専心していました。あるときお茶を淹れていて、彼が茶杯を持つ手を伸ばしたところ、お茶を注ぐ人が、不注意でお湯を彼にかけてしまいました。この時茶杯が地上に落ち、ガチャンという音がするとともに、まるで虚空が粉々になるように、大地が沈むように、生命の流れがただちに断ち切られるように、開悟したのです。まだまだ開悟の機縁はたくさんあり、私たち現代人が考えると本当に不思議です。しかしどのような機縁を通して開悟したとしても、皆、自己の痛切な努力や深刻な反省とは不可分です。例えばある祖師はちょうど修行にいそしんでいた頃、街角を歩いていて、肉屋が肉を売り、そばで一人のお婆さんが豚肉を買っているのに出会いました。このお婆さんは脂身と赤身をより分け、あれこれと選び、肉屋を怒らせました。肉屋は包丁でまな板を叩き、「どこに赤身じゃない肉があるんだ！」と言いました。この和尚はそれを聴いて忽ち開悟したのです。このような開悟の機縁は、いわれもなく引き出されるものではありません。必ず本人の努力がその程度に至っていてこそ、熟した瓜が落ちる時が来るのです。香厳祖師（？　―八九八）は畑で草取りをしていて、ふと一欠片の瓦礫を投げ、竹にぶつかって音をたてた時、その一瞬に悟りました。彼は潙山霊佑禅師の弟子でしたが、すぐに寺に帰って、沐浴して香を焚き、潙山に遥礼して、頌して言いました「一撃に所知を忘じ、更に修持に仮りず。動容古道に揚げ、悄然の機に堕せず。処処踪迹無く，声色外の威儀。諸方の達道する者，咸《すべ》て上上機と言う（一撃によって知ることを忘れ、さらに修行する必要はない。ふるまいは古い道にかない、しおれることはない。どこにも足跡が無いが、声や色の外に威儀を現している。諸方の道に達した人は、皆、上上の機であると言う）[3]」古人は様々な機縁で、自己の内心の深い所で衝突を引き起こし、生命の覚醒を得ました。しかしどのような因縁であろうとすべて私たちの主観（自己の意識の）上での努力が必要なのです。主観の上で努力していないと、いくら客観（意識の外）上に良い環境や、修行の条件があって、開悟しようとしたとしても、全て不可能なのです。開悟したからには、その後は万事オーケーなのでしょうか？　そうではなく、悟って以後がようやく本当の修行の始まりなのです。どうしてそう言えるのでしょうか？　なぜなら「悟」はただ教理で言うところの「見道」に過ぎないからです。

見道の後がようやく修道です。六祖は『壇経』で、とてもはっきり説いています。「理は須く頓悟し、事は漸除を要す」。「悟」は一瞬の事です。この一瞬にそれは終わり、私たちの生命は一度の転換を得ますが、有限の生命から無限の生命の領域に入る為の本当の修行は、ようやく正式に始まるのです。これを「頓悟漸修」といいます。漸修という言葉が、修行の道が長いことを説明しています。これは私たちの太古以来の悪習は、徹底的に清掃しても、一朝一夕ではきれいには落とせないからです。心の中の埃と垢を自分で掃除しなければ、開悟した境地や、開悟した成果も、失ってしまう可能性があります。古代の禅者にはそういった例があります。まだ失う可能性があるのですから、必ず継続して修持（記憶して保持）しなければなりません。そうだとすると、開悟した人と開悟していない人にはどのような違いがあるのでしょうか？　古人は「悟り了《おわ》るも、なお未だ悟らざる人に同じ」と言っています。開悟した人と開悟していない人は、外見的にはなにも違いはありません。開悟した人も相変わらず飯を食い、服を着、糞や尿をします。しかし両者はやはり違いがあるのです。開悟した者は「旧時の行履の処に在らず」ということです。元々の様々な悪習や欠点は、開悟以後は一歩ずつ薄くなって、消えていきます。所謂「縁に随いて旧業消え、更に新殃（新たな災い）を造らず」です。ですから、私たち修行をする者は、参禅でもいいですし、念仏でもいいですし、持咒でもいいですが、最後に追求する目標は開悟であり、明心見性なのです。開悟し、明心見性して、ようやく生死を語れるのです。この関門を過ぎなければ、この過程が無ければ、生死を語ろうとしても、語れる可能性はとても小さいものです。なぜなら私たちは現実の生活や現実の世界の中で、いつも自分で物事を決められず、悪習や欠点を除去できません。

臨終の時、八つの苦しみが次々に苛む中、あなたは自分で物事を決められると言い切れますか？ ですから私たちは、私たちの体が病んでも老いてもいない健康なときにしっかり修行をし、自分の末期の一手を繰り上げてこなしておき、人生の大晦日に慌てふためくことのないようにしなくてはなりません。

修行の尺度

開悟には解悟と証悟の区別があります。これは教内の教判（解釈）であるだけではなく、禅宗公認の入道の道筋でもあります。禅宗の初祖菩提達摩大師に『略弁大乗入道四行』という一篇の重要な文章があります。文章の中心思想として説いているのは、仏法の悟りの境地に入る二種の道筋、すなわち「理入」と「行入」です。理入は解悟と、行入は証悟と理解することができます。理入とは「教を籍りて宗を悟る。含生の同一真性にして、但だ客塵妄想の覆う所にして、顕了する能わざるのみなるを深く信ず。若し妄を捨てて真に帰し、壁観に凝住し、自無く他無く、凡聖等一にして、堅住して移らず、更に文教に随わざれば、此に即ち理と冥符して、分別有ること無く、寂然として無為なるを、名づけて理入と為す（教えによって仏教の趣旨を悟ること。すべての生き物は同じく真実の本性を持っているが、汚れや妄想に覆われてそれを実現できないだけであるということを深く信じることである。もし、妄念を捨てて真実にかえり、壁に向かって集中し、自他も無く、凡聖の違いを超えて等しくして、変わることのないように堅持し、さらに文字や言葉に従わなければ、そのままで理と合致し、分別もなく、寂然として無為となり、名付けて理入と為す）[4]」のです。

行入とは実践を通して自己の悟境を検証し、悟境のレベルを深めることです。行入は四つの面を包括しています。一、報冤行、二、随縁行、三、無所求行、四、称法行です。この四行は、悟りの後に修行し始める為の実践の方法となるだけではなく、仏法を悟ることを求める一般の人の入門経路にもなります。ですから達摩大師が開示したこの四行は非常に重要で、私たちの為に修行の範囲と基準を定めたものなのです。

第一は報冤行です。冤は「冤家債主（苦難を与えた仇）(5)」の冤で、怨恨の怨ではありません。私たちは生活の中や、修行の中で様々な障りのある縁や、様々な妨害に遭遇し、どんな時にでも思い通りにならない事が発生します。このような事に遭遇した後、どうすればいいでしょうか？　相手と真相を究明しあい、共倒れになるのでしょうか？　それとも寛容になって我慢し、徳を以て怨みに報うのでしょうか？　達摩大師は、私たち「道行を修する人は、若し苦を受くる時、当に自ら念じて言うべし。我往昔より、無数劫中に、本を棄てて末に従い、諸有に流浪して、多く冤憎を起こし、危害すること限り無し。今は犯すこと無しと雖も、是れ我が宿殃にして悪業の果の熟すのみ、非人非天の能く見与する所に非ず、甘心忍受して、都て怨訴する無し（修行者が、もし苦しみを受けたら、自分の心にこのように念じるべきである。わたしはずっと昔から、無数の世において、本質を棄てて末端を追い、多くの迷いの世界を流浪し、多くの怨みや憎しみの心を起こし、危害を加えてきた。今は罪を犯すことはないが、この苦しみは自分の前世の罪業が実ったものであり、人や天が与えたものではないので、甘んじて忍従し、決して怨んだり恨み言を言ったりしない）(6)」と、言っています。そして『経』文を引いて「苦に逢うも憂えず」

であると言います。一人の修行者、求道者が、日常生活や修行中に遭遇する様々な思い通りにならない事に、このように対処できれば、「此の心の生ずる時、理と相応」させて、「冤を体（験）して道に進む」ことができます。この面では、私自身に切実な体験があります。私はもうすぐ六十歳ですが、この六十年の経歴は「不如意の事、常に八、九（割）」です。解放後は幾たびも政治運動に駆けつけました。ある人は私を「老運動員」と笑いました。実はこれは一種の社会環境によるものでした。仏教の言葉でいえば、「共業の所感」です。この社会環境の中で「悪業の果が熟す」時には、躲そうとしても躲しきれません。この種の状況下で、私たちは「苦に逢うも憂えず」「冤を体して道に進む」という態度を採用するべきなのです。それらの言葉や行為で、私に害を加えた人に対し、すべて同情心、憐憫の心を起こし、自制心と自我の修養を強め、「徳を以て怨に報い」、煩悩と敵意を取り除くのです。このようにすれば、多くの煩悩を減少させ、自己の忍辱《にんにく》波羅密（迫害や侮辱に耐えて心を動かさないようにする修行）を成就させることができます。

第二は、随縁行です。修行は因縁の条件に違ってはいけません。因縁の条件に違うと、修行はさまざまな障害にぶつかります。因縁というのは、一種の客観的な規律性です。それは人々の意志によって変わるものではありません。達摩大師は「衆生は無我にして、並べて縁業の転ずる所なれば、苦楽斉しく受くること、皆縁より生ず。若し勝報・栄誉の事を得るも、是れ我が過去の宿因の感ずる所にして、今方に之を得たるのみ、縁尽くれば還た無なり、何の喜びか之有らん。得失は縁に従いて、心に増減無く、喜風にも動ぜず、冥に道に順う（衆生は無我であり、すべて因縁に左右されており、苦楽をひとしく受けるのも皆な縁によるものである。もし良い報いや栄誉を得ても、それは自分の過去の宿因に感応したもので、たまたま今それを得ただけのことである。縁が尽きればまた無に帰すのであるから、何の喜びがあるというのか。得失は縁によるもので、心には増減は無いので、喜びにも動かされることなく、ひたすら道に順うのだ(7)」と言います。「報冤行」の重点は「苦に逢うも憂えず」を説くことですが、「随縁行」の重点は「喜風にも動ぜず」を説くことです。一苦も一楽も、全て縁から生じたものです。仏を学び修行する人にとって、苦は道を妨げる一種の因縁です。汚れに染まることによって得た喜びも、道を妨げる因縁です。もし私たちが縁起性空（すべては因縁によって生じており、その本性は空であること）の道理を掌握できれば、全ての事は偶然によって定まったのであり、足るを知れば常に楽であり、そうすれば憂いや喜びを度外視でき、洒脱で自在に生活できるのです。「随縁行」を修めるには、私たちの日常生活の中で行い、人や事に対処する中で行い、遇縁応物の中で行わなければなりません。私たちの在家の教友がここへ来て禅七に参加する機会があったのですが、これも一種の縁であり、縁が無ければ来ることはできません。禅七の期間中、みなさん毎日坐禅を行い、精進して修行し、とても収穫がありました。しかし禅七が終わって、みなさんが自分の家に帰ってからは、また別の一種の縁があり、別の一種の条件があります。縁が変わってしまえば、私たちがもし、やはり一日中坐禅を組みたいと思っても、仕事にも行かず、家事もしないなどということができるでしょうか？　はっきり言って、それは無理でしょう。なぜならあなたはまだ、そのような条件を備えておらず、まだそのような縁法も無いからです。もっとも私たち出家人も、定期的な専修の期間を除くと、一般的には、一日中坐禅だけをするというのは難しいのです。例えば私自身、禅定に関わる多くの体験をするための時間を持つために、万縁を手放して、一、二年専念して修行したいのですが、時節の因縁があって、私は多くの事務的な仕事から抜け出せず、いつも一件、また一件と用事があり、多くの時間には数件重なっていて、押しのけることも抜け出すこともできず、我慢してやるしかないのです。このような状況下では「動」の中で鍛錬し、「動」の中で修持して、『証道歌』の言うように「行もまた禅、坐もまた禅、語・黙・動・静、体安然」をやり遂げなければならないのです。「動」の中で修行する場合、どんな時にも、どんな事にも覚照する、つまり特に気を配り、自己の考えをしっかり管理するよう気をつけて、心の安らぎを保持しなくてはなりません。覚照があって、「動」の中で「静」ができ、「語」の中で「黙」ができれば、それが、行もまた禅、坐もまた禅、いつでも落ち着き、どこでも落ち着き、何にでも落ち着いているということです。このような修行態度は難し過ぎるので、定期的に専修して基礎ができてから、ようやく少しずつそのレベルに到達するのです。

第三は、無所求行です。「無所求行」を修行することは、私たちが「貪著《とんじゃく》（物事にとらわれること）」の心を取り除こうとすることです。達摩大師は言います。「世人は常に迷いて、処処に貪著するを、之を名づけて求と為す。智者は真を悟り、理は将に俗と反し、心は無為に安じ、形は運に随って転じ、万有斯に空じて、願楽する所無し。功徳と黒暗と、常に相随逐す、三界の久居は、猶お火宅の如く、身有れば皆苦なり、誰か安んずることを得ん。此の処に了達す、故に諸有を舍《す》て、想を息めて求むる無し。経に云く、『求むること有れば皆苦なり、求むること無くんば乃ち楽なり』判《あき》らかに知る、求むること無きは，真に道行たることを。故に無所求行と言うなり（世の人は常に迷っていて、どんな場合も貪著するが、それを名付けて求という。智者は真を悟っていて、その理は俗に反し、心は作為の無いところに落ち着き、体は運命にまかせ、すべてを空として、楽を顧みることがない。功徳と暗黒が常に相従っていて、三界に久しく住居すれば、まるで火のついた家のようで、身体がある限り苦を伴うのに、誰が安住できようか。このことがわかるので、一切を捨て、想うことを止め、求めたりはしない。経典に『求めることが有ればすべて苦であり、求めることが無ければすべて楽である』ということからもわかるように、求めないことは、真に修行である。故に無所求行というのだ）[8]」修行をする人は、「貪」字の関門を打破しなければ、本当の修行だと言おうとしても、それはまさに痴人が夢を説くようなもので、実際のどんな受用もあり得ないのです。「三界安きこと無し、なお火宅の如し」、これは『法華経』にある言葉[9]です。三界とは欲界・色界・無色界を指します。私たちが住んでいる地球は、わずかに三界の中のごく小さな一部分です。色界と無色界は、禅定の深浅によって判定されるものです。欲界は、出発はできているけれども、まだ到達してはいない「定」の境地で、その後「初禅」に入り、「色界」に属します。色界には四禅（初禅から四禅）が有り、無色界には四定（空無辺処定、識無辺処定、無所有処定、非想非非想処定）が有り、合わせて四禅四定、あるいは四禅八定（四禅と四定を八定とする）と称します。四禅は一切の禅の根本となるものなので、根本四禅ともいいます。四禅八定の境地はとても高いのですが、やはり三界の中にあり、生死の輪廻の中にあります。ですから「三界は安きこと無く、なお火宅の如し」というのは、禅定を基礎として、無我の智慧を修行し、煩悩の種子を断ち、無漏の禅定を悟って、ようやく火宅を離れ、永遠に生死を断てるということなのです。ここから見れば、修行は確かに容易な事ではありません。みなさんもこれを等閑視してはいけません。

第四は称法行です。何を法というのでしょうか？　達摩大師は「性浄の理、之を目《なづ》けて法と為す」と言います。これは、その文の冒頭で述べている「含生の同一真性なるを深く信ず」の「真性」であり、この真性がすなわち法なのです。この法、これは私たちが誰でも本来持っており、持たない者は無いものです。「但だ客塵妄想の覆う所と為」っているから現せないのです。修行の目的は妄想客塵を除去して、真如本性の理を顕らかにすることです。達摩大師は「此の理、衆相斯に空じて、染無く著なく、此も無く彼も無し」といいます。そして『経』にいう「法は衆生無し、衆生の垢を離れたるが故に。法は我有ること無し、我の垢を離れたるが故に」という言葉を引いて、次のように言います。「智者若し能く此の理を信解すれば、応当《まさ》に法に称って行ずべし。法体は慳むこと無ければ、身命財に於いて、壇を行じて捨施し、心に悋惜すること無し。三空に達解して、倚らず著せず、但だ垢を去らんが為に、衆生を称化し、而も相を取らず。此を自らの為に行いて、復た能く利他し、亦能く菩提の道を荘厳す。壇施既に爾《しか》れば、余の五も亦然り、妄想を除かんが為に、六度の行を修め、而も行ずる所の無きを、是れ称法行と為す。（智者がもし、この理を深く体得することができれば、法にかなうように行動するだろう。法体は惜しむことが無いので、肉体や財産を捧げて布施を行っても惜しいとは思わない。三空についてよく理解し、寄りかからず、執着もしない。ただ、垢を取るために衆生を導いて、しかも導いている形態をとらない。これで自分の為に行って、なおかつ他を利することができ、さらに菩提の道を荘厳にできるのである。施しがそうであるならば、他の五つの実践修行も同様である。妄想を除くために、六度の修行をし、しかも行ずるものが無いことを、称法行とする）[10]」「三空」の道理に基づいて、広く六度の修行（布施・持戒・忍辱・精進・禅定・智慧という六つの実践修行）をすることが、法を称えて行ずるということです。三空は三輪体空ともいいます。布施を例にすると、三空とは施者・受者と中間物の三者が皆縁起のものだということです。縁起のその性はまさに空なので、諸法の縁起性空なりと言うのです。布施を修行するには三空を理解しなければなりませんし、その他の五度を修行するのにも三空の理を理解しなければなりません。相（外に現われた状態）に執着して求めてはいけないのです。

達摩大師のいう「四行」に基づけば、私たちの修行は一つの尺度、一つの基準を持つことができます。「四行」の要点は、怨親平等、苦楽随縁、貪せず求めず、理に応じて行う、です。この四つの面に基づいて修行すれば、私たちの修行の目標はとても具体的になり、修行のレベルは絶えず高まり、修行の効果はより明らかになり、修行の範囲はより拡大します。会に出ていらっしゃる人の大部分は居士ですから、今後自分の生活の中、自分の仕事の中で、もしこの四種の心の状態で一切の事柄に対処すれば、私が思うに、昼夜の六つの時間（朝・日中・日没・初夜・中夜・後夜）ずっと吉祥です。どうしてでしょうか？　なぜならあなたはどこにいても仏法に適い、どこにいても因縁に順応し、どこにいても相に執着せず、求めることが無いからです。皆さんが、この四条をしっかりと覚え、加えて実践運用されることを、希望いたします。

禅を生活に帰らせる

生活の中でどのように修禅し、どのように禅を行い、どのように禅を私たちの生活の各方面に貫徹させるべきか、そして生活の中で禅を体験する意義、禅を体現する精神、禅を展開する作用について少しお話いたします。私は前に、開悟には様々な因縁があることをお話しました。釈迦牟尼仏が夜に明星を見て開悟し、迦葉尊者が仏が花をつまんで皆に示したのを見て開悟した事から、中国の歴代祖師まで、開悟の機縁は本当に千姿百態、極めて豊富です。このような千姿百態な開悟の因縁は何を意味しているのでしょうか？　禅がただ座布団の上でだけ修行できるものではなく、開悟もただ禅堂で香を焚いて七日間の座禅をすることによってのみ可能なのではなく、ただあなたが努力し、あなたが四六時中一心に打ちこんでいれば、生活の一切の領域に開悟の因縁は存在し、全てに開悟の可能性があるのです。「禅」、あるいは禅の開悟は、全ての人にとって、特殊なことではなく、普遍的なことなのです。歴代の祖師が道を悟った因縁を見れば、開悟は誰にとっても、その人なりのチャンスがあることが分かります。

禅の展開と実践は普遍性を備えているので、私たちは生活の中で、完全に把握し運用することができます。『法華経』で世間の「一切の資生事業、皆仏法に順ず」[11]と説くのは、仏法が世間法を離れないことを説明しています。六祖は「仏法は世間に在り、世間を離れて覚するにあらず。世を離れて菩提を覓《もと》むるは，恰《あたか》も兎角を求むるが如し」と言い、『金剛経』は「一切の法皆是れ仏法」と言い、共に仏法が世間法を離れないことを言明しています。禅は仏法の精髄であり、禅は更に普遍性と現実性を具有しています。歴代の禅師は皆、禅と中国文化の一体性、禅と生活が不可分なことを強調しています。禅と生活はともにあるもので、生活があれば、禅もあるのです。私たちには一つの構想があります。それは禅を生活に帰らせることです。古代には如来禅が有り、祖師禅が有り、世間禅が有り、出世間禅の修証が有ります。現在にはさらに「安祥禅」「現代禅」の主張があります。私たちは趙州祖庭で修行・弘法しています。私たちは趙州和尚の後代ですが、趙州和尚の思想を根拠として「生活禅」の構想が出せるでしょうか？　皆さんもご覧になったとおり、趙州和尚の語録は全部で五百条余りですが、きっと禅と生活の不可分な関係について、非常に深く理解があるはずです。ですから、生活禅の提出は、経典上に根拠があるだけではなく、歴代禅師の語録の中にも根拠があり、趙州和尚の語録にも、更に充分に生活禅の精神が体現されています。禅が生活のものである以上、私たちは生活の中で禅の精神を体現するべきですし、禅の悟りの中で生活を把握するべきです。生活の中で生死を抜け出し、生死を抜け出す中で生活します。仏法は世間を離脱できず、仏法は群衆を離脱できません。私たちが「生活禅」を提唱するのは、仏法を世間に普及させ、仏法が深く人心に入り、人心を浄化し、社会に深く入り、社会を浄化し、私たちの社会を幸福で、なごやかで、清浄な社会に変えられることを希望しているのです。このようにして私たちがみんな自己の浄土を成就したとしても、それでもう穢土を離れて浄土を探さなくてもよくなったとは限りません。私たちは一人一人が皆、私たちの住んでいる世界を人間浄土にする責任があります。私たちが皆この願いを持って、皆この方向で努力し、皆で私たちのこの世界を浄化し、私たちの人生を浄化しさえすれば、娑婆を浄土にするというような理想も空想ではなく、現実になると私は思います。これが、私たちが生活禅を提唱する、第一レベルの意義です。

生活禅を提唱する第二レベルの意義はこういうことです。私たちの信徒のみなさんは寺院に来て修行できる時間がありますが、七日間続けて仕事に行かず、専ら修業を行える人はやはり少ないです。何千里の外からここへ駆けつけて禅七法会に参加する人は更に少ないです。これは、私たちの社会が非常に忙しく、慌ただしい社会であり、誰もがひとつの仕事を持ち、誰もが自分の職責と義務に尽力しなければならず、誰もが自分の家庭の面倒をみなければならないからで、何日も続けて寺院に来て、修行するというのは不可能です。それでは家庭ではどのように修行すればいいのでしょうか？　私が思うに、浄土法門の修行に従うことを除けば、禅宗が最も現代人の根器に適合しているというべきです。特に知識人と青年にとって、禅は最も優れた法門です。青年と知識人に、仕事をしている信者と、信者ではない多くの人に、生活の中で安身立命する法門をみつけてもらう為には、生活禅を提唱することが、最も現実的な意味をもつと、私は思います。仏法を普及させる為に、禅のメリットを利用し、広範な人々をすぐに導くことが、私たちが生活禅を提唱する第二レベルの意味です。

第三に、仏教を一種の信仰として言うと、それは本当に生活の様々な面で実行してこそ、本当に一人一人の自己の血肉となり、一人一人の自己の魂となるのです。もし私たちが、毎日朝晩に勤行する時だけが仏行を修めていると思っていて、それ以外の時間は修行できなければ、修行の時間は少なすぎます。しかも在家の信徒についていえば、彼らは更に私たち出家人のように必ず朝晩勤行することはできません。もし私たちが、心の状態についていつでも自分を観察し、いつでも自分の信仰と自分の言動を一つにし、生活の中で、一種の統一された完全な人格によって仏法の精神を体現したいと思えば、禅宗の修行方法で容易にそれをすることができます。どうしてでしょうか？　なぜなら禅は最も容易に絶大な数の人に理解され、受け入れられ、しかも禅者の風格、禅者の策略、禅者の精神は、生活の全ての面において体現できるからです。仏法や仏教の信仰を信徒の生活と溶け合わせ、密接で不可分なものにするには、禅の修行方法だけがこの使命に当たることができます。これが、私たちが生活禅を提唱する第三レベルの意義です。

当然、生活禅を提唱しようとする理由は、まだ多くの理論と事実に基づく根拠が探し出せるのですが、根本に立ち返ると一条しかありません。生活禅を提唱することは、仏法と私たちの生命とを固く一つに結合させ、生命と仏法を、生命と禅とを一体のものとして、私たちの人生観と世界観にしようとすることなのです。

（初出『法音』一九九三年一期）

注

（1）『発句経』「無常品」に「是日已過、命則随減、如少水魚、斯有何楽」とある。『大正蔵』四巻、五五九頁上。

（2）『論語』子罕。

（3）『景徳伝灯録』一一巻など。『大正蔵』五一巻、二八四頁上。書き下し及び訳は尾崎正善『潙山潙仰の教えとは何か』一一三頁、臨川書店、二〇〇七年参照。

（4）『景徳伝灯録』三〇巻など。『大正蔵』五一巻、四五八頁中。書き下し及び訳は、柳田聖山「達摩二入四行論」『禅家語録

Ⅰ』（世界古典文学全集36Ａ）七頁、筑摩書房、一九七二年を参照の上行った。（6）～（8）も同じ。

（5）『無量寿経』下巻など。『大正蔵』一二巻、二七四頁下。

（6）前掲柳田聖山「達摩二入四行論」『禅家語録Ⅰ』八頁。

（7）同右。

（8）同右。ただし最後の「故に」以下の一文は見えない。

（9）『法華経』「譬喩品」。『大正蔵』九巻、一四頁下。坂本幸男・岩本裕『法華経』上、一九三頁、岩波文庫、一九六二年。

（10）前掲柳田聖山「達摩二入四行論」『禅家語録Ⅰ』八頁。

（11）『法華経』「法師功徳品」にある「資生業等、皆順正法」のことか。

四　理悟と事修

世界には二種類の人がいます。一種類目の人は目だけあって脚が無い人です。このような人は、遠大な理想があり、とても多くの道理を理解していたとしても、脚が無いので何も成し遂げられません。理想といっても空想に過ぎず、理解した道理も絵に描いた餅に過ぎません。

もう一種の人は、脚だけあって目が無い人です。彼の脚はとても健康で、一日のうちに多くの道を歩く事ができますが、目がないので、でたらめに歩いているに過ぎず、少しも方向を考えずにそこを歩いています。結局、うろうろした挙げ句、元の場所に戻っていて、全く動いていないということもあるかもしれません。このような人も、何かを成し遂げることはできません。なぜなら、彼には目標が無く、方向が無いからです。

仏教の中では、目が有り脚が無いとは、理論はあるが実践が伴わないことを比喩しています。このような人は、しばしば仏教の道理をひとくさり、またひとくさりと語ることができ、修行の道理も少しわかっていますが、ただ、行おうとしなかったり、行いたいとは思っていても決心がつけられなかったりします。この種の人は、話すことはできても行うことができません。だから彼は永遠に目的地に到達せず、永遠に「他人の為に宝を数える」段階に留まっているのです。

脚はあるが目が無いというのは、仏教の道理や修行の要領について、決して十分には理解していない、或いは全く理解しておらず、ただ人に従って、形式的に経を唱え、仏を拝むことしか知らない事を比喩しています。このような人の修行は、めったやたらな修練に過ぎません。めったやたらな修練は目的に到達することができないものです。なぜなら彼は、結局のところ、どのように修練するべきかを知らず、修行の途中にどのような問題が存在するのか、決して理解していないからです。

仏教は確かに智慧を重視しますが、禅定などの実践修行も重視しており、両者のうち一方を欠かすことはできません。まるで目と脚のようなものです。智慧と禅定の他に、もう一つ基礎があります。それは戒律です。智慧は目、禅定は身体、戒律は二本の脚であり、これを「慧目・定身・戒足」といいます。これは三学の角度から述べたものです。もし、理論と実践の角度から述べた場合、実践は二本の脚に等しく、理論はちょうど目のようなものであるということになります。禅宗の修行の目標から言えば、「理悟」は目、「事修」は二本の脚にあたります。

理の上で私達一人一人が自分こそが仏であるということを理解し、「自心は是れ仏なり、自心は仏と作《な》す(1)」「仏は自心に向かいて求め、心外に向かいて覓《もと》むこと莫かれ(2)」という道理を理解することができ、なおかつそれぞれについて、あれこれとはっきり説明できれば、これを理悟といい、あるいは解悟というのです。理の上である程度わかっても、もし実際に修行しなければ、作用を起こすことはできません。煩悩が起こっても、あなたはそれを制御できないし、何度も生まれ変わった長い年月の中で身についてしまった悪習や欠点を、あなたは取り除くことができません。だから、理悟したら、さらに続けて「事」の上で修行し、少しずつ実践していかなければならないのです。

無始（始めがわからない程の昔）以来、私達は計り知れないほどの業を作り出してきました。これらの業習は、私達がちょっとした事件に出くわすと、知らず知らずのうちに分別・妄想と不平等の心を生み出さざるを得ないようにさせ、私達は決して自分の主人になれなくなります。だから、私達はどんな境遇が到来したときにも、意識的に自分の悟りの能力を養い、自分を磨かなければならないのです。これを「歴境験心」といいます。どのような対象に心をはたらかせた場合でも、自分の心が平等であるか、光明自在であるか、解脱することができるかを検証しなければならないのです。事修の上で、もし私達が「直面する難関」を一つ一つ打破でき、一切の対象に対して善し悪しや是非の心が起こらず、好悪の心が起こらなければ、それは私達が事修の上で一定の功夫があったことを意味しています。

事修は理悟の導きを離れることはできません。逆に事修の累積は私達の理悟を増進させることができます。両者は相互に増進しあい、最後には解悟から証悟へと躍進することができるのです。証悟と解悟にはどのような違いがあるのでしょうか？　解悟は地図を見たり、旅行ガイドを見たりするようなものです。証悟は、私達が地図や旅行ガイドに頼りながら自分で一度行き、経験した境地について、一切すべて掌を指すように明らかで、二度と迷わない状態をいいます。修行の要求と目的は「聞・思・修に従りて、三摩地に入(3)」ろうとすることであり、解と行とを同様に重んじ、解から行に入り、最後に証に入ることです。私達はいつも、どのように修め、どのように学ぶかについて語っていますが、本当に肝心な時になると、却って自分をコントロールすることができず、往々にその時の煩悩にふりまわされます。これは事修として行った功夫がまだ足りず、まだ証悟に到達していないことを意味しています。

事修はとても具体的なもので、少しの抽象的な成分も絶対にありません。例えば、自分の胸に聞いてみてください。ここで座っている時、あなたの心は、正念（正しい思念）が動かしているでしょうか？おそらく私達の大多数の人は、正念が心を動かしているのではなく、妄想が動かし、無明の煩悩が動かしているのではないでしょうか――脚がほんの少し痛くなると、さっさとやめてしまおうと思ったり、繰り返し脚を入れ替えたり、あるいはちょっとした物音が聞こえると、目を大きく見開き、心の中ではずっと、はやく放禅の時間に入らないか、と思ってはいないでしょうか？　その時、正念は少しの作用も起こしていません。これらは皆、事修上の功夫がまだ足りないことを意味しています。今、小さな事でさえコントロールできないのに、今後どうして大事をコントロールできるでしょうか？　そもそも何を大事というのでしょうか？　生死こそが大事です。出家人はだれでも「私は生死の問題を解決するぞ！」と痛快に言います。しかし、実際に功夫を行う時になると、力を出せず、自分のした約束に対して責任を負うことができません。これは私達衆生が一人一人みな自分の中にもっている最大の持病です。もし、この持病に対し、症状に適した薬を出さなければ、私達の仏学は終始口だけのものとなり、目はあるが脚がない人と同じように、永遠に目的地に到達できません。

修行をしないと言う人は、仏門の中を無駄にひと歩きしたのと同じで、一つも得るところはありません。それはとても惜しいことです。譬えるなら、ある人が宝のある場所に到達したのに、宝を識別できず、手ぶらで帰るようなもので、それは時間の無駄ではないでしょうか？　出家の人についていえば、修行をしないということは、手ぶらで帰るというだけのことではなく、袈裟の下で人の姿を失おうとするものであり、さらに非常に惜しく、非常に悲惨なことです。だから私は、必ず生死の心を痛念することから始めてほしいと、どの人にも、何度でも、要求するのです。それでは、どのようであれば「痛念」と言えるのでしょうか？　それは「大事未だ明かならざれば、喪に妣《はは》を考《おも》うが如し(4)」——生死というこの大事をハッキリさせられないことを、父母が亡くなったのと同様に嘆き悲しむことです。このように生死を痛念する心を発しようとすることは、とても容易でないことです。仏は「三界安きこと無し、なお火宅の如し」と言いましたが、あなたは逆に、この三界はやはりとても面白い！　と言うのです。迷いの境地を離れようとする心を起こすことができなければ修行しても精進することはできなくなってしまいます。人生の苦痛を本当に認識でき、「三界安きこと無し、なお火宅の如し(5)」であることを認識でき、生死煩悩が絶え間なく私達に悩むよう迫っていることを認識できてこそ、あなたは本当に出離の（生死を離れた）心を起こすことができ、本当に努力して修行しようと思えるのです。

同参道友の皆さんが、精力旺盛なうちに、生死というこの事を片付けることを希望します。この事を片付ければ、あなたは一人の自由自在な人間であり、あなたはその時点で涅槃を証得したことになります。私達一人一人は、必ず真剣に自分の今の心態がどのようであるか、正念が主であるか、妄念が主であるかを細かく観察しなければなりません。私達は、今はまだ相対的立場を超えているとはいえませんし、まだ「不二」とはいえず、「二」の中にいます。だから私達は、最初に何が正念で何が妄念であるかをハッキリと区別しなければならないのです。「二」というのは正念と妄念のことです。妄念を正念で置き換えること、妄念を正念で克服すること、一念の正念で一切の妄念を置き換えることを練習しなければならないのです。そうして長い時間を経て、私達の正念がまさに心の主宰となるのです。

注

（1）「自心は是仏なり」は『景徳伝灯録』（『大正藏』五一巻、二四六頁上）などに、「自心は仏と作す」は『大日経疏鈔』（『大正藏』六〇巻、三五一頁下）などに見える。
（2）類似の語として、例えば『廬山蓮宗宝鑑』に「欲識天真仏…不須外尋覓、但向自心求」とある（『大正藏』四七巻、三一五頁中）。
（3）『楞厳経』（『大正藏』一九巻、一二八頁中）。
（4）『興禅護国論』（『大正藏』八〇巻、一一頁下）など。
（5）『法華經』（『大正藏』九巻、一四頁下）。

五　いかに話頭に参ずるか

禅宗の公案には、直指《じきし》、つまり直指人心《じきしにんしん》して見性成仏《けんしょうじょうぶつ》させるものもあれば、また借喩《しゃくゆ》、つまり比喩を借りて問題を説明するものもあります。しかし、どちらも我々の当下《とうげ》〔いま、ここ〕の心を離れることはできません。このため禅宗は「心宗」ともいうのです。

馬祖(1)の多くの教え、たとえば「即心即仏」などはまさに直指です。「即心即仏」という公案は、あなたの心が仏であり、仏とはまさに心であり、心と仏が異ならないことを直接的に示します。臨済祖師(2)の「無位の真人」も、真心と妄想を区別するもので、やはり直指です。

趙州和尚(3)の多くの公案は借喩に属します。借喩とは遠まわしに言うのであって、直接に言い当てることはありません。実際には、あなたの思考をその場で断ち切り、後先《あとさき》を考えたり左顧右眄できないようにして、頭を切り替えさせるのです。いわゆる、「妙悟は心路を窮めて絶せんことを要す(4)」というものです。この借喩によってあなたの心を袋小路に追い詰め、もうこれ以上考えることができない、ちょうど金城鉄壁に行き当たったようにするのです。たとえば、僧、趙州に問う、「如何《いか》なるか是れ祖師西来意〔達摩祖師が西からやってきた意味、禅の根本義とは何か〕。」趙州いわく、「庭前《にわさき》の柏樹子《ひのき》。」庭前の柏樹子はまさに金城鉄壁です。どのように理解すべきか？　祖師西来意と庭前の柏樹子にいかなる関係があるのか？　これはあなたのために金城鉄壁を打ち立て、意識を杜絶し、考えるすべがないようにしているのです。なぜなら、考えて得られたものはすべて比量〔推理知〕、あるいは非量〔誤った知〕であって、現量〔直接知〕ではないからです。見性〔仏性を見ること〕は、必ず現量として見なければならないのであって、比量ではいけないのです。比量は思考であり、心意識に属する問題です。

たとえば「狗子《いぬ》に仏性があるか」という問題もまた借喩です。これは、意識的思考を捨て、不生不滅の自己の本性を、現量としてその場で直観できるよう助けているにすぎません。狗子には仏性があるのか。趙州は「即心即仏」と直接に言うことはしません。彼はただ修行者に金城鉄壁をあたえ、その思考を断ち切るだけです。ゆえに「無」と回答します。まったくきっぱりしたもので、思考の余地はありません。「一切衆生に仏性あり」、ではなぜ狗子には仏性がないのでしょう?　このまさに肝要のところで疑情を起こし、自己の生命をこの疑情と一体にし、すべての瞬間に切実に参究する。この参究はあなたに思惟分別させるものではなく、これを本当の問題として見させるものであって、一種の現量直観にあたるのです。

禅宗には一千七百の公案、いわゆる「一千七百則の葛藤」がありますが、基本的には唐宋時代にできたものです。たとえば、「祖師西来意」「狗子無仏性」「如何《いか》なるか是れ学人の本来面目」等は、どれもよく提唱される著名な公案です。公案に参ずることは一種の功夫〔実践修行〕であって、知的理解ではありません。たとえば、無字公案に参ずるときには、分別意識によってその原因を探させるのでもなく、「無」字を唱えさせるのでもありません。この問題に対して疑情を起こさせ、疑情が起きたあと、これをしっかりと注視させるのです。これを注視させるのは、妄心や分別心を起こさせず、禅病を避け、一瞬一瞬の心がここから離れないようにさせるためです。公案参究は直接に自性から手をつけるのであって、心意識を離れた参究といえます。そこには定があり慧があり止があり観があります。

心意識を離れた参究とはなにか？　まずは心意識の意味をはっきりさせなければなりません。「集起を心と名づけ、思量を意と名づけ、了別を識と名づく。[5]」同じ一心でありながら、三つの名前があります。働きが異なるために、心、意、識というのです。「集起」とは、つまり生滅です。我々の心はたえず生滅しているからです。公案参究は、生滅心において功夫を用いてもなりません。思量心において功夫を用いてもならず、分別心において功夫を用いてもなりません。このように完全に八方ふさがりのところで参究するのが心意識を離れた参究です。心意識を離れれば一念不生に到ることができます。一念不生がつまり金城鉄壁なのです。

疑情は念頭〔想念〕ではないかと問う人もいます。これは分別を起こすかどうかによります。もし疑情のうえに分別を起こせば、それは念頭です。分別を起こさなければ念頭ではありません。念頭とは何か？　念頭とは心がたえず活動することです。疑情は、厳密に言えば心意識を離れた参究であり、念頭ではなく一念不生です。あるいは一念不生に到達しなければならないということです。念頭は生滅が止まることなく動いているものです。

話頭参究ではどのように功夫を用いるべきでしょうか？　これは三心の得られないところで功夫を用いなければなりません。三心とは過去心、現在心、未来心です。心は生滅してとどまらないものであり、公案参究はまさにこの生滅の状態において功夫を用い、そこに不生不滅の本地の風光を体得するのです。

この一点に至るためには、常に当下《とうげ》に功夫を用い、当下に据えつけ、当下を観照し、過去を思わず、未来を思わず、他所を思わないようにしなければなりません。人の心は澄んだ水のようで、風がないときには澄みきって静かですが、風が吹けば、波立ち濁ります。波がないときには、心の活動は止まっています。心の活動が止まるとは、決して死んでいるということではありません。そうではなく、生き生きと照らし出し、はっきりとわかっているのです。

功夫を用いるとき、みなさん、どうかあまり心を使って考えないでください。過剰にあれこれと考えれば、これは妄念であり、心意識の作用です。先師はしばしば我々にこう言われました。こころが動く前に功夫を用いなければならない（いわゆる一念無生）、話頭〔公案の始まり〕に功夫を用いなければならず、話尾〔公案の終わり〕に功夫を用いてはならない、と。これはなかなか難しいものですが、本当にこの功夫の方法を身につければ、非常に良い効果をもたらします。我々は、念頭の起こらない時に、この無字を注視し、無字をつけ入るすきのない金城鉄壁と見なします。このようにしてはじめて、あなたの心は静まります。昔の人が言った「打ち得て念頭死さば、你に許《みと》む法身の活《い》くるを〔想念を打ち殺したならば、法身が活きていると認めよう〕」というのがこの意味です。

注

（1）　馬祖道一（七〇九―七八八）、南嶽懐譲の法嗣、洪州宗の祖。

（2）　臨済義玄（?―八六七、一説に八六六）、黄檗希運の法嗣、臨済宗の祖。

（3）趙州従諗（七七八―八九七）、南泉普願の法嗣。以上三名はいずれも唐代の著名な禅僧で、多くの公案を残している。
（4）『無門関』第一則に見える。『大正蔵』四八巻、二九二頁下。
（5）『成唯識論』巻五に見える。『大正蔵』三一巻、二四頁下。

六　禅観十善

これからみなさんに「禅観十善」についてお話ししたいと思います。我々が日ごろ言うところの十善法とは、十悪業を断ち切り十善業を行うことで人天の福果を求める十種の世間善法のことです。つまり、身に三つ、不殺、不盗、不淫（あるいは不邪淫）。口に四つ、不妄語、不両舌、不悪口、不綺語。意に三つ、不貪、不瞋、不痴、です。禅観にも十善があり、有漏・無漏、世間・出世間、および大乗・小乗に通じています。禅観の十善は内五善と外五善に分けられます。内五善が正修、外五善はそれを助ける行です。まず外五善をお話ししましょう。

一、広行布施、二、厳持戒律、三、恭敬三宝、四、孝敬父母、五、読誦聴学。

外五善は禅観修行の基礎で、修道の糧《かて》となるものです。禅観を修業する者は、まず先に外五善を修めないと、禅観の正修に入ることができません。外五善の内容は、聞けばすぐにわかるものですので、ここでは詳しく説明しません。

次に内五善をお話しします。内五善は、「五停心観」と言うところもありますし、「五門禅」と言うところもありますが、内容は基本的に同じです。

一、安那般那《あんなぱんな》、つまり数息観《すそくかん》、二、不浄観、三、慈悲観、四、因縁観、五、念仏観、これは界分別観と言う人もいます。

（一）安那般那。安那は呼、般那は吸、つまり数息観です。

これは古くからの法門です。仏教の中国伝来の後、最も早く翻訳された経典は、禅観修行にかかわる『安般守意経《あんぱんしゅい》』や、あるいは『四十二章経』のような、いかに仏弟子となり、いかに禅観を修めるかといったことを教える、実践を強調するものでした。安那般那は『安般守意経』が説く禅修の法門です。『安般守意経』はまた『仏説大安般守意経』ともいい、後漢の末に安世高《あんせいこう》が翻訳したものです。当時はまだ経典翻訳の際の用語が統一されていなかったため、六根は眼、耳、鼻、舌、身、意と訳されていますが、六塵は色、声、香、味、細滑、邪行とされています。「触」が細滑、「法」が邪行と訳されています。これは名相《みょうそう》の実際の内容に基づいて翻訳されているのです。『安般守意経』によれば、仏陀は毎年、夏安《げあん》居《ご》の期間に、衆徒を指導して安般守意、つまり数息観を修習させています。これはこの法門がもっとも入定しやすいからです。経の説くところでは、仏陀が数息観を行ずることが九十日に及んだとあります。九十日というのは、実際には三か月の夏安居を指しています。夏安居ではおもに安般行を修めています。仏陀成道ののち、数息観が禅定修業の基礎として伝えられていたことがわかります。康僧会《こうそうえ》は三国時代の高僧ですが、この『安般守意経』に序を書いています。この序では次のように言います。安般守意の修習は、一から十まで数えるだけでよい。この十個の数字を一念一念明らかに、一息一息はっきりと、終わったらまた初めから、乱れがないように数えていき、久しくして感覚対象を忘却すれば禅定に入ることができる。彼は「小定三日、大定七日」と言います。また、我々の心には一刹那の間に九百六十の想念が浮かび、一日一夜にして十三億の想念が生起する、とも言っています。これらはみな雑念であり、我々の心を乱すものです。数息観の修習は、まさにこの雑念を清めることであり、このようにしてはじめて入定が可能となります。安那般那の修習はおもに我々の散乱心を対治《たいじ》します。

（二）不浄観

不浄観とは、我々の体がまったくもって穢《けが》れて不浄なものであると観察することです。この肉体は穢れ不浄であると観念できれば、そこにはもう何も大切にすべきものなどありません。人々が執着し大切に思うのは、肉体表面のわずかばかりのものにすぎません。皮袋《かわぶくろ》と骨の中身は穢れて不浄なものばかりです。貪心が強い人は、この不浄観を修めて対治します。貪にはさまざまあります。食べること、眠ること、財貨、情欲、名誉、利益。不浄観を修める場合には、身体の各部分を細かに観察します。なんとそこには一か所も清浄なところがありません。このようにするとあなたの貪心はだんだんと弱くなります。若い出家者にとって、不浄観の修習はとくに重要です。今は二十何歳で、鏡を見れば自分でもなかなかの美貌と思うかもしれませんが、レントゲンを撮ってみればびっくりするでしょう。私の本当の姿はなんと髑髏であったのだと。つねに不浄観を修めていれば、あなたの貪心、貪欲の炎はだんだんと消えていくでしょう。仏陀が出家者を指導し、不浄観を修めて貪心を対治させた理由は、ここにあります。

（三） 慈悲観

すべての人と物事に対応するうえで、憐憫の心、同情の心、平等無私の心を持つことです。どのようにすれば慈悲観を身につけることができるでしょうか？　一切の有情は、すべて過去世における父母、兄弟、姉妹であると観想します。自分の父母兄弟姉妹に瞋《いか》り恨みの心を持つことができるでしょうか？だれもそのような事はしたくないと思います。たとえ、時としてコントロールできずに瞋り恨みの気持ちが生まれたとしても、すぐさま目が覚めます。現実としては、世の中には父母を敬う人も、父母を殺害する人もいますが、しかし父母への孝は人の本性です。慈悲観はまさに、我々の孝の本性を一切の有《う》情《じょう》へと拡大し、それらに対してあまねく慈悲の心を起こすことです。いわゆる「吾が老を老として、以て人の老に及ぼし、吾が幼を幼として、以て人の幼に及ぼす(1)」というものです。瞋りの心が強い人は慈悲観を修めて対治します。

（四） 因縁観

これはまた縁起観ともいいます。つまり十二因縁を順観、逆観することによって、三世（過去・現在・未来）の因果が互いに連鎖していく現実の状況を正しく認識し、そこから生死流転と解脱の理を悟ることです。因縁観の修習は愚痴《ぐち》の対治を助けます。

（五）念仏観

ここでいう念仏観は、浄土宗が提唱する念仏とやや異なります。ここでの念は憶念〔心に思って忘れないこと〕を指します。仏の相好を憶念し、仏の功徳を憶念し、心を絶えず仏の相好と功徳の上につなぎとめ、仏の相好と功徳を我々の心身に充満させます。念々相続して途切れることがないようにし、ここから煩悩を対治し、業障を消し去るという目的を達成します。

内五善の修習は、その中の一つを選んで主要なものとしてかまいません。たとえば、数息観を主とし、貪心が起きた時にはあわせて不浄観を修め、瞋《いか》り恨みの心が起きた時には慈悲観を修め、愚痴心が起きた時には因縁観を修め、業障が起きた時には念仏観をおさめる。出家者としては、まずは数息観を修め、そのあとでつねに不浄観を運用して周囲の物事を観察します。このようにしてはじめて、道心は堅固になり、貪欲は弱くなっていきます。貪欲は対治の最も難しいものです。これは火のようなもので、この火が消えなければ修業は進歩しようがありません。ですから、なんとしてもこの欲の火を消してしまわねばなりません。どのように消すのか？　つまり不浄観の修習です。もし不浄観を修めることができなければ、病院に行ってレントゲンを撮ってくるとよいでしょう。それを持って帰ってきて机の上に置き、毎日これを観察して、自分の本当の姿がどのようなものか見てみるとよいでしょう。

（『浄慧法師禅七開示録』より）

注

（1）『孟子』梁恵王上に出る。宇野精一『孟子』、『宇野精一著作集』第三巻、四三―四四頁、明治書院、一九八八年。

七　禅修法座

ともに修行する皆さま、午前はここで仏法の縁起、空、業果輪廻などいくつかの問題をお話ししました。午後は、慈雨法師のお考えに従って、禅定修習の方法に関して少しお話しします。

禅宗は、臨済、曹洞、雲門、法眼、潙仰の五家に分けられます。臨済宗は禅宗のたいへん主要な宗派でして、臨済の子孫は天下に遍《あまね》しといわれています。臨済の発祥地は河北省正定の臨済寺です。以上は禅宗の外形です。内容について言うとなると、禅定の修行法、禅の思想、影響になりましょう。

禅宗が五派に分かれた後、禅宗の思想はこの五派の中に溶け込みました。この五派のうち、法眼、雲門、潙仰の三派はすでに途絶え、曹洞宗と臨済宗だけが残っています。中国で最も代表的なのは臨済宗です。これはその実践においてだけでなく、思想の面でも代表的です。臨済、曹洞二宗はその後、日本と朝鮮半島にも伝わりました。

現在、日本には主に臨済、曹洞、黄檗などの禅宗宗派があり、曹洞宗が最大です。朝鮮半島最大の宗派は曹渓宗ですが、曹渓宗とはつまり臨済宗です。したがって臨済宗の影響は大きく、学術上の影響となるとさらに大きいものがあります。

現在、いたるところで禅が話題となり、禅は伝統文化ブームの一部になっています。禅学ブームは我々中国ばかりでなく、世界的な潮流であると言えます。このいわゆる禅学ブームはどうやって起こってきたのでしょう? ご在席の居士の方は、おそらく日本の鈴木大拙禅師をご存知か、あるいは彼の著作を読まれたことでしょう。鈴木大拙は西洋で何年もの生活経験があり、直接、英語を使って禅を語り禅学の著作を書くことができたので、彼を通じて中国の禅が西洋に伝わりました。西洋の人々は現在、彼の著作を通して中国の思想文化と禅を理解し、このために西洋で「禅学ブーム」が起こりました。我々中国の禅学ブームももちろん鈴木大拙の著作と関係があります。仏教は最も偏見のない宗教で、一切の法、一切の事物は、前向きなもの、善を志向するものでありさえすれば、すべて仏法です。前向きなものとは、つまり発展するものであり、これは事物の原理です。善を志向するとは、事物の性質を表しています。この二点にかないさえすれば、すべて仏法です。

具体的に禅の修養をお話しします。あるいは気功においても、禅の中のある点、一部分、もしくはある階層を説くかもしれません。では、我々がここで言う禅とは何でしょう? 仏教でいうところの禅は禅定の禅ばかりではありません。ほかに禅宗の禅があります。この二種の禅は異なってもいるし、また関係もあります。たとえば四禅八定(1)などは、仏教でも修行しますし、瑜伽師〔瞑想修行者〕も修行します。おそらくは気功でもこれに触れるかと思います。このような禅定は、仏教では世間禅と呼ばれます。それでは、禅宗の禅とは何でしょうか? 禅宗の禅は、禅定の修習のほかに、智慧も含みます。世間禅は定《じょう》が主ですが、禅宗の禅はそうではありません。『六祖壇経』は、みなさん読まれたことがあると思いますが、「定慧等持」と呼んでいます。禅宗の禅は出定、入定を説きません。禅はある種の精神状態、恒久的な精神状態なのです。それはまたある種の観念でもあり、生活の方式でもあり、我々の生活の各方面を貫いています。ですから「行も亦た禅、坐も亦た禅、語黙動静体安然」[2]というのです。歩いても禅の中、坐っても禅の中、発話も動作も禅を離れることなく、しかも精神状態は常に落ち着いています。この「体」は、身体だけでなく、心身の結合したものを指します。これが禅宗の禅です。

いかに修習すればこのような境地にいたるのでしょうか？ 思惟、読書、普段の各種の修養によっても、もちろんこのような境地に達することはできます。しかし、禅定によることがより直接的でしょう。そのため禅宗の禅は、坐禅や禅定の修習を排除しないばかりか、坐禅・禅定修習はこの境地に至るためのたいへん優れた方法であると考えます。

では、どのように禅定を修習するか？ 私が思いますに、きちんと禅定を修めようとすれば、まず以下のことを理解しなければなりません。一つは環境の選択、二つには身体の調整、三つめは精神状態の調整です。環境の選択とは、静かで、風通しがよく、空気がきれいで、異臭のないところを探すことをいいます。異臭は人を刺激するので、心の安定に不利です。つぎに、坐る場所に綿の坐蒲団を用意するか、あるいはベッドの上に坐ります。スプリングベッドはよくありません。できれば板張りのベッドがよいでしょう。ベッドの上に綿の坐蒲団を置き、後ろに一寸ぐらいの厚さの小さな坐蒲団を置きます。以上の条件が整ったら、つぎは坐禅に適当な時間を選択します。最も良いのは朝と夜、朝は五時以降、夜は九時以降十一時以前です。坐禅をするときには、満腹すぎてはいけませんし、空腹すぎてもいけません。坐禅するには十分な気力が必要です。居眠りしてはいけません。坐禅そのものが一種の修養であり、修行だからです。もしとても疲れていて、坐ったとたんに眠たくなるようでは、坐禅の目的を達することはできません。もし眠たければ、眠るのがよい。坐ってはいけません。また、坐禅する時、衣服はゆったりと着用し、ベルトも緩めなければなりません。とても細いズボンをはいて坐禅する人がいますが、これでは筋肉をリラックスさせづらく、血流を阻害しやすくなります。血流が阻害され、筋肉がリラックスできないと、坐禅時の気分が直接影響され、安らかな状態に入ることが難しくなります。これらはみな、坐禅前の方便です。時間、場所、衣服、坐蒲団、これらの準備が整ったら、坐禅を始めることができます。一般の人で両足を組めなければ、片足を組むだけでもかまいません。片足を組む際には、どちらが上でどちらが下でもかまいません。それぞれの体の状況、習慣で決めてください。しっかり坐ったら足を包みます。我々出家者にはこの大掛〔丈の長い中国式の衣服〕がありますので、これで足を包めば大丈夫です。みなさんは大掛はありませんので、タオルケット、あるいは毛布を使えばよいでしょう。足を包むことには二つの効果があります。一つには保温して、足が冷えないようにすること、二つには、足を固定して、たるまないようにすることです。しっかり坐った後、体を前後左右にすこし揺り動かします。もし気力が旺盛であれば、目は閉じてもかまいません。でも、あまり固く閉じないでください。もしあまり気力がなければ、目は三分開け七分閉じるのがよいでしょう。目を開いたら、あなたの前方三尺の地点を見ていてください。目を開こうが、閉じようが、いずれにせよあちこちきょろきょろしてはいけません。腰は曲げないでください。また、故意にまっすぐにもしないでください。自然にすればよろしい。我々出家者の衣服の襟は高いので、ちょうど頭と襟がくっつけばよいです。頭を襟に寄せる、体をリラックスさせる、手に禅定印を結ぶ、目を三分開けにするなどは、身体の調整について言うものです。

身体を調整したら、次は呼吸を調えます。呼吸の調整がよくないと、心を静めることに直接的な影響をおよぼします。呼吸を調節するには二種類の方法があります。一つは数息《すそく》、一つは随息です。数息とは呼吸を数えることで、ひと吐きひと吸いで一回数えます。眠りやすい人は呼気を数え、心が乱れがちで妄想が多い人は吸気を数えます。これは禅定のうちで数息観《すそくかん》と呼ばれます。もう一つの方法は、意識して自分の呼気と吸気をしっかり見ます。これを随息観といいます。呼吸に随って意識と呼吸を一つにします。しっかりした意識で呼吸の出入りを認識します。この数息、あるいは随息の中で、自分の呼吸を調えます。普通の人の呼吸はせわしなく、息も粗く、自分でもその音を聞くことができます。調整とは、この粗く、せわしく、短く、浅い息を、綿密で、ゆっくりで、長く、深いものにすることです。呼吸を整えたあと、我々は精神状態の調整に進むことができます。

精神状態の調整は坐禅の真の始まりです。上に述べてきたことはすべて事前準備といえます。我々が実際に坐り、心が安定してくると、自分の中に妄想が入り乱れていることに、すぐ気が付くでしょう。子供は寝ただろうか、と考えたかとおもうと、電気は消しただろうかと考えたり、さまざまな雑念が次々に吹き出してきて、妄想叢生といった状態です。これは正念によって克服する必要があります。先ほど述べた呼吸の調整、呼吸の出入りの一つ一つをはっきりと知ることは、意識を呼吸の観察という一点に集中させ、その他の雑念を相殺します。ただ、この一念も一つの点でしかなく、失ったり途絶えたりすることがあります。この一点を一本の線とし、さらには果てしない面にすれば、真に禅定状態へと入ることができます。つまり先ほど述べた「行も亦た禅、坐も亦た禅、語黙動静体安然」です。坐禅したとき、足を崩してからも、ずっとこのような精神状態を保つことができるようになれば、静坐も腕前が上がったといってよいでしょう。これがつまり我々言うところの調心です。以上は坐禅のいくつかのステップについて述べただけです。坐禅を学び始めたばかりの人は、一回に三十分間坐ることから始め、ゆっくりと伸ばしていき、ひと月で十分伸ばし、最終的に一時間坐れるようにします。これが安定すれば、二時間、三時間も問題ではなくなります。毎回、坐禅を終え、座から降りるときは、もし夜であれば、決してすぐに寝てはいけません。ゆっくりと足を崩し、手で膝を何回か軽く揉み、足がしびれていないか、力が入るかどうか見ます。特に高齢者の方が座を降りる際には、手で支えながらゆっくりと起き上がり、その場で少し立ったままにし、それから部屋の中をすこし歩くようにします。他に注意が必要なこととして、冬に坐禅するときには、風が吹き込まないようにしなければいけません。暑くなったら窓を開けてもかまいませんが、窓の方に向くようにします。背中で風を受けてはいけませんし、左右から受けてもいけません。

以上述べたのは、坐禅に関する若干の技術的問題です。他にいくつか修行の境界《きょうがい》〔知覚の対象〕に関する問題があります。一部の人は、あれやこれやの境界に出会うことがあります。仏像が見える人もいれば、菩薩、光明、あるいはよくない境界、恐ろしい境界が見える人もいます。仏教には次のような言葉があります。「若し人、三世一切の仏を了知せんと欲《ほっ》さば、応《まさ》に法界の性を観ずべし、一切は唯だ心の造なり。(3)」一切の境界は我々の心と切り離せません。すべては我々の自心の顕現なのです。したがって、どのような境界であっても、仏菩薩が来るのを見ても喜んではいけませんし、魔王が来るのを見ても逃げてはいけません。たとえ刀で首を斬られても、おそれてはいけません。どのような境界も取り合わない。これが非常に重要です。あなたが修行者であるかぎり、あなたが正念を保持し、智慧が現れているかぎり、どんな境界であっても取り合わない。みなさん、この一点をくれぐれも覚えておいてください。

（明彦整理）

注

（1）四禅は色界の四つの禅定、これに無色界の四空定を加えたものが八定とされ、それぞれ異なる瞑想の段階を指す。
（2）『永嘉証道歌』の一節。『大正蔵』四八巻、三九六頁上。
（3）この言葉は八十巻本『華厳経』夜摩宮中偈讃品に見える。『大正蔵』一〇巻、一〇二頁上―中。

八　念仏と調五事(1)

居士のみなさんが発心《ほっしん》してこの仏七〔七日間念仏を行う法会〕(2)に参加してくださいました。この因縁はたいへん殊勝です。私は、みなさんの精進《しょうじん》心、勇猛《ゆうみょう》心、向道心にたいへん敬服いたします。多くの居士の方から、もっと頻繁に仏法の話をしてほしいという希望をいただくのですが、教務の仕事が忙しいため、みなさんの希望をすぐに満足させることができませんでした。大変申し訳ありません。本日はすでに仏七の四日目です。ここ数日すでに明哲法師などから多くのお話がありました。また多くの方がいつもここの仏事に参加され、各法師の講話を聞いていらっしゃいます。今日、私は、念仏と禅定修業において注意すべき問題について、仏祖の言葉にもとづき、いささか気が付いたところをみなさんとお話ししたいと思います。

　今回、我々が行うのは、念仏七です。厳密に言えば、念仏も禅定の一種です。皆さんが毎日念じておられる回向文(3)のなかに「心、貪恋せず、意、顛倒せず、禅定に入るが如し」とあります。念仏する者はみな念仏三昧を得たいと願います。三昧とは正定であり、念仏三昧とはまさに念仏の正定（あるいは禅定）なのです。念仏が一心不乱の状態に至らなければ、効果を得ることは難しい。もし一心不乱に至れば、それは定相《じょうそう》の出現です。定《じょう》がなければ一心不乱に至ろうとしても無理です。したがって、禅定と念仏はおなじことです。みなさん、必ずこの道理を理解しなければいけけせん。念仏と修禅《しゅぜん》を分けないでください。仏教修行、修定の根本的な意味からいえば、念仏と禅定は不可分なのです。また、念仏の儀式、あるいは念仏七の儀式から見ても、念仏と禅定は結びついています。たとえば我々は、毎支香(4)、仏の名号《みょうごう》を称えるだけでなく、「止静」もします。止静は実際のところ仏号を黙念することですが、仏号の黙念も禅定の一種です。したがって、この二つの面からみれば、念仏と禅定は一つのことなのです。みなさんには、思想と道理の上でこの意味を理解してもらいたいとおもいます。この点がわかれば、浄土法門を修するときにも、一日に称える名号の回数を追い求めるだけではなくなります。より重要なのは自らの散漫心、妄想心を制御し、停止させ、消滅させることであり、これこそが我々の修行、念仏の目的なのです。妄想心、煩悩を除かなければ、一心不乱の状態に至ることも、すぐに禅定の効果を得ることも、臨終のときに極楽世界に往生することも、どれも不可能です。念仏が、妄想を除き、禅定を得るという目的を達するためには、修業の方法、坐り方、体と息と心の調整方法に気を配り、さらには飲食、睡眠の調整方法にも気を配らなければなりません。これら各方面が調和し、道と相応して、我々の修行はやっと順調かつ速やかに効果を上げることができるのです。これらのことは天台宗の『小止観』(5)に述べられる「調五事」の方法です。この五つのことが適切に調整されれば、修行のための条件が整い、修行は進歩しやすくなります。これらの方法を理解すれば、仏七の際ばかりでなく、普段の修行や、家で坐禅をするときにも役に立ちます。

さて、ここでいう調五事ですが、その第一は飲食の調整です。本来、食べ物は体に栄養をあたえるものであり、修行修道のための糧《かて》です。その利用が適切であれば、我々の修行を助ける因縁となります。

しかし、利用が適切でなく、食べる量が多すぎたり少なすぎたりすれば、体に影響を及ぼし、修行にとって良いことはありません。さらには様々な病気を引き起こすことにもなります。いわゆる、病は口より入るというものですね。

食の調整にあたっては、四つのことに注意しなければなりません。一、飲食は多すぎてはいけません。腹七分目、あるいは八分目ぐらいにとどめなければなりません。というのも、あまり食べすぎると、坐禅や念仏の際に、胸が苦しくなり、心を静めること、想念をつかまえることが難しくなり、身体は安定しません。二、また、食べるのが少なすぎてもいけません。日頃、一食に二両〔百グラム〕、三両〔百五十グラム〕を食べるのに、修定の時には一両〔五十グラム〕というのではいけません。お腹がすいて、身体が支えきれず、栄養不足では、やはり修定できません。お腹がぐうぐういって、雑念が入り乱れているようでは、どうやって修定できるでしょう。修定はできず、念仏三昧を得ることも一心不乱を得ることもできません。以上の二箇条を合わせれば、飢えず飽かず、ほどよいところでやめる、つまり中庸ということになります。仏教は中道を主張します。中道にとどまることこそ、修行の正道なのです。三、穢濁のもの、たとえば魚、肉、ネギ、ニラ、ニンニク、それから酒、たばこなどを口にしない。これらの食べ物は修定、念仏にふさわしくありません。油が多ければ、心が静まりません。ネギ、ニラ、ニンニクは刺激が強く、においもきついので、自分で嗅いでもつらいものです。このようなにおいは、我々の眼根、鼻根を刺激して、心を静めることを難しくさせます。四、不適当なものを食べない。自らの健康を損なうもの、あるいは食習慣に合わないものを食べない。たとえば唐辛子を食べられない人が、突然たくさん食べたりすれば、修定には絶対に不利です。不適当なものを食べれば、様々な病気を引き起こします。したがって、修行、念仏、坐禅にとって、家で行う場合でも、寺院で行う場合でも、食事の調整は最も大切なことです。飲食が適切に調整され、心身が伸びやかで、修道が法にかなっていることが、修行の前提です。

第二に、睡眠の調整です。仏教では、いかなる法門であっても、みな精進して怠らないことを重んじます。六波羅蜜において精進は非常に重要です。精進がなければ、布施を修めることもできません、持戒を修めることもできません、忍辱、禅定、智慧、どれも根気強く修めることはできません。仏法を学ぶのであれば、どの法門であろうと、怠けて睡眠をむさぼるようではいけません。そのため、寺院の規程では、毎日四時半、あるいは五時に起床、諸方の大叢林であれば、みな三時起床、夜は九時にならないと眠れません。決められた時間に決められた量の睡眠を取ることは、修行時間を保証しますし、明晰な意識を保つこともできます。もちろん、睡眠をむさぼらないというのは一面であって、過度に身体を疲労させ、眠らないというのはいけません。というのも、我々の身体はなんといっても弱いものですから、やはり惜しみいたわって、我々の修行、仕事、衆生への貢献のための、道具、方便としなければなりません。我々はこの身体を大切にし、仮を借りて真を修めるのです。我々は毎日、一定の睡眠、休憩を確保しなければなりません。睡眠時間はそれぞれの人の年齢、健康状態、仕事の環境によって決まります。一般的に言って、高齢者は六、七時間寝れば足りますが、若者は八時間の睡眠時間を確保しなければいけません。もし睡眠時間があまりにも少ないと、坐っていればボーッとしやすく、修定、念仏いずれも真の効果を得ることはありません。睡眠不足で、意識ははっきりせず、意志が明らかでなければ、浄念を途切れさせないようにしても不可能です。睡眠の調整は、我々の修行の基礎なのです。以上の二箇条から見るに、修行は物質的生活を基礎としています。我々、修行を行う人間、仏教を学ぶ人間は、物質的生活の重要性を軽んずるべきではありません。

第三は、調身です。調身とは、一つには、我々が禅定を修め、坐禅する時にどのように身体を調節するか、もう一つには、普段、坐禅していない時にどのような問題に注意すべきか、ということです。坐禅をする席、坐る坐蒲団はとても大切です。坐禅時に使用する坐蒲団は、結跏趺坐〔足の甲を反対の足の太ももの上に載せる坐法〕の長さ・幅と同等か、あるいはやや広いというのが一般的です。坐っているとき、十分に安定していなければ、真に身心を調整する作用は得られません。坐蒲団は柔らかく、お尻には小さな坐蒲団を当て、お尻を両足よりやや高くします。坐った後には足を組み〔原語：盤腿〕ます。足を組む時には、まず右足を収め、そのあとで左足を右足の上に置きます。足の甲と太ももが同じ高さになるのが基準です。これを単盤、あるいは単跏趺と言います。一般的に言って、年を取った人は、単盤ができれば十分です。若い人はもう少し高いレベルを目指して、双盤〔両足を組む形〕を練習するべきです。足の組み方は、修行、入定、念仏三昧の獲得にとても重要です。なぜなら、一切諸仏の成道相はすべて跏趺坐相であり、跏趺坐相が定相なのです。足を組んだ姿は入定相ですので、必ず練習しなければいけません。念仏だけしていればいいのだ、足を組むかどうかは大切ではない、とは思わないでください。このような考えかたはいけません。もし本当に修行しようとするならば、心を決めて足の組み方を練習する必要があります。足をきちんと組めたら、手には禅定印を結びます。左手を下、右手を上にして、両方の親指を相対させ、足の上においておなかにぴったりつけます。親指は必ず相対させなければなりません。このようにしてはじめて、各方面から我々の注意力を強め、精力を集中させ、意識を集中させることができます。念仏、修定にとっては一種の増上縁〔他の物事を成立させる条件〕となります。手をきちんと置いたら、頭、首、背骨を正します。正すというのは、けっして体を意識的にまっすぐ伸ばすということではありません。ただ、腰を曲げたり猫背になってはいけません。あまりまっすぐに伸ばすと、息を損ないます。腰や背を曲げると息をふさぎます。息が出てこず、スムーズでなくなります。体を正し、きちんと坐る、一方に偏らず、うつむかず、また仰向かない。これが調身の要点です。まとめて言うと、ゆるめず、しめつけないのが調身の相です。

第四に、調息です。調息とはつまり呼吸を整えることです。念仏であれ、その他の法門であれ、調息は基本技術です。呼吸を調えなければ、修定は始められませんし、念仏三昧の獲得も望めません。息には四つの相状があります。一には風相。我々、普通の人間の呼吸は音が大きいです。これは息ではなく、風です。二には喘《ぜん》相。喘相とはスムーズでなく、早くなったり遅くなったりすることです。三には気相。呼吸がとても粗いことです。この三種はいずれも修定における正常な相である息相ではありません。修定の正常な息相では、心を息の上にとどめ、息の出入りが綿々と続き、有るような無いような状態にします。音もたたず、つまることもなく、非常にスムーズにします。もし呼吸が「風」の段階にとどまっていれば、気が散りやすくなります。そのため「守風則散」と言います。「喘」の段階にとどまっていれば、スムーズでなくなります。「守喘則結」です。「気」の段階にとどまっていると、呼吸が荒く重くなるばかりでなく、疲れやすくもなります。「守気則労」です。散も、結も、労も、どれも修定のための正常な息相ではありません。呼吸を調整して、渋らず滑らず、出入が綿々と続き、有るような無いような段階にいたれば、これこそが息相です。息相を保てば、定《じょう》を得やすくなります。それで「守息即定」といいます。みなさん、これらの呼吸の相状を忘れないでください。「守風則散、守喘則結、守気則労、守息即定」です。「守」とは保持するということです。

では、念仏と調息はどのように結びつけるのか？　念仏しているときには、声は大きくもなく、小さくもなく、せわしくもなく、緩やかでもなく、一声一声が耳に入り、一念一念が心に刻まれ、念と息が足並みをそろえ、融け合い、たいへん調和した状態にします。一回吐いて一回吸うのを一息といいます。たとえば、「阿弥陀仏」の四字を念ずる場合、吐くときに「阿弥」、吸うときに「陀仏」と念ずるというのも一つの方法です。もしこのような方法をとった時に、自分の呼吸がとてもせわしく、念仏に骨が折れると感じたら、これは呼吸が風相と気相にとどまっているからです。呼吸を息相の状態にまで調え、有るような無いような状態にすれば、呼吸に従って名号《みょうごう》を黙念できるようになります。息相が安定し、熟練したならば、名号の意念さえ存在していればよくなります。必ずしも声を出す必要はありません。息相が安定し、浄念が絶えることなく、「念じて無念、無念にして念ず」という状態にまでなれば、これが禅定の現前、念仏三昧が熟したということです。このような方法は、坐禅するときだけでなく、日頃、道を歩いているとき、仕事をしているとき、寝るときにも使えます。

自分の呼吸がコントロールしづらく、心が乱れやすい時があります。このような時には、仏号の黙念と呼吸を同調させるのが、心をおさめるための方法となります。しかし、仏号が四文字（阿弥陀仏）あるいは六文字（南無阿弥陀仏）であるため、呼吸、息と同調させるのが難しい時があります。この時には、数息観を利用して心をおさめるのも一つの方法です。つまり一回吐き、一回吸うのを一単位として、一から十まで数え、終ったらまた一から繰り返します。一回吐くごと、あるいは一回吸うごとに一つの数字を数えます。数息観もとても効果がある修定法です。天台宗の『六妙門』(6)ではその最初にまさに「数息門」を述べています。このような方法も妄想を止め、深く禅定にはいることを可能にします。

第五に、調心です。調身であれ、調息であれ、その最終的な目的は調心です。我々の心を沈まず、浮つかず、意識がはっきりした状態に調整します。これこそが念仏修定にとって必要な心理状態です。調心には三つの段階があります。一に「入」、二に「住」、三に「出」です。「入」とは、これまで見てきた様々な問題すべてに注意したうえで、我々の意識、あるいは心を禅定の状態に入らせる、これが「入」です。禅定状態に入るにあたっては、二つのことに注意が必要です。一つは惛沈《こんじん》してはならない、一つは掉挙《じょうこ》してはならないということです。惛沈というのは、禅定状態に入ったあと、意識がはっきりしない、あるいは姿勢が正しくない、たとえば首が曲がって頭が下がる、目を閉じ腰が曲がるというもので、こうなると元気はなくなり、意識ははっきりしません。掉挙とはつまり妄想が多いことです。もし惛沈を感じたならば、意識を奮い起こし、自分の鼻先に注意を向けて、目をすこし開くと、すぐに目を覚ますことができます。掉挙を対治《たいじ》する方法としては、意識を丹田に移し、息相に注意し、仏の名号を念じて妄念が入り込まないようにし、浄念を禅定状態の中に安住させます。「安住する」とは、同時にまた「入る」ということであり、両者をはっきり分けることはできません。禅定状態に安住している時には、意識の明瞭を保たなければなりません。私は日頃、修行は「軽安明浄」に至らなければならないと強調しています。「軽」は身体が健康であること、「安」は心が安らかであること、「明」は昏沈しないこと、「浄」は掉挙しないことです。では、どうやって禅定状態から出るか？　我々が、一坐（一支の香をたく間の坐禅）、あるいは一時間、四十分の修行をして、禅定の中で非常に安定し、心地よく、とても効果がある状態から出ようとする時には、以下のことに注意が必要です。まず意識を息相の中から引き抜き、口を開けて息をつき、濁った気が体中の血管から思いのままに散っていくようにイメージし、すこし身体を揺すり、両手を揉んで温め、その手で両目を揉み、ゆっくりと両目を見ひらき、両足を崩します。足を崩す時にも揉んでやることが必要です。身体の熱が少し引いたら、禅定から出てかまいません。禅定から出る時には、必ずゆっくりと身体をリラックスさせ、意識を安定した状態から抜け出させなければなりません。このようにすれば、禅定状態への出入が当を得ないことによる心身の不調を来すことがありません。

今日お話ししたこれらの内容は仏七のときばかりでなく、日ごろ、自分の家で修行する時にも役に立ちます。もし皆さん興味がおありなら、智者大師の『小止観』を始めから終わりまで何度か繰り返し読んでみると好いでしょう。我々の修行にとってたいへんためになります。

最後に、みなさんがこの仏七での精進においてそれぞれの利益《りやく》を得、日ごろの修行のための良好な基礎を築き、仏道成就のために金剛の種子を植えられんことをお祈りいたします。

みなさん、ありがとうございました。

（在家の弟子林明珂が録音に基づき整理した。『法音』一九八七年第六期初出(7)）

注

（1）底本に『法音』一九八七年第六期初出とあるのは誤りで、『法音』一九九三年第二期が正しい。雑誌掲載記事によれば、この講話は一九九二年一二月八日、北京広済寺にて行われたものである。

（2）印順『浄土与禅』念仏浅説・仏七に「仏七は簡称である。全称は結七念仏と言うべきである」、また「結七は必ずしも念仏だけではない。たとえば参禅には禅七がある。しかし、今回は仏七であり、すなわち七日間、南無阿弥陀仏を専心称念する」とある（五一頁、『印順法師仏学著作全集』第七巻、中華書局、二〇〇九年）。また蓑輪顕量「台湾における仏七簡介―西蓮浄苑を中心に―」（『愛知学院大学禅研究所紀要』第三四号、二〇〇六年）、同「台湾における修業「仏七」と門派化の進む寺院―西蓮浄苑・慧日講堂・南普陀寺・霊巌山寺・仏光山―」（『愛知学院大学人間文化研究所紀要・人間文化』第二一号、二〇〇六年）に台湾における仏七の様子が紹介されている。

（3）もとは遵式『往生浄土決疑行願二門』行願門・十念門に出る。毎日早朝に阿弥陀仏の名を十念したのち、「発願回向して云」うものとされる。原文は「心に貪恋無く、心、倒散せず、禅定に入るが如し」とする。『大正蔵』四七巻、一四七頁中。

（4）前掲蓑輪論文によると、仏七では、一支の香、つまり一本の香が燃え尽きる時間、およそ一時間弱を一つの単位として念仏を行う。

（5）天台智顗述。瞑想の方法を平易に説く小部の書物で、広く流行した。詳細な書誌については関口真大『天台小止観の研究』（天台学研究所、一九五四年）参照。

（6）『六妙法門』、智顗説。天台の三種止観のうちの不定止観を説くとされ、六妙門、つまり数、随、止、観、還、浄の六つの禅法を述べる。『大正蔵』四六巻所収。
（7）　初出については、注（1）参照。

五、人間として如何に生きるか

一　人生修養の四大選択

仏法が世に行われて二千五百年、その間に説かれたことは四つです。つまり、仏法僧三宝を信仰すること、戒定慧三学を勤修すること、貪瞋痴三毒を息滅すること、身口意三業を浄化すること。この四つのことは、どのように説いても確定できず、常に新しい内容が出てきて、言い尽くすことができません。これらは四弘誓願と同様、仏教の綱領であり、また我々の修行の起点であり、終点であり、全過程です。仏法の道理は単純ですが、深くもあり、簡潔で要を得ているだけでなく、限りなく展開させることもできます。今日お話しする四大選択とは何かというと、一、信仰の選択、二、因果の選択、三、良心の選択、四、道徳の選択です。これは人間としての四つの根本です。人は信仰を欠くことはできません。ではは何を信じるのか？　最も重要なのは、世出世間の因果律を信ずることで、これが根本です。ではどのように因果を体現し、具現化するのか？　すべての人には良心がなければなりません。良心はどのように体現するのか？　これは道徳によって体現します。この四か条は一つ一つが結びついているのです。

1

まず、我々ひとりひとりには信仰がなければなりません。人は、この世界にやってくると、多くの問題に向き合い、またそれを解決しなければなりません。普段、人々の注意を引き、常に触れ、はては一時も欠くことのできないのは、いわゆる飲食男女です[1]。これは常にある問題であり、またいろいろな問題の中の一つでもあります。この外に、人生の目的の問題、価値の問題、よりどころの問題があります。よりどころの問題とはいわゆる究極的関心の問題です。人がこの世にやって来たのはいったい何のためか？　何十年後かにはどうなっているのか？　これがいわゆる究極的関心です。これらの問題はすべて信仰と関係しています。人は万物の霊長であるとすれば、この「霊」なることとは、主に究極的関心に対し強い欲求を持っていることに表れています。人が人であるゆえんは、信仰を追求するからであって、他の生物より有能であるからではありません。信仰の問題は人生の根本問題です。人生が醒めているかぼんやりしているか、空虚であるか充実しているか、希望にあふれているか絶望的であるか、価値があるか幻のようであるか、これらはすべて信仰という根本問題にかかわっています。

信仰の問題はまた、すべての哲学と宗教が解決を試みる根本問題でもあります。どれほどの時空的範囲で頼りになる心のよりどころを成功裏に提供できるか、哲学と宗教の存在価値はかなりの程度、そこに表われています。これまで世界には多くの哲学と宗教が現れました。あるものはすでに消失し、あるものは消失しつつあり、またあるものは絶えず発展し、日に日により多くの人の信仰対象となっています。我々中国の古代において、哲学流派は百家争鳴という状況を現出しましたが、のちに政治的な原因により、おもに儒・仏・道の三家が残りました。儒・仏・道三家では、ある時には哲学と宗教が混在しています。たとえば道家は、はじめは哲学流派でしたが、のちには宗教組織へと変化しました。仏教は中国伝来のときから宗教形態ですが、哲学的な内容を含んでいます。仏教の哲学は宗教の装いのもとに伝来したのです。

中国に現存する宗教としては、皆さんご存知のように五大宗教、つまり仏教、道教、イスラム教、カトリック、プロテスタントがあります。もちろん、中国に現存する五大宗教のそれぞれには多くの派が存在します。これらの派には盛んに発展しているものもあれば、すでに歴史の遺物になってしまったものもあります。たとえば仏教は現在も発展の傾向をみせていますが、一部の派はすでに歴史の遺物になってしまいました。その伝承は途絶え、研究対象になるだけで、実際にそれによって修行する人はいません。たとえば三論宗は仏教における一つの宗派ですが、三論宗を研究する人はあっても伝承はありません。またたとえば唯識法相宗も研究の対象、学問の対象となるか、あるいは他の派がその理論を借りて自らの宗義を展開しています。唯識法相の説く道理は、各宗によって応用されていますが、それ自身は一つの宗派としてはもう存在していません。

強いて言えば、仏教において宗派として存在しているものとしては禅宗があり、伝承の流れを見ることができます。それから浄土宗がありますが、これは直接的な伝承ではありません。これはまったくのところ、浄土宗の信仰者たちによって第何代の祖師というのが押し立てられているのであって、次の祖師とその前の祖師の間には数百年の開きがあり、直接の伝承がないこともあります。そのため、浄土宗には、その成立から今に至るまで十三代の祖師しかいません。長い時間を経て浄土宗および仏教界の公認を得る大家がやっと現れ、その後にその人を浄土宗第何代の祖師と追認するのです。その次には密教があります。中国内地においては、密教はすでに伝承を絶っています。チベット仏教では、まだ蔵密〔チベット密教〕の伝統があります。現在は、中国の漢密、すなわちかつて存在した唐密、つまり現在の日本の東密〔真言密教〕、台密〔天台密教〕を再び取り入れて、宗風を継ごうと考える人もいますが、これに呼応する人は多くありません。したがって、仏教について言えば、いくつかの宗派はすでに歴史になってしまっています。

今日、我々が言う仏教とは、仏陀の総体的教義、総体的思想体系から発したもので、けっして一宗一派に限られたものではありません。具体的な実践、たとえば禅定の修行においては、一つの伝承、特定の宗派の提唱する法門によって我々の修行を実現するというだけです。このような仏教は一個の大仏教であり、一つの宗派による小仏教ではありません。

世界的な範囲で見てみれば、人々の選択に供しうる信仰は更に多種多様で、内容豊富です。世界的な宗教のうち、名のある一定規模のものは少なくとも三、四十種あり、これに小さな宗教を加えれば百種を超えますが、これを分類してみれば、やはり西洋と東洋の二大派閥となります。この二種類の信仰形態にはいささかの違いがあります。東洋の人々は往々にして内在的な信仰を求め、自分の心から出発します。西洋の人々は、外在的なものを求めます。彼らは自分は無力であると考え、必ず外在的なものが信仰の対象、人々の救いの神となります。これが東西の信仰形態における全体的な違いです。このような信仰形態上の違いは、哲学、科学などの領域にも影響します。東洋は人文科学が比較的発達していますが、西洋では自然科学が比較的発達しています。現在は重要な時代のめぐりあわせとして、東西がたがいに交流できます。これは人類の発展にとって非常に重要な機会、東西の人々が交流し、互いに学びあうための最高の機会と言うべきです。

信仰の視点から現実の状況を観察すると、第二次世界大戦以降の西洋世界には、「ビートジェネレーション〔原文中国語で〝垮掉的一代〟、壊れた世代の意〕」という、たいへん流行しているというか、いかんともしがたいと言ってもいい言葉があります。何が壊れてしまったのか？　信仰が壊れてしまったのです。なぜ信仰が壊れてしまったのか？　これは、欲望と虚無主義の衝撃によって、精神的側面と物質的側面がバランスを失ってしまったからです。まるで水に落ちた人のように、見たものは何でも救いの草だと思ってつかまろうとします。それが信頼できるか否かにかかわらず、多少の刺激さえ感じられれば危険を冒します。たとえば現在、「白災」とよばれる麻薬中毒、「黄災」とよばれる色情、「黒災」とよばれるテロ活動などがあります。必ずしもこれらの人たちに思慮がないとは言えません。考えのある人たちのはずです。しかし彼らは、生命の真のよりどころを見つけることができず、外からの誘惑を受け、そこに陥って抜け出せなくなるのです。これらの人々は名実ともに、帰るべき家のない生命だと言えます。

近現代にも少なからぬ哲学者が、伝統的価値観が崩壊したこの地上に、人類の新たな精神的殿堂を打ち建てようと試みました。たとえば、西洋の実存主義や生の哲学などは、どれも人類の存在の問題、人類の究極的関心、価値の追求に一種の解釈と説明を提供しています。とはいえ、不幸なことに、これらの努力は問題を解決できていないばかりか、もともとひどい局面をさらに混乱させたのでした。西洋の世界はこのような状況ですが、我々東洋の中国はどうでしょう？　ここ十数年の現実から見れば、楽観は許されないと言うべきでしょう。長いあいだ中国人の価値の基準であったものは、三不朽と呼ばれます。「太上《たいじょう》は徳を立つる有り、其の次は功を立つる有り、其の次は言を立つる有り(2)」というものです。この三不朽を核心とする儒家の価値観念は、「五四運動」以来の度重なる打撃を受けたあと、功利主義が一切を主導し、社会の道徳水準があまねく低下するという風潮のなかで、すでに人々の究極的な価値基準となる力を持っていません。

少なからぬ知識人が、大きな心理的プレッシャーを受けながらも、いまだこれらの観念を堅持、発揚し、これらの観念が再び国民の関心と共感を得られるよう願っていますが、しかし広範な民衆において伝統教育は断絶しています。人々は何が伝統であるかすら知りませんし、そこでどのような内容が説かれているかということになると、さらにわかりません。我々も現在、儒教文化、道教文化を学ぶ学校をいくつか運営しています。子供のころから、伝統文化に対する共感を養成したいと思ってのことですが、これは焼け石に水で、役には立ちません。私の知っているある子供は聖陶小学で学んでいますが、とても小さいのに「四書五経」を暗唱できます。ただし学校の生徒はたいへん少ない。さらに「四書五経」が暗唱できても、それを具現化して生活を律することができるのかとなると、とても難しいことです。単に文化的側面、知識的側面から学ぶだけでは不十分です。我々の生活実践を導く思潮となってはじめて、社会に作用をおよぼすことができるのです。いかなる思想も、生活を導き生活の中で実現できないのであれば、空論です。

世界は非常に奇妙なもので、たとえば今、一部の流行歌の影響力はとても大きく、一曲の歌が歌われれば、無数のファンが追いかけ、真似をします。歌手の節回しやしぐさをまねるだけでなく、彼（彼女）の生活も真似します。これは奇妙です。ここからわかりますが、人々の生活は確かに空虚で、空虚な生活を埋めるだけの価値あるものを見つけ出すことができずにいます。一方、我々の伝統的なものを見てみると、言語環境の変化や新しい解釈の欠如のために、伝達するための新しい方法がありません。このため、それらは非常に貴重であるにもかかわらず、文化的な隔離のせいで、宝の山が深い地層に埋められているような状態にあるのです。我々にはそれを掘り出すすべがなく、ただ宝の山の上で飛び跳ねているだけで、受け取るのはその残りかすばかりです。

このことから仏教ばかりでなく、儒教にも現代化が必要であると思い至ります。儒教の現代化がなければ、孔子さまの内在的な良い思想、好いものも手つかずに放っておかれ、はるかかなたに捨て去られることになるでしょう。一部の人は虚無主義的な思想によって我々の祖師を扱い、祖師は何も残していないと感じます。祖師が我々に残した財産は古い外皮に覆われていますが、実際にはきわめて豊富な内容を持っています。この現代において、多くの宗教や哲学と比べても、仏教は中国ばかりでなく世界的に強みを持ち、恒久的な心のよりどころを人類に提供する条件を備えていると思います。この仏陀の教えの中には、何点か特に注意すべきものがあると思います。

第一に、仏陀の教えによれば、我々の生命は、常《じょう》〔常住不滅〕でもなく、断《だん》〔死によって断滅すること〕でもなく、尽きることのない因果流転の過程です。これは、十二因縁によって生命を観察しているからです。十二因縁はまさに生命の流転の過程であり、生命が無限であるからには、決して「死んだら終り」ではありません。生は人にとって永遠に希望に満ちたものですが、死も決して恐ろしいものではありません。生命が常でないからには、それは固定不変のものではありません。我々人間にこそ、変革と解脱の可能性があるのです。もし、まったく変えることのできない運命があるとするならば、我々は絶望的な生活状態に置かれるでしょう。運命を変えることもできず、解脱の希望もなければ、我々の努力はすべて無駄になってしまいます。したがって、仏教が言う「無常」の観念は、非常に積極的な思想なのです。

かつて陳独秀が書いた掛け軸を見たことがあります。それは太虚法師のために書いたものでした。何と書いてあったかというと、「諸行無常」。そのあとに唯物論の観念によって四文字を加え、「万法不空」とありました。諸行は無常であり、万法は不空である。彼の仏教に対する理解から見れば、万法不空と言っても通じることとなのです。これは、一部の人に、仏教で言う「空」に対する偏った理解があり、何もないことが空、何ものかが存在しないことが空であると、思いこんでいるからです。実際、仏教は事物の当体がそのままで空であると説きます。たとえば、この湯飲みは空《くう》です。これは、水が入っていないということではありません。水がいっぱいでもやはり空です。この「空」というのは、一つの事物のきわめて微細な動態、変化、生滅から見た意味なのです。一つの事物の、実体の存在から実体の消滅までの変化は、決して突然にやってくるのではありません。それは一分一秒、刹那刹那の生滅のなかで前に進んでいくのです。人が七、八十歳になると、この人はもうすぐ死ぬ、と我々は考えますが、実際にはこの人は不生不滅であり、これまで生まれたこともなければ、死ぬこともありません。というのも、生命のプロセスは、刹那刹那の相続だからです。この刹那とはどれほどの長さでしょうか？　実に微塵のように小さなものです。時間がこのプロセスを流れるのは、一つの微塵に一つの微塵が続くようなもので、一つの微塵に一つの生滅が起こります。このような形で前に進んでいくからこそ、空、無我、無常であるというのです。

仏教には非常に積極的な言葉があり、空の道理を理解する手助けとなります。それは、「空の義有るを以ての故に、一切法は成ずるを得」(3)というものです。空は一切法を壊すためではなく、一切法を成立させるためのものなのです。生命は無常です。このことは我々に、生命を改造し、生命を解脱させるための機会を提供します。もし生命が常《じょう》であれば、変えることはできません。世界に不変のものはありません。みなさん試しに探してみてください。変わらないものが見つかるでしょうか？　見つかりません。だから、人々が無常の生命に向かい合うことは、無限の創造の機会を得ることなのです。

第二に、仏教は「万法は唯だ心の所造であり、因縁によって起こる」と主張します。この命題も、一般の人には受け入れられないものでしょう。一般に、物質的存在が第一性質であり、精神は第二性質であると考えられています。とすれば、どうして万法はみな唯だ心の所造であると言うのでしょう？　みなさん、この「造」の字に注意してください。これは創造の造ではありません。ではなにか？　これは変化であり、「造」は「変」の意味です。唯識宗では、諸法は唯だ識の所変であると説きます。変とは変現であり、この心が手品のように湯飲みを出してくるわけではありません。では、それは何を出すのでしょう？　個人の主観意識からいえば、仏教は反映論を主張します。六根〔六つの感覚器官〕と六塵

〔六種の感覚対象〕が接触したとき、その中間の六識〔六つの認識主体〕がこの外在的対象を認識し、自己の心において外界の事物を認識する能力を現し出し、ここで初めて湯飲みという認識を現出するのです。だから、万法は唯だ心の所造であり、因縁によって起こるというのです。一切の事物はみな因と縁があります。因縁を具えないものはありません。

因縁とは何でしょう？　因とは全ての物事が存在、発展するための内在的根拠であり、縁とは外在的条件です。もし内在的根拠しかなく、外在的条件を備えていなければ、一つの物事が存在し発展することは不可能です。この意味からいえば、一切の諸法はみな条件付きの存在です。すこし頭を絞って考えてみましょう。いかなる条件も必要とせず、独立して存在できるものがあるでしょうか？　皆さん探してみてください。こういうものが見つかるでしょうか？　因縁に頼らず存在する事物、条件に頼らず存在する事物。実際のところ、そのようなものはありません。母の愛は無条件だという人がいます。しかし、母があるから愛があるとすれば、条件があることになります。なぜ母があるのか？　子があってはじめて母があるのです。これが条件です。仏教では、この因縁は一つの輪であると考えます。どこが起点でどこが終点なのか決めることができません。これを法爾の道理といいます。事物の存在の本来の姿はこのようなものです。もし事物の存在の本来の姿以外に、どうしてもなにかの原因を探し出そうとするのなら、仏教ではこれを我執、あるいは法執であると考えます。我々人間のすべての問題は、だいたいここから始まっています。客観的事物の本来の姿を知らず、どうしても客観的事物のうえに何か別のものを加えようとするのです。

仏教では、一切の法は因縁より起こると説きます。「心浄なれば則ち国土浄、心穢なれば則ち国土穢。」「一念善なれば即ち天堂、一念悪なれば即ち地獄。」「一念迷えば即ち衆生、一念悟れば即ち是れ仏。」つまり、我々人間が生活する国土の穢と浄、個人の五蘊身心の美と醜、強と弱、賢と愚、および寿命の長と短、運命の窮と通、得と失などはみな、先天的に決まったものでもなく、外在的な力が我々の身に加えたものでもありません。すべて、ひとりひとりの心がそれぞれの業の作用によって感応したものなのです。このため、超越と解脱の根本はまさに当下《とうげ》〔いま、ここ〕にあります。当下の一念が悟れば天堂です。ですから、一心を十法界に分けますが(4)、十法界はどこにあるかというと、はるか遠く捉えられない空間にあるのではなく、まさに我々の心の中、我々のこの当下の一念にあるのです。それはけっしてぼんやりとした彼岸世界ではありません。彼岸世界は此岸にあります。此岸を離れて彼岸はありません。穢土を離れて、どこに浄土を見つけられましょうか。仏教のこのような積極精神は、まったくもって我々のこの当下の一念の上に打ち建てられているのです。というのも、過去のものを捉えようとしても、これは妄想にすぎませんし、未来のものはまだ来ていませんので、捉えようがありません。最も現実的なのは、まさにこの当下の一念です。この当下の一念は、一念即永遠です。一つ一つすべての当下をしっかりと捉えることができれば、そのような人の修行は十分なレベルに達しています。

第三に、仏陀は我々に「人はみな仏性を持ち、人はみな仏になることができる」と教えます。この観念もまた非常に特殊なものです。ここから出発して、たちどころに我々の人間性を昇華し、我々が無限に創造し努力するための機会と目標を与えたのです。我々はみな自分は非常にちっぽけだと感じ、希望が持てず、絶望の中で一生を過ごします。そこで仏教は、我々に最も大きな希望を与えました。つまり、人はみな仏となることができる、すべての人の人格はみな、至高無上のものとなることができるということです。これらの考え方は、儒家の「人はみな聖賢になることができる」、「人はみな尭舜になることができる」という思想と似たところがあります。そのため我々中国人は仏教のこのような考え方を非常によく認め、受け入れることができるのです。

仏教では、衆生と仏はその本性において平等であると説きます。この本性とは、我々一人一人が本来的にもっている可能性、本来具足の可能性のことです。これは人々の強みです。仏と衆生の関係は、救世主と被救済者ではなく、先生と学生、師匠と弟子の関係です。みなさんが「釈迦牟尼仏」と唱えるときには、そのまえに「本師」の二字を加えます。本師とはつまり我々の先生であり、もっとも直接的に伝承を受ける先生にほかなりません。したがって、仏と衆生の関係は師弟関係であり、師弟関係とは慈悲ある打ち解けた関係です。衆生は仏の慈悲、智慧、福徳を持つことができます。『華厳経』に「一切の衆生は皆な如来の智慧徳相を具えているが、妄想執着によって証得することができない(5)」と言うとおりです。ひとたび妄想執着を取り除き浄化したならば、我々は如来の功徳が本来的に具わっていたことに気づくでしょう。

すべてのものは外からやってくるのではありません。衆生が仏になることを願うかどうか、また仏になることができるかどうかは、最終的には他人や仏によって決められるものではありません。自分の運命は衆生自身が決めるのです。衆生が衆生性を取り除き、仏性を完成させようとする場合、ポイントはどこにあるのでしょう? ポイントはすべての人の発心《ほっしん》にあります。無意識になにか善いことを行ったのと、発心して善いことを行ったのとでは、性質が異なります。衆生が発心して仏になろうとするならば、仏陀が開示した目標、学問の項目に則《のっと》って一つ一つ実現しなければなりません。仏教で開示される最も基本的な修行の綱要は、戒定慧です。この三か条は、見たところ三文字しかありません。この三文字は、二千五百年にわたって解説し、学ぶ人が数十年学んでも、その内容をほんとうにはっきり説明することはできません。数十年かけてもはっきり説明できないのに、この数十年のなかで戒定慧三学の要求する目標を真に円満に達成するとなると相当の難しさがあります。したがって、戒定慧の学は、人生の超越を実現し、衆生から仏、此岸から彼岸、煩悩から菩提へという修行を実現するための基本綱領なのです。もちろん、他に六波羅蜜もあります。これらはみな、解脱を求め、人生を転換し変革するための最も基本的な修行方法です。

第四に、仏教は成仏の道を我々に提供しました。この成仏の道は我々が修業し解脱するための方法です。この解脱の方法は根拠のない仮定ではなく、釈迦牟尼が修業の中で実践し、また、すべての諸仏菩薩と歴代の祖師大徳が実証してきたものです。これは真実であり、推量や憶測ではありません。無数の修行によって実際に証明された、効果のある方法なのです。もちろん三学であれ六波羅蜜であれ、その本質は以下のようなものです。つまり諸悪莫作、衆善奉行、自利利他、自覚覚他を強調すること、そして、心の浄化をかなめとし、止と観をその実現手段とし、慈悲と智慧を自利利他の最高方便とすると強調することです。実際のところ、こうした仏教の解脱の方法は、人生の究極的関心と道徳実践、個人の解脱と社会の完成などを、すでに一つに融合しているのです。この中で、上には仏道を求め、下には衆生を教化し、自ら覚り他人を覚らせ、覚行円満ならしめます。これは、個人の社会的価値の円満な実現であるばかりでなく、同時にすべての人が究竟解脱するために必ず通らなければならない道なのです。

　昨晩の普茶会でもいくつかの問題が出されました。たとえば不殺生ですが、もし外敵が侵略してきた時にはどうしたらよいのか、というものもありました。みなさん、必ず仏教に対して基本的な認識がなければいけません。仏教の出発点はひとりひとりの衆生を対象とするものであって、一つのグループ、社会集団、階級を対象とするものではありません。仏教は、グループであろうと、社会集団であろうと、階級であろうと、すべて個人から作られていると考えます。一つの集団の状況のあり方には、もちろん具体的な規制と制度がなくてはなりませんが、この制度と具体的な規制が円満に実現されるかどうかは、やはりその集団の成員の資質如何にかかっています。もし一人一人に完全で完成された資質があれば、社会集団全体の資質は向上します。だから、心浄ならば、すなわち仏土浄というのです。

　心が浄であるとは、一人一人の心性を指しています。我々一人一人の心性が清浄となれば、各個人というひとつの仏土が清浄となり、国土全体も清浄となることができます。我々は、環境保護や礼儀正しさの面で、外国と比較することがあります。外国人の資質のなんと高いことでしょうか。人の資質がよいのは、もちろん社会全体の規制によりますが、同時に個々人の資質の向上に力を入れることが重要なポイントです。仏教の戒律を見れば、まず各個人の身口意三業[6]を制限し、そのあとではじめて団体の規制と反省が行われるということが分かります。仏教の団体に対する規制と反省には、実際のところ具体的な規範がありません。インド仏教の戒律における団体規制は、羯摩法しかありません。羯摩法とは、このことをこうすることに同意しますか、と成員の意見を求めるものです。羯摩法・会議法は一種の民主的原則であり、僧団を律する非常に簡単な規範ですが、これ以上に詳しい僧団の制限規則はありません。五戒にせよ十戒にせよ、二百五十戒にせよ、菩薩戒にせよ、すべて各個人を対象としたものです。もし全ての人が戒律に則って生活できれば、調和した共同生活が可能となります。これらの戒律を守れないとき、仏教における最も重い処分は教団からの追放です。仏教の処分に殺人はありません。教団追放以外には、大衆《だいしゅ》の監督の下における懺悔と、それから自己反省、全部でこの三種類です。我々が客堂、斎堂に掲げている「共住規約」のうち、最も重い処分がまさに教団追放です。これと戒律の精神は一致しており、戒律の精神を団体の管理に応用したものです。したがって仏教の主張は、個人が良くなれば、社会は自ずと良くなるというものです。

上に述べた仏教の観点は、我々一人一人の恒久的な人生の価値体系と究極的関心の理念を形成しています。それは現実の人生に立脚し、人類のために真の自主性を確立しています。個体生命の有限性と無限性、個人の解脱の彼岸性と此岸性、個体性と社会性、現実性と超越性等々、これらの関係を円満に統一しています。このような統一は、理論上のことであるだけでなく、実践上のことでもあります。これは実証性を具えたものであって、けっして純粋な形而上的仮定ではありません。これらの特徴は仏教の人生価値理念を保証し、一方で現実社会へ適応することができ、もう一方で自然科学、ひいては人本主義哲学と共存することができます。

昨日の茶話会でも、仏教はいかに科学と対話すべきか、という問題を提起した人がいました。現在、科学と対話できる宗教は仏教しかないと、たしかスタインが言ったのではないかと思いますが、仏教は科学と対話することができます。仏教の比較的深い観念と現代科学は期せずして一致しています。もちろん無理に、仏教の観点で科学を解釈してはいけませんし、科学の観点で仏教を解釈してもいけません。両者は交流し対話することができますが、イコールであると考えてはいけません。イコールであると言うと、科学者はおもしろくありません。彼らは、これは偽科学であると言います。では、仏教側は喜ぶでしょうか？　やはり喜びません。なぜなら、仏が説かれる道理はすべて仏が実証したものです。科学者の説く道理のうちのいくつかは仮説であり、いくつかは実験器具によって検証されたものです。個人の生命の修養とは関係がありません。仏教は、個人の生命の修養、個人の生命の浄化によって得られた理論こそ、確かで頼りになるものであると考えるのです。もちろん科学は、実験室での証明を経て、生産、物質文明の発展に用いられており、頼りになるところがあります。全ての物事は不断に発展する過程にあるとはいえ、科学は少なくとも一部の段階では頼りになるものです。

これによって結論できますが、仏教を人生の究極的価値への関心、精神の家郷として選ぶことは、非常に理性的で聡明な選択と言えます。それは我々の生活に恒久的な保護をもたらし、この世の苦しみから逃れさせてくれるでしょう。ここで私はみなさんに、『知識人と仏教を語る』〔原題《和知識分子談仏教》〕という本をお読みなることをお薦めします。かつて四川省成都の文殊院が印刷したものです。この本は我々、とくに知識人にとって、信仰を選択する時の助けとなるでしょう。

2

ここからは、人生の選択の第二の問題、因果を重んずることを話します。すべての事物には原因があり結果がある。これは客観的に存在しており、人間の意志によって左右されるものではありません。これは争いようのない事実なのです。一般に、人はただ現実の因果、一代限りの因果、自分が目の前に見ることのできる、きわめて簡単で表面的な因果関係を認めるばかりで、因果の複雑性、長期性、生命と永遠に結びついた必然性を深く理解することはありません。ですから私はここで、因果を重んじる必要があることを特に強調したいと思います。

因果を重んじるとは、因果の道理を知るだけでなく、因果の法則に則って行動しなければならないということです。それでこそ因果を重んじると言えましょう。仏教の個人生命の体系は、まさに因果の法則という基礎の上に打ち建てられています。因果は宇宙における根本的な大法であり、法爾の道理です。法爾の道理とは何か？　黄色い菊の花は、咲いて何日かすると枯れます。人がいかにその生命を引き延ばそうとしても、いつかは必ず枯れます。一定の条件下でより早く枯らすことができたり、枯れるのを引き延ばすことができるだけです。最後に枯れるのは、人間には変えられない事実です。我々がこのような因果の事実を知ろうが知るまいが、あなたが因果を認めようが認めまいが、少しもたがうことなくそのように作用します。因果を前にしては、すべての人が本当に平等です。ある人が仏教を信じる、仏教に対する信仰を持つといった場合、それが本当か嘘かを調べるための試金石は、因果を信じるか否かにあります。あなたが本当に仏を信じるかそうでないかは、因果を信じるか否かにかかっています。人がつねに良心を失わないようにするためには、因果を知り、深く信じ、これをあらゆる振る舞いの前提とする必要があります。因果を基礎としなければ、良心はその保証を失います。逆にいえば、仏教の信仰を選択するとは、因果を信じることを選択することにほかなりません。

人生修養の一つの側面として、因果への信仰を選ぶことには非常に重要な意義があります。人類が認識し改造する対象は、宇宙と人生という二大領域につきます。宇宙の因果法則を認識するのはおもに自然科学の役割ですが、人生の因果法則を知るのは、宗教と哲学の役割にほかなりません。前者が解決しようとするのは、人類が生存するうえで直面する物質的問題であり、後者が解決しようとするのは精神的問題ですが、仏教を信仰する目的は、宇宙と人生の因果の法則を知ること、つまり真理を探究し、なおかつ因果の法則に基づいて自覚的に自らの運命を変えていくことにほかなりません。円満な人生は、因果の法則に対する絶対の信仰と透徹した理解のうえに築かれるのです。

かつてここで帰依した昔からの弟子が、昨日、次のような問題を提起しました。つまり人は結局のところ何のために仏教を学ぶのか、というものです。わたしは、運命を変え、自分を取り戻すことだ、とだけ答えました。彼は言います、矛盾していないだろうか、我々は我を破し、我執を除かなければならない。どうしてまた自分を取り戻さなければならないのか、この自分とは何なのか？　この自分とは、まさに涅槃の常楽我浄です。この「我」は、試練を経て最終的に昇華された、対立するものがないもののことです。自分を取り戻すとは、我々の運命を変えることにほかなりません。

もちろん運命を変えることには、世間と出世間という二つの面が含まれます。たとえば、ある人が貧困し零落しているとしたら、これは変える必要がないかといえば、変えなければなりません。すべての人が裕福であるほうがよいのです。仏教は決して、貧困や零落を提唱する宗教ではありません。仏教は、我々が努力奮起して自分の生存の条件を創造し、国土を荘厳《しょうごん》し、衆生を利益《りやく》することを提唱します。ではどのように荘厳するのか？　荘厳とは創造であり、建設であり、努力であり、変革にほかなりません。これらはみな人々の努力なしには実現され得ないものです。貧困、零落は変えなければなりません。文化が低俗であれば変えなければなりません。智慧が発達していなければ変えなければなりません。体がよくなければ変えなければなりません。若い人々が結婚相手を見つけられなければ変えなければなりません。努力して条件を創造し、志を同じくする良き伴侶、菩提の伴侶を見つけ、共に学び、共に修め、共に人間《じんかん》浄土を実現してほしいと思います。すべては創造の中にあります。人間《じんかん》のあらゆる合理的な生活を仏教が排斥すると考えてはいけません。もし仏教が人間の合理的な生活を排斥するのであれば、五戒を説くはずがありません。五戒とは、人間の合理的な生活を認めたうえで、それに規範を与えるものです。五乗仏教のうち、人乗は鍵であり中枢です。人乗がなければ、天乗、声聞乗、縁覚乗、菩薩乗はみなその基礎を失います。一匹の豚を引っぱってきて菩薩にするわけにいかないでしょう。牛や馬を菩薩にすることはできません。彼らが菩薩道を修することはありません。なぜなら彼らは苦しく、智慧を欠き、コミュニケーションをとることができないからです。彼らは主体的に何かをすることはできず、ただ受動的なだけです。ただ人だけが、知識と主体性と創造性を具えています。ですから、仏教は人間の合理性をみとめます。そのあと一定の善法をもって規範を与え、人が清浄なる生活を送れるようにし、そのうえでだんだんと円満にさせていくのです。

人生の困惑と社会の混乱の根本的な原因は人の無明にある、と仏教は考えます。無明の中で最も根本的なものは、因果を知らず、信ぜず、因果の法則に沿って善行を積まないことです。よく考えてみてください。我々が直面している問題で、因果に対する無知と関係のないものが、一つでもあるでしょうか？たとえば、生態環境の破壊、砂漠化、異常気象、社会の動揺と不安定、人心の耐え難い醜さ、精神病患者の激増、自殺の多さ、テロ活動の猛威、絶え間ない地域衝突、核戦争の恐怖などなど、みな因果をしっかりと理解しないために、現在のきわめて受動的で、いかんともしがたい現実を作り出してしまったのです。

たとえば黄砂の砂嵐が来たとして、我々にどのような方法があるというでしょうか。部屋に閉じこもって出ていかないより仕方がありません。しかし、部屋に閉じこもっても駄目でしょう。窓にもドアにも隙間があるので、砂嵐は入ってきます。どうしてこんなことが起こるのか。原因を探してみればすぐに見つかります。また、たとえば環境汚染です。街を歩いてみれば、こっちも汚いしあっちも汚いと感じます。こっちはぐちゃぐちゃ、あっちはごみ、こっちはマナー違反、あっちは不道徳、これはいったいどうして起こったのでしょう？　原因はやはり見つかります。他人ばかりでなく、自分にも原因があります。我々はこの環境をとても汚いと感じますが、我々もまたこの汚い環境を作っている一人なのです。たとえば、我々は果物を食べて皮を適当に捨てる、どこに行っても衛生にかまわず、きれいにしない、これも環境汚染を作る原因ではないですか。ですから、因果は一切の事物の普遍的現象でもあり、我々の心身が清浄であるか、環境が清浄であるかどうかを決める根本原因でもあるのです。

仏教は二つのことを言います。一つは正報《しょうぼう》、一つは依報《えほう》です。現代的な言葉で言えば、正報とは我々ひとりひとりの小環境、つまり我々の心身世界です。依報とは我々が依存する外在の物質世界です。この二つの世界、二つの環境、二つの果報は我々の因が感得したものです。この二種の果報を変えようとするのであれば、自分から始めること、心の中から始めることがポイントです。ですから仏教では、我々が依正荘厳しなければならないことを説きます。小環境も大環境も荘厳しなければなりません。

このため、もし根本から人生と社会を変えようとするのであれば、我々は必ずや因果を深く信じ、はっきりと知り、因果の法則によって問題を分析し、なおかつ合理的な解決方法を見つけ出さなければなりません。これが苦境を抜けだす唯一の道です。苦境というのは、我々の固体的生命の苦境も、社会全体の苦境も含みます。我々の固体的生命の苦境とは、我々の生存の苦悩をいいます。社会の苦境とは、数多くの社会問題です。もし、両方の問題、両方の苦境を解決しようとするのであれば、因果から手を付けるよりほかありません。

外部の環境は人間自身が汚したのですから、まずは我々人間を清浄に戻さなければなりません。外部環境を清浄にするためには、まず我々一人一人が自分の心を清浄にし、因果によって心と行為に規範を与える必要があります。人は、因果を知り深く信じなければ、自然の主人、運命の主人となることはできません。もし因果を信じなければ、永遠に自然の奴隷、運命の奴隷となるでしょう。運命とは何か？つまり我々が過去に植えた因です。本来、過去に植えた因は大きな視野から現在受けなくてはいけない果報を説明するものです。それでは、我々が今できることは何でしょうか？　つまり、条件を創造し、善因善果の実現を早め、悪因悪果の実現を遅くすることにほかなりません。この中間のポイントが縁です。縁とは条件で、因と果の間の架け橋です。現在作用しうるのは、この架け橋に対する仕事です。この架け橋は過去の因であり、それを早くしたり遅くしたりすることもできますし、また同時に現在植える因でもあります。縁でもあり、因でもあるのです。一つの事物には多重性があります。仏教は結縁、広く善縁を結ぶことを重んじます。縁、一切はすべて縁です。我々は「縁」についてよく考えなくてはなりません。この縁がわかれば、因果の法則と仏法の要理に対して、おおよそ、根本的な理解ができたといえるでしょう。

3

第三の選択はつまり、良心がなければならないということです。仏教はもともと「良心」という概念を使いません。仏教が説くのは慈悲心、智慧、悟りです。良心とは複合的な概念で、我々の社会にあっては広く用いられます。信仰の有無、またどのような信仰を持つかにかかわらず、すべての人は良心を説くでしょう。しかし、私はここで良心という概念を用いつつ、これに新しい意味を加えます。

我々が正しい信仰を選択した後、続いてやるべきことは、聞思修(7)を通して信仰を自分の心理の要素にしていくことです。この心理要素とは何でしょう？　つまり良心です。良心とは信仰と因果の実現であり、また具体的な表れです。信仰が有るか無いか、因果を重んじるか否かは、人となりや、もののやり方に良心が有るか無いかによります。我々の社会ではすぐに、この人は良心がある、なかなかいい、と言います。もし悪い人がいたとすると、これはつまり良心のない人ということです。ですから、良心というのはみんなが歓迎する概念です。仏教の視点からいうと、良心とは自利利他、自覚覚他、自度度他の善なる願望と覚照の能力、つまり大悲心と菩提心です。良心とは一種の仁心であり、利他の慈悲であり、同時にまた一種の覚照の心でもあります。これは、つねに自己の身口意三業を自覚し、善に向かわせ、向上させます。良心の向善性は大悲心を体現し、良心の向上性は菩提心を体現します。大悲心は衆生を救うことができ、菩提心は仏道を求めようとします。ですから、向善と向上はともに良心の内に含まれます。善に向かい向上しようとする仁心と決意が我々の良心です。

良心は、因果を信じ、知ることによってはじめて維持できます。因果を信ぜず明らめない人が、真に持続的に良心をもつことは困難です。我々はいままさに良心喪失の時代にいると言ってよいでしょう。これはみなさんが目にしていることです。良心の喪失をもたらした原因はもちろん多様ですが、そのなかでも断滅論の思想は、おそらく主要なものでしょう。なぜなら断滅論は、人は死んだらすべて終りだと宣伝し、三世〔過去、現在、未来にわたる〕の因果を否定するからです。三世の因果を否定し、死んだら終りだと考える観念は、実際のところ衆生の智慧を葬り去り、人の良心を圧殺しました。このような観念は次のように考えます。良心を重んじて何の役に立つのか、人は死んだら終りじゃないか。悪事を働いても責任はない、法律の目さえかいくぐることができれば、悪事にも責任はない。実際のところ、いまは法律の目も役に立たないし、人の目はもっと役に立たない。金銭至上、コネ〔原語：関係《グワンシィ》〕至上、大きな悪事を行っても現世では何の報いも無いだろう、と。これは異常な現象であり、良心の徹底的な喪失です。この問題は非常に深刻で、きわめて異常な、人類にとって悲惨な現象です。これは道徳価値の基礎を根本から破壊しました。現代人はまさに無法であると言えます。彼らは享楽主義、利己主義を信奉し、ほしいままに浪費し、その時々の楽しみを行い、未来と子孫にはまったく構いません。このような現象はとても恐ろしく、またとても悲しいものです。これは決して大げさなことを言って世の耳目を驚かせようというのではありません。これは我々が現実の生活の中で常に感じることです。

ある指導的地位にある幹部が、ここに来て私といくつかの問題を話しました。彼はこのようなことを言いました。宗教を信じる人にはとても不思議なことが一つある。彼らは、教義を信じるようになると、嘘偽りがなくなる。表でこうして裏ではああするとか、口で言うことと腹の中が違うというようなことがない。その原因はどこにあるのか？　私はこう答えました。他の宗教の信仰はよくわからないが、仏教を信じる人はだいたい、あるいは大部分が、行うことすべてに責任があると考えます。このような責任は、現在の責任であるばかりでなく、一種の恒久的な責任なのです。このような責任は、現世のものでもあり、来世のものでもあります。行為の責任は三世にわたっています。このような思想的前提があるので、ひとは絶対に自覚的自律的たりえます。三世因果と生命の永遠性の観念があれば、自らの言行に対し永遠に責任を負うという思想の基礎ができ、人類の道徳、良心に保証ができます。私は彼にこのように言いました。我々の社会におけるすべてのものには保証が必要です。たとえば、交通は警察が保証します。違法、規律違反は裁判所が保証します。国防安全は軍隊が保証します。商売には融資が必要ですが、これは金融機関が保証します。ただ、一つだけ保証のないものがあります。それはなにか？良心には保証がありません。仏教はまさに良心に保証を提供するのです。良心に保証ができれば、すべてに保証ができます。

私が思いますに、人生は短く、人の生命現象はまた複雑で、人生はこの短い命の中で常に絶望的で困難な状態にあります。仏教は我々に広々とした生命の空間を与え、我々すべての人間に無限の希望を持たせてくれます。ただしそれには厳粛な責任感がなければなりません。我々にはこのような無限の生命の空間がありますが、もし厳粛な責任感がなければ、永遠に六道《りくどう》で輪廻することになるでしょう。もし厳粛な責任感を持ち、因果を知り、因果の法則に則って振る舞えば、六道輪廻から四聖の法界へと登ることができます。十法界は六凡〔地獄、餓鬼、畜生、阿修羅、人、天〕と四聖〔声聞、縁覚、菩薩、仏〕を含みます。六凡の中では、仏教はやはり三善道〔阿修羅、人、天〕を肯定し、すべての人がつねに三善道に生まれ、三悪道を遠ざけることを願います。教育の完全さからいっても、教化の巧みさからいっても、仏教は我々のこの時代において有望なものであるというべきでしょう。

仏教信仰は人類の良心の保証であると先ほど言いました。なぜなら、仏教は人類に対して、真に信頼でき、科学的検証に耐えうる、究極的価値・関心の体系を提供し、また同時に戒定慧という実効性あるひとまとまりの修行方法を提供できるからです。この究極的価値への関心を受け入れ、これらの修養の規範を守ることができれば、個人のレベルで言うと、この人は苦痛と煩悩を抜け出し、幸福で円満な解脱した人生を獲得することができます。また社会のレベルで言えば、人々の道徳水準をあまねく高め、社会の風紀を浄化し、人間関係を和やかにし、人類の平和を促進し、生態環境を保護し、人間浄土《じんかん》を建設することができます。その意義と価値はたいへん大きなものです。ですから、良心を重んじることは、すべての人にとって極めて重要なことなのです。

4

人生修養の四つ目の選択は、道徳を重んじること、十全な道徳的生活を送ろうとすることです。道徳的生活の最も基本的な規範は、五戒を守ることです。また立派な道徳的情操も養わなければならない、つまり十善(8)を行わなければなりません。五戒十善はまさに振る舞いにおける仏教信仰からの要求であり、また信仰の具現化でもあります。五戒と十善はその内容において重なったところがありますが、それぞれ重点が異なっています。もちろん、十善の方がより広いです。五戒の重点は身《しん》、口《く》にあり、十善の要求は身、口、意の三業にあり、この三つをすべて浄化することを求めます。何によって浄化するのか？つまり十善法によって浄化するのです。これらの内容は皆さん学べば分かると思いますので、これ以上詳しくは話しません。

仏教の戒律は、律儀戒であれ、善法戒であれ、それとも饒益有情戒(9)であれ、どれも空疎なお説教ではありませんし、抽象概念から引っ張り出してきた教条でもありません。これらは、因果の法則に対する仏陀の洞見のうえに制定されたものです。仏教の戒律は心を根本とし、諸悪莫作、衆善奉行、自浄其意を方便とし、自他解脱、利楽有情《りらくうじょう》、国土の荘厳を目的とし、個人の現在における離苦得楽と死後の究竟解脱、個人の自己完成と社会全体の安定平穏、個人の自覚と社会の個人に対する必然的要求を有機的に統一することを強調します。仏教の提出する人生道徳価値の巧みなところはまさに、解脱に対する個人の渇望と道徳的生活を一つに融合し、たがいに排除させていないことです。そこにはいささかの強制もありません。人々が戒律を順守しようとするのは、みな自覚自発によるもので、すべて一種の自己要求なのです。もし解脱を得たいならば、仏門において戒律を順守し、道徳を実践してみましょう。そうすれば、戒律は決して外側から強制された束縛などではなく、一種の自覚的自発的な要求であり、また、社会全体に対するすべての個人の積極的な応答であると感じるでしょう。なぜなら、社会は我々一人一人が道徳を重んじることを求めているからです。もし我々が道徳を自覚すれば、これこそ社会全体に対する最も積極的な応答であり、社会の安定と団結の維持にほかなりません。

因果、そして人間性の弱点から見れば、すべての人は自由、解脱を渇望しています。人生の円満を求める人はみな、何の条件も付けずに十全なる道徳生活を送り続けなければなりません。そうしなければ、我々の弱点を克服し、真に苦しみを離れ楽を得ることはありえません。ですから、消極的に言えば、少なくとも五戒を保たなければいけませんし、積極的に言えば、十善を行わなければなりません。五戒十善の実現を通して、他を殺害しようとする心、貪欲、いかりうらみ、愚かさをだんだんと弱め、取り除き、それに応じて、慈悲心、平等心、智慧、寛容さを強くしていきます。我々の福徳智慧、自由と楽しみは、この消長の過程でゆっくりと完成されていくのです。そして同時に、我々の家庭、集団、社会、さらには国家も、それに随ってより清浄《しょうじょう》に、より平和に変わっていきます。なぜなら、家庭も社会も国家も一つ一つの個人の生命から組織されているからです。我々一人一人の個人的生命が浄化されれば、この全体に平和と清浄をもたらすでしょう。

円満なる人生は、以上四つの修養を完成させてはじめて成就するものです。これらのなかで、信仰の修養は人生修養の根本であり、その他の三つは信仰の具体的な表れと具現化です。因果は認識における信仰の表れであり、知の修養に属します。その内容はつまり、因果を知り、因果を信じ、因果に背かないことです。良心は魂における信仰の表れで、情の修養に属します。その内容は、大悲心と菩提心を発することです。道徳は振る舞いにおける信仰の表れであり、義の修養に属します。その内容は五戒を保ち、十善を行うことです。もし仏教への信仰を確立し、これによって因果を知り、良心を重んじ、道徳を保つという修養、つまり知、情、義の修養を強化することができれば、我々の人生は、きっと充実した、価値ある、円満なものとなるでしょう。

簡単ですが、私の話はここまでといたします。私は、我々一人一人が、信仰を持ち、因果を重んじ、良心があり、道徳を重んずる人間となることを望みます。もし、どのような信仰を選択するか、まだしばらく決められないというのであれば、第一条は置いておいてかまいませんが、因果は信じなければなりません。もし因果も信じることができないというのであれば、少なくとも第三条、第四条から始めて、良心があり道徳を重んじる人になりましょう。私のお話しした仏法は開かれた仏法です。開かれたものであるからには、我々は辛抱強く待ちましょう。なぜなら、それぞれの人の認識には段階というものがありますし、信仰を打ち立てるにも、時節の因縁というものがあります。これらのものは無理強いするというからには、選択してもよいし選択しなくてもよい。これはただの参照体系にすぎないのです。選択ことはできません。今日のわたしのお話は、皆さんに人生修養における選択を提供するものです。選択

質疑応答

問：第一の質問は、菩提心とは何かというものです。第二の質問は善業《ぜんごう》を増やしたとしても、悪業《あくごう》はやはり存在しています。これは種子ですから、最後には芽を出し花開き実を結ぶはずです。この問題はどのように見ればよいのでしょうか？

答：まず第二の質問についてお話ししましょう。たとえば、我々は善法の成就、善因の成就を促し、悪因の成就を遅らせようとします。これが我々の修行です。ここにはどのような現実的な意義があるでしょうか？　我々が修養を成就し、因果を真に頓悟したときには、業力を願力に変えることになります。あなたは自発的自覚的に、過去の苦報を受け止めるでしょう。その時には、あなたはこの果報を受けても、体の苦しみがあるだけで心の苦しみはありません。あなたは一種の覚りの中で縁に随って旧業を消してゆきます。仕返しをすることはありませんし、再び恨みを作ることもしません。ですから、これには非常に深い現実的意義と因果の法則における深遠な意味があるのです。

第一の質問は、菩提心とは何かというものでした。菩提心と大悲心はつながっています。なぜ菩提心があるのか？　それは衆生の苦しみを憐むので、菩提心を起こすのです。ですから、菩提心と大悲心を分けないでください。分けると菩提心はその基礎を失います。衆生の苦しみのために菩提

心を発するのであり、菩提心の目的は、上に仏道を求め、下に衆生を教化することです。上に仏道を求める目的はやはり下に衆生教化することです。ただ個人の解脱を求めるだけならば、あまり大きな積極的意義はありません。かならずや自分の解脱と衆生の解脱を統一して、つまり菩提心と大悲心を統一してはじめて、積極的な意義があるのです。

問：さきほどの講義で「当下〔いま、ここ〕」ということを言われましたが、この「当下」はすでに過去になってしまったのではないでしょうか？

答：わたしは当下はまさに永遠であるとも言いました。なぜなら意念は刹那刹那に生滅しており、刹那刹那に生滅があれば刹那刹那に当下があるからです。もちろんあなたはこう言うでしょう、「当下」と言った時には、「当下」はすでに過去になっていると。そうではありませんか？　当下は念の起滅であり、覚照も念の起滅です。この覚照を止めたり中断したりしてはいけません。そうすれば、すべての当下を明らかではっきりしたものにできます。「当下」は静止したものではありません。それは動態的で運動しているものです。覚照も静止したものではなく、動態的なものです。ですから、動態的な覚照によって動態的な当下を理解する、そうするとそこには現実的な内容がありますし、矛盾することはありません。

問：現在、多くの人は目に見えるものこそ本当であると信じています。そうであれば、仏教は神通によって、仏教を信じない人の思想を変えることはできないでしょうか？

答：仏教も神通を重んじますし、仏教修行が最終的に獲得する成果には神通も含まれています。神通には六通(10)があります。六通のうち五通は外道と共通のものです。最後の無漏通だけが独自のものです。神通には外道と共通する一面があり、また模倣や欺瞞が行われやすいという一面もあります。孫悟空が毛を一握りばらまくと、無数の小猿が出てくるのをテレビで見たことがあるでしょうが、あれは本当か嘘か？　もちろん嘘です。このようなことなので、仏法を広め衆生を教化する際には理性を重んじ、神通を重んじてはいけないと釈迦牟尼は主張したのです。多くの気功師が、気功を信じない人を呼び集め、気功を使って、普通の人では起こせないようなことをやってみせます。これは気功を信じない人の思想を変えることができるでしょうか？　変えることはできません。気功を批判する人たちは、気功を最もよく理解している人たちではありませんか。気功の様々な超能力をよく分かっている人たちではありませんか。さらに彼らはいろいろな見せ物を見たことまでありますが、決して気功の超能力を信じることはありませんでした。ですから、信じるか信じないかについて、もちろん神通を用いてその人の態度を変えるという可能性も排除はしませんが、やはり理性的な方向から啓発しなければいけません。一部の人が現在まだ仏教を受け入れられないでいるのには、二つの原因が有ります。一つは人生について切実な痛みを感じていないこと、自分から仏教を信じる因がまだ熟していないのです。もう一つは外在的な縁が熟していないことです。外在的な縁とは何かというと、社会全体がネガティブな面から宗教に注目し、ポジティブな面から宗教に注目しない、あるいはポジティブな注目が乏しいということです。因と縁がどちらも具わっていないために、一部の人はいまのところ仏教を受け入れることができないのです。

問：経典によれば、仏法が世に伝えられるのは正法、像法、末法の三つの時期を合わせて、最長でも一万年余りです。とすれば、一万余年を過ぎたあと、世の人は仏法を聞くことができなくなりますが、どうしたらよいでしょうか？

答：仏法が存続する時間の問題に関して、私はやはり仏の慈悲心、大悲心の角度から理解したいと思います。仏は我々衆生に、正法五百年、像法一千年、末法一万年の内によく修行するように言ったのであって、一万年後まで待ってはいけません。いわゆる「一万年は太《あまり》に久しければ、只だ朝夕を争わん」(11)ですね。

問：このあいだ、ある法師に出会いました。からす貝の貝殻をもっていて、開けるとその中は観音菩薩像になっていました。その時は多くの人がこれを見ましたし、写真も撮りました。みなとても仏法を信じていました。でも信じない人もいました。今の時代は偽物を作る技術もとても巧妙で、誰かがわざわざ作ったのかもしれない、と言います。これはどう考えればよろしいでしょうか？

答：それは比丘尼法師ではありませんでしたか？　彼女は私の所にも来たことがあります。その時は多くの人が居合せましたが、私は彼女にこのようなものは宣伝しないように言いました。何年か前、私も河北である人に出会いましたが、やはりからす貝の貝殻をもっていて、中は観音菩薩像でした。何年かのちにほかの所から知ったのですが、蘇州では人工的に模型を作って、貝殻の内側に置き、何年かたつと中には菩薩や仏が出てくる、ということができるようです。ですから当時、この比丘尼法師に、このようなことはやらないように言いました。現在、偽物作りの技術は確かにたくさんあります。我々は仏教の理論を宣伝し、人々にその道理において、命の奥深いところから仏教を理解させなくてはなりません。子供だましでは衆生教化という大事業を成し遂げることはできません。ばれたときには、仏教に対する疑い、中傷はよりひどいものとなるでしょう。ですから皆さんもこのようなものを軽々しく信じないでください。以前にはもちろん本物があったはずです。しかしそれを再現することは、いまとなっては大変難しいでしょう。我々は正しい信仰を身に着けなければなりません。正しい信仰とは何か？　三宝を信仰の核心とし、因果を信仰の規準とし、般若を信仰の眼目とし、解脱を信仰の帰着としなければなりません。

注

（1）食欲と性欲の問題。人間のもっとも根本的な欲求を指す。『礼記』礼運、「飲食男女は、人の大欲存す」の句に出る。竹内照夫『礼記』（新釈漢文大系27）、三四二頁、明治書院、一九七一年。

（2）『春秋左氏伝』襄公二十四年に見える。鎌田正『春秋左氏伝』（新釈漢文大系32）、一〇三四頁、明治書院、一九七七年。

（3）『中論』観四諦品に見える。『大正蔵』三〇巻、三三頁上。

（4）天台宗の一念三千説では、一心に十法界を具すとする。十法界は、仏、菩薩、縁覚、声聞、天上、人間、修羅、畜生、餓鬼、地獄。

（5）八十巻本『華厳経』如来出現品に「一の衆生として如来の智慧を具有せざる無し。但だ妄想顛倒執著を以って証得せず」とある。『大正蔵』一〇巻、二七二頁下。

（6）身（身体）、口（言語）、意（心理）の為すところ。これにより全ての行為を包括する。

（7）いわゆる三慧。聞は教えを見聞して生ずる智慧、思は理を思惟して生ずる智慧、修は禅定を修習して得る智慧。

（8）不殺生、不偸盗、不邪淫、不妄語、不悪口、不両舌、不綺語、不貪欲、不瞋恚、不邪見の十の善行。

（9）以上三種はいわゆる三聚浄戒。律儀戒は悪を断ずること、善法戒は善を行うこと、饒益有情戒は衆生を利益すること。

（10）神境通（あるいは神足通、身如意通、身通とも。境界の変現・自由な移動・変身などの力）、天眼通（自由に見る力）、天耳通（自由に聞く力）、他心通（他人の心を知る力）、宿命通（過去世を知る力）、漏尽通（煩悩を尽くして得る智慧の力）。

（11）毛沢東「満江紅　郭沫若同志に和す」詞の一節。武田泰淳・竹内実『毛沢東　その詩と人生』、三八五―三八九頁、文藝春秋、一九七七年第二版。

二　生き方の六つの規準

仏教を学習することの最終的な立脚点はどこにあるだろうか？

それは、現実の生き方〔原語：做人〕、事の処し方の中にある、と私は思う。我々が仏教を学ぶのは、じつに一人の善い人となり、人生をより円満で意義あるものにしたいと願ってのことである。

善い人の規準は向善、向上である。向善とは悪事をはたらかず、善いことだけをすること、向上とは善い人となり、聖賢となり、偉人となり、仏祖となることである。

仏教の視点から言っても、社会の視点から言っても、普通の人としてきちんとやっていくには、少なくとも六つの規準を満たさなければならない。この六つの規準には、信仰、倫理、人間性、実践、能力等の各分野がすべて含まれる。その具体的な内容は以下の通りである。

第一に、因果を知らなければならない。世出世間の因果を知らなければ、すべてのことは話のしようもない。なぜかといえば、因果は一切の社会的道徳、倫理、人間性の基礎だからである。因果がなければなにも打ち建てることができない。因果を知ることは、信仰の次元に属することであるが、しかしそれは人生の第一要諦なのである。個人について言うと、因果の信仰がなければ人生を円満にすることはできない。悪を断って善を修め、惑を断って真を証《さと》り、凡を転じて聖と成る動力を失う。社会について言うと、因果の信仰がなければ社会の道徳秩序を保つことはできない。一つの社会は健全な宗教精神を具えなければ、社会の安定と団結を保証できないのである。これは古今東西、無数の事実が繰り返し証明してきた一つの真理である。いかなる政治家も社会活動家も、この真理を軽視すれば、その思想は円満になりようがないのである。もちろん因果の道理は複雑である。一般の人も因果を認める。しかしそれは一世〔現世〕に限られ、三世〔前世、現世、来世〕の因果があることを認めない。そして、三世因果はまさしく因果信仰の核心なのである。社会大衆にこの三世因果を受け入れさせることはとても難しく、多くの宣伝を行わなければならない。

第二に、良心を重んじなければならない。良心とは何かと言えば、「恩を知り恩に報いる」ことにほかならない。四つの恩に報いる必要がある。国家の恩、衆生の恩、父母の恩、三宝の恩である。我々すべての人間はみなこの四つの恩を受けているのであり、常にこの四つの恩の中で生活している。たとえ我々が死んで骨を焼いたとしても、この四つの恩を離れることはできない。なぜか？　まだ遺灰をうめる場所が必要だからである。たとえ遺灰を川に流したとしても、それもまた国家の土地である。だから、我々は一分一秒たりとも国家の恩恵を離れることはない。その他の恩恵もまた同様である。したがって我々は、この四つの恩、我々に関心を寄せ、育ててくれた人に、良心で対応しなければいけない。我々はみな彼らの恩を受けている。さらに押し広げて言えば、我々は一切衆生の恩を受けている。我々はやはり良心で一切の衆生に対応しなければならない。なぜ一切衆生の恩を受けているかというと、経典に次のように言っている。「一切男子は是れ我が父、一切女子は是れ我が母。(1)」一切の人類以外の衆生は、無始よりこのかた、我々と互いに父母兄弟姉妹となってきたのである。だから恩人であろうが仇敵であろうが、一切の衆生すべてに対して恩返しの心を持ち、すべてに良心で対応しなければいけない。私はこれまで何度も言ってきたが、究極のところまで言えば、良心は宗教によって保障されなければならない。そうでなければ、この良心は空虚なものである。良心は人生の根本、人間性の内実と言ってよい。良心がなければ、人間性は円満にならないのである。

第三には、道徳を守らなければならない。社会的に言えば、紀律、法律を守ることが道徳であるが、仏教から言えば、清規、戒律を守ることもやはり道徳である。四つの恩をうけて生きているからには、我々は家庭、社会、国家に各種の責任と義務を負うべきである。これは理の当然である。責任と義務を負うことは、道徳を守ることの最も主要なる表れである。

第四には、志を立てなければならない。志を立てることを仏教では「発願《ほつがん》」という。数日前、私は「四弘誓願」の話をした。一人の社会人として我々一人一人は、みな畢生の力を用いてこの方向に奮闘すべきである。「四弘誓願」は我々の処世、生き方の最も重要、かつ最も良い目標である。この人生目標ができてはじめて、人生には間違いが起こらず、為すことすべてが国家と社会に有益となる。現在、多くの若者は、生活の目標がはっきりしないため、あるいは正しくないために、社会と対立する道に踏み込んでいる。彼らの行為は自分の前途を破壊するだけでなく、家庭、社会、国家に重大な損失をもたらしている。したがって、善い人になるということは、まず正しい生活目標と人生の理想を持つこと、大きな願力を持つことを意味している。人生の原動力と価値はここから生まれる。

第五には、見識を養わなければならない。自らの見識を育てなければならない。見識はただの知識ではない。それは知識よりも地についたものである。見識はどこから来るのか？　それは勉強、実践、発願、仏教学習から来る。一部の人はたいへん能力があるが、しかし見識が足りない。懐の深さが足りず、もののやり方におおらかさがなく、人と接しては度量が小さく、こせこせしている。見識は一日二日で身につくものではない。見識を養うには、絶えず自己反省を行い、自分の我執《がしゅう》・習気《じっけ》と戦わなければならない。見識は後天的な修行の結果である。努力さえすれば、我々すべての人間は、みな遠見卓識を養うことができるのである。

　第六には、自分の才幹を充実させなければならない。これは非常に現実的なもので、能力に属するものである。才幹を充実させるには、実際の仕事の中で自分を鍛錬する必要がある。才幹がなければ何をやっても成功することはない。才幹があり、見識があり、人のために貢献しようとする人こそ、円満なる人、大任に当たることのできる人、社会と人類に幸福をもたらすことのできる人である。

　以上、私の挙げた六か条はあるいは完全ではないかもしれないが、我々の生き方の参考とすることができよう。もしあなたが信仰を持たない人であれば、第一条は行えない。その下の五か条に沿って行えば、同様に一人の善き人と呼ぶことができるが、しかし、それは基礎を欠くために不安定である。真に一人の向善、向上の人になろうとするならば、必ずやこの六つの規準にそって人生の修養を完成させなければならない。

注

（1）『梵網経』に見える。『大正蔵』二四巻、一〇〇六頁中。

三　居士六法

仏と歴代大師の教えに基づき、現代の生活リズムをそれと結び付けて考えますと、在家の仏弟子としては、六つの方面から自分を律して、はじめて名実相伴ったものになれると思います。

第一、正信を具足すべきこと

「信は道元にして功徳の母為《た》りて、一切の諸善根を長養(1)」しますから、仏法大海、信を能入と為します(2)。信心、正しい信仰が無ければ、仏法に入ろうと思っても不可能です。また信仰にも落とし穴があり、我々は常にこの落とし穴にはまり込む可能性を持っています。正しい信仰を具えることには三つの面があります。はじめに正しく仏法僧の三宝を信じることです。そのあとで、正しく因果を信じることです。万事万物は因果の法則が支配しているのだと信じます。最後に正しく解脱を信じます。我々の人生が解脱可能であると信じるのです。我々のこの迷った人生を転換し、悟った人生にしようと思うならば、正しく解脱を信じなければいけません。思想の上で、我々の追い求める目標、信頼する目標を見極めてこそ、真に精神的支柱を得ることができるのです。

第二、三宝に帰依すべきこと

帰依三宝は、まず仏に帰依し、そのあとで法、僧に帰依します。仏は医師のようなもので、我々病ある人間は、よい医師、信頼できる医師を見つけることができれば、健康を回復する可能性があります。この医師がつまり仏です。いわゆる「仏は大医王為り」です。仏は自分をとても客観的に位置づけています。自分を、一切を救済できる者とはせず、ただ一人の医師としているのです。仏はあなたに、どのような病いを得たのか、どのような薬を飲むべきか教えることができます。薬とはつまり法です。衆生に八万四千の煩悩あり、仏に八万四千の法門ありといわれますが、法門は八万四千種の薬なのです。医師はあなたの病を指し示すことしかできません。病を治そうと思えば、薬を飲まなければなりません。そのために、我々は法に帰依しなければならないのです。第三に、僧に帰依しなければなりません。僧とは何か？　僧とは四人以上の僧団、あるいは、すべての聖賢僧と解脱をもとめ戒律を守る凡夫僧のことです。凡夫僧は戒律を守り、解脱を目指さなければなりません。このような人であってこそ、はじめて我々の帰依の対象となりえます。僧を以て友と為す、僧はあなたの友人です。ちょうど病院の看護師のように、この薬はどのように飲むべきか、病に対応した薬を、しかるべき時にしかるべき量で飲むべきだと教えてくれます。したがって、仏を医師とし、法を薬とし、僧を友とする、これが帰依三宝です。我々はこのような具体的な比喩によって、帰依三宝がいかに重要で、かつまた現実に合致したごく普通のことであるかを説明いたします。

我々は平常心を欠くために、精神状態は外の環境に従って変化します。厳密に言えば、これは病です。

仏法の薬を使って治療しなければなりません。

第三、五戒を受持すべきこと

一人の在家仏教徒としては、必ず五戒を受持しなければいけません。五戒の保持は、我々の信仰を具現化するための道徳規範です。仏教のすべては、一には我々の仏法に対する賛同に表れ、二には仏法に対するこの賛同を我々の生活の中で具現化していかなければなりません。これは倫理的な要求にほかならず、五戒は実に倫理道徳における要求なのです。倫理道徳における要求は、仏法に対する賛同と一致します。現実の生活の中で一人の道徳ある人となることを望むならば、かならず一歩一歩、我々の信仰を生活の中で具現化しなければなりません。つまり五戒の受持から始めて、具体的で一般的な生活から、信仰を具現化するようにしなければなりません。在家の五戒とは、生涯にわたって殺さないこと、盗まないこと、邪淫しないこと、妄語しないこと、飲酒しないことです。

五戒は在家仏弟子にとって最も基本的な行為規範です。

第四、四摂法を行ずべきこと

我々の生活の中では他人との関係が生まれます。この人間関係はどのように処理し、どのように意思疎通するべきでしょうか？　仏教は我々に四摂法とよばれる四つの方法を教えます。つまり人間関係をよくするための四つの方法です。第一に布施、第二に愛語、第三に利行、第四に同事です。

いわゆる布施には、財施、法施、無畏施、同喜施の四つを含みます。財施は物質的に直接人を助けることです。法施には世間法と出世間法の布施があります。出世間法とは他人が仏教を学び、真理を明らかにし、解脱を得ることを手助けすることを指します。あなたが他人に喜んで何かを教え、それが自分と他人の両方に利のあることであれば、これは世間の法布施です。世間の法布施にはまた、人に進むべき道を示したり、生活や仕事のしかたに関する知識、技能、方法を教えたりすることも含まれます。無畏施というのは、つまり他の人が安心感を得られるようにすることです。たとえば、ひとりの盲人が十字路で道に迷ったとします。彼は家に帰りたいが道がわからない。このようなときにあなたは彼を助け、彼の恐怖を取り除いてあげるべきです。最後の一つは同喜施といいます。同喜の布施です。他人に好いことがあった時、我々みんながそれを分かち合い、祝福します。同喜の反対は嫉妬です。これは一種の障害です。他人の喜びとうれしさを分かち合うことを身につけることは、非常に重要です。これは一円のお金も使わないことではありますが、我々一人一人の心の大きさを試し、いざという時、みんなのことを思うか、自分のことしか考えないかを試すのです。

第二は愛語です。人に会ったら、慈しみ深い言葉を使わなければいけません。聞き苦しいことを言わず、心からの思いやりを述べなければなりません。仏教が言う愛とは慈悲のことです。心からの慈悲心を具えた言葉が、つまり愛語です。このような言葉を人が聞けば、喜びうれしくなり、その人の煩悩を取り除くことができます。

第三は利行です。自分の言行は他人、同僚を利するものでなければなりません。第四は同事です。つまり我々と一緒にいる人々とともに、仕事を成し遂げなければならないということです。他の人が努力しているときに、自分はよこで知らぬふりをしているというのは、仏弟子にふさわしい態度ではありません。我々の社会でかつて提唱された共に食べ、共に住み、共に労働する(3)というような精神を発揮すべきです。これが同事です。

第五、六度を勤修すべきこと

六度〔六波羅蜜〕には、布施、持戒、忍辱、精進、禅定、智慧が含まれます。六度の道理は、今回のサマーキャンプの授業でしばしば解説していますので、ここではいちいち詳しく説明いたしません。

第六、十経を読誦すべきこと

我々は『在家教徒必読経典』を印行しています。この『在家教徒必読経典』には全部で十部の経が収められています。この十部の経は二種に分かれます。前の五経は初学者を導くもので、具体的に如何に行うかを述べています。すなわち『随念三宝経』、『八代人覚経』、『吉祥経』、『善生経』、『優婆塞戒経』です。その後の五経は受持の五経、つまり常に受持読誦すべきものです。『観世音菩薩普門品』、『普賢菩薩行願品』、『心経』、『金剛経』、『六祖壇経』、これらは我々が常に受持しなければならない五部の経典です。

以上の六つの法に基づき、それぞれを十分に成し遂げることができれば、我々はたいへん法にかなった在家仏弟子となることができます。すべての在家仏弟子が、一歩一歩この六つの法にしたがって自分の信仰生活を律し、信仰生活を具現化していくことを望みます。このようにすれば、我々は仏教学習を実現することができますし、我々の仏法に希望が生まれます。

（第七回生活禅サマーキャンプ『三帰五戒開示』より摘録）

注

（1）『華厳経』に見える。ただし原文は「善根」を「善法」とする。八十巻本『華厳経』賢首品、『大正蔵』一〇巻、七二頁中。

（2）『大智度論』巻一に見える。『大正蔵』二五巻、六三頁上。

（3）中国共産党によって提唱された「三同」と呼ばれるスローガン。原文は「同喫、同住、同労働」。幹部が大衆と同じものを食べ、共に住み、共に働くこと。一九五〇年代より盛んに唱えられた。李秋奇「同喫、同住、同労働」、『档案天地』二〇一一年〇六期参照。

四　六自口訣(1)

明相大和尚、法師のみなさん、同学のみなさん‥

さきほど大和尚はわたしを招いたと言われましたが、訂正したいと思います。わたしは招かれたのではなく、故郷に帰ってきたのです。五十年前、わたしもここの小僧でした。ここにいる多くの学生さんと、だいたい同じくらいの年齢でした。あのころわたしは十八歳で、ここに受戒に来ました。その後はまた仏源大和尚(2)とともに虚雲老和尚(3)の法を受けました。ですから、わたしはここに帰ってきた、と言うのです。昨日は何名かの居士の方と一緒でしたが、彼らから、雲門寺(4)に何年住んだのかと尋ねられました。わたしは、前後合わせて全部で十年住んだと答えました。前後合わせてとはどういうことかというと、一九五一年から一九五六年まで、これが前半の五年間ですが、寺院の中に住みました。一九七五年から一九七九年までは、再び五年間ですが、この時わたしは右派と誤断され、北京から乳源模範農場に送り返され労働したのです。そのころ、雲門亭の外のいくらかの田畑が模範農場のものとして耕作されていました。彼らは、わたしが雲門寺の僧だと知っていたので、わたしにこの田畑を耕作させたのです。そのころは今の小西天(5)の外の民家に住んでいました。こうして、寺院の外でも五年近くの時間を過ごしました。このようなわけで、雲門寺には前後合わせて全部で十年住んだと言ったのです。十年の光陰にその後の時間を加えて、全部で五十年、まったくあっという間でした。私は今年七十歳になります。七十年の人生を歩んできましたが、これもあっという間です。しかしこのあっという間に、本当に天地がひっくり返ってしまいました。国も変わりましたし、世界も仏教も変わりました。しかしこの変化は決して悪い方向ではなく、善い方向に発展しています。具体的にこの雲門寺ついて言いますと、この五十年間に大きな変化があり、今日やっと、この素晴らしい発展状況を迎えることができました。五十年前、私がここに来た時には百三十二人が住んでいました。これは既に多いほうです。私は二十歳からここで切り盛りしましたが、(6)そのころは六十数人が住んでいました。毎日野良仕事をしました。「文革」期には五人くらいが残っていました。寺の後ろの山腹に塔があるのを見られたかと思いますが、あれは光尭老和尚の墓塔です。彼は「文革」期にこの道場を守った老和尚の一人です。その他の何名かはその後どうなったかわかりません。「文革」の後、仏源和尚が帰ってきたとき、ここはすでにあちこち壊れてぼろぼろのありさまでした。あの時彼は北京にいて、趙樸初老が再三励まし説得して彼を帰らせたのです。当時、彼はここへは帰りたくないようでした。なぜかと言うと、反右派闘争から「文化大革命」まで、彼は何度か死にそうなほどひどい目に合わされたからです。もしまた何かの運動があれば、きっと死んでしまうだろう、それで彼は躊躇したのです。最後には趙老の再三の励ましにより、仏源大和尚はやっと帰ってきました。帰ってきてから、彼はこの道場を再興しました。その後現在に至るまで、休むことなく寺を建て、僧を置き、法を弘め、衆生を利益《りやく》しました。二十数年間、止まったことはありません。法のため人のためという彼の無私の願いと勤勉な労働によって、老若集い、群賢至り、高僧が活躍するという今日の雲門寺の状況が訪れたのです。これらのすべてを見るにつけ、我々は感動し励まされます。

わたしは雲門の児孫の一員として、五十年前の私と同年齢の人々がこれほど多くいるのを見て、確かにとても感慨深いのです。

大和尚は今日わたしに、法師のみなさんに少し話をせよと言われました。これは本当に恐れ多いことですが、少しばかりの感想を述べて、みなさんと交流いたしましょう。今日の社会において、一人の僧侶であることは簡単なことではありません。仏教は現在、ますます多くの人から重視されるようになってはいますが、仏教文化と仏教思想は、結局のところ社会の主流文化、主流思想ではありません。仏教信仰はさらに社会の主流信仰ではありません。これは事実です。我々は修行と弘法利生《ぐほうりしょう》に際して、この事実を避けて通ることはできません。では我々はどうするべきでしょうか？　わたしは、できれば三つのことをやりとげるのがよいと思います。第一に「自尊、自愛」、第二に「自強、自立」、第三に「自覚、自悟」です。この三つの言葉は、我々禅宗の本来の姿と相通じ、切り離すことができません。また同時に、我々が一人の僧侶として社会に生きていくために、必ず身に着けなければならない基本的な自覚と意識でもあります。

自尊、自愛とはなんでしょうか？　つまり、自分の役割をしっかりと果たし、出家者としての名節を大切にしなければなりません。重々しい言行によって自分の信仰の選択を体現し、身をもって法を表し、身をもって法を敬い、身をもって法を護らねばなりません。一人の出家者であることは簡単ではありません。一度、法服を身にまとえば、つねに四衆〔出家・在家の男・女の信徒〕の模範となるよう意識し、自らの肩に如来の事業と仏の慧命《えみょう》の継承という使命を担っていることに思いを致すべきです。どこに行こうとも、一挙手一投足が自らの立場、自らの信仰と一致していなくてはなりません。自分の信仰にふさわしくないことをしてはなりません。我々の言行はかならず信仰とぴったり結びついていなくてはいけません。我々が朝と晩のおつとめで念じる「自ら仏に帰依し、自ら法に帰依し、自ら僧に帰依する」という理念を日常の言行にしなければなりません。これが、私のいつも言う「信仰を生活において具現化しなければならない」ということの意味です。信仰は空疎なスローガンではありません。それは必ず我々の生活の各方面で具現化されなければなりません。生活の中で、掛け値なしに行動によって自らの信仰を体現できることが、本当の自尊です。一人の出家者として、自分ですらその言行によって自らの信仰を尊重できないようでは、どうやって他人の尊重を受けることができましょう。

このたび深圳弘法寺にいた際、何名かの居士の方と食事をしました。その中のある居士は、潮州の人ですが、その人が言った一言に、深く感じるところがありました。我々すべての出家者はよく反省しなければなりません。彼が言うには、「むかしの出家者はみな修行したものだが、いまの出家者はそうではなくなった。なぜかというと、いまの多くの若い出家者は、出家すればすぐに本を読んで勉強し、本を読んだらすぐに弘法の活動をする。ほとんど時間がないし、修行しようということに思い至らない」というのです。この話は簡単ですが、しかし本質的です。在席の学生さんは、みなさん老和尚の年譜を読んだことがあるでしょう。老和尚の年譜にはどう書いてあるかというと、彼は五十六歳で悟りを開いた後で、はじめて弘法、建寺、利生の事業に従事しました。二十歳で出家してから五十六歳まで、三十六年の間ずっと修行していたのです。老和尚のこのような基準からすると、我々今日の出家者は、さあ、どうしたらよいでしょうか。他にまたある居士の方がいて、今日もここにいらっしゃいますが、彼が言うには、現在の一部の僧侶は行いと信仰が完全に乖離しているというのです。この話は簡単ですが、やはり本質的です。これらはみな我々僧伽のために警鐘を鳴らしているのです。もしすべての僧が自尊、自愛できず、言行と信仰が乖離しているならば、それでも仏教に希望はあるでしょうか？　さあみなさん、希望はありますか？　絶対にありません。なぜか？　あなた自身がやっていけなくなるばかりでなく、この社会も我々を受け入れないでしょう。社会がこのような人々を受け入れて何の用があるでしょうか。もし社会に受け入れられたいのなら、我々はかならず「行う所を言う」――あなたの話す話はあなたの行ったことである、「信じる所を行う」――あなたの行為はあなたの信仰する宗旨であるということでなければなりません。このようであってはじめて、社会の人々は我々を受け入れるでしょうし、これらの和尚は悪くない、これらの和尚はたしかに社会道徳の中核だ、我々の民族文化の命脈を継承する人々だと思うでしょう。ですから私の申しあげる第一の口訣は、「自尊、自愛」するということです。

第二の口訣は「自強、自立」するということです。出家者はたえず自分を充実させ、若いうちに、時間を無駄にせず発奮努力して、道を学び修めなくてはなりません。道を学ぶのは道を修めるためであり、道を修めるのは学んだものを検証するためです。心の中に仏法に対する本当の賛同と体得があってはじめて修行なのであって、仏学の知識を学ぶだけではいけません。仏法に対していくらか体験するところがあれば、自らを強くすることができます。腹の中にしっかりしたものがあれば、振舞いの上で人々の模範となることができ、自ら強くなることができます。自ら強くなってはじめて自立することができますし、社会の人々も、仏教界には人材がいる、あの人は良いと言うでしょう。この「あのお坊さんは良い」というのは、面子《メンツ》を求めているのではありません。なぜなら、一人一人の僧侶すべてが仏教を代表しているのですから、我々は自分を孤立させてはいけません。私は一人の小僧にすぎない、私は普通の人だと考えてはいけません。我々一人一人がみな仏教を代表しているのですから。「和尚」という言葉、「僧」という言葉は、仏教全体と密接に関係しています。我々の先生が「私がいれば仏法がある」と言ったのを、私は覚えています。彼は「文革」以前にこのことを言いましたが、「文革」の時に彼は死にそうなほど批判されました。やつは思い上がっている、なんでお前がいれば仏法があるんだ、お前がいなければ仏法はないのか、というのです。のちに「文革」が終わってから趙樸初老が彼に言いました、あなたの話は全く正しい、と。なぜなら、すべての僧侶はみな正法を代表している、正法の表れなのだから。すべての僧侶はこのような責任感と使命感を持つべきですし、自分は仏法を代表しているのだと考えるべきです。このようでなければ希望はありません。ですから、我々は自らを強くしてはじめて自立できます。中国各地の名山大寺を見渡してみると、皆さんのような五十年前の私と同年齢の人が知っていることは多くないかもしれませんが、しかし、仏学院の法師たちはよくわかっています。一部の寺院は、僧侶が寺院を守り、僧団を切り盛りし、一切を管理するという職能——いわゆる「大衆《だいしゅ》を統理して一切無碍(7)」を体現しています。しかし、多くの所ではこの言葉の半分、さらには十分の一もできていません。もし我々がしっかりと寺院を管理し、出家者のイメージがよければ、外の人は我々を尊重するでしょうし、さらには我々の仕事を助け、仏教事業の発展を支持するでしょう。しかし一部のところの出家者は、その行いと信仰が完全に食い違い、正反対の方向へ行っています。そのような僧団は決して「大衆《だいしゅ》を統理して一切無碍」を成し遂げることはできません。なぜなら弱点の尻尾を他人につかまれているわけですから、人の言う通りにしなければなりません。言うことを聞かなければ、その傷跡を、突っつく必要すらありません、そっと軽くなでるだけでもう動くことはできません。その人の言うことを全部おとなしく聞くしかないのです。どのような結果を得るかは、自分自身の言行にかかっています。あなたがたはどのような結果がほしいですか？　ですから我々出家者はかならず自らを強くし、自立しなければならないのです。

最後に「自覚、自悟」について話します。これは我々の修行上のことです。修業は自分でしなければなりません。仏様が私たちの代わりをしてくれることはありません。自覚、自悟によるというのは、我々禅宗の精神です。我々が住むこの場所は雲門宗の発祥地です。雲門宗はもともとすでに断絶していたのですが、虚雲老和尚がここで道場を復興され、やっとこの宗風宗派を再び繋げたのです。現在、雲門宗の人も少なくありませんね。とても発展していて盛んです。南から北、出家から在家まで、明の字で始まる名前の人はとても多い(8)。みな雲門宗の人間です。禅宗という法は自力によって修行しなければなりません。これは仏道修行の根本です。修業というのは、仏も菩薩も我々に代わってすることはできませんし、どんな人であっても代わりはできません。自分で悟りをもとめなくてはなりません。ですから修行においては、自覚、自悟しなければなりません。自覚というのは、虚雲老和尚のように五十六歳という高齢になるのを待って突然開悟するというようなことを指すのではありません。自覚自悟は当下《とうげ》（いま、ここ〕から始めなければなりません。待ってはいけません。待つことは永遠に空想、妄想です。ですから私はいつも「修行を当下において実現する」というのです。修業はあとで仏殿に行くことではありません、あとで禅堂に行き坐禅することではありません、あとで読経することではありません。修業は時々刻々、一分一秒ずっと続いているのです。この方法を把握し、真に時時に覚照し、念念に自知するのでなければ、空しく時を過ごすことになるでしょう。これが功夫です。時時に覚照することができれば、妄想はありません。念念に自知することができれば、自分が起こした一つ一つの想念に対して、それが善念かそれとも悪念か、それとも無記か、はっきりと知ることができます。これができれば、その前の自尊自愛、自強自立はどれも問題ありません。自然とできます。もちろん、自尊自愛、自強自立がしっかりできれば、自覚自悟も時々刻々に実現でき、貫徹できるでしょう。

さあ、よろしいでしょう。みなさんに申し上げるのは以上です。みなさんが法門の龍象となり、仏教事業の継承者となり、仏法の慧命の担い手となられるように期待しております。みなさんありがとうございました。

注

（1）〔原注〕二〇〇二年六月一九日雲門仏学院にて講演。

（2）一九二三年生、二〇〇九年寂。虚雲法師法嗣。「仏源老和尚年譜」、「自述略伝」（ともに釈明向主編『仏源老和尚紀念冊』、雲門山大覚禅寺、〔二〇一〇後記〕所収）参照。

（3）一八四〇年生、一九五九年寂。浄慧法師の師。浄慧主編『虚雲和尚年譜（増訂本）』（金城出版社、二〇一〇年）参照。

（4）末木文美士、曹章祺『現代中国の仏教』によると、雲門寺は広東省乳源県北東六キロの雲門山にある。五代後唐同光元年（九二三）に雲門宗の開祖文偃によって創建されたが、南宋の時から廃れ、一九四三年から五一年にかけて、虚雲法師が中興した。（三九四頁、平河出版社、一九九六年）。

（5）尼衆の増加のため、一九八六年に尼衆部として増築された施設。温金玉「仏源長老的禅風与践行」（『仏学研究』第一九期、二〇一〇年）二八一頁参照。

（6）一九五三年より仏源法師が雲門寺住持を務め、浄慧法師はその下で当家師（すなわち監院、寺全体の事務を取り仕切る役職）を務めた。「一代禅門巨匠浄慧長老」（『中央民族報』二〇一三年五月二一日）参照。

（7）いわゆる三帰礼文の一節。もと『華厳経』浄行品に出る。『大正蔵』九巻、四三一頁上。

（8）虚雲法師から数えて三代目の雲門宗僧侶は「明」で始まる法名を持つ。

五　在家の信徒が仏の教えを学ぶことについて(1)

1　四句の口訣

みなさんと打ち解けてお話しできることを嬉しく思います。今日、私たちがいるこちらの精進料理店は、素晴らしいお店ですから、お店が評判をよくして、より多くの方がここに食事にいらっしゃり、仏教のすすめる飲食と文化を通じて、仏教の慈悲精神を体現し、他人を尊重し、生命を尊重し、思いやりを育む仏教の精神を体現することを私は望んでおります。これが精進料理を食べる目的であり、こうした目的を定めねばなりません。私はここを仏堂のようにすることには賛成できません。そのようにしてしまうと決して来ない人が出て来てしまいます。それは、一つには「法輪功」〔後述の李洪志が創始した新宗教〕と何か関係があるのではないかと勘繰るからでしょう。これは法輪功と仏教の区別がつかない人がいるせいです。もう一つは、宗教と関わり合いになることを恐れたものでしょう。精進料理を食べるのはそんな大げさなことではなくて、我々の精進料理店が提唱するのは、一種の心の環境保全です。精進料理を食べて慈悲心をやしなうことが、心の環境保全活動を行っていることになるのです。

在家の仏弟子として、例えあなたが真摯に仏を信じていても、あなたは社会と人間集団から離脱することはまず不可能ですし、あなたの従事している仕事から離脱することもできません。つまり、あなたが果たすべき責任と義務からは逃れられないということです。これには家庭の責任と義務も含まれます。

こうしたことから逃れてしまえば、あなたの信仰は中途半端なものとなり、信仰を実行する場所も失われてしまうのです。

それでは在家の信徒が仏を学ぶ正しい態度と方法とは何でしょうか。私はかつて四つの言葉を講じたことがあります。それは次のようなものでした。信仰を生活の中で実施する。修行をその場、その時に実施する。仏法を世間に融け込ませる。個人を大衆に溶け込ませる。これは生活禅を修める四つの要点、四つの口訣です。そして、在家で仏の教えを学ぶ人が持つべき態度でもあるのです。

2　信仰を生活の中で実施する

「信仰を生活の中で実施する」という、このことを気軽に言ってみるのはたやすいですが、実際にやってみると、念仏を唱えて、座禅をし、焼香をして叩頭することに比べてどれほど難しいことか分かりません！　どのように信仰を生活の中で実施するか、或いは、どのように生活の中で仏法の精神を体現してゆくか、とも言いますが、これが至難の業《わざ》なのです。

仏法の教導方式は、まさに日ごとに多様化していっており、具体的な問題にぴたりと対応したものもあります。もしこのことに注意せず、これを一般化してしまったら、これを推し広げる中で、すぐに問題が出てくるはずです。とある方式でとある問題を講じるのですから、そこにはいつも、講話の出発点となる特定の時間、環境、人物があるはずなのです。例えば、私が今日この精進料理店に仏堂を設置することが不要だと講じました。これは特定の環境の下に講じているものですが、果たして、寺院の中にも適用することができるでしょうか？　いえ無理です！　寺院内は必ず濃厚な宗教的雰囲気がなければなりません。そうであってこそ、あなた方が寺院へ行ったとき、感銘を受けることになるのです。もし寺院内ですら菩薩にお供えをしないのであれば、そもそも誰も行くはずがありません。もし寺院内に宗教的雰囲気がなかったら、その在り方は間違ったものになったでしょう。今日、私が講じているものは、その精神は寺院にも通用しますが、行為そのものを寺院で行うことはできません。だから私がここで述べることは、指針的なものですし、限られた場面でのこと、ということです。在家の居士はみな家庭があり、家族がいて、仕事があります。言い換えれば、みな社会的な責任と義務があるということでもあります。在家で仏の教えを学ぶということは、信仰を家庭や社会の責任と結び合わせてゆくことです。両者を融け合わせて一体化し、唯一無二の法門とする。これがカギなのです！

現在、在家信徒が仏の教えを学びきれていないこと、その問題の根っこは、彼らが仏法を聞いた後で、よくそれを考えてみないことにあります。また、よく仏法の精神を理解しないこと、上っ面だけを理解して、深くは理解しないことにも原因があります。例えば、寺院を何度か訪れて、出家者が世俗の食べ物を口にしないのを見かけ、そこで家に帰りそっくりそのまま真似してみても、見よう見まねでそれをするのでは、失敗してしまうのです。

今日の午後、全国政協〔中国人民政治協商会議全国委員会〕では宗教界の人士らが「法輪功」を批判する座談会を開きましたが、そこでキリスト教の丁光訓主教が本質的なお話をされています。彼は次のように言いました。

「法輪功」が行ったいくつかのことは人の本性から出発したものではなく、それぞれの修行者の本性を台無しにするものである。例えば、それは「法輪功」に同意するか否か、もしくは「法輪功」を修練するか否かによって、一切のこと全てを線引きしている。つまり、法輪功を修練する人であれば、兄弟と見なし、そうしないものはみな魔と見なす。その人が誰であるかに関わらず、夫婦であっても、父母であっても、兄弟であっても、ただ「法輪功」を修行しないだけで、みな魔と見なされるのである。「法輪功」は我々の社会が共有する価値観を抹殺してしまう。ここで言う共有の価値観とは何だろうか？それは社会道徳である。社会道徳は、往々にして全ての信仰、全ての階級、全ての世界観を超越したものである。例えば、「子供は両親を扶養しなければならない」、これは古《いにし》えからの疑う余地のない道理である。その人が如何なる教えを信じるかに関わらず、この社会道徳は皆が背くべからざるものである。ここに体現されるのはどんな思想なのか？ 実は我々中国人の儒家の孝道観なのである。仏教が中国に伝来してから、比丘・比丘尼たちは親に別れを告げて出家し、家庭の責任と義務から離脱してしまったので、儒家から批難・批判を受けることとなった。仏教を広めようとする大師たちはこの点に注意し、すぐに「孝名爲戒」を強調した。孝道をよくすることが戒なのだ、というこの考えは、中国文化の制約と影響を受けたものである。もしもこの考えを取り入れなかったのであれば、仏教は中国で広まることはできなかったろう。「孝親観」は中国人の思想の中に深く根をはったものであり、それは確かに家庭や社会の安定や国家の安定に有効であった。だから、仏教はこの思想を受容したのである。しかし、「法輪功」はこの人の持つ孝という本質を承認しなかった。だから、修行をする子供が、父親が修行しなかったという理由で、シャベルで父親を殴り殺すような事件が起こったのである。新聞にこうした事件、さらには天安門の前で焼身自殺をした事件が掲載されたことがあったが、凄惨極まりないことである。天安門の事件の方は、母親が十二、三歳と十八、九歳の子供をつれて共に焼身自殺をしたという。これらは人の本性が完全に歪曲されてしまったため、信仰が誤りに陥ってしまったのである。

丁光訓主教は以上のことを述べ、またキリスト教の実情とも結び付けた上で、我々それぞれの宗教はみな厳粛にこの問題を重視せねばならない、信仰の誤りに陥ってはならないのだ、と指摘しました。宗教は全体的に見て、人類社会に適応することができますし、正しい生活へと人類社会を教え導き、浄化された生活を送らせることができます。しかし、そうはいっても、また偏りも生じてくるものです。彼が例を挙げて述べたのは、キリスト教神学の思想の中に宣伝されている終末論を正確に認識しなければならないということです。終末論とは、地球がみなある一日で壊滅するはずである、というものです。李洪志〔「法輪功」の創始者〕も、はばかることなく終末論を宣伝していますが、彼は、地球は本来もうすぐ爆発するはずなのだが、中央の指導者たちが彼に依頼しているので、地球の爆発は必ず先延ばしになるはずだ、と言っております（一同から笑い声）。彼が言うには、いま彼はこのことに専念しているとのことですが、本の中でもかつて同じように述べておりました。これが終末論の反映ということです。湖北省在住のキリスト教を信仰する二十余りの農民が、終末論を真に受けて、地球はもうすぐ壊滅、キリストがもうすぐ降臨するので、家の豚・牛・鶏をことごとく殺して、食べつくしたり、売りつくしたりした上で、深い山の中に逃げ隠れて、世界の終末の日の到来とキリストの降臨を待ちました。彼らは山の洞窟に住んで一年以上にもなり、食べるものも着るものもなく、みなまともな人間の様子ではなくなっていたのでした。後に彼らを偶然発見した人がいて、後から部隊に告げたので、大変な手間をかけて、やっとのことで彼らを見つけ連れ帰ってきました。当然ながら、彼らは山の中で何か悪事を働いたわけではありません。ただ思想信仰上の過ちに陥り、人生の責任と義務を完全に放り投げてしまいました。人類や社会から離脱した生活をめざして、行き過ぎてしまったのです。仏教界にはこのようなことがあるでしょうか？　個々の現象レベルでは無いとは言えません。例えば念仏を唱える人がいるとしましょう。西方の極楽浄土に往生したいと思い、明日にでもこの世を去ってしまいそうです。家の中で阿弥陀仏が引導に来るのを待っていますが、家から出ないのですから、力仕事もしようとせず、妻や子にもまともに応じようとしません。石家庄に一人の女居士〔居士は在家で仏教に帰依した者をいう〕がおりました。彼女は知識人と言ってよい人物で、人柄は大変親切で、また道理もよく弁《わきま》えた方でした。しかし、ただ非常に信仰に執着していて、彼女は寺院生活のあれこれを自分の家庭に持ち込もうとしました。ちょうど世間の家庭生活を寺院の中に持ち込めないのと同様に、寺院生活もまた家庭内に取り入れることはできません。しかし彼女は無理に取り入れようとしました。彼女の夫は公務員で、人柄も非常によい方でした。彼はとても辛抱強く妻を説得しましたが、彼女は全く聞き入れません。最終的に彼は柏林寺に私を訪ねて相談に来ました。彼は私に次のように言いました。「妻は仏を信仰してから、なぜこんなふうになってしまったのでしょうか。家庭の義務や責任を果たさなくなり、夫や子供を顧みなくなりました。時に仕事さえもろくに行かなくなり、授業さえも満足にしなくなってしまって、あちこち寺院に出かけてばかりいます。妻がこのようになるのは自分にとってはとても困ったことです」ということでした。彼の話しぶりはとても誠実で、私になんとしても妻をよく教育してほしいと頼みました。私は彼に、これは我々の教導に問題があるから、どうかそれを了解してほしい。また帰った後で奥さんを一度、柏林寺に来させるようお願いしたい、と言いました。この女居士が来ると、私は彼女に告げました。居士は居士の戒を守るべきであって、居士が完全に出家者の生活を送ることはできない。当然ながら、出家者も完全に居士の生活を送ることはできない。これは同じ道理なのだ。あなたはこうしたよい家庭があり、こうしたよい夫がいるのに、いたずらに一家離散するようなことがあってはならない、と私は思う。過去の歴史の中で、儒家はかつて仏教を批判して「入家破家（仏教が家に入れば、その家を滅ぼす）」と言った。しかし仏教は、我々に仏を信じる人それぞれがみな出家人と同様に生活せねばならない、とは決して言っていない。仏教は、その人の立場に照らして、その人が授かった戒律に照らして、それぞれの信仰のあり方を定めればよいのだ、と我々に告げている。このように私は彼女に告げたのです。幾度かの説得によって、彼女はすぐ変わっていきました。彼女の夫がまた訪れて私に謝意を表して言うには、彼女は今、家庭でもうまくいっていて、またしっかり仕事にも行くようになった、とのことでした。なぜこのような問題が生じねばならなかったのでしょうか？　これは我々一部の法師が機に応じて教導できなかったからであり、また教導を聞いた人もまたそれを活用することが上手くできず、極端に走ってしまったからでもあります。例えばとある法師が次のように言いました。仏を信じたら必ず直ちに精進料理を食べねばならず、肉食することはできなくなる。或いは、仏を信じた後には直ちに五戒を受けねばならず、五戒を授かった後はまた菩薩戒を受けねばならない――、このように、信徒衆を勧導することが、個人の具体的状況に基づいたものではなく、家族の理解を得た上で、信仰の階層を徐々に上がってゆくのでもない場合、つまり無理をさせて、困難を人に強いたものであっては、このように容易にひずみが生じるのだ、ということです。

この精進料理店をどう経営すべきか、という話から、在家の仏を学ぶ人がどのように修行をすべきか、ということまで話が及びましたが、いずれも如何にして信仰を生活の中で実施するのかという問題です。私は在家の居士が状況を顧みず、各家々がみな仏堂を建てて、みな焼香をしなければならないという考えには賛成しません。とある居士が会社の改修をはじめて、一メートル余りの高さの菩薩二尊を購入したが、さらに塗金を施さなければならない、と私に言うのです。私は彼に言いました。あなたはいったい廟を建てているのですか、それとも会社を経営しているのですか。仏を信じる人の中に建物を改修できる人がどれほどいるのでしょうか。あなたのお客の中に仏を信じている人の割合はどれほどなのでしょうか？　あなたは社会全体と、また多くの仏を信じないお客と付き合わなければならないですし、仏教の精神でもって、情熱的で素晴らしいサービスを大衆に提供しなければなりません。形式に走ってはならないのです。お客はあなたの会社にいらして、頭を上げて二尊の菩薩を目にすれば、さっと背中を向けて帰り、商談をしないことにすることでしょう。他人様が疑惑を生じてしまっては、その上であなたとどのような商談をするというのでしょうか？　このように彼に言いました。ときに思想的に些かの釈然としないことが生じたならば、直ちにあなた方が仏法の道を広く発揚する妨げとなるはずです。道は行けば行くほど広くなるのではなく、却って行けば行くほど狭くなり、最後には行き止まりに入り込んでしまうのです。

我々は仏法の本当の精神を理解せねばなりません。同時にこの精神を諸々の実践に付与して身をもって実行に努めねばなりません。形式に走ってはならないのです。「文化大革命」の間、多くの人が老三篇〔毛沢東の『為人民服務』、『紀念白求恩』、『愚公移山』〕を読み、いくつかの語録を暗唱したはずですが、老三篇はずっと同じように暗唱し続けても、却って他のことに当てはめて応用することはできないのです。これはみな形式化したものですから、そんなことはできません。もし社長が他人の立場に立って従業員の苦しみを思いやり、四摂法——布施・愛語・利行・同事によって企業を管理するのであれば、この企業は必ずやよく管理できるでしょう。日本人は四摂法を経営者が企業を管理する四つの基本原則とみなしています。布施・愛語・利行・同事という四条は菩薩の精神、菩薩の思想ですが、我々は往々にして自分ではできないのに、却って他人にこのようにすべきだと要求します。我々それぞれがみな先ず自分が何をできたのかを反省すべきです。その後で改めて他人に何かをすることを要求すれば、必ずやうまくいくでしょう。

私は柏林寺で「三自精神」を提唱しておりますが、これは「自覚・自由・自在」のことです。私が先ほどこの問題を提出したとき、多くの徒弟はみな反対し、どうして自由自在、随意にふるまうことができるのか？　と言いました。私は答えました。あなたがたは誤って理解してしまっているのです。先ず自覚ですが、これは素質の教育です。各人がみな自覚したならば、その人はやっと本当に自由自在となります。自覚が意味しているのは何か？　自覚とはつまり各人がみな自分をしらねばならない、ということです。みずから立場を定めるために、私にはどんな責任があるのか？　私は何をすべきなのか？　各人がみな自分の責任と義務を明確にし、四六時中、自発的に自己の責任と義務を実施できれば、あなたはその人が不自由・不自在のままだと思いますか？　彼はきっと自由・自在となるでしょう！　我々が提唱する「三自精神」は、二、三年の時間を経て段々と皆さんの賛同を得ました。私がこのように提唱したからと言って、すぐにみなさんが自覚できたのでは決してありません。なお実施するように促しに行かねばなりませんでした。我々率先する者が、必ず最初に自分で自覚に至らねばなりません。我々が自分で自覚しなければ、他人をどうして自覚できるようにすることができましょうか？　仏を学んで自覚に至るレベルは到底簡単ではありません。朝晩に幾度も座禅を行い、何時間も仏の名号を念じ、経文を念じるのは、なお容易だといえます。ただ信仰を生活の中で実施することだけが容易ではないのです。しかし、これこそまさに我々が修行で尽力するところなのですよ！

3　修行をその場、その時に実施する

我々の思想は往々にして過去を考えるのでなければ未来を考えます。今日のことは非常にわずかしか考えておりませんし、今この瞬間のことを考えることはさらに少ないです。総じて昨日を後悔するか、明日を思い描いている。これがつまり現実からの離脱です。知らなければならないのは、全ての事情です。未来の道がどれほど長くても、今この瞬間、そして今日が基礎となるのです。明日あなたは百万の

お金を稼ぐかもしれませんが、それは今日一銭のお金を稼ぐことから始まるのです。もし今日この一銭のお金を稼がないのであれば、あなたは明日百万稼ぐことを思い描いてはいけないのです。例えば、あなたが、明日私はこれだけの距離を行かねばならない。しかし、今日は一歩も動かない、と言ったとしたら、果たして、それでよいでしょうか？　ですから、こう言うのです。今この瞬間を捕まえることが好機を捕まえることなのだと。今この瞬間を捕まえようとしない人は、永遠に好機を捕まえられませんよ！　修行だって同じことです。今この瞬間の心念を顧みることに尽力し、明瞭に自覚し、清浄で汚れないようにする。一分一秒をこのようにし、心の隅々をこのようにする。これを長く続けてゆくと自己を把握し、雑念なく心地を覚悟できるようになり、その瞬間に自覚し、その瞬間に自在であることができるようになります。

我々は仏を学ぶために仏を学ぶのではありませんし、仏法も仏法のための仏法ではありません。仏法は一種の教化ですが、これは衆生を教えて「化」することを願うのであって、ただ教えるだけで「化」さないのでは役に立たない訳です。何が「化」なのでしょうか？「化」とは改変することです。いまは何かの電機化とか、現代化とかを論じているのではないのですよ。この「化」とは古い姿を改変し、新しい姿を実現することです。「化」には二つの意味があります。一つは動詞で、もう一つは名詞です。名詞の「化」の意味は、動詞の「化」の結果です。つまり先に「教えて」後に目標に到達する。それが「化」した、ということです。「化」は今この瞬間から始め、その場、その時に行っていかねばなりません。その場、その時から目をそらして「化」を談じること、未来の「化」や死後の「化」に希望を寄せることは、どれほどやってもきりがありません。

4　仏法を世間に溶け込ませる

仏法を世間に溶け込ませることについて、在家の信徒が仏の教えを学ぶ場合には、先ず仏化した家庭を築くことが必要となります。ここでみなさん誤解しないようにして下さい。仏化した家庭を築くとは、家庭内で菩薩にお供えを十分にすれば家庭を仏化することなのだと言っているのでは決してありませんよ。家庭内を仏教の精神で満たして、礼儀を尽くし、思いやりを持ち、愛心を持つことなのです。こうして漸く家庭を仏化するということの本質を果たしたことになるのです。子供は母親が来るのを見かけたら、すぐさま出迎える。母親は子供が来るのを見かけたら、すぐさま二度頬ずりする。これが愛心であり、家庭を仏化する精神です。子供を見かけてもいつも相手にせず、「お前は私の邪魔しちゃいけないよ、私は今念仏しているところだからね」と言う。考えて見てください。これがよいことといえますか？　ですから、愛心を持たなければなりません。そして、仏法によって家庭を浄化することを習得せねばなりません。我々の愛心は往々にして狭苦しい執念となりますから、あなたはこうした愛心を慈悲の精神へと昇華させねばなりません。さらに愛心を広げ、近くから遠くへとより多くの人へと届くようにせねばなりません。このようにすれば、それはもう執念ではなく、慈悲となるのです。

我々それぞれがみな他人に対して愛心を持たねばなりません。他人に対して感謝の心、思いやりの心を持たなければなりません。思いやりでもよいですし、愛心でも、感謝でもよいですが、いずれにしても、みな何の他意もなく、本心からそうするということです。これが仏法の精神なのです。もしそれぞれがみなこのように行動すれば、きっと家庭には矛盾がなくなり、仲睦《なかむつ》まじく団結して、幸せで仏の教えに感化された家庭となることでしょう。仏を信じていないにも関わらず、家庭生活はたいへん打ち解けている人がいることをあなたは考えてはいけません。それだって一種の善の精神を体現しているのです。善法はその家庭生活の中で体現されているのです。仏化した家庭は必ずとても清浄な家庭となりますし、必ず妻が妻の責任と義務を守り、夫は夫の責任と義務を守り、父母や子供たちはみなその責務を果たし、その居場所を得ることとなります。そうすれば必然的に仲の良い家庭となるのです。

在家の仏弟子として、先ず自分が一人の家人として仲良く生活せねばなりません。あなた自身の家庭生活が仲睦まじくなって、初めてお隣を感化することができます。また、そうしてやっと他人を助ける精神と精力を持つことになるのです。自分の家庭内が何もかもうまくいかず、一日中、いさかいの声が止まないのに、あなたが他人に仏法を説きに行っても、よその人々はあなたに言うでしょうね。先ず自分に言い聞かせましょう。あなたは自分でうまくやってからまたお話しに来て下さい。自分自身で規範を示すべきですよ、という訳です。したがって、仏法を世間に溶け込ませるというのは、先ず家庭から始めねばなりません。家庭とは世間の一部なのです。世間とは何でしょうか？　仏法の考え方から見れば、煩悩が世間ですから、仏法を世間に溶け込ませるというのは、つまり煩悩を消滅させることであり、清浄自在を得るということです。ですから、六祖は「仏法は世間に在って、世間を離れずに捜し求めるものである。世間を離れて菩提〔悟りの境地〕を捜し求めることは、あたかも、兎の角《つの》〔ありえないも提はどこから来るのでしょうか？　菩提は煩悩の中から来て、煩悩が消滅するその瞬間がつまり菩提なのです。煩悩が燃え上れば、菩提は無くなってしまいます。ですから、菩提とは煩悩に対する覚悟なのです。我々が仏を信じることは必ず理性化されなければなりません。仏法の本質を多く理解しなければなりません。もし知って、煩悩から離れてしまったら、菩提はありませんから、煩悩から離れてどこに菩提を探しにいけばよいのでしょうか。また、どこに仏法を探しにいけばよいのでしょうか。このように言うことができます。世間が無ければ、仏法も必要なくなってしまうのだ、と。仏法の作用と価値は、それが世間の煩悩を沈澱させられること、世間の煩悩を浄化できることにあります。もし我々が数年間仏の教えを学んでも、煩悩が起こってしまうとそれを消し去ることができないのであれば、仏の教えを学ぶことにどんな必要があるでしょうか？

現在の話で言えば、理論は現実とは関わり合うことはできないということです。我々が仏の教えを学ぶには仏法の意識で以て仏の教えを学ばねばなりません。もしも世間の意識で仏の教えを学べば、理論は現実から離脱したものとなりますが、仏法の意識で以て仏の教えを学べば解行［教理の理解と実践的な修行や振る舞い］は相応《ふさわ》しいものとなりましょう。何を行うのでしょうか？　自分が理解できる僅かばかりのことを行い、自分が知っている僅かばかりのことを行うのです。もしあなたが知っている僅かばかりのことを行おうとしなければ、永遠に理論は現実から離脱したままです。食べたいと思っても、あなたが口を動かそうとしなければ、あなたはいつまでも空腹です。あなたがこのお茶は素晴らしい！　素晴らしい！　と言っても、もし自ら飲もうとしないなら、あなたはいつも喉がからからなのです！

5　個人を大衆に溶け込ませる

最後の一点は、個人を大衆に溶け込ませるということです。このことは話すのはとても簡単ですが、実際に実行してみると容易なことではありません。私も完全にはできませんので、はるかに仰ぎ見て、この目標に向かって努力するのみです！　これはとても難しいことなのです。個人を大衆に溶け込ませるというのは、四六時中、一個人がこの世間に至ったことを知らねばなりませんから、一分一秒、一呼吸の間たりとも大衆や社会から離れてはいけません。我々はつぶさに考えてみる訳です。我々それぞれは、みなただ自分の僅かな責任を果たす他ないのか。それでは、その他の様々な責任は、誰が果たしてくれるのをあてにすればよいのか？　例えば、我々の車が門を出ればすぐに道があります。また、そこからどこへ行くにも道があるわけですが、いったい誰がこの道を作ってくれているのでしょうか？　それは大衆なのです！　なんでも自分自身でやろうとしても良いでしょうか？　それではだめなのです！

社会は総体的であり、相互に頼り合うものです。あなたの中に私がいて、私の中にあなたがいるのです。水滴が河になるのは難しく、一本の木が林となることは難しい。これは簡単な道理ですが、これを心から理解して実行するのは簡単ではないのです。

それでは個人を大衆の精神に溶け込ませるというのはどういうことでしょうか？　それは四六時中、大衆に対して感謝の気持ち、報恩の気持ちを持たねばならないということです。知っている人も見知らぬ人も、みな自分にとって恩がありますから、彼らに感謝しなければなりません。我々は一人を英雄視する主義を掲げることはできないのです。唯我独尊のように振る舞っては、我執《がしゅう》が重すぎます。自分をとるに足らない人間だと思える人ほど、力のある人間でしょう。力のある人ほど、普通は謙虚なのです。かえって、いつも自分が大したものだと思っている人間は、往々にして力のない人間だったりしますが、これは力のない人間こそ自分が力のある人間であることを装うはずだからなのです。どんな人に力があるのでしょうか？　それは本当に群衆と一つになることができる人や、本当に大衆路線を行くことができる人です。仏教の話でいえば、いつも衆生から離脱してはならないということです。仏陀はかつてこのように語ったことがあります。仏は僧の集団の中にいて、仏は大衆の一分子なのである、と。なぜ私は柏林寺で、僧侶はみな――これには私自身も含まれますが――、僧侶としての風格を培ってゆかねばならない、僧団に溶け込まねばならない、と強調するのでしょうか？　それは、仏陀でさえ僧団に溶け込まねばならないのだから、出家したばかりの人ならなおさら僧団に溶け込まねばならない、ということなのです。これが将来、仏法を世間に溶け込ませる第一歩となるのです。

先ほどの四つのお話では、仏教の一切の修行を包括しました。この四つのお話は、原則としては、出家者・在家者いずれにも通用しますが、具体的なやり方としては、出家者には出家者のやり方がありますし、在家者には在家者のやり方があります。しかし、両方の精神は一貫したものなのです。

6　質問への回答

仏教と算命

問　仏教では算命〔運命占い〕は外道だと見なし、そのいずれも提唱していませんが、算命を行う人の中には、それがとても正確な人がいます。そのため、ある種の宿命論思想を持つ人もいて、彼らは生活態度を変えることに非常に消極的です。私の友達の一人は、恋人の男性と元々とてもよい交際をしていて、相思相愛でした。しかし、後から調べてみると干支の相性が悪かったので、とても彼と付き合うことができなくなってしまったのです。師父にお訊ねするのは、我々は算命をどのように扱うべきなのか、ということです。

答　運命は結局のところはあるのでしょうか？　あると言うべきです。あなたは過去に悪因の種をまいてしまったのであれば、悪果を受けねばなりません。如何にしてこの悪因を成熟させないか、或いは、成熟を遅らせるか、そして善因を時宜よく成熟させるのか？　悪因と悪果の間は直接的な関係では決してありません。その間には一つの縁、すなわち条件があります。因果が成熟するというのは、一定の条件の後押しがあってこそ現実に変化するものです。それは善因であろうと、悪因であろうと同じことです。私たちは、現在の努力を通して、諸悪をなさず、衆善を行い、善因の成熟に有益な条件を創り、悪因の成熟に不利益な条件を創ります。仏教の術語で言うならば、善因に縁を具わらせて、悪因とは縁を切る、ということです。あなたが善行をすれば、それが悪因と縁を切るということですし、同時に善因に縁を具わらせるということなのです。我々の現在の修行は、こうしたことを行っているのです。我々は信じねばなりません。我々は無始劫の過去から、多くの善行を行い、善因の種を播いてきましたし、また多くの悪因の種も播いてきました。善悪が極限に達すれば、ついに報いがあります。ただ遅いか早いかが異なるだけなのです。なぜ早かったり遅かったりするのでしょうか？　それは縁の関係です。どんな縁を創れば、どんな報いがあるのか。そこで善因が成熟する条件が多いのか、それとも悪因が成熟する条件が多いのか、それを見るのです。ですから、みなさん過去がどうであったかに拘《かかずら》ってはいけません。もし我々が過去に多くの悪業をなしてしまって、効用がないのではないかと心配したとしたら、今から努力して積善徳行をなすべきです。今の努力は過去を変えることができますし、また未来を切り開くこともできます。その場、その時に着目し、現在に着目すること、我々の人生の命運が転換するカギがそこにあります。このカギを掴みとらなければ、我々の命運を変えようとしてもそれは不可能です。ですから、我々は算命を進んで行う必要はないのです。

算命は結局、正しいのでしょうか？　一部は正しいかもしれません。正しかったら、その後どうしますか？　算命をして明日悪い運命だったとしたら、よからぬことが起こるはずだとしたら？　その場合、積極的な態度とは、すみやかに善行をなして、明日の悪い運命を現実にさせないことです。算命に応じて、消極的な態度で、坐して死を待つことは絶対にしてはいけません。消極的な人生態度は間違っています。あなた方は『了凡四訓』という本を読んだことがあるでしょうが、あれは運命を変える非常に良い例です。その中に二つの言葉があります。「命由己立、相随心転〔命は自己によって立ち、相は心に従って転じる〕」。みなさんは四六時中この言葉を肝に銘じ、運命を自分の手中に把握しておかねばなりません。もし一切がみな運命により決まっているのであれば、運命は改変できません。それでは修行をするのは何の意義があるのでしょうか？　我々の今の努力は何の必要があるのでしょうか？　もしそうであればもはや因果は無くなってしまいます。しかし、正しく因果はあるのです。ですから、運命は変えられるものなのです。

仏の教えを学ぶことと精進料理

問　私は仏を学ぶことと精進料理の関係を質問したいと思います。わが家は共働きのため、義母が食事を作っています。私たちは毎日帰宅するのが比較的遅いのですが、帰るともう食事ができています。もし私が精進料理を食べたければ、義母に毎日さらに精進料理を作ってもらう面倒をかけねばなりません。仏の教えを学ぶ者として、みなに歓喜心を起こさせるべきでしょうが、私の場合は却って両親を煩わせてしまうことになります。もし精進料理を作ってもらわなければ、義母は料理にいつも肉を入れてしまうでしょう。このようにしては、また慈悲心を傷つけてしまうことになりますが、これは矛盾ではないのでしょうか？　どのようにすれば解決するのでしょうか？

答　私は仏の教えを学ぶことと精進料理とは、必然的に結び付けてはならないと思っています。特に在家の信徒が仏の教えを学ぶには、これは必要ないでしょう。我々中国の漢伝仏教が精進料理を提唱していることは知っておかねばなりませんが、その他の国家や地域の仏教徒は、基本的には三浄肉を食べています。この三種の浄肉とは、所謂、不見殺〔殺すところを見ない〕、不聞殺〔殺す音を聞かない〕、不為己殺〔己のために殺させない〕のことです。我々が精進料理を讃嘆するのは当然ですが、在家の仏弟子が精進料理を食べる条件が整っていない状況下で、みな必ず精進料理を食べなければならない、と強いることはありません。ですから、私はさきほど、仏の教えを学んだらすぐ家に仏堂を設ける必要はない、と講じたのです。その後すぐに「私は精進料理を食べなければならない。ほら見てくれ、私は今仏の教えを学んで、慈悲心が備わったんだ！」と言う訳ですよ。実際は、これでは理解していないのです。やはり家でどんな料理を作っても、あなたはそれを食べることです。あなたはお義母さんにそれを要求してはいけません。またお義母さんに明日鶏を殺させたり、明後日海鮮を買って来させたりしてもなりません。あなたは偶々出た料理を食べるのです。後で、あなたは少しずつお義母さんに、生きた魚を買って来てさばくのはよくない、生きた鶏を買ってきて殺すのはよくない、と思っていることを伝え、徐々に彼女に影響を与えていきましょう。そうして、慈悲心を育んでいくのです。食事のとき貪心でもってその料理を食べようとしてはなりません。貪心を無くし、無記心でもってその料理を食べるのです。そうして初めてあなたの慈悲心は傷害を受けなくて済むようになります。もし、この料理はおいしいから、明日もっとたくさん作ってほしい、と言えば、これは悪業となってしまいます。貪心を生じさせてはなりません。慙愧心でもってその料理を食べねばなりません。家族がみなあなたに賛同してくれ、両親や妻子がみな、あなたが今仏の教えを学んでいると分かってくれるのを待って、さらにあなたが家族を愛し、家族を大事に思うようになったなら、家族みんなが、あなたの言動に同調しようとするでしょう。あなたが何かをしたとき家族も同じようにしたとすれば、そのときあなたは家族に影響力を持ったことになります。そうなってから、あなたは家族と相談するわけです。精進料理を食べてよいかどうか、とか、一週間おきに二日精進料理を食べることにしてもよいか、など、ゆっくりとであれば、みなさん受け入れやすいでしょう。

私はあなた方にとある日常生活の例をお話しましょう。それは香港のとある大学の校長のお話です。彼は仏教を信じている方ですが、彼の奥方はキリスト教を信じております。それは彼女の実家がキリスト教の家であったためです。彼は自分では仏の教えを信じていますが、毎週日曜日には彼は奥方を伴ってキリスト教会へ通っています。それが長年続いていて、奥方が信仰を変えないために、彼はこれまで正式な帰依を受けていなかったのです。彼はただ修行をし、仏の教えを学ぶばかりで、却って帰依を受けることがありませんでした。奥方は彼がとても敬虔で、しかも態度も非常によいことを目の当たりにし、感化を受けて、彼女もだんだんとキリスト教会に行かなくなりました。とうに六十歳を過ぎた方が信仰を変えたのです。そうして彼は奥方の同意を得ることができた後で、ようやく三宝に帰依したのです。他人がどのように実践するのか、ちょっと見てみて下さい。ですから、我々は自分の一存で独断的にことを行うことはできないのです。教化を行う人の方式・方法を重視しなければなりません。お互いに理解し、尊重する。そこから、ゆっくりと同意を得て、考えを合わせていくのです。

仏を学ぶことと年齢

問　仏教に触れてから、仏教が広大で深く精緻であると感じ、そこで一つの願望が生まれました。より多くの時間を捻出して経典と修行を学びたいと思っています。しかし、我々くらいの年齢の者は仕事や家庭が、どちらもとても忙しいのです。どうすればよいでしょうか？

答　みなさんに質問したいのですが、みなさんの中に仏教学者になる準備をした方はどれほどいますか？　考えたこともないでしょう。あなたはどうであろうとやはり自分の本業を全うしなければならないでしょう。仏学は、どれほど広大で、どれほど奥深いものであろうと、大海のようなものです。我々がその大海の水一滴に出会いさえすれば、全ての海の水がみな同じく滋味あるものだということがわかります。この重要な点は、自分が知る、その小さな一点に基づき、心からそれを実施し、ゆっくりと仏法を理解し、仏法の精神を学習せねばならないということです。これが我々の心を浄化すること、我々の人生を変えることを講じたものです。

仏教には四句の偈がありますが、それは一切の仏法を包括しております。この四句の偈は、あなたの一生を二回、三回と繰り返しても、完全に実施することはできないでしょう。この四句は我々仏の教えを学ぶ者の口頭禅となっておりますが、みな口に出して読むことはできても、誰も決まり通りに実践することはできないようです。四句の偈とはどんなものでしょうか？　それは「諸悪莫作、衆善奉行、自浄其意、是諸佛教〔もろもろの悪事をなさず、多くの善事を奉じておこない、意を清めること、これが諸仏の教えである〕」というものです。一切の仏法は長々と述べられていますが、それはみなこの四句の解釈の上にあるものです。この四句の偈は一切の諸仏の通戒であり、過去の諸仏が説いた法も、この四句の偈を離れないのです。現在の十方の諸仏が説く法もこの四句を離れませんし、未来の諸仏が説く法も同様に四句を離れることはありません。ですから、あなた方わかい方は仕事が忙しいのであれば、それをすべきなのです。仏学者にならなければならない訳ではなく、また専門的に仏学研究に従事するのでなければ、重点的に一、二冊の経典を学ぶとよいのです。自分で行うこともできますし、利益を受けることもできますから、これでよい訳です。必ずしもそんなに多くを学ばなければならないというものではありません。当然ながら、もし条件を満たし、時間があれば、一年の内、一、二週間を寺院の中で過ごし、しばらく修行を専らにするというのも、また良いことです。しかし、仏法を学ぶために自分の仕事を放りだしてしまってはいけません。仕事をしてゆく中で仏法を実施せねばなりません。仕事を仏事と考えて行い、仕事を達成することを修行だと見なさねばなりません。つまり、出世の精神をもって入世の生業を行うということです。それ自体が修行なのです。

（明進・明嘉が録音により整理）

注

（1）〔原注〕北京の「荷塘月色」での食事の機会に示され、お話は二〇〇一年の三月十二日の遅くまで及んだ。

六　国土の荘厳　衆生の浄化(1)

僧侶と信徒の共修活動

中国の伝統習慣に照らしてみますと、毎年正月に寺院が法会を挙行しなければなりません。一方では、国家のため、人民のために、祈福消災〔福を祈り災いを除くこと〕を行い、また一方では、多くの信徒・寺院の護法のために祈福消災を行います。そのため、福建・広東・台湾の一部の寺院はこの時期に拝万仏懺〔万仏を拝して行う懺悔〕をせねばなりません。一般に正月一日から十五日までの間にそれは営まれます。我々の薬師法会の「薬師懺」〔薬師仏を拝して行う懺悔〕と『薬師経』の読誦では、僧団と信徒とが共修し、みなが一緒になって発心をし、消災をし、修行をし、懺悔をし、発願をし、回向をするのです。

我々がこのようにするのは、『薬師経』の精神に合致したものです。『薬師経』と「薬師懺」のとき、次のように言いました。我々は祈福消災をしなければなりませんが、先ずは供僧〔僧人に斎食を供すること〕をしなければなりません。みなさんはこの数日、供僧の多さを目の当たりにし、斎条〔斎食の際に張られる書付〕を張る場所にはすべて赤い紙が貼りつくされているのを見かけられたかと思います。供僧とは、釈迦牟尼仏の時代から始まり現在まで続く、最も正統な祈福消災の方法なのです。

なぜこのように言うのでしょうか？　僧侶は一日の内で、修行を行う以外には、いかなる家事・俗事の厄介事もありません。一日の中で行うことは、全てが修業をして、法を広めるためのことなのです。僧侶は毎日がみな忙しいのですが、家事や子供のために忙しいのはないですし、自分の私利私欲のために忙しいのでもありません。仏法のため、修行のために忙しいのです。だから、一人の僧侶たる者は自己の私利私欲を持ってはならず、ただ仏法のための公心を持ち、仏宝を供養するのです。すると功徳はたいへん大きなものになりますから、その僧侶は自分の持つ功徳を全ての衆生に回向して与えることができます。だから、仏が在世の頃には、信徒は祈福消災が必要となれば、先ずは供僧をしたのです。

現在に至るまで、中国は勿論のこと外国でも、とりわけ南伝仏教のいくつかの国家は、いずれも僧侶に斎を施すことを、祈福消災・度亡超薦〔亡魂を超度すること〕の最も主要な方法としてきました。例えば、家に吉事があったとき、或いは年老いた家人が世を去ったとき、或いは家内に病人が出たときなど、いずれも僧侶を家に招いて斎食を施したのです。南伝仏教の寺院は火を使いませんから、僧侶が食事をするためには、信徒により食事を寺内に届けてもらうか、僧侶が家に招かれることとなります。食事が終わると、僧侶は念仏を唱えて回向を行いますが、最後に信徒はいくらかの生活用品、例えばタオルや歯磨き粉などを出家人に贈る必要がありました。中国でも供僧は祈福消災の主要な方法でしたが、ただ形式のみが変わっているのは、中国の寺院が自分で火を使うからです。信徒は寺院に来てただ金銭を持ってさえいれば斎食を施すことができたのです。

『薬師経』と「薬師懺」では、いずれもこのような道理をお話ししました。我々の今回の法会では、斎主がいませんが、みなさんとても発心されていて、供斎・供僧は大変な盛り上がりぶりでした。しかも、みなさん毎日たいへん積極的に朝晩の本堂での念仏と拝懺〔仏を拝して念仏を唱え、罪業を懺悔すること〕に参加しておられました。我々がこの法会を挙行した最も根本的な目的は、みなさんが修行に来ることを引導しなければならない、ということですから、我々のこの法会の精神は中国仏教協会が発布した『全国漢伝仏教寺院管理辦法』〔一九九三年に開催された中国仏教協会第六回全国代表大会で採択された九章三十八条からなる綱領〕のいくつかの規定とも全く符合するものです。例えば、その中の一条では「寺院は経懺仏事〔僧侶に信徒に代わり読経や礼仏、懺悔などを行うこと〕を、信徒衆の修行を僧侶が引導する活動とみなすべきである。」などと述べられています。ですから、我々の今回の活動の意義は、柏林寺の僧侶が自ら多くの信徒を率いて共修活動を行うことなのであります。

懺悔——心身の汚穢を洗い流す

「薬師懺」の精神とは主として何でしょうか?　私が思うには、みなさんがこの数日の念仏や礼拝を通じて、自分なりの理解を得られることでしょう。私自身もちょっと理解していることがあります。名義を考えてみると、「薬師懺」とは懺悔を中心とするわけです。我々それぞれが無量劫以来、六道を輪廻し、因果や事理に通暁せず、様々な因果の規範に背いたり、解脱や道徳に従わないような行為をしてしまいました。仏を学ぶ以前に、我々は自身の所作や所為について、前世での全くの無知だけでなく、この一生の所作や所為についても一つとして明確な是非の基準をもっていませんでした。ただ仏を学んだ後で、ようやく一つのことを理解しました。つまり、既に我々は様々な為すべきではないことを行ってしまっているということです。ですから、我々はこれまでの所作や所為の過ち、様々な罪業について懺悔を表さなければならないのです。

なぜ懺悔をしなければならないのでしょうか？　我々の心身が過去の悪行により汚れてしまっているからです。それはかつて汚いものを入れたことのある器物が、今はその汚物がないにも関わらず、汚れがなおも器物に残っているようなものです。我々は必ずや種々の方法でもって洗い、清め、それを本来の清浄な姿に戻さねばならないのです。我々の心身も同様であって、過去にしてしまった種々の過ちは、今はもう、そんなことはしなくなったとはいえ、それは我々の心識の汚穢に対して依然として重くのしかかってくるものなのです。我々はこれまでの過ちを改め、これからの行いを修めて、仏法を学んでいかねばなりません。もしも包み隠すことなく懺悔するのでなければ、浄法を受けることは難しいでしょう。もしそれで浄法を受けてしまったら、汚れたものと混じり合ってしまうから、浄法も汚れを被ることになるはずです。ですから、必ず懺悔をせねばならないのです。あたかも茶碗に汚いものを入れたようなもので、もしもきれいに洗浄されなかったならば、また清浄な飲み物を注いだとしても、不浄なものになってしまうはずなのです。したがって、懺悔とは我々仏を学ぶ者にとって、とてもとても重要なことなのです。我々はいかなる仏事であっても、懺悔をせねばなりません。例えば、朝のお勤めで「十大願王」〔普賢菩薩が特に称讃する修行で、1礼敬諸仏、2称讃如来、3広修供養、4懺悔業障、5随喜功徳、6請転法輪、7請仏住世、8常随仏学、9恒順衆生、10普皆廻向の十種の修行を指す〕、夕のお勤めである「蒙山」〔孤魂を救済のために行う施食儀軌であり、その中に懺悔が含まれる〕「大懺悔文」

〔大懺悔文を唱えて行う懺悔滅罪のための行〕など、いずれも懺悔の内容があります。

懺悔は、一方では汚れたものを洗い清めることですが、他方では、さらに重要です。みなさんが仏に向かって懺悔するとき、注意が行き届いているかどうか分かりませんが、もし注意が行き届いているのであれば、大変に心を尽くし、没頭している証です。もしなお注意が行き届いていないのであれば、必ず注意をすべきです。これが「断相続心」というものです。我々はただ過去の汚穢、もしくは無明や煩悩によって起こる業だけを懺悔しているだけでは、とても足りません。さらに永遠に二度としてはならないのです。行為の上で二度としてはならないというだけでなく、さらに意識の上でも悪事を働こうという気持ちを停止させねばなりません。ですから、懺悔は行為の上では過去の過ちを改めて、未来の行いを修めるのです。最初からそれを行って、意識の上では「断相続心」しなければなりません。このようにして初めて本当に懺悔の目的に到達できますし、本当の意味で懺悔を我々の常日頃の修行と密接につなぎ合わせることができるのです。

発願——生命の現実に着目する

懺悔の次に発願が必要となります。我々は明後日から『薬師経』の読誦を始めます。薬師仏は因地において十二の大願を発しましたが、この十二の大願はいずれも大変に現実的なもので、国土の荘厳、衆生の浄化から遠く隔たってはいないのです。

実際に我々がどれだけの発願をするかに関わらず、もし我々がそれぞれの心の中で、衆生を浄化することや国土を荘厳にすること、この二つに思い至ったとすれば、十二の大願はみな備わっているのです。

国土の荘厳とは、つまり我々衆生の依報が荘厳でなければならないということです。衆生の浄化とは、つまり我々衆生それぞれの正報が荘厳でなければならないということです。正報が指すものは我々の心身であり、依報が指すものは我々が頼みとして生きている環境なのです。我々のなすこと全ては、世間法でも出世間法でもよいですが、いずれもみな依報と正報が荘厳であることを求めているのです。現在の話で言えば、つまり政府の提唱する精神文明と物質文明です。精神文明が衆生の浄化であり、物質文明が国土の荘厳なのです。

我々仏教はさらに修福修慧を講じますが、修福とは国土の荘厳を必要とするものであり、また物質文明を建設することでもあります。修慧とは衆生の浄化を必要とするものであり、また精神文明を建設することでもあります。ですから、世間法と出世間法とは円融無碍《えんゆうむげ》〔互いに融け合って妨げのないこと〕なのです。

薬師の法門を学ぶカギは、つまり一切を死の後に寄託してはならないということです。法会に参加している最年少の信徒の方はやっと十二歳になったばかりですが、仮に八十歳まで生きるとしたら、死から隔たること、なお半世紀以上あるわけですが、君はどう過ごしますか？　半世紀以上としたら、この国家やこの世界は、多大な変化を生じざるを得ませんが、もし我々それぞれが自分の心身の力でこの国家に影響を与えることができるのであれば、それを向上させ、善い方に発展させます。そうすれば我々は衆生の浄化、国土の荘厳を達成することができます。ですから、薬師の法門は現実に着目していると言えるのです。

もし我々が現実の問題を処理しきれるのであれば、我々は直ちに心身を浄化し、直ちに我々の生命の方向を把握できますから、死後の問題が把握されるのです。もし我々がさしあたって誰もが生命の方向を把握できないのだとすれば、それならば死後の方向もどうして把握することができましょうか？

薬師の法門の十二の大願は、それぞれ我々の衆生の生命の現実に着目し、生命の現実の改善と浄化、解脱に着目しています。薬師の法門は積極的に上へと向かい、積極的に善へと向かう法門なのです。もしこの点をやりとげるのであれば、発願は非常に重要です。世俗では「有願必成」〔願があれば必ず成就する〕を講じますが、発願してから、事をなせば、それは原動力となり、指針を得ることになるのです。

回向――我々の心量を広げる

発願の次に回向が必要となります。回向とは、つまり一切の好事をあらゆる人々に分け与えるということです。積善の功徳を独り占めすることはできません。みなに分け与えるものなのです。回向の根本的意義とは、我々の思いやりを広げ、それぞれの心の中に自分だけがあるのではなく、さらに一切の衆生をも心の中にあるようにするべきなのです。一切の衆生を我々が何をするにもその出発点と見なすべきなのです。これが回向心を持つということです。

回向の具体的内容とは、回自向他〔自己を他者に回す〕です。それは自分の功徳・吉祥・安楽・自在をみなに分け与えることなのです。また、回小向大ということでもあります。その本義は、小乗を修めた人は、発心して大乗を修めねばならないということですが、意義を押し広めて言うならば、もし我々が一つの事をなそうとして、ただ自分の利益のためであったなら、その功徳はとても限られたもので、とても小さいものとなります。もし我々が心量を拡大するのであれば、この一事は小さなことであっても、出発点が異なるので、その意義も異なるものとなります。これもまた回小向大〔己だけが悟ればよいという小乗の心から、みなを救わねばならないという大乗の心へと趣向する〕ということなのです。また、一方では、回因向果ということでもあります。我々が因地〔菩薩が仏果を得ようと修行中に在る地位〕で一つのことをなすのに目標とするのは具体的なものです。例えば飢えた者がいたなら、私は彼に一食の飯を施し与え、彼が食べ終えれば腹はふくれる、というわけです。この目標はとても具体的なものです。これは因の中にあるものですが、我々はこのことを最終的な果と結び付けていかねばなりません。それが無上の菩提を成就することです。また成仏と関係づけていかねばなりません。これが回因向果〔修行で得た一切の功徳を無上の仏果へと回向する〕ということです。

要するに、発願の次に回向が必要となります。回向心を持ってから、我々はやっと本当に大乗の根器が備わるのです。回向の心を持たなければ、大乗の根器は備わりません。これも大乗仏教の特色ですが、また薬師の法門の特色でもあります。我々の今回の吉祥法会では、薬師仏を拝して懺悔し、『薬師経』を念じますが、また回向も必要であって、我々の今回の法会による功徳を我々柏林寺と関係のある人々と分かち合わなければならないばかりではなく、十方の法界にいる一切の衆生と分かち合わなければならないのです。このように回向することができれば、我々の今回の法会の功徳はとても大きなものとなるはずです。ですから、我々が修行し発願するのに、ただ一つの小さな目標に限定することはできません。必ずや我々の心量を広げ、発心を広げ、そうしてやっと大きな成就、大きな収穫となるのです。

以上が、我々がこの吉祥法会を挙行する意義です。次にみなさんの掲げるいくつかの問題について、総括的な回答をしたいと思います。ある問題は私がさきほど講じた内容の中で既に説明されていますから、もう個々の問題については具体に回答しないことにしたいとおもいます。

結語

総括して言えば、我々仏を学ぶ人にとって非常に重要なことは、常に善智識〔正法を説き、正しく導く師〕を身近におき、常に正法を聞かねばならないということです。このようにすれば、どのような疑問があってもすぐさま回答に到達できるでしょう。正法を聞くことには二つの方向性があります。一つはとある法師や居士の講経や説法を聞くことですが、その他にも我々は自分で常に仏教の経典や刊行物を読まねばなりません。こうすることで我々は見聞を広げ、智慧を伸長させることができ、また疑念を消し去ることができるのです。

我々がなぜ正月を選んでこの法会を行うかを問う人がおりましたが、思うにいくつかの考えがあってのことです。世俗の諺に「一年の計は春にあり」と言いますが、正月は一年の四季の始まりを象徴しており、また我々の短い数十年の人生における一つの始まりの時でもあります。ですから、この時期を選んだのは一定の象徴的な意義があってのことです。その一方では、みなさん新年春節の時は、みな暇な時間がありますから、家事や公務をちょっと放り出して、何日かの共修活動に参加できるでしょう。寺院の側としては、我々が新年の初めにこのような法会を挙行しようと思ったのは、我々の護法や信徒の招福消災のためであり、国家の発展や世界平和のためにも、祈祷をしたいと思います。新しい一年の中で我々それぞれがみな吉祥如意であり、また国運が益々盛んであることを願っております。国家の命運と我々それぞれがみな切っても切れない関係にありますから、我々は三宝の慈悲を仰ぎ、龍天の庇護を守り、「国界安寧兵革銷、風調雨順民安楽」〔国内は安寧で兵革は止み、風雨は調和して民は安楽〕となるようにせねばなりません。このようして我々はよき依報を持ち、そうして初めて我々の正報の荘厳と浄化にもよき外縁〔外から事物の生起や変化を助けるもので、眼、耳、鼻、舌、身などにより外部の事象を認識すること〕、よき環境を得ることができるのです。ですから、我々は正月の時期を選んでこの法会を行わねばならないのです。

それから、なぜ上元節というのか、と問う人がいました。中国の伝統は正月十五日を上元節と言い、七月十五日を中元節、十月十五日を下元節と言います。我々仏教は一般に上元節と中元節を過ごすだけです。

また、禅宗と浄土宗が双修できるか否かということを質問した方がいました。その方は、台湾の浄空法師が講じるところでは、禅宗と浄土宗は双修することはできない、ということから、浄土一門を専修せねばならず、その他の法門を修めに行ってはならない、とのことでした。私は、浄空法師が浄土の法門が特に優れていると提唱し、強調することについては、否定する訳ではないのですが、もし浄土の法門だけが修めることができて、その他の法門は修めることができないと言うのであれば、これはまた行き過ぎた強調でしょう。衆生には種々の無明や煩悩、種々の悪習悪癖があり、種々の根機があるのだから、一つの薬であらゆる病を治癒させることはできません。衆生には種々の根機があるから、仏法には種々の法門があります。浄土はあらゆる法門の中の一法であって、一切法ではありません。同様にその他の法門も一法であり、一切法ではないのです。浄土の法門を修めるのがより相応しいであろう人には、我々も浄土宗を勧めます。密宗を修めるのがより相応しいであろう人には、我々も師父を訪ねて密法を修めさせます。参禅するのがより相応しい人には、よく参禅するように勧めます。ひいてはその他の法門を修める場合でも、みな同じようにします。八万四千の法門は、根機に応じることとさえできれば、諸法はみな我々の生命の中の問題を解決できますから、諸法はみな妙法なのです。我々は仏の説いた法を互いに対立させるようなことをしてはなりません。対立させて仏法を見るのであれば、一法が正しくないというばかりでなく、諸法は全て正しくないということになってしまうのです。

我々は浄土を専修でき、また禅宗も専修できますが、同時にまた禅宗と浄土宗を双修することもできます。重要なのは、我々が自身の心が清明である一時一時を把握できるかどうか、我々のその時の一念を把握できるかどうかです。把握できるのであれば、念仏しても好いですし、参禅しても好いですし、禅宗と浄土宗を双修しても好いわけです。把握できないのであれば、喉が張り裂けんばかりに念仏を叫んでも救いの手は差し伸べられないのです。仏を学ぶ者の最もカギとなる問題は修行をその時において実施せねばならないということで、その時の一念をあなたが管理できるかどうか、ということです。もしも管理できないのであれば、何を修めても無駄となります。もし管理できるのであれば、念仏を唱えても好いし、参禅をしても好い。諸法はみな妙法なのです。

その他、菩薩戒を受けることの問題について質問した人もいました。在家の信徒は、それぞれみなが菩薩戒を受けなければならないということは決してありません。菩薩戒は修行が一定の段階に達し、種々の条件や環境がみな承諾されて、やっと受けることができるのです。戒を受けたら戒を学び、受持せねばなりません。仮に菩薩戒を受けたのであれば無条件で戒を学び受持せねばなりません。ですから、我々は急いで受戒してはならないのです。この点は必ず注意しておかねばなりません。

今回の法会はあと二日で終了しますが、この期間に師父・居士各位はみな大変な苦労をされたことでしょう。私は、こうした僧俗の境がなくなったかのような雰囲気が得難いもののように感じられました。私はこの雰囲気、こうした道風が今後も保たれて徐々に発揚してゆくことを強く望んでおります。こうした僧俗の双方による共修活動がさらに行われれば行われるほど、好ましいことです。本当に幾ばくかの影響が生まれれば、仏教界の不健康な気風も徐々に変えてゆけることでしょう。当然ながら、我々の今回の僧団が成立してからまだ間もないので、なお多くの満足できない場所がありますが、この寺の年輩の檀家と若い檀家がみな我々に貴重な意見を寄せて下さり、我々の僧団が徐々に健全に堅固になってゆき、それが本当にうちとけ合って共存し、清浄であり、荘厳な僧団となっていけることを私も望んでいます。我々がこの場所から第一歩を踏み出したこと、引いては今日のこのときに至れたことは、いずれも我々のこの場に居合わせた、或いは居合わせなかった居士の方々の加護と切っても切り離せないものです。ですから、みなさんきっと既にでき上がったこの状況を大事に守ってくれることでしょう。また絶えずそれを固め、発揚させてゆくことでしょう。こうして、我々がこの場に対してこれまで味わった艱難辛苦が、ようやく本当にその作用を発揮することができたのです。

（明鴻が録音により整理）

注

（1）〔原注〕一九九四年一月二二日柏林禅寺での吉祥法会にて講演。

六、戒律の現代的意義

一　戒律を制定する十大意義

仏法が現世にあるためには、僧団を拠りどころとしなければならない。多くの清浄な僧団が拠りどころとなる。しかし、一方で僧団もまた、清浄であるために、戒律を拠りどころとして維持されているのである。仏陀が僧団を立ちあげたばかりの最初の十二年間、僧団はおおむね清浄であった。その頃は、ただ一つの全体的な原則として「諸悪莫作、衆善奉行、自浄其意、是諸仏教」〔諸もろの悪事をなさず、多くの善事を奉り行い、自分からその意識を清浄とせよ。これが諸仏の教えである〕があり、その他の具体的な条文は全く無かった。十二年の時間が経つと、僧団内部の人々の構成は複雑になり、状況も複雑になったために、絶えず様々な過ちが生じることになった。まさに僧団内部に過った行いがなされるようになり、仏陀はそこで戒律を定めることにしたのである。

仏陀が定めた戒律には十の大原則があった。言い換えれば、定めた戒律には十の有益な点があった。これを「制戒十義」〔戒律を定める十大意義〕と呼ぶ。

この十条の原則は次の通りである。

第一条「摂取于僧」。戒律を定める第一の目的は、出家者それぞれをみな仏陀と大衆の摂受《しょうじゅ》〔摂取とも言う。仏が慈悲心により衆生を救うこと〕の下に在らしめ、同時に互いに摂受し合い、僧団の中で睦まじく共生させることである。それゆえに「摂取于僧」というのである。

第二条「令僧歓喜」。戒律を定めるのは、みなを取り締まるためではなく、みなに日常生活の中で遵守する拠りどころを持たせ、それによって歓喜しながら共に生活してゆくためである。どんなことをするにも、従うべき規範があるから、みな喜ぶことができるのである。戒律を守るのは、苦痛なことではなく、楽しいことなのである。それゆえに「令僧歓喜〔僧をして歓喜せしむ〕」と言うのである。

第三条「令僧安楽住」。僧団に戒律ができると、一切のことはみな戒律に照らして行われるから、衣食住も旅行も全て保証される。それぞれがみな戒律を拠りどころにして行動すれば、お互いの関係も調和する。矛盾は生まれず、相互間にはいかなる邪魔も生じるはずがないから、安らかに共同生活が送れるのである。例えば、戒律の中で、僧団は「有食有法」〔食は食事、法は仏法〕でなければならないと述べている。そうすることで、ようやく安らかに生活できるのである。「無食無法」であれば、安らかには生活できないのである。腹が減れば食事をせねばならないが、食べるものが無くてどうして安らかでいられよう？　満腹になっても、一日中満腹でいるだけでは、仏法の利益はなく、安らかでいることもできない。そのためになお、仏法の利益が必要なのである。もし仏法の利益がなく、それによる法楽〔仏法を受けることで生じる喜楽〕がないのであれば、出家者は世俗の人々と全く異なるところが無いことになってしまうのである。

第四条「難調者令調」。戒めをこころよく思わない者も多少いる。仏陀の時代にも、そのようなことはあった。仏陀の定めた戒律の原則の一つは、そういった調伏しがたい者たちを大衆の力を借りて調伏するためのものであった。その者は比丘となった以上は、比丘としての行為の規範を遵守せねばならない。戒律が有ったならば、それぞれがみな戒律に照らし合わせて事に当たり、いかなる例外もない。こうして調伏しがたい人も調伏されるのである。

第五条「慚愧者得安楽」。こうした調伏しがたい者は、恐らく身・口・意、この三業に過ちがあろう。過ちが生じてしまったら、どうするのか。もし犯したのが、その罪を懺悔できるものであったならば、懺悔を通じて改めて安楽を得ることができる。もし犯したのが、罪を懺悔できないもの、すなわち四根本罪〔殺生・盗み・邪淫・妄語〕であったとしたら、その者を僧団から追放し、そうして僧団の清浄を維持するほかないのである。

第六条「未信者信」。前の数条は、僧団自体について言ったものだった。第六条からは、僧団がどのようにして教化の役割を果たすことができるのか、を言ったものである。僧団が清浄になり、よいイメージが生まれれば、仏教の教化を受けたことのない者、仏教に対して信仰を持たない者が、僧団の荘厳なイメージを目にしたことによって、仏教に帰心する可能性が出てくる。これを「未信者信」と言う。

第七条「已信者令増長」。仏教をすでに信仰している者が、僧団が清浄であることによって、大衆を摂受できたならば、彼らの信仰はこれにより絶えず強固となり、また高次のものとなる。これこそ現在我々が説いている、僧団が良いイメージを持てば、社会に対し、信徒に対し、よい影響を生み出すことになる、ということである。

第六・七条は、一つの僧団・一つの寺院として、対外的に法を広める根本的な目的であり、また仏教が社会に対して教化作用を生む中心的役割の在処《ありか》でもある。仏教の社会に対する最大の貢献は、「浄化人心、提昇道徳〔人心を浄化し、道徳を向上させ〕」ねばならない、ということであって、それが成れば社会を安定団結させることができ、それぞれみなに道徳の原則で生活させることができる。もし信仰を備えた者であれば、きっと道徳を持った者であり、自分の本分を守ることのできる者のことなのである。それ故に、「令未信者信、令已信者増長」と言うのは、寺院が対外的に法を広める根本的な役割なのである。

第八「断現在有漏」、第九「断未来有漏」。この二条は、我々僧人が自分から他者を教化して獲得した果証〔果としての悟り〕である。「断現在有漏〔現在の遺漏を断つ〕」とは、「現証涅槃〔涅槃を実証する〕」のことである。我々の修行は、遥かな未来に到達して漸く受用〔受け入れて用いること〕を得るのではなく、修行の中のそれぞれの時の中で受用を得、清浄を得ねばならないのである。これが「断現在有漏」ということである。つまり、我々の心念は生死の苦界の中に遺漏があってはならないし、三界の内に遺漏があってはならないということである。「断未来有漏」というのは、生命が終わった後で「不受後有」〔再び輪廻転生をしないこと〕を把握することができることを言ったものである。これは阿《あ》羅《ら》漢《かん》が証得する極果〔究極の果〕である。菩薩の精神から講じるなら、涅槃を証得し、その涅槃に安住などしなければ、己れを百の世界に分身して衆生を教化できるということである。これは修行で得る結果を述べたものである。

最後の一条は「令正法久住」。これは定めた戒律の根本的目標・大綱である。如上の九つの功徳利益を得て、初めて最後の「令正法久住」が得られる。「令正法久住」は如上の内容を包括する。以上の要求に基づき、僧団を法・律の通り活動させることができたのであれば、この本身は正法が体現されたものとなるのである。

以上の十条から、仏陀は戒律を制定する苦衷と紆余曲折を理解していたことが分かる。我々今日の人間は、仏陀がねんごろに諭されたことをよく受け止めて、戒律の精神に基づき、教団を設立せねばならない。この戒律を定める十大意義は、主に出家した比丘に対して言ったものだが、その精神は在家の信徒にも適用される。この十大意義は、仏陀が戒律を定めた目的を提示しているが、これは我々が戒律の精神を明らかにし、正確に戒律を把握することに関して、非常に助けとなるものである。十大意義を理解すれば、我々は二度と、戒律が我々にとって一種の束縛であるという不満を抱くことはないだろう。仏陀が戒律を定めた目的は、我々を束縛し、我々の煩悩を増やすためではなく、我々が歓喜しながら、安らかであるように、我々が現在の遺漏を断ち、未来の遺漏を断つことができるように、正法を永遠に在らしめるように、一切の衆生を教化するものなのである。これも僧団の活動の基本的目標の一つである。

二　僧団に溶け込む　僧団を立てる

今回の禅七〔七日間で行う参禅修行〕に参加しているある女居士は、昆明から来た方です。彼女はもともと何も信仰しておりませんでした。彼女は教授で、地震学を研究している科学者でした。一九九三年、彼女はアメリカに行き訪問学者をしておりましたが、偶然に英字新聞で、あるアメリカ人禅師による伝禅の事績と彼の思想の一部を紹介した記事を見かけました。その紹介を読んで、彼女は、自分が心に持っていた考えを、そのアメリカ人禅師が代弁してくれているかのように感じました。そこで彼女は、アメリカ西部から東部へと飛び、その禅師を探し出して、彼から禅を学びました。このアメリカ人禅師の禅法は日本人から学んだもので、禅師と言われていますが、実は禅師ではなく居士だったそうです。それにも関わらず、彼の造詣は確かに深く、その見地も大変に円明であって、アメリカでは多くの人が彼に学んでいました。彼の教化対象は、主にアメリカの下層社会でした。女居士は彼から二ヶ月間禅を学びましたが、非常に有益だと感じました。アメリカを離れるとき、その禅師は彼女に一篇の原稿を渡し、「これは私が書いたばかりの手稿だが、あなたはこれを中国語に翻訳するとよい。」と言いました。この本の題名は『禅の頓悟』といいますが、専らこの禅師の修行や見地、そして彼がどのように禅を伝えたかという事績を紹介しています。女居士は帰国してから、人に禅字が書いてある本であれば何でもみな自分のところに持って来て見せるように頼みました。何度も探し続け、一冊の雑誌『禅』を探し当てました。それを通じて、彼女は柏林寺が禅法を伝えていることを知ったのです。それで彼女は今回、一切の方法を極めたいと思い、とうとうここにやって来て禅七に参加している訳です。この数日間の座禅を通じて、彼女は一つ、たいへん心に残る話をしました。彼女は「仏法を在らしめようとすれば、必ず僧団がなければなりません。もし僧団がなければ、仏法も存在しないでしょう。」と言いました。

この話は一人の居士の口から出たものであり、私の感動もとても大きいものでした。伝法度生〔仏法を広め衆生を済度すること〕に話が及びましたが、僧団の一員として、比丘相〔僧としての姿〕を現すことは、当然、在家者よりもさらに優れていなければなりません。中でも最も重要な点は、出家者は家族の煩いがないため、全身全霊で仏教に身を奉げることができるということです。これにより私が思ったのは、僧団として、担っている続仏慧命〔仏法を永久に存続させること〕の責任は非常に重大だということです。

先日、私は半分冗談のつもりで一つのお話をしました。話したのは、国内から国外に行った、ある一群の法師のことです。とりわけ彼らは、「文革」以降にそれぞれの仏学院を卒業し、好んで僧団の周縁での生活を送ったことのある法師たちでした。つまり彼らは僧団を離れず、さりとて心から僧団に溶け込みたいとは思わなかったのです。結果として、彼らは仏教界における周縁的グループとなりました。彼らも仏教の発展に関心を持ち、仏教を講じたのですが、彼らには胸いっぱいの感慨もありました。つまり、仏教は保守的過ぎる！　改革が必要だ！　ということです。私個人の意見と中国仏教の現状を照らし合わせてみれば、中国仏教の改革の任務は、早くに既に完成しました。つまり千年以上前の百丈禅師が、この任務を完遂してしまったことで、その後のより良い改革の余地はなくなってしまった、と言うべきです。

仏教の改革に言及すると、人はすぐに、何々と言った小さな戒律は捨ててしまってもよい、などといった話をしがちです。しかし、実際には、我々は今、小さい戒律ばかりでなく、大きな戒律さえも捨ててしまっています。これでは、何も守るものがなくなってしまう訳ですよ！　この種の話をする人は、実は僧団に溶け込まず、僧団の周縁にいた人なのです。今日の仏教について言えば、改革を掲げねばならないのではなく、建設を掲げねばならないのです。中国仏教の目下の任務は建設をしなければならない、ということです。僧団が建設され、教制が建設され、教育が建設され、学風が建設され、道風が建設されねばなりません。

中国仏教は既にばらばらで、支離滅裂な状況です。何らかの別の外的要因によって中国仏教の発展が阻害されているということは決してありません。我々の僧団がしっかりとは建設されておらず、本当の意味で奮起してこなかったのです。僧団が奮起し、しっかりと建設されて、はじめて中国仏教にも希望が生まれるのです。ですから私が、我々河北仏学院の学生と先生方に希望したいことは、理念として、はっきりさせておかねばなりませんね。つまり、中国仏教の目下の任務は、僧団の建設をやりとげねばならない、ということです。当然ながら、僧団を建設するというのは、古いやり方を完全に復活させねばならないということでは決してありません。しかし、中国仏教の大きな原則は堅持されねばなりません。二千年の発展の過程において、中国仏教は既に独自の伝統を形成しております。その中の優秀な部分については、我々は必ずや堅持し、大いに発揚せねばなりません。これは僧団を建設する重要な要件の一つです。

現在、仏教の改革を掲げている人もいますが、これは中国仏教協会の掲げた僧団自体の要求とは、真っ向から対立する内容です。例えば、中国仏教協会は出家者が伝統的な僧服・素食・独身を継承することを堅持しています。この三箇条は中国仏教の最も重要な特質ですから、これらを捨て去ってしまっては、中国仏教は有名無実なものにしてしまいます。しかし現在、一部の人々が唱える改革というのが、ちょうどこの三箇条に対するものなのです。特に僧服と素食に対するものです。僧服を不便だと感じる人が少なからずいるようです。なぜでしょうか？　外出の際に一切の行動が人目を惹くからですよ！

中国仏教協会は、出家者に僧服を着ることを要求しておりますが、私もそうすることがよいと思います。我々は必ずそれを堅持せねばなりません。これは我々教職員の伝統的服装ですし、我々がよりよく僧団に溶け込む助けとなり、仏教自体の建設に不利益なことが生じるのを防ぐことにもなります。実は、一九五三年に中国仏教協会が成立したばかりのとき、早くもこの点についてのたいへん熾烈な論争が行われたことがありました。そのときは、虚雲老和尚をトップとする一世代前の出家者が、伝統の僧服を着用せねばならないと主張しました。当然ながら、僧服の改革を主張する一部の法師たちもいました。

実は、いまの和尚の衣服は出家者専用のものでは決してありません。漢代や唐代では、普通の庶民はみなこの種の衣服を着ていました。当時で言えば、和尚としての最も明らかなトレードマークは、僧服ではなく、剃った頭、つまり、いわゆる剃髪・剃度〔髪を剃り落し、僧や尼になること〕だった訳です。

後に、普通の庶民でこうした服を着る人がいなくなり、これらの衣服が出家者専用の服装となりました。それで、漢族の僧尼の一種のトレードマークとなったのです。私が思うに、僧服を着ることは、修行に有益であり、出家者としての僧相を保持し、衆生が福田を耕すこと〔田畑を耕し作物を得るように、善行をして徳を修めることで福報を得ること〕にも有益なのです。したがって、僧衣はとどめおくべきであり、二度と改めてはいけないのです。一たび改めれば、それは一変してしまうでしょう。そのとき我々出家者はみな僧団の周縁的人間となるはずです。河北に来る前は、私も僧団の周縁的人間の一人でした。中国仏教協会で仕事をしてはいましたが、昇殿せず、座禅をせず、一日中遅くまで一般に働く人々と同じように、『法音』の編集・発行の仕事に忙しくしておりました。僧団の外にいたために、その何年間か、私はとても清浄でした。広済寺の境内の小さな部屋に住み、私を訪ねてくる人もずっとおりませんでした。今はいけません。いま私は僧団の内部におりますから、信徒が問題があれば私を訪ねてきて教えを請います。それも当然です。

仏学院は主に教職員を養成しなければならないところです。教職員とは僧格を持った出家者です。彼らが一人前になった後で、教会で仕事をしますが、長期間教会で仕事をすることはできません。長期にわたって仕事をすると、彼らが僧団から離脱することに繋がるでしょう。沙弥〔少年僧〕のときから学び始めた五堂の功課は、数年の教会の仕事を経験すると、全て忘れてしまいます。それはとても悲惨なことです。ですから、教会で仕事をする僧人は、常に僧団で仕事をする僧人と配置転換をせねばなりません。僧団でしばらく仕事をし、また教会でしばらく仕事をするのです。最も大事なのは、教会と仏学院がいずれも僧団から離脱してはならないということです。そうすれば、僧団の純浄を維持するのに役立ち、僧団が良いイメージを樹立するのにも助けにもなるでしょう。僧団内で生活する成員それぞれが、四六時中いつも大衆の摂受、監督の下にあることで、彼らがよりよく僧団に溶け込む助けとなります。

総じていえば、出家者それぞれが、僧衣・素食・独身という要求を自覚的に奉じて行うべきであり、自覚的に僧団に溶け込むべきなのです。そうすれば、仏教自体の建設が保障されることでしょう。

三　当代僧侶の職志

法師ならびに居士のみなさま、今回、私は本煥老和尚の誕生日を祝うために参った訳ですが、これが三度目の丹霞山来訪の機会となります。丹霞山に来るたびに、毎度異なる印象を受けています。私は一九五一年に雲門寺に受戒参禅に来てから、今年でちょうど四十年になります。そのときから、私は仁化に丹霞山という山があることを知っておりました。しかし当時このあたりは交通が不便で、また高僧が住んで教えを広めているということもなかったので、一九八七年以前には、私はここに来たことがなかったのです。私が雲門にいたとき聞いたところでは、ここには数軒の粗末で、壊れかけた家屋があるだけで、一、二名の僧侶が住んでいるが、生活はたいへん困難だ、とのことでした。文化大革命以降、本煥老和尚がここに来てこの禅宗の道場を復興しました。十数年間の努力の末、平地に楼台が建ち、殿閣は荘厳となり、法相は光り輝き、古刹は面目を一新させた、と言えるまでになりました。これは本当に喜ぶべき、賞讃すべき大きな因縁だと言えましょう。一軒の廟を修めるのはとても容易なことではありませんが、最も難しいのは、ここに集まり、仏法を大いに発揚し、修行する多くの法師と信徒がいたことです。今日の丹霞山別伝寺は、仏教の発揚のため、多くの信徒を教導するために、寺自体の貢献もさることながら、同時に陸続と僧侶の人材を輩出し各地に送り出しております。

私がここに来た第一の目的は、参学のためですが、今晩、常住の班首師父各位の慈悲のお蔭で、みなさんとお会いできたので、少しばかりお話をしたいと思います。これは大変に得難い機会ですので、私の浅い知見ではありますが、皆様に貢献したいと思います。また、みなさんの加持を得ることができればと考えております。

今晩お話するテーマは「当代の僧団の職志」というものです。主な内容は次の通りです。当代の青年僧団は、求学の中に正信を定め、正見を樹立すべきだということ。また、求道の中に、正行を堅持して、正受を保守すべきだということ。また、弘法利生〔法を広め、衆生を利益すること〕の中に伝統を継承し、時代に適合し、社会と意志を通わせて、群衆に奉仕し、正法を長きにわたり護持することです。

私は三つの方面から、この問題を講じてみたいと思います。私は当代の僧団、とりわけ青年僧団は、当代の職志〔責任と宗旨〕を持つべきだと思います。いわゆる「当代」とは、それが清朝末ではなく、民国時期ではなく、また文革以前でもないことはすぐ分かることです。当代とは、数年前で言えば八〇年代、現在で言えば九〇年代のことです。時間とはみな先に向かって常に移り変わってゆくものですから、我々仏教の法輪も時代に沿って、先へ移り変わってゆく訳です。それでは、当代の青年僧団の持つべき職志とはなんでしょうか？

第一に、求学の志向を持たねばならない、ということです。仏道修行の過程は区別して言えば、四つの方面、すなわち、信・解・行・証に分けられます。また合わせて言えば、二つの方面、すなわち解と行に分けられます。ですから、これは学ぶことと修めること、と言うこともできます。特に若い年代の僧侶は、必ず求学の志向を樹立せねばなりません。何を学ぶのでしょうか？　我々は仏教の経・律・論の三蔵を学ばねばなりません。ここが禅宗の道場であり、禅宗が「不立文字、教外別伝、直指人心、見性成仏〔教外に別伝し、文字を立てず、直に人心を指し、見性して成仏する〕」を主張するとしてもです。禅宗は「教外別伝」〔悟りとは言葉ではなく、心同士によって伝えられるという考え〕ではありますが、それでもなお「伝」の一字があるのです。確かに、如何なる真理も言葉や文字では表しきれないものですが、しかし、言葉や文字を離れてしまっては、他人に真理を説明しようとしても、他人に仏法を理解させようとしても、それは不可能なのです。禅宗自体は不立文字を説いてはいます。しかし、そうは言っても、禅宗の語録は他の如何なる宗派の著作と比べても多い訳です。禅宗は達磨祖師が中国に伝えてから、彼は一方では以心伝心を強調しましたが、また一方では四巻の『楞伽経』を教証としました。このように教証があって、証明とする経典の教えがあって、初めてその伝授が正しいものだと説明することができたのです。ですから、仏教では常に説いているのです。有行無解では、むやみやたらに修行することになり、有解無行では説食不飽〔食事の話をしてもお腹はいっぱいにならないこと〕と一緒である、と。ただこの二つを結合させ、智解と修行を合わせて行うことで、または、解〔智解〕と行〔修行〕が相応することで、初めて仏の教えを学ぶ者のなすべき態度となるのです。我々当代の青年僧団は、必ず求学を重要な位置に置かねばなりません。仏陀は我々に学び難いことをよく学び、一切をことごとく学ぶよう教導しました。我々は毎日四弘誓願〔全ての仏・菩薩がなす四つの請願。衆生無辺誓願度、煩悩無尽誓願断、法門無量誓願学、無上菩提誓願成の四誓願〕を発願しますが、その中の一つ「法門無量誓願学」〔計り知れない広大な法門を全て学ぶこと〕をしなければなりません。ですから、仏教とは学ぶことを非常に重視しているものなのです。禅宗が不立文字を説くことについては、『六祖壇経』に、誰でも知っている一つの話があります。六祖がおっしゃった「直ちに不立文字と道《い》うも、即ち此の不立の二文字もまた是れ文字なり。」というお話です。不立文字は、不用文字〔文字を用いず〕という意味では決してないのです。「立文字」と「用文字」とは同じ意味ではありません。いわゆる「立文字」は、一種の障り、一種の執着であり、文字を真理そのものであると思い込むことです。あるいは禅宗で説かれる手で月を指すこととも似ています。これは相手に指に従って月を見させることですが、もし相手が指に固執してそれが月だと思えば、誤りです。これが一種の障りです。「指」というのは何でしょうか？

それは教義や方法だと理解することができます。「月」というのは何でしょうか？「月」は真理や真如、仏性だと理解することができます。月を見るというのは、我々の明心見性〔自分の本性を悟ること〕が必要なのです。指によって月を見ることと、解によって行を起こすことです。この両者は、どちらかがやめられるというものではありません。「用」というのは何でしょうか。禅宗は不立文字を説きますが、文字を用いねばなりません。「用」というのは方便であり、智慧なのです。「善知方便度衆生、巧把塵労為仏事」〔善く方便を知り衆生を度し、巧みに世俗の煩悩を把《と》りて仏事を為す〕とあるように、方便を得てはじめて仏法を発揚し、衆生を広く度し、広大なる仏事を成就することができます。ですから、我々出家人は注意して求学せねばなりませんし、また経教に精通せねばなりません。

求学の目的とは何でしょうか？　仏の教えを学ぶ者の求学には最も主要なものとして二つの目的があります。一つは、経論の学習を通して我々の正信をしっかりと定めることです。我々はみな出家人であり、正信を持っているがために、はじめて出家する訳です。正信を常に強くしっかりとしたものにせねばなりませんから、そのためには、経論の学習を通じて、仏法への深い理解を通じて、初めて我々の正信を常に強固なものにできるのです。二つ目は、経論の学習について我々の正見を確立することです。正見とは何でしょうか？　正見とは智慧であり、般若であります。一切の法門はみな般若から離れられないのですから、般若から離れてしまっては、もはや仏法ではありません。ですから、八正道の第一の正道は「正見」なのです。六度〔大乗の実践倫理である、布施・持戒・忍辱・精進・禅定・智慧の六波羅蜜。最後の智慧波羅蜜をまた般若波羅蜜とも言う〕の中で般若度は最後にありますが、しかし諸々を統括するものなのです。経の教えを学習することを通じて、我々の正信と正見をしっかりと定め、強固にすることができます。我々が三宝を正しく信じ、因果を正しく信じ、業果輪廻を正しく信じ、解脱成仏を正しく信じれば、これが正見なのです。求学の目的とは正信をしっかりと定め、正見を確立することなのです。

第二に、求道の決心を持たねばなりません。我々が出家する目的は、求道のため、解脱を求めるためなのです。求道とは実践もしくは修行です。仏陀が説いた法は一門の知識であるだけでなく、我々仏教徒に対しても説いたもので、仏法とは修行の法門なのです。衆生には八万四千の煩悩があり、仏には八万四千の法門があります。現在、最も流行しているものには、三つの法門があります。一つ目は禅宗、二つ目は浄土、三つ目は密宗です。さらには律宗もあります。戒律としては——どの法門を修行するかに関わらず、戒律は基本ですが——律宗があるとはいえ、それはただ研究の重点としてそう言っているに過ぎません。それぞれの宗派がみな戒律を基本とせねばなりませんし、各宗派が修める内容も、みな戒・定・慧の三学に他なりません。丹霞山別伝寺は禅宗の道場です。禅宗の持戒修行の方法は、本煥老和尚と首班師父各位がよく開示されたことでしょう。私は長年仏教の文化工作に従事してきましたので、文字に触れる機会はかなり多かった訳ですが、本当に落ち着いて修行座禅をした時間は多くはありません。ですから参禅に関する具体的な方法は、お話しないことにします。

修行求道には、まず正行を備えねばなりません。正行を備えなかったとすれば、それはやみくもな修行となるでしょう。何が正行なのでしょうか？　正見の指導のもとで修行をして、初めて正行といえます。言い換えれば、仏法に対する正確な理解を通じて、初めて正確な実践を得られるということです。いわゆる正行は、方法の問題であるだけでなく、修行の過程でもあるわけです。修行とは一つの長い過程であり、長遠の心を発さなければなりません。我々は四弘誓願のとき、「煩悩無尽誓願断」と言いますが、顕教では、修行成仏には三大阿僧祇劫〔計り知れない途方もない長さの時間〕を経ねばならない、と言いますから、修行成仏は容易なことではないのです。時間の試練を受け、永遠に道を辿り、正確な修行方法を以て我々の成仏という目的に到達せねばならない訳です。正行が備わって、正確な修行方法を得れば、正受を生むことができます。正受は我々の修行の実際の体検です。この種の体検というのは、「人の水を飲みて、冷暖自ら知るが如き」ものです。昨日、私はここでみなさんに「趙州茶」の公案を出しました。学徒が趙州禅師に仏法を開示してくれるよう請うたところ、趙州はその学徒に「お茶をどうぞ〔喫茶去〕」と叫びました。仏法を本当に受容する〔受けて用いること〕というのは、ただ心によって理解することができるものですから、言葉で伝えられるものではありません。仏法の受用を得ようとするのであれば、自ら実践し、体験するほかないのです。趙州茶とは、こうした正受を講じたものです。正受は我々の修行の実際の成果であり、また正行の結果でもあります。正行なくして正受を得ることは不可能なのです。修行が正受を得られず、また正受に安住できないのであれば、魔境に陥ることになりましょう。正受の感受は「軽安明浄」の四語で概括することができます。正受を得て初めて、十重《とえ》二十重《はたえ》に深められた禅定の境界に入ってゆくことができるのです。私は一九五一年に雲門寺の禅七に参加して、とある方の修行が適当なものでなかったため、その方が魔境に陥り、かつ多くの変態的な行為をしたのを目のあたりにしました。あれは正受ではなく、一種の魔境でした。正受はどのようにすれば獲得できるのでしょう？　それは正行によってです。もう少し説明が必要ですね。つまり、修行においては、様々な境界が出現するはずです。例えば、光を見る花を見る、仏や菩薩の形象を目にする、などですが、また好ましくない境界を目の当たりにすることもあります。これらの状況において、我々は如何にして正受を保持することができるのでしょうか？　これは正見によって観照することによらねばなりません。つまりは禅宗が講じている「仏来仏斬、魔来魔斬」〔仏が来たなら仏を斬り、魔が来たなら魔を斬る。好相も悪相も分け隔てなく退けるということ〕ということで、一切はみな著相《じゃくそう》〔形あるものにとらわれること〕してはならないのです。これは禅宗の立場であり、禅宗の方法です。浄土宗はこれとは異なります。『阿弥陀経』等では、好相を目の当たりにせねばならない。これこそが修行により利益を得た証明である、と説いています。私が思うところでは、浄土を修めてもよいし、禅宗を修めてもよいのですが、いずれにしても好相を目の当たりにすることには法忍〔法智を生ずる前に得られる、確認して認知する決定の心。それまで信じられなかった理を確かにそうと信じ、惑いが出なくなること〕がなければなりません。法忍なくしては、必ず魔境に陥ることになるはずです。なぜなら、好相は時に我々の修行の感応であり、仏や菩薩の加持であるが、時に魔王の邪魔ともなりうるからです。魔王も仏や菩薩に変身して修行する者を邪魔するでしょう。なぜでしょうか？　それは、一人が修行して解脱を得るたびに、魔子魔孫が一人ずつ減るからです。それならつまるところ、念仏を唱えるか、参禅するかに関わらず、こうした境界が出現したのであれば、いずれも般若、正見でもって看破することで、転じることのないようにせねばなりません。修行中に出現する境界をどのように扱うのか、これは修行の過程にあって非常に重要なことです。また現在気功を練る者がとても関心を持つ問題でもあります。彼らはよい境界を目の当たりにすると喜び、よからぬ境界を目の当たりにすると恐れます。その結果、魔境に陥るといった人はどこにでもいます。これは境界の関門が突破できていないからです。本当に修行した者はこの関門を突破した後、真実の正受が目前に出現するはずです。よしんば、このような月並みな小境界であっても、人々がみな獲得できるものではありません。ただ本当に果敢に精進して初めて出会うはずです。仏を学ぶ者はみな自分の修行する法門がありますが、どんな基準で、我々の修行が適当なものか、努力がふさわしいものか、を測るのでしょうか？　私が思うには、先ほど述べた「軽安明浄」の四字を以て測るのがよいと思います。「軽安」とは、私たちの身体は大きく重いのか、それともかろやかで安らかであるか、ということ。「明浄」とは、私たちの心が明浄か、それとも暗く沈んだものなのか、ということです。もし我々の心身が「軽安明浄」の境地に達し、しかもこの種の境地、その層が絶えず増殖してゆくのであれば、そのとき我々の修行方法が相応しかったことが説明されるのです。

我々当代の青年僧団としては、求学の志向、求道の志向をもたねばなりません。この二つはどちらも自利に重点を置いたものですが、我々が出家して修行をし、出家して仏を学ぶ目的というのは、自利利他、自度度他であり、「要衆生無辺誓願度」〔広大無辺の衆生を救済することを誓願せねばならない〕ということです。ですから、第三として、求学・求道の基礎の上に、仏法を広め、衆生を利益せねばなりません。何故なら、出家人の職責とは、仏法を広め、衆生を利益することにあるからです。

ここではよく「焔口」の救済〔施餓鬼のこと〕をしておりますが、この「焔口」の救済における僧宝讃では、僧団は「利生為事業、弘法是家務」〔衆生を利益することが事業であり、仏法を広めることが家事である〕と述べられます。弘法利生は僧侶の天職です。もし法を広める者がいなければ、我々はどうして仏の教えを学ぶことを知り、出家することを知るでしょうか？　仏法を発揚する者がいて、初めてみなが仏法に触れる機会と因縁が生じる訳です。我々には出家し、仏の教えを学ぶ機会がありましたが、仏法の恩恵を得、仏法の受用を得たならば、いまだなお仏法に触れていない者がいることを忘れてはなりません。さらに重要なのは、仏法を代々伝えていかねばならないということです。我々の世代の手の中で仏法の伝教を途切れさせてしまったり、また仏法の生命力を弱めてしまってはなりません。我々は不断に仏法の生命力を増強し、仏法を常に推進させ、法輪を常に先に回さねばならないのです。いわゆる法輪常転とは、法輪が自分で回ることではありません。我々仏の教えを学ぶ者それぞれが仏法を発揚するという実際の行動によって、この法輪が前に向かって回ってゆくことを推進せねばならないのです。それでは、どのように仏法を広めるのか？　これについて私は三つの点を挙げたいと思います。

一つは、我々が仏法の優れた伝統をよく継承し、これを発揚せねばならないということです。仏法の優れた伝統は、仏教文化の様々な方面を包括しておりますが、優れた伝統でさえあれば我々はみな継承していかねばなりません。そもそも、仏教にも優れていない部分はあるのでしょうか？　仏法の本身は全く善美でありますから、優れていないものなどありません。しかし、仏法は過去二千年以上の歴史の大河の中で発展してきたものですから、伝播の過程のそれぞれの時と場所で、烙印を押され、それが残らざるを得ませんでした。少しばかりの付着物や付着成分が生じてしまうことも免れられませんでした。それらの仏法の本身の上に生じたものについて、我々は正見と般若により鑑別し、仏法の「法印」、「観機逗教」、「契理契機」などといった、いくつかの原則により鑑別を加えるべきです。「契理契機」の優れた伝統を継承し、多少のことについては議論を保留すべきです。

二つ目は、時代に適合せねばならないということです。伝統を継承することを講じるだけで、現実社会の実情を考慮せず、法が時機にふさわしくないのであれば、仏法は本来あるべき作用を発揮できません。したがって、我々は精巧な方便を持ち、多方面の知識を備えねばなりませんし、この時代の人々が何を必要としているのか、この時代の多くの衆生に、どのように仏法を以て還元すべきか、を理解せねばなりません。いわゆる適合と言うとき、根機に対する理解と仏法を広める方式や方法の選択を含めるべきです。我々が仏法を広める中で、往々にして法が時機にふさわしくないために、仏法が伝播する効果にまで影響することがあります。しかし、もしも良い方法があって、説法が時機にふさわしいものであれば、説法を聞く人も喜んで聞きますし、喜んで説法をする者に近づくでしょう。当然ながら、いわゆる適合とは、一つの方法の問題であるだけでなく、さらに仏法を広める際の内容をも包括すべきです。仏法は時空を超えたものでありますが、また時空から乖離しないものでもあるのです。異なる時空の条件下で仏法を発揚するには、必ず異なる時空の実情に基づき、広める仏法の内容についても必要な調整を行い、その手段についても注意深く選ばねばなりません。そうして初めて日増しに仏を輝かせ、法輪を常に回すことができるのです。この問題は、私が今日広く講じることができるものではありません。つまり、この時代において、仏法はこの時代の衆生の根機に適うものでなければなりません。仏法の話を以て言うならば、伝統を継承することと時代に適合することというのは、「上契諸仏之理、下契衆生之機」〔上は諸仏の理に契《あ》わせ、下は衆生の機に契わせる〕ということなのです。仏法を広めるものは、この二つのことをなして、初めて仏法を広める基本条件が備わったということになります。

仏法を広める第三点は、社会との橋渡しをする仕事をせねばならないということです。なぜ橋渡しの仕事をしなければならないのでしょうか？　なぜなら、この四十数年来、仏教と社会を隔てる溝は、きわめて深くなったからです。人々は仏教に対して馴染みがないと感じており、仏法についての理解も、ゼロに等しい者もいます。また、絶対的に誤解したり、歪曲している者もいます。こうした仏教に対する誤解や歪曲を是正したければ、我々は常に様々な橋渡しの仕事をせねばなりません。どのように橋渡しをするのでしょうか？　一に言葉を用いること、二に文字を用いること、三に我々の行動によること、です。詳しくお話しますと、先ず言葉と文字から離れることはできません。言葉は、現代人が聞いて分かる言葉で仏法を講じねばなりません。文字は、現代人が読んで分かる文字で仏教の文章を書かねばなりません。行動は、僧侶が自分から規範を示すように行動し、仏教が世と人々を救済するという精神を体現せねばなりません。難しい言葉を使うばかりや仏典を案じて念ずるだけでは、人々はこれまで同様に理解せず、依然として橋渡しの目的は果たせません。たとえ言葉と文字の橋渡しができたとしても、仏教徒が自分では言うだけで、実際に行動しないのであれば、橋渡しの目的には到達できないという訳です。ですから、巧みに説法をせねばなりません。仏教本来の言葉と文字を自己の修行体験を通じて消化し、さらに大衆が理解できるような話で説法するのです。このようにして初めて仏法を広めることに良い効果が生じるのです。ちょっと想像してみるとよいですよ。我々が初めて仏門に入ったとき、老法師が古い言葉で深奥なる道理を講じるのを聞き、まるで訳が分からなかったでしょう。ですから、橋渡しには、方式と方法を重視しなければなりません。方式と方法を重視しなければ、橋を渡しきることはできません。我々はどういった方向で橋渡しをすべきでしょうか？　一つは、いかにして社会との橋渡しをし、仏教を社会の人士により深く理解させるか、ということです。二つ目は、政府の関係部門——主に宗教部門や統一戦線部門などですが——との橋渡しをすることです。これらの部門との橋渡しをし、彼らに仏教固有の規律と特色を勘案して管理を行うように要求せねばなりません。政府の主管部門の幹部に、辛抱強く仏教の教義を紹介し、解釈を提供して、仏教が社会に対して、また人生に対して、積極的な意義を備えていること、仏法が人々の心を浄化し、社会を浄化する役割を果たすことができるということを、説明しなければなりません。政府の主管部門は仏教に対して行政管理を行いますが、宗教信仰自由政策の精神に基づいて、是非とも仏教の特色を、最優先させねばなりません。仏教の規律と特色を顧みない管理をしてしまっては、真逆の結果を招くことになるでしょう。

我々はさらに他の関係機関、関係団体とも橋渡しをしなければなりません。丹霞山別伝寺のような寺院は、山間部に位置してはおりますが、毎日、非常に大勢の人士と触れ合わねばなりません。もしも仏法の精神や戒定慧の精神が我々出家者それぞれの身体に十分に体現されていれば、ある種の荘厳な印象を人々に与えるはずです。これが最も重要で、最も直接的な橋渡しなのです。もしも戒定慧が我々の身上に十分に体現されていなかったり、或いは、一人の僧侶の一時的な不注意により、仏教の精神が我々に体現されなかったとすれば、世の人々に仏教に対する誤解を深めさせてしまうことになります。甚だしきに至っては、仏教に対してより大きな歪曲、辱めを与えてしまうことになります。それでは因果に背くことになってしまう訳です。これは我々の行動を以て橋渡しを行うことで、自分自身で規範を示すとも言いますが、このような橋渡しは、言葉ではありません。つまるところ、我々が仏法を発揚するには、仏教の優れた伝統を継承せねばなりません。また時代の潮流に適合せねばなりませんし、社会の様々な方面との橋渡しをしなければなりません。このようにして、仏法を広め衆生を利益するという我々の仕事は、よき効果を得ることができるのでしょう。

このほか、私は付け加えて、もう一つの問題を講じたいと思います。それは今日の寺廟のイメージの問題です。世界的な範囲でいえば、我々は情報化時代に生きています。我々の国家の体制から言えば、我々が生活しているのは社会主義の社会です。社会主義でも、情報化時代でもいいですが、いずれも我々がいるところが、閉鎖型の時代ではなく、開放型の時代であり、物質文明と精神文明がともに発展し続けている時代だということを語っているわけです。こうした時代にあって、自分たちの寺廟のイメージには特別に注意を払わねばなりません。寺廟のイメージがどのようなものか、このことは仏教のイメージに直接影響しますし、仏教が真っ向からその作用を発揮できるか否かにも直接影響します。仏教は、智慧を啓発し、人心を浄化し、社会を平安にせねばなりません。寺廟にこうした真っ向からの作用を発揮させるのであれば、寺廟の雰囲気に注意しなければなりません。どんな雰囲気でしょうか？　一つは宗教的雰囲気で、「道風」と呼ぶことができます。もう一つは文化的雰囲気で、「学風」と呼ぶことができます。今の人々は仏教に言及すると、何かにつけて仏教が「封建迷信」だと批判します。この封建迷信のレッテルは無論、社会が仏教を理解しておらず、仏教に対して偏見を持ったことから、出来上がってしまったものです。しかし、寺廟のイメージが荘厳でないこととも関係があるのではないでしょうか？

私は、こうした責任の一端は我々にもあると考えております。寺廟には、仏教の精神と符合しない施設や活動が少なからずあります。寺廟の多くは、宗教的雰囲気と文化的雰囲気が十分ではなく、落ち着いてしっかりとした学風や道風が備わっていないのです。これでは、人々が我々を批判するのも無理はありません。社会のこうした批判を我々の進歩を促す原動力とするのであれば、心を込めて寺廟を管理し、寺廟には濃厚な宗教的雰囲気を具えさせ、また清浄で高尚な文化的雰囲気を保たねばなりません。その上で、それらをよく結合させ、統一させていかねばなりません。そうすれば我々の寺廟のイメージは改善され、またそれらが社会や人々の心に対して、陶冶と浄化の作用を発揮させることができます。そうすることによって人々の仏教への印象を変化させ、仏教を歪曲した誤解の地から脱出させることになるのです。宗教的雰囲気と文化的雰囲気の結合、学風と道風の統合は、理由もなくやすやすとできるものではありません。我々出家者、特に寺廟の住職を務める出家者や寺廟の管理をする出家者が教義の研究を重視し、仏教文化の発揚を重視する、そうすることで、なしとげられねばなりません。我々の寺廟に濃厚な宗教的雰囲気と文化的雰囲気が備わり、我々僧侶がよき学風と道風を備えたならば、世の人々の仏教に対する誤解もなくなりますし、仏教の素晴らしい伝統を発揚することもできます。寺廟に道風が備われば、人々の求道への希望を満足させることができますし、学風が備われば人々の求学への希望を満足させることができます。このようにして仏教の法輪を絶えず先へと回してゆくことができるのです。寺廟に学風と道風を備えるために、私はかつて次のような構想をしました。それは、叢林は学院化する必要があり、学院は叢林化する必要があるというものです。叢林と仏学院は二つのそれぞれ異なる修行場所ですが、両者の相互補完を前提として、十分にそれぞれの作用を発揮させねばなりません。つまり、叢林は元々修行を主とする場所ですから、本来備わっていなかった学習を重視する気風を養う必要があります。そこで仏学院の学風を叢林に引き入れて、叢林を学院化させるのです。仏学院は学習を主とする場所ですから、往々にして修行持戒の重要性を軽視しがちです。そこで叢林の道風を仏学院に引き入れ、学院を叢林化させるべきなのです。叢林の学院化、学院の叢林化、さらに僧尼の知識化を加えれば、我々当代の僧団の職志はかなり完備されて体現することができるでしょう。仏教のイメージもこれと相まって大いに面目を一新することでしょう。

まとめていえば、私が思うに、我々当代の青年僧団は求学の中に正信をはっきりと定め、正見を樹立すべきです。また求道の中に正行を堅持し、正受を保つべきです。そして仏法を広め、衆生を利益する中で継承し、時代に適合し、社会への橋渡しをし、人々に奉仕し、正法を住持すべきでしょう。

御静聴ありがとうございました。


（何明乾・黄明彦が録音により整理）

七、越境する生活禅

一　フランス枢機大主教リュスティジェ氏との対話[1]

中国仏教文化代表団のフランス訪問期間において、受入機関の手配により、一九九四年[2]二月一日午後、浄慧大師一行はパリの主教府に出向き、フランス・カソリックの最高指導者でありパリ枢機大主教であるリュスティジェ氏と会談した。同席したのは『欧洲時報』社の張暁貝副社長、フランス潮州会館曽海潮副会長、代表団秘書長田東輝氏と四名の青年僧侶であった。大主教と大師は和やかな雰囲気の中、四十五分間の談話をした。談話が終わってから、お互いに記念品を贈呈し、記念撮影を行った。以下は大師と大主教の談話の要点をまとめたものである。

大主教：「あなたはフランスに初めていらっしゃったのですか。」
大　師：「そうです。」
大主教：「みなさんはパリやフランスを目にして、びっくりされたのではないでしょうか？」
大　師：「フランスの文明には、我々はずっと尊敬の念を抱いております。この度、フランスを訪問して、フランスがこれまで成し遂げてきたことと、いまなされている文明の発展を目の当たりにしたことで、フランス人の勤労精神と智慧に、我々はいっそうの尊敬を抱きました。」
大主教：「あなたが好感を抱いて下さったとお聞きして、私はたいへん感動いたしました。私もあなた方がこちらにいらっしゃったことを大変うれしく思います。中国とフランスはともに悠久の歴史を持つ国家ですが、特に中国は古い文明国家ですから、とりわけその宗教信仰や精神の自由を追求することに関して、私は大変な憧憬を抱いております。」

大　師：「我々中国には独自の古い文化と宗教伝統があります。しかし同時に、我々はその他の宗教と文化も受け入れて来ました。中国の人々は、外来の文化に対して、これまでずっと非常に広い度量を持って来ました。フランスに来てから分かったのは、フランスの人々も同様に、自己の文化と伝統を尊重すると同時に、外来の文化や宗教、信仰を受け入れることができるということです。例えば仏教に関して言えば、フランスで、短い時間の中でこれほど発展している訳ですから、これはフランスの人々やフランスの宗教界が外来の文化と宗教を広い度量で受け入れ、許容して下さったことを物語っているのでしょう。我々中国仏教文化代表団は、中国仏教協会としては、初めて実施したフランスへの友好訪問です。私はここに中国仏教協会を代表し、また趙朴初会長に代って、大主教さまに心から表敬の意を示したいと思います。」

大主教：「大師のお言葉をお聞きして大変感動しております。特に、あなたのお話が西洋の歴史上の重要な問題に触れていることです。恐らくあなたも御存じだと思いますが、約二、三世紀前に、西洋の多くの国家で、文化・社会・宗教などの各分野における自由運動が起こりました。あなたがおっしゃった、フランス人が他の文化を心から受け入れるということは、フランスの伝統と完全に符合している訳です。

ところで、二十五年前にカソリック教会はローマで会議を開催しました。会議での討議内容はとても重要なもので、一つは非キリスト教の宗教信仰についての問題、もう一つは宗教の自由化についての問題です。いわゆる非キリスト教の宗教信仰の問題とは、キリスト教徒がキリスト教以外の信仰を持つ人々にどのように接するか、という問題を指して言ったものです。また、宗教の自由化の問題とは、いかなる教派も人々がそれぞれの信仰を持つことを容認せねばならない、ということを指して言ったものです。すべての宗教はみな、精神や世界が一体となることを追求し、人々を教導して、社会、そして人類を愛護しなければなりません。お互いに認めあい、尊重しあうことで、はじめて様々な宗教がそれぞれの持つ優位を発揮することができます。西洋国家には宗教戦争の歴史があります。宗教戦争は人類に多大な災難をもたらしました。キリスト教の多くの弟子たちもまた戦争の苦難を被りました。宗教の自由は、教徒個々人の信仰の自由に対する問題ですが、同時に人権の問題でもある訳です。この自由とは、人間の最も基本的な要求であり、すべての自由の基本ですから、それは暴力によって取って代ることのできないものなのです。ですから、こうした自由が全世界に広がるよう祈っております。」

大　師：「私も大主教さまのお言葉はたいへん素晴らしいことだと思います。仏教は衆生の平等、万物の一体、そして慈悲を胸に抱くことを主張する宗教です。大主教さまも私の考えに同意下さるかと思いますが、仏教の歴史の上では、教義の相違による戦争が起こったことはありません。仏教の教義と考え方では、国と国、教えと教えの間にある様々な争いは、平和なやり方で解決するよう願われております。仏教は一切の善法がみな仏法であると主張しますから、一切を受け入れ、一切を許容することができます。仏教では、人類にとって最も尊いものは、自己に元から備わっている智慧を見つけ出すこと、そして最高の道徳を標準として、人類に本来備わっている崇高な人格を回復することだと考えております。また同時に仏教が主張しているのは、人類の信仰は全ての国家から尊重を受けるべきだということです。我々がさらに思うのは、今の世界にあるすべての問題は、宗教の教化や参与とは乖離した問題だということです。それを徹底的に解決し、本当に人類を苦難から抜け出させようとするならば、それは大変に為し難いことでしょう。仏教は、全ての宗教が互いに許容しあい、尊重し合わねばならないと主張しております。そうして初めて、各宗教間にこれまであった様々な問題を、解決することができるのです。大主教は、教務の大変お忙しい中、我々にお会い下さり、宗教の許容と平等についてお話し下さいました。心より感謝しております。

またもう一つ、ニュースを大主教にお知らせすることができます。私が教務を主管しております河北省は、我が国でもカソリックが非常に発展している省です。カソリックの教会と我々仏教協会は、同じビルの一階で公務をしておりますが、お互いにとても良いお付き合いができております。河北省のカソリック教徒は百万人以上おりますから、機会がございましたら、ぜひとも大主教に中国を訪問頂ければと思います。その時は、こちらのカソリックの教友たちをご覧に入れて差し上げましょう。」

大主教：「大変感謝いたします！　これもまた私が最も素晴らしいと思う願いです。」

（明生・明海が記録、初出『法音』一九九四年第四期）

注

（1）　一九九四年二月一日パリにて。

（2）　原文では「一九八七年」となっているが、これは誤まり。

二　フランスの夏爾梅耶氏との対話(1)

夏爾梅耶〔Charles Meyer〕氏は華裔融入法国促進会の秘書長である。彼はかつてカンボジア王国シハヌーク国王の顧問を務めたことがあり、アジアに二十年間住んでいたため、東方の文明に深い造詣を持ち、また好意を抱いている。彼は中国とフランスの文化交流に熱心で、この度の中国仏教文化展開催のために、多くの貢献を果たした。

一月二十二日の晩、夏爾梅耶夫妻は潮州会館を訪れて浄慧法師と面会し、ともに仏教のヨーロッパでの伝播などについて対談を行った。

梅耶氏：「ダライラマはこの一、二世紀の間に、全世界が全て仏教の世界になると言っておりますが、あなたもそう思いますか?」

浄慧法師：「最近の情勢から見て、仏教は徐々に広まり、信徒も段々と増加している状況にあるようです。」

梅耶氏：「ヨーロッパでは仏教は第五位ですね。」

浄慧法師：「え?」

梅耶氏：「第一位はカソリック、第二位はイスラム教、第三位はプロテスタント、第四位はユダヤ教で、仏教は第五位に位置しています。あなた方には朗報でしょうか？」

浄慧法師：「これは我々が思いもよらなかったことです。」

梅 耶 氏：「フランスには六〇万人の仏教徒がいると言う人もいます。」

浄慧法師：「フランスの仏教徒の数について、私は二つの数字を見たことがあります。一つは十五万人で、もう一つは三〇万人です。」

梅 耶 氏：「十五万というのは、アジアからの僑民〔華僑に代表される海外居留民〕の仏教徒の数です。カソリック教会が提示している数字では十五万人のフランス人が仏教を信仰しているそうです。この数字はかなり確実なものです。カソリックとしては当然仏教徒が少なければ少ないほど都合が良いので、十五万というのは、控えめな数字なのです。思うに、実際の数はこの数字を超えているはずです。仏教を信仰しているアジアからの僑民の方々とフランス本国の人々の人数を合わせると、恐らく六十万くらいでしょう。」

浄慧法師：「そういうことでしたか。」

梅 耶 氏：「私は、仏教は現代人の生活と融合してゆくことが完全にできると思います。仏教には、浄土宗・禅宗・密宗など多くの宗派があります。それでは、あなたはどの宗派が最もヨーロッパ人に受け入れられやすいと思いますか？」

浄慧法師：「私は禅宗だと思います。」

梅 耶 氏：「私もあなたの考えに全く賛成です。ここで仏教を信仰しているフランス人も殆どが禅宗を学んでいます。」

浄慧法師：「ここでは、元々アジアからの僑民は浄土宗を信仰する人が多数を占めていました。しかし、ヨーロッパ人に布教するには、私は禅宗の方が彼らの根器〔各人の素質〕により適応できると考えております。何故なら、ヨーロッパ人本来の信仰とは主に他力の信仰だったからです。他力の信仰とは、例えば天主の恩恵や上帝の導きなどがそれですが〔天主と上帝はそれぞれカソリックとプロテスタントの呼び方で、どちらも唯一の神を指す〕、浄土宗もこうした他力の信仰に属します。当然キリスト教の他力と浄土宗の他力には違いがある訳ですが、ちょっと見ただけでは、両者は区別するのが難しいようです。ですから、ヨーロッパ人をいきなり浄土宗に転向させるというのは、かなり難しいことです。反対に、禅は自力の信仰です。カソリックやプロテスタントから別の信仰に転向する訳ですから、必ず元々の信仰とは明確な違いのあるものでなくてはなりません。違いのある信仰だからこそ、精神的により高まったという満足が得られるのです。ですから禅はこうした心理的な要求に合致している訳です。」

梅　耶　氏：「ここにいる大部分のフランス人はみな禅宗を信仰しております。現時点では、彼らはみな、それほどの規模の信仰集団ではありません。それぞれのグループが散在していて、組織的ではないのです。あなた方中国人が時間をかけて彼らを教導すべきです。」

浄慧法師：「ここで禅を教えているのは日本人です。当然彼らも多くの有益な活動をしたことでしょうが、日本の禅は中国から伝わったものですから、禅の祖国は中国なのです。
禅がヨーロッパで吸引力を持っているのは、それが生き生き溌溂《はつらつ》とした特徴を持っており、ヨーロッパ人には受け入れ易かったからなのです。しかし、問題もあります。もしこうした点ばかりを強調するのであれば、禅の精神に背いてしまうだろうと、私は思っています。」

梅耶氏：「私も同じことを感じております。」

浄慧法師：「何によって禅を補完するのか？　戒律が必要なのです。つまり道徳の約束です。禅と戒律は互いに結び付かねばなりません。戒律とは何か？　戒律とは道徳の原則であり、また人類が生きてゆく共通の規範を説くものです。禅と戒律が結合してゆくことで、初めて禅の精神に背くことなく発展してゆくことでしょう。
もう一点あります。我々は禅の宗教精神を強調しなければなりませんが、仏教の最も基本の教義――因果を基本としなければなりません。因果は仏教の最も根本の精神を体現しておりますから、因果がなければ、仏教の宗教的根幹も無くなってしまうでしょう。禅は因果を基礎として、道徳原則に教導され、禅定修養を行うことで、初めて真に人類自身を解放するという目的に到達することができます。人類の現在の生活は重大な逸脱現象を生じており、人類自体の欠陥が日増しに露わになっております。因果を基礎とした宗教精神を持つことで、初めてこれらの欠陥を補うことができる訳です。」

梅耶氏：「今が最も良い機会です！　多くのフランス人が、禅にとても興味を持っていますから、中国人が努力して彼らを教導すべきです。」

浄慧法師：「あなたにもこうした活動はできますよ。」

梅　耶　氏：「我々には無理ですよ。我々は禅を理解しておりませんし、仏教も分かっておりませんから。」

浄慧法師：「あなた方は禅をフランスで広めてゆく架け橋となることができます。」

梅　耶　氏：「私では年を取りすぎですよ！」

浄慧法師：「ムッシュは今年でおいくつですか？」

梅　耶　氏：「今年で七十になります。」

浄慧法師：「まだお年ではないですよ。これからできることがたくさんあります。」

梅　耶　氏：「あなたが先ほどおっしゃった、今の人類生活が常軌を逸しているという説法には、私も大いに同意いたします。」

浄慧法師：「こちらに日本人が開いた禅堂があるとのことですが。」

梅　耶　氏：「ヨーロッパで初めて禅を布教したのは一人の著名な日本人禅師でした。」

浄慧法師：「おそらく鈴木大拙ではないですか？」

梅　耶　氏：「どうも違うようです。我々はかつて彼を訪問したことがあります。私が感じたのは、外国人には精神を集中することがとても難しいということです。」

浄慧法師：「私は、精神を集中するのは、彼らにも不可能ではないと思います。何故なら、カソリックもプロテスタントも我々の信仰と異なるとはいえ、修行の方法は祈祷や瞑想などのように、我々の禅定の入門時の修練法とも似ているところがあるからです。」

梅　耶　氏：「しかしそれは、普通のキリスト教徒には当てはまりません。大多数のフランス人はカソリックではありますが、彼らはこうした修行をしていませんから。キリスト教の教職員はただ屋内に閉じこもって経典を唱え、群衆から離脱することを知っているだけです。しかし中国仏教は違うでしょう。」

浄慧法師：「彼らも布教をしているのでは？」

梅　耶　氏：「一日中、朝から晩まで経典を読んでいる修道士や修道女は布教をしていませんが、神父は布教をしています。あなたの国では仏教の伝播状況はいかがですか？」

浄慧法師：「ある種の発展状況にはありますね。」

梅　耶　氏：「しかし、この数年間あなた方の国では、至るところでお金、お金……と、皆がお金の話をしています。最近、旅行の本を書くために、私は中国に一度いきましたが、皆お金儲けのことを考えているのが分かりました。」

浄慧法師：「それも一部の人間ですよ。皆が皆そうではありません。」

梅　耶　氏：「都市部では、大部分の人が皆こうでしたよ。」

浄慧法師：「経済体制が転換してゆく過程で、こうした現象が起こるのは自然なことです。四十数年来、我々が追求して来たのは一種の貧困な社会主義でしたが、今や聖域は打ち破られ、皆がお金儲けに走ろうとしています。お金儲けによって経済生活の苦境を変えようとしているのです。

これは理解できることです。この段階を経た後で、人々はまた心を入れ替えて思索に向かうはずです。つまり、私はなぜお金儲けをしなければならないのだろうか？　とね。ところで、今も多くの若者は高尚な精神生活を追い求めています。彼らは一つの社会が経済ばかりではいけない、さらに文化や精神が必要なのだ、と感じています。こうした人も少なくないのです。私は将来、こうした二種類の人々が互いに補完し合うことができると思っております。」

梅　耶　氏：「私が初めて中国を訪れたのは一九五六年でした。あの頃の中国人は仏教に対して全く理解がありませんでしたが、いまはどうでしょうか？」

浄慧法師：「現在は理解のある人はとても多いですよ。現在は寺院に行く方も多いです。寺院に行く人がみな仏教を受け入れているという訳ではありませんが、中には、この問題をよく考えている人もいます。大学にも仏教を信仰している人がいますが、彼らはみな十八、九歳から二十二、三歳の若い方です。」

梅　耶　氏：「ひと頃中国では、全ての信仰が禁止されていましたが、今は仏教以外の、その他の道教やプロテスタントなどを信仰することについては、どんな状況ですか？」

浄慧法師：「仏教の状況とさほど変わりません。国内ではカトリックやプロテスタントを信仰する人は多いです。大学生が教会に礼拝に行くことも少なくありません。」

梅　耶　氏：「彼らは本当に信仰しているのですか？　それとも、流行に乗っているだけなのですか？」

浄慧法師：「どちらの人間もいる、と言うべきでしょう。流行に乗っているだけの者もいることは否定できませんが、一部には宗教に対して敬虔な信仰を持っている者がいることも確かです。」

梅 耶 氏：「文革のときの禁圧が強すぎたために、今にわかに開放されて、人々がどっとおしよせた、ということではありませんか？」

浄慧法師：「必ずしもそうだとは言えません。中国の若者、特に優秀な若者は、みな真面目に問題を考えておりますし、このような人が、やはり多数を占めています。その中には寺院で活動に参加している人も多いです。私たちは年に何度も大衆的な布教活動をしておりますが、学生にも参加する者がいます。私が主管している趙州柏林寺は北京から三百キロ以上離れていて、生活条件も良くありません。しかし彼らはそこに苦労を味わいに来たがるのです。みなとても敬虔な態度で宗教活動に参加していますよ。こうした活動は、二百人の参加者がいたとすれば、大学生はかなりの割合を占めます。私が北京に住んでいたときは、かなり多かったのですが、平日は仕事が忙しくて、信徒の来訪に応対できたのは日曜日だけでした。毎週日曜日、私はいつも大学生たちの応対をせねばなりませんでした。本当に面会をお断りできない人もいました。彼らは自分から訪ねてきたのです。」

梅 耶 氏：「同じようなことはカンボジアにもありますし、ミャンマーやラオスにもあります。最も困難なのはベトナムですね。」

浄慧法師：「思うに、これも一時的なものでしょう。」

梅 耶 氏：「ちょっとお聞きしたのですが、一九六一年にカンボジアで仏教の大会が開かれたとき、あなたは参加されたのでしょうか?」

浄慧法師:「私は行っておりません。我々は代表団を送り出しました。趙朴初氏が団長を務めました。」

梅　耶　氏:「私が初めて趙氏にお目に掛かったのは、一九五七年です。そのとき私はカンボジアにいましたが、いつも親王殿下と共に中国に行っておりました。私はまるでこの世界がおかしくなったように感じました。これを救う方法はあるのか、と。」

浄慧法師:「これは二つの点に分けて話さなければなりませんね。いかなる時代に現れた大きな環境でもあっても、我々個々人の因果や業力と切っても切り離せません。業には共業と別業があります。共業とは大きな環境で、別業とは小さな環境です。小さな環境は、大きな環境に影響します。ただ小さな環境でのみ突出した力のある人間が現れるのです。これはあたかもとある国家のようです。例えば、フランスですと、フランス大統領は人前に出ることができますから、ある種の道徳や宗教を提唱すれば、大きな影響を生み出すことになるかもしれません。当然、多くの人々の反対を受けるかもしれませんが、しかし彼は大きな環境に影響をもたらすことができるのです。このようにして、大きな環境は突発的な変化を生じるはずですし、人類の命運も転回期を迎え、新たな方向に向かうかもしれません。

第二の状況は、小さな環境に突出した力を持つ者が出現せず、却って多くの人々が共同認識を生み出すことで、大きな環境を改変しようとする場合です。この場合も人類の命運を変えるかもしれません。これは一種の漸次的な変化を起こす方法ですが、長い時間を掛けることで、初めて目的に到達できます。我々が今行っている仕事と同じように、この方法こそが自己の努力を通じて人類を段々と希望へと向かわせ、これ以上世界を狂わせないようにしようとするものです。」

梅耶氏：「仏教の力とその他の宗教の力は同じではありません。カソリックでは『あなたは主のしもべである』と言いますが、仏教はこのようには言いません。」

浄慧法師：「仏教は衆生は平等であると主張します。ムッシュが言及された問題は、みなとても重要なものです。我々は中国の禅をヨーロッパに伝えられるよう願っております。」

梅耶氏：「私はあなたがヨーロッパに禅堂を作ることを望みます。」

浄慧法師：「またもや、あなたの援助を頼らねばなりませんよ！」

梅耶氏：「あなたが禅堂を作るならば、私は最初の信徒になりましょう。」

浄慧法師：「あなたは、とても得難い先見の明を持っておいでですね。」

梅耶氏：「あなたに一つのお話を聞かせて差し上げましょう。ある日本の禅師がこちらで座禅のサークルを作りました。私は彼がどのように座禅をするのか見に行きました。ありとあらゆる人々が座禅に参加していたのですよ。大会社の社長もいれば、学生もいました。彼らはこう動いてみたり、ああ動いてみたり、皆静かに座ることができません。私は日本の法師に話しかけました。『あなたは彼らが精神を集中し始めることができると思うかい？』すると日本の法師は言いました。『集中できなくても、悪くはないさ！』ってね。」

浄慧法師：「（笑）将来もし場所が見つかるなら、例え一、二百平米程度の土地でも結構ですから、禅堂を開くというのも良いですね。これにはムッシュの御支援が必要です。ムッシュは先見があり、威厳と人望、影響力をお持ちだからです。」

梅　耶　氏：「買いかぶりすぎですよ。我々にはあなたのような人が必要なのです。しかし、そうした方は少なすぎます！　少なすぎるのです！」

浄慧法師：「このたびの布教の因縁を通じて、中国禅をパリに根付かせることができることを願っております。」

談話が終わると、記念撮影を行った。夏爾梅耶夫妻が暇乞いをしたとき、浄慧法師は二人それぞれに鍍金を施した小さな仏像を贈った。二人は恭しく合掌し、この上なく喜んでいた。

（明海が記録、初出は『法音』一九九四年第四期）

注

（1）一九九四年一月二十二日パリにて。

三　「中国仏教文化展」の記者招待会のインタビュー

問：浄慧法師のお名前から、私は東晋時代の慧遠法師が蓬社を創立し、後に変遷してそれが浄土宗となったことを思い浮かべました。そこでちょっとお聞きしたいのですが、あなたの浄と慧の二文字は浄土宗や慧遠法師とは関係があるのでしょうか？

答：中国の仏教徒には、僧侶と在家信徒が含まれますが、みなそれぞれ法名があります。私はこの「浄慧」が法名です。法名は宗派と何らかの関係があることもありますが、必ずしも関係があるという訳ではありません。我々が現在法名を選ぶ際は殆ど禅宗臨済派あるいは曹洞派の「宗派輩分偈」に基づいております。私自身は、学んだのも修持したのも禅宗です。尤も、当然我々は浄土宗についても賞讃し、発揚しております。目下のところ、中国で仏教徒が最も広く修行し研究しているのが、禅宗と浄土宗ですが、チベット仏教の体系中には、密教が広く宣伝・発揚されております。

問：ヨーロッパは、基本的にはキリスト教を信仰している地域ですが、ここでキリスト教とどのように協調関係を築くかということについて、また仏教がヨーロッパに伝播する可能性について、浄慧法師にお話頂ければと思います。

答：仏教のヨーロッパにおける伝播については、既に二百年以上の歴史がありますが、この三十数年来は、仏教はヨーロッパで既にかなり迅速な発展を遂げており、またわりあい大きな影響を生み出してきました。加えて、ヨーロッパは元々多元文化の地域ですので、私は仏教がヨーロッパに根付き、発展してゆく前途については、楽観しております。仏教は元よりグローバルな宗教であり、広い度量と一切を吸収し包み込む包容性を備えております。仏教がインドから中国という深い文化的土壌を持つ国へ伝来し、それから二千年に及ぶ間の発展を遂げる中で、何度も深刻な打撃を受けながらも、今日まで伝わり、発展し続けて来ることができたことは、仏教文化により強い生命力と適応性が備わっていたことを物語っております。ですから、仏教が将来、ヨーロッパ、さらには世界各地で発展しゆくという前途は楽観的なものでしょう。もし、仏教が未来において人類自身が作り出した問題を解決する上で必ず通らなければならない道だとすれば、それはアジア人に限らず、ヨーロッパ人、アメリカ人、オーストラリア人も含め、誰もがみな仏教の信仰モデル・生活モデル、さらには思想方法によって、様々な問題を解決することができるでしょう。我々の人生における様々な問題は、仏教から啓発を得ることができるのです。

問：現在の中国では、ビジネスを重視する雰囲気が強いです。しかし法師のお弟子さん方はみなとても若いですね。我々も中国では多くの若者が仏門に帰依していると聞いております。法師にお聞きしたいのですが、これはなぜなのでしょうか？

答：仏教そのものが我々に教えているのは、一つの信仰モデルであり、それはまた一つの生活様式と言えるものです。こうした生活方式は、我々人類社会の発展や進歩を妨げるものでは決してありません。また国家経済や国民生活上の活動にも様々な利益をもたらし、ビジネスをも内包しております。仏教はただ、どんな原則に基づきそれを行うのかを説いているだけなのです。活動が仏教の精神に合致したものであれば、ビジネスはこれまで通りにしてもよい訳です。ただビジネスの指針となる考え方を正してゆかねばならないだけなのです。

仏教徒には、一般に四つのグループが含まれます。つまり、出家した比丘・比丘尼と在家の男居士・女居士です。出家者はビジネスをしなくてよいですから、基本的に生産労働には従事しませんが、彼らは文化活動や社会の教化活動に従事しなければなりません。一方で、在家信徒は社会の各方面の仕事に従事することができます。仏教自体は商業活動を重視する宗教ですから、経典の中には時折、富豪や長者への言及があります。こうした人々は、みな当時有名だった商人です。仏陀の時代、仏教を保護した長者は基本的にみな大商人たちでした。古代の宗教文化の伝播はいずれも商業活動と不可分ですが、仏教もそうです。現在、世界の多くの地域で、例えば、タイやシンガポール、中国の台湾地域や香港地域ですが、これらの地域の多くの大商人たちは、みな敬虔な仏教徒です。ですから、古代の仏教伝播状況や現在の仏教が発展した情勢を考えれば、ビジネスと仏教を信仰することとは、矛盾しないことが分かるでしょう。単に矛盾しないだけでなく、仏教はまた我々に、全ての真面目な労働に従事せねばならないと教えております。それついて、考量すべき八条の規範があります。いわゆる八正道〔仏陀が説いた涅槃に至るための八つの正しい行い。正見・正思惟・正語・正業・正命・正精進・正念・正定を言う」がそれです。

問：二つ質問があります。一つは浄慧法師がどのように在家信徒に経法を講じていらっしゃるのかということ、もう一つは仏教をテーマとする映画についてどのようにお考えかということです。

答：先ず、最初の質問にお答えしますが、我々は三つの方面から、在家信徒たちに仏法を広めております。一つは、我々が定期的に開催している、専ら在家信徒を対象とした活動です。二つめとして、いくつかの本と雑誌を刊行しております。信徒はこれを読んで学習する訳です。三つめは、いくつかの公開セミナーを開講しておりまして、これに若い信徒を無料で参加させています。在家信徒には様々な職業の人がおりますが、我々は毎年、彼らを対象として河北省趙県の柏林寺で数回の大きな活動を催しています。その際、県立民教授や全国各地の専門家を招聘して、仏学講座を開くこともあります。昨年は夏休み期間に、第一回「生活禅サマーキャンプ」を開催しました。全国各地からの参加者が合計で一五〇人以上にも上り、若い信徒が多数を占めました。七日間の活動の中に、修持・学習・聴講・観光・巡礼などの内容を盛り込みました。参加者たちは、一方では専門家や教授らの授業を聞き、一方では寺院での修行生活を体験する訳です。また毎年冬には、七日間の座禅活動を行います。これを「禅七」と呼びますが、要するに、座禅の学習コースです。このような大きな活動を、年に少なくとも四回は行っております。これらの活動に参加する者は必ずしも信徒ではありませんが、我々は分け隔てなく応じております。こうした活動を通じて、社会の人々が何を必要としているのかを、我々は知りたいと思っております。また社会の人々もこれにより仏教を理解することができますし、仏教に親しみを覚えることにもなる訳です。私個人の活動としては、北京の中国仏教協会主編の『法音』という雑誌〔中国仏教会刊〕に関わっている他、河北省では『禅』という雑誌を刊行しております。これは主に在家信徒を対象とした雑誌です。また中国仏教文化研究所も『仏教文化』という、比較的一般向けの雑誌を刊行しています。この雑誌は文化の視点から、仏教の文化や知識を広めたり、紹介したりしています。以上、こうした様々な機会を通じて、我々は現代の若者たちに仏教について理解させ、ひいては仏教が伝統文化中で重要な位置を占めてきたことについても、段々と理解を深めさせることができます。今、紹介したのは、いずれも我々が北方で行っている主な布教活動ですが、中国全土でこうした活動は頻繁に行われております。仏教の雑誌は全国で、全部で十五種類ほど出版されております。読者は主に社会の一般大衆です。信徒はその一部にすぎません。ですから、全国各地の布教活動を通して、信徒と多くの社会大衆を交流させ、繋がりを作ろうとしております。我々がこうした活動を行う主な目的は、それぞれが智慧をよりよく啓発し、人生においてさらに一歩進んだ浄化を得られるようにするためです。私は二つの言葉でこれを説いております。人生を覚悟すること、人生に貢献することです。

二つめのご質問は、仏教をテーマとする映画についてですが、こうした映画の大半は既に時代遅れになってしまった、と私は思っています。これらの映画も肯けるところが無い訳ではありませんが、大部分は仏教を歪曲していると言うべきものですから、我々仏教界としては認められません。

四　読者からの問い―寺院のビジネス、素食、拝観料などの問題について―

敬愛する浄慧法師、編集者各位へ

一人の仏教研究者として、平生より自然に仏教界の情勢に関心を向けておりますが、近頃、新聞で報道されている内容に対して、非常に思うところがございます。例を挙げれば、次のようなことです。ある記事では、某寺院は「下海経商」〔本分を全うせず、ビジネスに手を出すこと〕をしており、年の収益が何万元にも上っている、と述べ、僧侶の奉仕態度や風貌が描写されておりました。この記事を読んだ後、私はとても堪らない気持ちになりました。こうしたことは僧侶のイメージや尊厳を損なうばかりでなく、寺院の評判においても無益なものです。

また次のような記事もありました。「お金持ち」がひっきりなしに寺院に焼香や喜捨にやって来て、仏の加護を求めて一度に何千元も寄付してゆく、と。その一方で僧侶もまた、「魔術」のように仏像などを贈答するので、寺院があたかも交易の場のようになっている、という記事でした。

そして最近見かけたのは、「少林寺」の和尚が「犬肉や豚肉」を食べていると、公然と書いた記事です。これは本当に容認しがたいことです。その記事には、さらに趙朴〔趙朴初〕先生のお話も引用してありましたが、何らかの下心があってそうしたのかもしれません。世間の人々はみな、仏門の戒律がたいへんに厳しく、僧侶がこれまでずっと素食〔なまぐさを避け、精進料理のみを食べること〕を続けてきたことを知っています。正信と真理とは、当然、議論の必要のないものですが、寺院や僧侶にとっては、自身の立場を明確にし、尊厳を守ることは大変重要なことですし、仏門自体が正信を宣伝することも、私はとても必要だと思っています。

さらに、寺院の拝観料がどんどん高くなっていることにも思うところがあります。例えば、「創収」（寺院の維持のため経済的利益を上げること）のためであれば、単純に拝観料を高くするよりも、「功徳箱」を置く方が仏教の普及と伝播に益するのではないかと思います。

以上に述べたことは、ただ一時の感情に任せて書いたものですから、正しい意見かどうか存じませんが、御指導御鞭撻の程、宜しくお願い致します。

なお、『法音』を郵便局でばら売りして頂くことはできないでしょうか。このようにすれば、仏教の宣伝と普及にさらに裨益することと思います。

末筆ながら御平安をお喜び申し上げます。

学人　程帙

一九九四年三月十日

程帙居士：

お手紙を拝読し、仏教界と本誌に対する居士の熱烈な御愛顧に感謝申し上げます。お手紙の中で御指摘下さった問題は、仏教界の問題を代表するものであり、信徒も、そうでない者も、みな関心を抱いている問題であります。そこで今ここに回答を公開する次第です。

第一に、一部の寺院が本分を全うせず、ビジネスに手を出している問題についてです。これは現在の社会主義商品経済の潮流の中では、確かに非常にデリケート、かつ注目される問題です。仏門の清浄なる地では、仏法を広め衆生を利益することが出家人の本分です。仏教の隆盛は、仏教徒が本分を全うせず、ビジネスに走るのを引導することに在るのではありません。僧侶が仏法を広めて衆生利益する主体的作用を十分に発揮することにあります。したがって、我々はこれまでずっと、僧侶が本分を全うせず、寺院がビジネスをすることを主張しておりませんでした。しかし、歴史や大きな潮流の影響により、目下、たしかに一部の寺院がビジネスを行う状況が出現しておりますから、これについて具体的な分析を加えなければなりません。〔その状況は大きく三つに分けられます。〕

一つは、寺院が教えを広め、衆生を利益するために行なうこと、あるいは信徒の都合に応じて行うサービス業的な寺院経営です。例えば、経典や録音テープ・CD、仏具などの販売や宿坊、精進料理店の経営などが挙げられます。こうしたサービス業的な経営は、仏教の発揚に繋がりますし、ささやかな元手で儲けも少ないものです。また僧尼や居士の修行とも繋がっており、「農禅結合」の精神にも合致しておりますから、まさに正当な経営と言うべきであり、保護すべきものなのです。二つ目は、関係部門の承認を得て、寺院と協議して契約した上で、在家者が寺院の付近で経営するものです。寺院はその利益から一定の配分を頂きますが、これは仏法を発揚し、衆生に利益するために使うものですから、こうしたものもまた合法経営の範疇にあると言えます。一定の条件や期間内であれば、そういったビジネスも許可できるという訳です。三つ目は、僧侶が仏法を広めるという本分から逸脱し、不動産開発や株取引、通信販売、カラオケなどに携わる場合、あるいは、世俗の者が無理やり寺院の地盤を乗っ取って経営を行う場合です。これらはいずれも仏法にそぐわない、不当なものです。仏門の栄誉を保つ立場にあるならば、当然こうした経営は拒絶せねばなりません。趙朴初会長は、第六回仏代会での報告の中で、次のように厳しく指摘しました。すなわち「改革開放・市場経済の状況下において、いかにして拝金主義・享楽主義・極端な個人主義の侵攻を防ぐのか。また、いかにして仏教の清浄・荘厳と仏教徒の正信・正行を保って、仏教の優れた点を発揮し、国土を荘厳にし、衆生に利楽あらしめるのか。これらは今の仏教界が必ずや解決せねばならない重大な問題です。」と。我々仏教徒は「清浄荘厳」「正信正行」という八字に基づいて文章を作り、何をしてよく、また何をしてはならないのか、を掌握する尺度としなければなりません。そうすることで初めて、拝金主義や享楽主義の潮流に飲み込まれずに済みますし、商品経済の風潮の中でも厳しい試練に耐えることができるのです。

第二に、「お金持ち」によるお布施の問題についてです。商品経済の発展に伴って、多くの「お金持ち」が、発心して仏教の事業を支持したり、貧困や病苦に悩む僧尼を救済したり、あるいは菩薩の加護や助けを望んだり、幸福を広げようとします。これはいずれも正常な現象なのです。仏教の隆盛は、大勢の仏法を守る居士たちの力によって護持されております。仏教の発展は、必ず人心をより浄化させ、衆生には福徳と智慧とを増加させ、社会をより安定させ、経済をより繁栄させるでしょう。したがってお布施の返礼として、信徒に仏像などを贈ることもまた衆生に仏との良縁を結ばせる行いですから、こうした僧侶と信徒の法縁を「ビジネス」と見なしてはならないのです。

第三に、一部の僧侶が肉食をしているという問題についてです。確かに、僧服の着用、素食、独身は、僧侶が戒律・修行として守っていかねばならない基本的事項です。まさしくそうすることで、仏弟子はみな「戒を以て師と為す」ことを自覚し、厳しく戒律を受持し、素食を含む寺の規範を遵守するのです。ただ、その一方で、中国仏教は、漢伝仏教・蔵伝仏教・雲南の上座部仏教――或いは南伝仏教ともいいますが――この三つに分かれます。素食の問題においては、漢伝仏教は農業と禅を同時に行うことを堅持していて、一日耕さなければ、一日食べてはならない、と言いますから、素食を厳しく守っております。蔵伝仏教や南伝仏教では居士からの供食が頼りですから、供されたものが何であれ、それを食べねばなりません。雪の降る極寒の土地であれば、寒さに凍えますから、肉食をしなければ、寒さを防ぐことができない訳です。そのために、肉食の習慣があるのです。「少林寺」の僧侶が肉食をしたとうわさされていることに至っては、これは映画などの曲解です。本誌ではこのことについて早くに文章を発表しております。少林寺の僧侶たちも素食を守っております。いくつかの「少林寺」の看板に描かれたキャラクターに至っては、また別の問題なのであって、これにより少林寺の僧侶たちの名誉を傷つけるべきではありません。

第四に、寺院の拝観料の問題についてです。寺院が拝観料を取るかどうかについては、各寺院がそれぞれの状況に基づいて決めております。中国仏教協会にはいまだ統一の規定はありませんが、協会の態度としては、各地の寺院が徐々に拝観料を無くすことで、仏門の荘厳なイメージを維持することを希望しております。北京の広済寺や福建省莆田市の広化寺などの大叢林では、既に拝観料を取っておりません。また多くの寺院では、寺院自体は全く拝観料を取っていないものの、その所在地の公園や旅行管理部門が入場料を取っていて、高いところでは十元以上にもなります。これは当然ながら、完全には理に適ったものとは言えないのですが、我々は各地それぞれの寺院の具体的な状況を考えねばなりません。無理強いするのではなく機縁に沿って決めれば、みな歓喜心を生じるでしょう。ですから、一つのモデルに拘る必要はないのです。

第五に『法音』のばら売りについてです。今年、本誌は郵便電信部門と関係する工場のお力添えによって、郵便局から随時発行することになりました。発行からすぐさま本誌を読者にお届けできますし、あまり遅れることもないでしょう。読者から『法音』をばら売りするよう依頼があるのは素晴らしいことです。我々は郵便局と相談して速やかに読者の要求にお応え致します。もしも郵便局でしばらくの間お手続きするのが難しい場合には、読者はこれまでと同様、本誌の発行元に手紙で連絡することができます。

程居士と多くの読者の御愛顧・御協力に心より感謝申し上げますと同時に、みなさまの御多幸をお祈り申し上げます。

浄慧

一九九四年五月二十五日

（初出は『法音』一九九四年第六期）

五　日本茶道文化学会（茶の湯文化学会）会長倉沢行洋先生との対談（摘要）

訳者：日本では茶道の研究は、一種のハイレベルな修養活動であり、多くの大学教授や芸術家が日本茶道文化学会という学術団体に参加している。その会長が倉沢行洋先生である。彼は博士課程では西洋哲学を研究したが、後に東洋哲学を研究し始め、禅についても特に深い造詣をお持ちである。日本では、彼は日本最大級の禅茶組織「心茶会」の会長であり、禅宗の歴史や文化、禅に関する著作にも広く通じている。しかも彼自身も禅の実践者であり、家では座禅を行っている。また我々が禅を学ぶのを引導してもいるのである。

倉：私たち一行はみな茶文化を研究している者です。今日、茶文化と深い関係のある趙州和尚の故郷を訪問することができ、また浄慧法師にもお目に掛かることができて、大変光栄に思います。

師：みなさんは日本で禅茶を研究されていらっしゃるとのこと、今、倉沢先生もおっしゃいましたが、柏林禅寺と禅茶には非常に密接な関係があります。みなさんに趙州和尚が生前に布教された場所にいらして頂くことができて、我々も大変うれしく思います。熱烈な歓迎の意を表する次第です。

倉：日本では茶道に従事する者はたくさんいますが、その誰もが追い求める最高の境地が茶禅なのです。また誰もが追い求める理想こそが、趙州和尚の「喫茶去〔お茶をどうぞ〕」という一種の禅境に到達することなのです。「喫茶去」の公案については、様々な理解の仕方があり、我々はたくさんの疑問を持っております。もしよろしければ、ここで法師に教えを請いたく存じます。

伝統的な公案については、本来、言葉では表現できないもので、参禅者の方法とは体悟〔実践によって会得すること〕に他なりません。ですから、教えを請いたいと言っても、法師が言葉で解釈し得るとお考えの範囲で結構です。

先ず、「喫茶去」の公案で、お茶を飲んだ場所についてお教え頂ければと思います。「喫茶去」では、新しく来た二人はその場でお茶を飲んだのでしょうか、それとも、別の茶寮に行って飲んだのでしょうか。この問題についてお教え頂ければと思います。

師：趙州和尚当時の説法から言えば、和尚が対応したのは、いずれもその場でのことです。もし和尚の言葉が別の場所を指すのであれば、当時の説法の現場と隔たりが生じます。来と去は必ずしも空間上の転移を表す訳ではありません。これは一種の心情の転換を表したものであって、分別心から無分別心へ転換したことを表したものなのです〔分別心は我に囚われた迷いであり、無分別心は迷いを離れ、真理を悟る心を言う〕。ですから、いずれもその場での喫茶を指しております。

倉：趙州和尚の「喫茶去」の公案については、私はこれまで何年間も理解できずに苦しんでおりました。今日、法師の御指導を仰ぐことができ、大変うれしく存じます。法師がおっしゃった来と去が空間の転移を指すのではないというお話は、私の心の中で大きな反響を生んでおります。我々はさらに努力して、趙州和尚の示す「喫茶去」の境地へと邁進して行きたいと思います。今後ともご指導ご引導の程、宜しくお願い申し上げます。

師：趙州和尚が提示している禅と茶、もしくは禅茶一味〔茶道を通して禅の悟りへと至ること〕とは、いずれも悟りがその場にあること、証がその場にあることを指しています。証とは実際の体験です。体験はその場で行うものなのです。

倉：なるほど。

師：趙州和尚の思想は、一千年以上もの間、ずっと禅を修める者と茶を飲む者を鼓舞し続けて来ました。禅と茶について、ある人は、茶とは、その根を探し出し、また、その思想の境地における根源を探し出すことができるものであり、禅から離れられないものだ、と言っております。禅を表現しようとすれば、当然、様々な形式があるべきです。その中で、最も禅の境地を表すことができるのが喫茶だと言う人もいます。これはまさに趙州和尚の思想による啓発を受け、我ら中国の歴代禅師たちが、禅を完全に生活の中に溶け込ませたということです。ですから、この十数年来、我々は趙州和尚の道場を修復しておりますが、趙州和尚の思想と禅法を提唱すると同時に、また「生活禅」の理念をも提示したのです。そのために、我々は毎年一回「生活禅サマーキャンプ」を開催し、この機会を利用して禅と生活を完全に一つにできればと思っています。禅の思想と禅の文化によって、現代の人々に影響を与えようという訳です。今日、禅の専門家であり、実践者でもあるみなさんが我々のところに来て下さり、私は大変にうれしく思います。また我々が提唱する「生活禅」の理念についても御指導を賜れればと思います。

倉：日本では、茶道文化の活動はとても盛んで、茶道を「茶の湯」と称します。我々の学会も、正確には「茶の湯文化学会」というのです。しかし、これは中国の方々にはピンと来ないのでしょう。そこで「茶道」とか、「茶道文化学会」と名乗らせて頂いたのです。日本では、どうして茶の湯文化にいくつもの言い方があるのかについては諸説あります。私の個人的な意見では、それが一種の生活禅なのだと認識しています。

私はこれまでずっとあまり自信がありませんでした。今日、浄慧法師の御高見をお聞きして、自信が出てきました。今後、私はさらに生活禅の境地に向かって邁進していく所存です。どうか浄慧法師に引導頂ければと思います。本来ならば、法師にさらに多くの問題についてご教授頂きたいのですが、我々はまだ見学の予定がありますので、これ以上ご面倒をお掛けせずに済みそうです。

師：よろしい。皆さんにまたお会いできる機会を待ち望んでおります。

（当時の録音により整理）

六　問禅寮十四答

1

問：禅を修めるには上根利智の者でなければならないといいますが、私はそうした根器を持っていないのではないかとても心配です。禅を修めるための上根利智とは何なのでしょうか？

答：禅を修めるには、最上の根器を持つ人でなければなりません。禅を修め始めた段階でより高い位置にいることです。この点から言えば、その場で直ちに恐れることなく、自分が仏であることを全うすることのできる人、いつでもどこでも仏の規範に照らして、それを自分に要求できる人、これが上根利智の人です。

最上の根器を持つ人は、生まれつきそうだった訳ではありません。ただ、恐れることなく、その場で自信を持って自分と仏が一体であり、無二であることを全うする。そうした人であれば、自分に厳しい要求をするはずです。これこそが最上の根器を持つ人なのです。自分はどうして仏となることができるのか。仏とはあのように智慧は円満で、功徳は荘厳であるのに、自分はこんなに平凡でちっぽけなのだから。このように、自分を卑下する人は決して上根利智ではありません。

仏と衆生には、本質的には違いはありません。もし違いがあるとすれば、衆生は永久に仏となれないことになってしまいます。仏とは成仏した衆生に過ぎませんし、衆生とはまだ成仏していない仏にほかなりません。こんな勇気を持たねばなりません。釈迦牟尼は成仏することができたのに、自分はどうして成仏することができないのか？　阿弥陀仏は西方極楽浄土に発願成就できたのだから、自分だって自分の世界に発願成就できるのだ、とね。『焰口』〔焰口は餓鬼の名の一つで、ここで言う『焰口』とは「放焰口」、つまり施餓鬼の儀礼を指す〕の儀礼の中でも、「挙眼直下承当、更莫疑心錯過。〔目をこらして今をそのまま受け入れよ、さらに疑いの心でもってその時を逸するなかれ〕」と唱えます。恐れることなく、その瞬間を全うし、スタート地点が既に高いところにあれば、自分に対する要求も厳しくなるはずですし、得られるものも当然より大きくなります。これは比例するものです。その典型が六祖慧能法師です。慧能法師は元々、字も知らない木こりでしたが、そのスタート地点が高かったので、高く成就することになりました。したがって、最も自らを尊び自らを愛する人とは、自分を仏と何ら異なるものでないと見なす者のことであり、また、それが禅を修める上根利器でもあるのです。

2

問：私の夫は私が仏教を信じることにあまり理解がなく、いつまで経っても、仏教の焼香や口頭などは愚昧なことだと思っています。私はどうすれば彼の誤解を解くことができるでしょうか？

答：一人の在家信徒として、常に自分が社会や家庭の責任を全うすることに注意を払わねばなりません。

あなたは妻ですから、自分の夫を思いやり、気遣わねばなりません。例えば、夫が仕事を終えて帰るのが遅くなったら、あらかじめ夕飯の準備を済ませておく。或いは、天気や気温が変われば、それに合わせて夫の衣服を見繕ってあげないといけません。めんどうな家事なども多く引き受けなければなりません。あなたはまた一人の母でもありますから、子供を思いやり愛さなければなりませんし、子供に心から自分を信頼し、愛するようにさせねばなりません。このようにすれば、あなたはよき妻、よき母となるはずです。

あなたが仏の教えを学んだ後で、あなたの夫や子供は段々と気づいてゆくことでしょう。あなたが以前に比べてより熱心に、より辛抱強くなり、笑うことが多くなったこと、彼らを気遣うことが多くなったこと、やることなすことが元気いっぱいになったこと。その反面、憂鬱や苦しみが減り、愚痴や不満もなくなり、かんしゃくも起こさなくなった、と。このとき、彼らは思うはずです。何があなたに変化をもたらしのか。そうか仏教だ、とね。このようにして、彼らの仏教に対する誤解も段々と無くなってゆくことでしょう。

愚昧と言うことについては、我々には愚昧な点が多すぎます。しかし、人と人とが互いに排除し合うこと、あなたとわたしが騙し合うことは、愚昧ではないのでしょうか？　名利のために駆け回り、びくびくして心休まることがないのは、愚昧ではないのでしょうか？　戦争が絶えずおこり、人類が相いそこなうのは愚昧でないのでしょうか？　人と自然の関係がこれほどまでに破壊されてしまったことは、愚昧ではないのでしょうか？　街に偽薬や偽物が溢れているのは、愚昧ではないのでしょうか？　仏教は我々に社会生活の因果や教訓を理解させてくれますし、さらに一歩進んで、我々の命運を司《つかさど》り、我々の生活を改善させてもくれます。いったいそこに何の愚昧なことがあるというのでしょうか？

3

問：どんなときに座禅をするのがよいでしょうか？

答：座禅の修行を行うには、精力が盛んで精神状態が優れているときでなければなりません。食べ過ぎてしまったり、腹ペコだったり、眠かったり、体調がよくなかったりするときは、いずれも座禅をすることはできません。何故なら、こうしたときに座禅をしても効験がないからです。

これは「座」を講じるのですから、重点は「定」〔心が一処にあり、妄想分別を起こさない状態〕にあります。もし「慧」に重点を置くのでしたら、いついかなる場所でも慧を修めることができます。

問：座禅をするときは香を灯してもよいでしょうか？

答：かまいません。在家では普通一本の線香を灯します。多く灯すことも特に禁じられてはいませんが、香りが強すぎては、刺激を生じやすいので、焼香は多くても三本までにします。最も良いのは一本だけ灯すことです。なお、蔵香のような、質のよい香を買うようみなさんにおすすめします。家庭の仏堂には小さな盤香〔渦巻状・蚊取り線香状の線香で、上からつるして使う〕を使うのが最適です。一つの盤香で二時間以上燃え続けますし、面倒がなく安全で、衛生的です。

問：禅を学び始めたばかりの人は、座禅をする以外に、持呪〔呪言を唱えること〕や読経も必要でしょうか？

答：そうすべきです。呪語には、加持の力がありますし、経典は我々に藉教悟宗〔仏の言葉に基づき、その仏法の大要を悟ること〕させてくれます。またそれは、我々が修行を行う道しるべともなります。

問：一般にどの経典を読むのが良いでしょうか？

答：私の在家弟子たちには朝に「普賢行願品」〔『華厳経』の一章〕を読誦させていますが、これは修福が主となります。晩は『金剛経』を読誦させていますが、これは修慧が主となります。これが福慧双修〔福は布施、持戒、忍辱、精進、禅定など善行を修めることで利他（他者への救済）にあたり、慧は真理を観念することで、自利（自らの悟りのための修行）にあたる〕、すなわち成仏のため必要不可欠のことなのです。ですから、在家信徒は寺廟が行う毎朝毎晩の功課のように、これをする必要はありません。仕事と生活との兼ね合いを考えて、朝晩にいま言った二つの経典の読誦を続けてゆけばそれで良いのです。

4

問：座禅のとき、念仏をしてもよいでしょうか？　浄土宗と禅宗は同時に修めることはできるのでしょうか？

答：座禅が禅宗だと考えてはなりません。座禅は仏教修行の最も基本な形式なのです。どの宗派でも座禅は基本であり、参禅、持呪、持戒〔戒律を守る〕、学教〔教えを学ぶ〕、念仏は、みな座禅から離れることはできません。座禅は形式であり、念仏と参禅は内容なのです。

念仏と参禅の具体的な入門の手順は、当然同じでなければなりません。例えば、どのように修行の環境を選ぶのか、どのように身を整え、息を整え、心を整えるのか、両者には何の違いもありません。修行の形式から言えば、法門の間には大きな違いはないのです。

尤も、念仏と参禅に励む心情は同じではありません。現在、念仏を修めている法門の多くは、名号を唱えることが主となっておりますが、一心不乱に唱えることが求められます。西方極楽浄土に往生することを目的とし、仏の相好に出会うことを修行の効験としております。参禅の方は、我々の心の在り方を観察し、顧みることを主とします。ただ我々の心が安寧で平穏であること、智慧が啓発されることを求め、臨終に至ってどこへ行こうともどうでもよく、ただつねに自覚自照しさえすれば、常に自己を把握でき、涅槃を現証することができ、地獄に行ってもこれまで通り衆生を度することができます。仏教の各法門は、互いに齟齬するものであってはなりません。衆生の根性〔衆生の生まれながらの素質〕が異なれば、それぞれに適した法門も異なりますが、解脱という目的は一致しています。衆生のグループによっては、個人の力は小さく、自力の修業だけでは信心不足であり、仏や菩薩の加持力があって初めて修行も保障される、と思っている人々もいます。逆に、恐れずに今やるべきことを全うし、その場その時に自分で決定し、自力によって解脱することを望んでいる衆生グループもいます。衆生の根性が色々と異なっているために、仏は様々な法門を説きました。あたかも、医者が様々な患者に対して、異なる薬を処方するようなものです。その目的は、常に患者の病気を治すためなのです。薬は病気を取り除くため処方も多様になりましたが、処方そのものに拘泥してはいけません。重要なのは、病気を治さねばならないということです。特に強調しておきたいのは、いま言った他力による解脱と自力による解脱というのは、絶対的な区別ではないということです。他力の中にも自力がありますし、自力の中にも他力があるのです。

念仏を一心不乱に行い、念仏三昧を得たならば、修禅と何ら異なることはありません。禅と浄土、それぞれの教えを明らかに分けることはできません。念仏自体も禅定を修めることなのです。所謂念仏禅というものです。ただし、初めて入門するときには、やはり一門を深く学ぶ方が良いですね。余計なことにかかずらわないで済みますから。禅浄双修の説もありますが、入門の段階では容易にできることではありません。

5

問：禅を修めるのに、最も手っ取り早い方法はありますか？

答：常に我々の心の在り方を観察するのが、最も手っ取り早い方法と言えます。これはもっぱら参話頭〔短い公案の問答をすること〕をするよりも、より初歩を学びやすく、効験も現れるでしょう。

一日二十四時間、その中には睡眠時間も含まれますが、一分一秒たりとも、我々の意識が休息する瞬間はありません。生じては消え、消えては生じ、毎日がめちゃくちゃな帳簿のようなものです。修行をしたことのない人は心が不安定で、いつも外界からの誘惑を受けています。喜怒哀楽は環境によりどんどん変わっていきます。禅を修めている人は、心は平安で、苦しい目に逢っても憂えず、楽しいことが有っても喜ばず、いつも心の内をよく観察し、自分の心を四六時中、明るく清浄で朗らかな状態に置きます。そして、没頭して自知自覚を成し遂げれば、最後に、心中に一抹の妄念さえも無くなります。これは非常に難しいですが、最も効果を得やすいものです。

観心とは、簡単に言えば、常にその瞬間の一念を顧みて、現在を生き、その瞬間を生き、過去を振り返らず、未来を想像しないことです。このやり方で心を訓練すれば、幅広くなんでも修行の対象とし、修行をする環境にしてゆくことができます。

このようにやり遂げようとするのは、そんなに容易なことではありません。禅七〔七日間の期間を区切り行う修行〕に参加したり、朝晩の専修の時間を設けたりするなど、必ず専修によって日ごろから修行することで、初めて容易に軌道に乗るようになるのです。

問6

問：私は日頃念仏しておりますが、全て念じ切ることができず、断続的な念仏になっています。このような念仏で悟りを開き成仏することができるのでしょうか？

答：あなたの念仏は散心念仏〔落ち着かない心で念仏を唱えること〕と言います。散心念仏は、常に気持ちを奮い起こして意識を仏の名号に集中するだけで、長く続けていれば功は深まり、自然と習熟してゆくことができます。念仏と参禅の目的は、仏教の宗旨から言えば、みな悟りを開くことを求め、明心見性を求めることです。禅宗であれ浄土宗であれ、禅定を修めることは共通しております。静かに座って、黙って念ずる訳です。例えば一日一、二時間くらいですね。これを定心念仏といいますが、このような定心念仏の方が散心念仏よりも成就は早いでしょう。

仏の名号を黙念する場合には、ゆっくりと念ずるよう注意しなければなりません。念じるのが早くなってしまうと傷気が体に影響します。意識を仏号と同調させ、雑念を排除しなければなりません。ただし、殊更に意識して雑念を屈服する必要もありません。意識して雑念を屈服しようとすると、そうすること自体がまた雑念となってしまいます。当然ながら、根本的には、念仏自体も一種の雑念なのですが、これは妄を以て妄を制す、毒を以て毒を制すということです。最終的に、本当に一心不乱に念仏を唱えるまでになれば、この念仏しようという心さえも無くなり、心身全てが一句の仏号となります。その時に至って、心の在り方が相応しいものとなり、本当の意味で心と仏が一つとなるという目的を達成できるのです。

心に仏を思い浮かべて念仏すれば、将来必ず成仏できます。どの法門でも成仏することができますから、どれもみな究極の法門なのです。仏の説いた法門はいずれも衆生を導き、どのように修道成仏させるか、というものですから、どの法門にも整った修行の手順と思想体系が有ります。もしいずれかの法門が成仏できないのであれば、それは究極の法門ではないことになります。念仏をして慧を修め、さらに福を修めねばなりません。広く六度〔布施・持戒・忍辱・精進・禅定・智慧〕・四攝〔布施・愛語・利行・同事〕を行い、福慧を双修して、初めて成仏できるのです。

7

問：私は気功を嗜んでおりますが、気功は多くの点で禅と近い関係にあるように思われます。私は仏教に帰依したいと思っていますが、心配なのは、帰依した後も気功を続けることができるかどうかということです。

答：修禅の初歩的な方法と気功は確かに相通じるところが有ります。ただし、両者の目的は異なりますので、応験もまた違ったものとなります。気功はある種の著相《じゃくそう》〔形あるもの〕を求める修行です。それに対して、仏教の修行は何も求めませんし、何かを得ようとするものではありません。むしろ、常に何かを捨てなければなりません。貪・瞋・痴を捨てれば、戒・定・慧を成就できます。仏の教えを学ぶことは、衆生全体に向かうことを修行の出発点とし、衆生の苦しみから抜け出す中で自己の心を浄化し、自分の道徳を向上させ、自己の人格を十全にすることなのです。

仏教に帰依した後も、気功を練ることは一種の健康促進のための活動として行うことは構いませんが、それに帰依してはいけません。仏教の修行がまだ軌道に乗っていないときは、先ずはこうした方法を保持しておきますが、仏教の内容を増やしてゆくことはできます。修行が軌道に乗れば、自然と気功を練らなくなりますよ。

8

問：私は六十歳になってようやく仏門に帰依する縁に恵まれましたが、何を学ぶにしても遅く、年を取りすぎてしまいました。多くの方が私にただ念仏だけをすればよいと言いますが、そうなのでしょうか？

答：それでよいです。お年を召された方が念仏の法門を修めるのは効験を得やすいです。人生は得難く、仏法は聞き難いものですが、耳順〔六十歳〕は青年と比べると、ちょっとお歳ではありますが、仏教を全く知らない、もしくは様々な誤解のある人と比べて決して遅いということはありません。お年寄りが仏の教えを学ぶのに、自分が仏を信じるのが遅かったと思って、困難にひるんではいけません。六十歳になったからこそ、青年よりもさらに果敢に精進するべきです。「朝に道を聞けば、夕べに死するとも可なり」という勇気と信念を持つべきです。心から、生命が持つ緊迫感を感得するだけで、青年よりも早く効験が得られるかもしれませんし、より早く仏法に適応するかもしれません。

家庭においては六十歳の方の位置はとても重要です。上にも下にも関係があって、子供や孫もいれば、連れ合いもいますし、ともすれば更に上にも年老いた親がいる中で、家内の調和を保たねばなりません。ある人は仏の教えを学んでから、家族と対立し始め、一日中ただ焼香・口頭をして、お経を読むばかりで、部屋の中でたくさんの菩薩にお供えし、家に入るとまるで廟堂に足を踏み入れたかのようで、生活する上でもやりにくそうでした。このように仏の教えを学んだのでは、家族と共通の認識を持つことは難しいでしょう。

仏の教えを学んでからは、必ず学ぶ前よりも広い心を持ち、より高い思想の境地にたどり着かねばなりません。家庭での生活や関係を円満にした上で、家族に段々と道徳や智慧の教化を受けさせ、最終的に仏教に教化された家庭を作り上げるのです。

9

問：「放下屠刀、立地成仏〔包丁を捨てれば、即座に成仏する〕」の本当の意味は何でしょうか？　業障〔悪行により生じた障害〕は果たして取り除くことができるのでしょうか？

答：この成語は、元々は仏教徒が人に修行を勧めた話です。ここで言う「成仏」は一つの比喩です。悪事を働いた人間が決心して改悟しさえすれば、よき人間に変わる、ということです。業障はもとより完全に消し去ることはできませんが、少なくとも今後再びは悪事を働くことはないはずです。

10

問：どうすれば仏教に入ることができるのでしょうか？

答：三宝に帰依することが仏門に入る第一歩です。三宝とは即ち仏宝、法宝、僧宝です。本当の仏教徒になりたいと思うのであれば、先ず起信、つまり仏教を理解し、仏教を了解し、仏教に賛同せねばなりません。次に発心、つまり三宝に親しみ、三宝を信仰し、三宝を供養せねばなりません。そして、これによって三宝に帰依する、つまり師を選び、懺悔し、三帰を受持するのです。これが仏教に加わる上での三つのステップです。したがって、正信の仏教徒は先ず三宝を信奉し、三宝に帰依すべきなのです。本誌の編集部は今ちょうど関係する学習資料の編集に着手したところで、この点について詳しい説明をするでしょう。

11

問：私は敢えて五戒を受けようとは思いませんが、五戒に基づいて生活しようと心に決めております。これは受戒するのと同様の功徳があるでしょうか?

答：同じではありません。凡そ仏弟子たるもの、最も大事なのは受戒です。三宝に帰依して三帰戒を受けた者は、みな当然、発心を継続し、五戒を受けることを希望しなければなりません。五戒には、不殺生、不偸盗、不邪淫、不妄語、不飲酒が含まれます。この五戒は仏の一切の戒律の基本であり、在家の仏教徒が自分の生活、修行を行う上で、最低限求められていることなのです。また、成仏や衆生を度する上での基本中の基本でもあります。

受戒は必ず師から弟子へと伝えて、戒体〔戒にそなわる過ちや悪事を防ぐ力の本体〕を伝授し、継承してゆく方法を講じねばならないものです。戒律を受けた者のみが戒律を他の人間に伝授できる訳です。このただ一つの戒体は仏陀より直接伝わったもので、受戒して戒体を継承するということは、つまり仏の法身を自分の心性の中に継承することであり、仏の法身によって人々に元から備わっている法身に通じることになるのです。こうして戒体を伝授・継承することで、それぞれの自性を引導しようとすることは、仏の発明であり、証語なのです。

受戒をせずに五戒に基づいて生活するということは、単に形式上での遵守であって、戒体が決して伝授されていない訳ですから、その功徳は限られたものです。三宝に帰依した後で仏戒を受けることこそ、成仏の道の第一歩です。

受戒をしようとしない人は、往々にして受戒の後に戒律を破って罪過を重ねることを心配します。或いは、戒律を守ることについて様々な疑いや心配があります。しかし、仏法は世法と相反するものではありません。仏教の戒律も国家の法律とは背反しませんし、逆に、受戒をせずに悪事をなしてしまった場合でも、責任を負わなくてよい、ということではありません。人間は自分の行ったことに、必ず責任を負わねばなりません。我々は五戒を学び、五戒を受持することで、慈悲の観念・道徳の観念、そして智慧の観念を確立し、道徳を守ろうとする情操を育み、人格を完成させねばなりません。

問12

問：私はとある寺廟で造園業者が樹木にアルコール消毒をするのを見かけましたが、これは殺生ではないのでしょうか？　我々は生活の中でどのように不殺生戒を守るべきなのでしょうか？

答：不殺生戒を際限無く拡大してはなりません。不殺生とは、その主な対象は人間です。いわゆる「不故断人命〔故意に人命を断ってはならない〕」です。「故」とは、どうしても他人を亡き者にしてやりたい、と心に思い詰める程の恨みを抱くことです。ですから、仏教の戒律は、その動機と結果を踏まえて、戒律を破った過ちの程度を判断します。人間以外の一切の生物に対しては、我々が慈悲心から行った行為でありさえすれば、それを大事にいたわったことになるのです。

初夏の折には、国家園林保護部門が、総出で樹木や草花にアルコール消毒を施して、虫害を防止しようとします。寺廟でも樹木の生育を保護し、それによって仏門の浄地が清浄かつ荘厳であるためには、自然にも手を入れざるを得ないのです。常生活の中では、居士たちが蟻や蚊を殺さないよう気を付けたり、生臭を食べるのか精進料理を食べるのかで悩み、戒律を守ることが精神的な負担となることが少なくありません。人々が自身の生活の糧や財産を維持するために、有害な蟻や蚊には、予防・駆除を行う必要があります。しかし、それをやむを得ず行う場合には、心に殺心の生じるはずはありません。心に自責の念を持ち、悲願を発して、善類に生まれかわり、終には成仏することを願わねばなりません。

13

問：大都市ではいつも乞食を見かけますが、寺廟の入口にもより多くの乞食がいます。特に、法会の折には多いです。その中には身体は健康なのに、もっぱら物乞いを生活の糧としている者もおります。そういった人々にお金を与えるのは理性的ではありません。しかし、かといって与えないのも無慈悲なことだと思うと、困惑してしまいます。どうか、よい方法をお教え下さい。

答：乞食に対しては、我々は憐れまねばなりません。彼らは、衣服はくたびれて破れ、髪は伸び放題で、顔は垢だらけです。物乞いをして日々を過ごし、人としての尊厳は、最大限の屈辱を被っています。相貌ももはや変わってしまい、智慧福徳の相はみじんもありません。これこそまさに地獄なのです。こうした人々は最も憐れむべきであり、最も助けを必要としている者たちなのです。私は外出するとき、普通ならいくらかお金を持って行きますから、乞食が私に物乞いをしてきたら、少しばかり与えております。私は乞食に対しては、あまり考えすぎる必要はないと思っております。偽の乞食か否かは関係なく、その相を見て福を与え、縁にしたがい相応の施しをするのです。考えすぎてしまうと、多くの結縁の機会を失うこととなります。あなたのおっしゃることは果たして正しいでしょうか？

14

問：私の子供は七歳になりますが、動き回って騒ぎたてるのが好きで、いつも落ち着きません。何かよい教育方法はないでしょうか？

答：そのくらいの年齢の男の子は、ちょうど動きまわるのが好きな年頃ですから、もう暫くすればすぐおさまりますよ。人は生まれて来るとき、みなある種の基本的な天性を持っています。ただ、この天性は変えられないものではありません。父親・母親として子供の生活の様々な方面に注意しなければなりません。先ず部屋の中を整理整頓し、清潔にしておき、室内にオリヅルランなどを置いて緑を増やせば、緑は心を落ち着かせることでしょう。ご飯も要注意です。辛いものや刺激が強い食べ物は、あまり食べさせないようにしなければなりません。肉などもそうです。逆に、新鮮な野菜をたくさん食べさせるようにしないといけません。映画やテレビを見せたり、本や図鑑などを読ませたりするにしても、うるさく喧しいものは避けねばなりません。父母の言動は子供に大きく影響します。父母たるもの、先ず心を落ち着け、穏やかに話をしなければなりません。夫婦で意見が分かれても、子供の前で喧嘩をしてはいけません。このようにして子供に目に見えない薫陶を与え、おっとりと温和な気性を身につけさせるのです。日曜か祝日には、子供を連れて景色のよい公園や野外に出かけるとよいでしょう。大自然の優美な景色の中で、子供に草花を大事にするよう教育し、大自然を愛する心を育むのです。大自然は、人の心を調和させる最たるものです。――このように様々な方面から子供に薫陶を与えることで、その気性を変えることができるでしょう。

解説

何燕生

本書は『生活禅のすすめ』（原題『生活禅鑰』）、『人間らしく生きるために』（原題『做人的仏法』）に続く著者三冊目の著書の日本語訳である。

著者浄慧師については、先に刊行された二書の「解説」などで紹介されているので、詳細はそれらに譲るが、師は一冊目の『生活禅のすすめ』を目にして間もない二〇一三年四月二〇日に、肺炎のため、他界した。本書の出版を師に直接報告できず、御霊前に献げることしかできないのは、甚だ遺憾である。

さて、本書の原題は『中国仏教与生活禅』であり、二〇〇五年に北京の宗教文化出版社から刊行された。内容は論文集のような性格を持ち、学術的な論文のほか、さまざまな機会での法話、会議でのスピーチなどが中心であり、年代的には二十世紀八十年代から九十年代にかけて発表されたものがほぼ網羅されている。しかし、前二書と異なるのは、本書は、文革が終わり、仏教界に復帰した著者の最初の著書であり、著者浄慧師の初期の思想を知るには、本書を置いてほかはない、という点である。前二書に続き、本書を日本語に翻訳し、日本の読者に紹介しようと企画した理由はここにある。

以下、本書の概要について簡単に解説してみたいが、本書はもともと章節を分けず、近い内容のものがある程度の順序に従って先後に並べられているだけであり、日本語訳では、より内容を理解しやすいように、大きな見出しをつけて分類することにした。また、内容の整合性から、一部を割愛し、訳出しなかったことをまずは断っておきたい。

「一、仏教の現代的意義」は二十世紀九十年代に発表されたものが収録されており、それらの内容をキーワードで示すと、「人間仏教」、「道徳」、「現代社会」になろう。この時期における著者の問題関心を知るためには、ぜひそれらをまず一読していただきたい。中でも「真理と機縁にかなう現代仏教」という一篇は中国に返還される以前の香港で開催された国際学会で発表されたものであり、「人間仏教」とは何かについての著者の考えがよく纏められているように思われる。同学会に筆者（何）もたまたま日本から参加したが、会議期間中、ホテルの部屋が著者と同じになり、著者と共に過ごした二日間を今でも懐かしく思っている。会議のテーマは「仏教の現代的挑戦」であり、いわば「伝統文化」とされる仏教がいかにして現代中国社会に適応できるかが議論の主旨となっているが、同論文はこの問題についての著者の考えを述べた最も早いものになると思われる。続く四篇もそのような趣旨のもとに述べられたものと理解してよいであろう。しかし、興味深いのは、「生活禅」の提唱がこの時期にすでになされているにも関わらず、これらの論文に「生活禅」に言及した表現は全く見受けられない。詳細は不明だが、それは、やはり著者は中国仏教協会副会長という公の立場と、「生活禅」の提唱者という著者個人の私的立場をそれぞれ使い分けるように配慮した結果によるものではないかと推測される。つまり、この第一部に収録されている文章は、著者が折に触れ、中国仏教協会副会長という公の立場から述べたものだと考えて良かろう。

「二、中国禅と生活禅」では、大きく分けて禅宗の六祖慧能の『壇経』に関する論文と『無門関』や趙州について語った法話との二種類からなっている。一から三までは二十世紀八十年代に著者自ら編集長をつとめる『法音』雑誌に発表された極めて学術性が高いものであり、その内容から見ても、あるいは論文のスタイルから見ても、一般の仏教学者のそれに勝るとも劣らない格調のしっかりしたものとなっている。周知のごとく、二十世紀前半、敦煌文書から、いわゆる敦煌本『壇経』のテキストが発見され、それ以来、『壇経』のテキストをめぐって日中両国の学者の間でさまざまな議論がなされてきているが、基本的に敦煌本を最古のものだとする見解は一致している。八十年代初め頃、中国の仏教学者郭朋氏の『隋唐仏教』『壇経対勘』『壇経校釈』が相次いで公刊され、それらにおいても、それまで議論されてきた『壇経』のテキストの問題を踏まえつつ、再び敦煌本が最も古いものだと主張されている。郭朋氏の見解は、「敦煌本『壇経』が最も古い」という大歌唱の中の一つに過ぎず、決して新しいものではないが、浄慧師はさまざまな面から、そもそも敦煌本を最も古いテキストとする主張に対して異を唱え、それ以外のテキスト、例えば恵昕本、とくに曹渓本の資料的価値を認めるべきだとの見解を表明している。著者浄慧師の主張は、初期禅文献研究が大きく進展を見せている今日でも、依然として新鮮な内容を持っており、説得力に富んでいる部分が多いと思われるが、これまでの学界ではほとんど注意が払われてこなかったのである。今回の日本語訳を契機に、その主張を日本の学界に知らせることができたことは大変喜ばしい。そして、四から七までは、内容は多方面にわたるが、「生活禅」が明確に提唱され、その主張の思想的根拠を『壇経』に求めたり、また、「生活禅サマーキャンプ」に因み、法話の形で「生活禅」と『無門関』や趙州の禅との関わりを強調したりしているという意図が容易に読み取れるであろう。同様の主張は先に刊行されている『生活禅のすすめ』でも述べられており、合わせて読んでいただくと、よりわかりやすいと思う。

続く「三、生活禅サマーキャンプと若者」は、それまで著者が自ら住職をつとめる柏林寺で行われた「生活禅サマーキャンプ」で述べた法話記録の一部であり、法話の相手はサマーキャンプに参加した大学生などの若者である。そもそも「生活禅」とは何か、「サマーキャンプ」とはどのような内容のものなのか、参加者である大学生ら若者に対して、著者は何を語りかけようとしているのかを知るためには一読すべきであろう。また、収録されているものは一回目から十二回目までの記録の一部だが、十数年にわたる歳月の中で、「生活禅」に対する著者の捉え方に変化があったかどうかを知ることにも役立つはずであり、ぜひそういった観点からも読んでいただきたい。

「四、禅修のあり方」は八篇のうち、最初の一篇は「生活禅サマーキャンプ」に関わるものであり、サマーキャンプの活動の一つとして、「禅堂坐禅」がある。中国の禅寺では、「禅堂」で坐禅するのは出家した寺の僧侶が一般的であるが、サマーキャンプでは参加者全員に「禅堂」での坐禅を体験させている（ただし、最近はサマーキャンプでも使える一般向けの坐禅堂が用意されている）。そこでは、柏林寺とゆかりのある趙州禅師の「狗子無仏性」の話が取り上げられ、わかりやすい言葉で解き明かされている。二の「禅七講話」の「禅七」とは、日本の禅寺の「接心」にあたるもので、七日間寺院で坐禅したり、法話を聞いたりするなど、寺院の修行僧と同じ生活を体験する在家信者向けの行事である。同講話は二回目の「禅七」の時に述べられたもので、「今回の禅七法会の人数は去年の倍以上に増え、百二十人余りの居士にご参加いただきました」（本書三一八頁）と、当時の様子の一部が紹介されている。現代中国仏教事情の一端が窺えるため、読んで益するところが多いであろう。残る三から八までは、「禅修」、つまり禅の実践が具体的にどうなされるべきか、修行と生活の関係をどう理解すべきかについて、著者が折りに触れ述べたものである。今日、中国では一部の在家の人々の間で「禅修」が静かなブームとなっており、寺院が場所を提供するなど、積極的に取り組んでいるが、それらは二十世紀九十年代あたりから、著者浄慧師が手がけた柏林寺での「禅修」の影響によるところが大きいと考えられる。このような「禅修」の際に語られた「禅修のあり方」は、そのまま著者が提唱する「生活禅」の実践の部分をもなしているので、単なる理念にとどまらない、実践思想としての「生活禅」のもう一つの側面を知ることができよう。

特定の信者を対象に述べられた上述の「禅修のあり方」に比べ、続く第五部はどちらかと言えば、一般の在家の人々に向けられたものであり、在家のままで人生をどう生きるべきか、仏教をどう学ぶべきかについて、より広い観点から、わかりやすく語られたものである。中でも、「生活禅サマーキャンプ」の活動の一つとしての「普茶」（お茶を飲みながら、質疑応答するお茶会）で述べられた「人生修養の四大選択」という一篇の後半には、サマーキャンプの参加者との質疑応答であった「授業での問答」が載せられ、また、「在家の信徒が仏の教えを学ぶことについて」という一篇の後半にも「質疑応答」が載せられており、それらの一問一答の中から、現代中国の若者の仏教に対する問題関心の一端を知ることができるであろう。

続く第六部「戒律の現代的意義」に収録されている三篇は、戒律や僧侶の集団生活、僧侶としてあるべき職責と理念について、寺院の僧侶に向けて、講演などの場で語られたものである。日本の僧侶とは異なって、中国のそれは基本的に出家主義であり、肉食妻帯は当然認められず、生活の場も寺院の中に限定されているため、僧侶のみで構成される集団生活が特徴である。激しい社会変動を見せている現代中国で、僧侶に求められるものは一体何か、また、若い僧侶としてどう自己形成していくべきなのか、仏教のために果たすべき責任とは何かについて、著者自らの僧侶生活などを踏まえつつ、中国仏教の指導者の立場から自分の考えを語っている。話の内容はとてもまじめだが、平易な言葉で綴られているその語り方と口調から、慈愛に溢れる一老僧の面影が浮かぶ。「老婆心」とはこういうことなのだということがわかるだろう。

最後の「越境する生活禅」に収録されている六篇は、著者が中国仏教界を代表して海外を訪問した際、海外の他宗教の指導者と行われた対談やメディアから受けたインタビュー、或いは日本の茶道界の方との対談、自ら編集長をつとめる『法音』雑誌の読者からの質問に対して述べたものとなっており、著者の国際宗教界での活躍の一端を知ることができる。フランス枢機大主教リュスティジェ氏との対談の中で、「仏教は、すべての宗教が互いに許容し合い、尊重し合わなければならないと主張し、・・・そうして初めて、各宗教間にこれまであった様々な問題を解決することができる」（本書五二三頁）と著者は語っている。また、日本茶道文化会長倉沢行洋氏との対談の中で、趙州和尚の「喫茶去」の禅語の意味についての質問を受け、「趙州和尚が対応したのは、いずれもその場のことだとし、「来と去は必ずしも空間上の転移を表す」意味だけではなく、「これは一種の心情の転換を表したものであって、分別心から無分別心へ転換したことを表したもの」(本書五五〇頁)なのだと述べている。趙州和尚の「喫茶去」を「当下」(その場のこと)と結びつけて解釈されるその意味がとても新鮮だと言えよう。著者が唱える「生活禅」にとって、「当下」は重要な概念だが、それは単に時間的もしくは空間的な意味だけではなく、いわば迷いから悟りへ、という全く異質の二つのものが、一念によって転換・昇華されるという意味もあるようである。また、「生活禅」は、「禅茶一味」を説く茶道とも相通じるところがあるとも語っている。こうして、著者浄慧師が唱える「生活禅」は、単に仏教内部にとどまらず、「越境して」異なる宗教と対話したり、異なる文化と交流したりすることが可能だということがわかる。

以上、本書の概要について簡単に解説したが、著者浄慧師が亡くなってから、はや三年が経った。聞くところによると、今年(二〇一六年)四月二十日に河北省石家荘市や柏林寺で開催された三回忌の記念行事に国内外から千人の参列者が駆けつけてきたという。筆者(何)は校務のため参加できず、とても遺憾だったが、学友諸君の協力を得ながら、師の没後三周年に当たる今年に本書の日本語訳を日本で出版することができたことは、すこしの慰めになったのではないかと思っている。

本書は翻訳企画から最後の仕上げに至るまで、二年余り経過したが、翻訳分担の学友諸君にはいろいろと相談にのっていただき、大変お世話になったと感謝している。また、本書の内容をより理解しやすいように、原書にはない数多くの注釈を付けていただき、何かとご苦労をおかけしたと思っている。中でも、とくに分担者の一人、西村玲さんに感謝とお詫びを申し上げなければならない。西村さんは本書第一部の「一　真理と機縁にかなう現代仏教」を翻訳したほか、全員の日本語訳原稿の添削を担当した。しかしながら、今年二月二日に彼女は病気のため、急死した。あまりにも突然な悲報に、われわれ共訳者一同は本当に驚き、互いにメールなどでその訃報を確認し合っていた。筆者は最初信じられなかったが、後日、西村さんの尊父からいただいた手紙で、それを現実と知った時、長い間、悔しい気持ちと自責の念に襲われていた。もうすこし早く出版できればよかったのにと無念の気持ちで一杯である。西村さんは分担者の斎藤智寛氏と同じく東北大学文学部で学んだ同学であり、筆者とは学年や研究室こそ異なるが、学部時代から仏教思想に興味を持つ西村さんと共通する話題が多く、彼女はよく宗教学研究室を訪れていた。大学院修士課程在学中の時であろうか、西村さんの企画により、われわれ三人で『華厳五教章』などを材料とした読書会を開催したことがあり、三人は東北大学在学中、とてもたくさんの楽しい思い出を共有した親しい仲間である。西村さんが学部の時に学んだ第二外国語は中国語であり、しかも日本語文章の表現力に定評があるということから、斎藤さんの提案を受け、本書の翻訳分担と日本語訳原稿の添削担当をお願いしたわけだが、西村さんは快く引き受けてくれたのみならず、原稿郵送の手間を省くために、すぐにネットを使って、ファイルを共有するドロップボックスまで作ってくださった。さらに、言葉使いや注釈、引用など、訳出に共通する細かい凡例も自ら作成してくださった。そのお陰で、われわれの仕事は一段と効率が上がったのは言うまでもないが、彼女の生前に本書の出版までできなかったのが、なんとも悔しい。西村さんが作ってくれた、われわれ共有のドロップボックスの中には、彼女が担当した日本語訳の原稿と添削した本書の日本語訳の二次原稿のすべてが現在もそのまま保存されており、彼女がわれわれに最後に残してくれた貴重な思い出として、これからもしばらくの間そのままにして、大事にしていきたいと思っている。西村さんは大学院博士課程修了後、研究の拠点を東京に移され、筆者もその前にすでに仙台を離れ、現在の勤務地に住まいを移しているが、以来、学会の席以外、彼女と会う機会が殆どなかった。しかし、彼女は、毎年のように論文の抜刷りを送ってくれ、学界の最先端を走るその活躍ぶりに先輩として心から嬉しく、葉書などを送ったりして、ずっと応援してきた。一昨年の三月下旬に、仙台で翻訳の打ち合わせ会をすると称して、久しぶりにみんなで会おうと企画したが、当日になって、思わぬ大雪のため、都内の電車が不通となり、仙台に行けなくなったと彼女からもらった電話が最後の別れとなってしまったのである。本当に残念でならない。西村さんの死は日本思想史学界、日本宗教学界にとって、言うまでもなく大きな損失である。われわれは、良き友、良き後輩を失った衝撃から未だに完全に立ち直ることができていないが、彼女の協力のお陰で、本書はやっと出版することができたので、ひとまずは西村さんの御霊前に報告し、感謝と共にご冥福をお祈り申し上げたい。

なお、翻訳分担の詳細は下記の通りである。

「一、仏教の現代的意義」のうち、「一　真理と機縁にかなう現代仏教」と本書全体の日本語訳原稿の添削（西村玲）、「二　人類の自己完成を促進させる三つの回帰」～「五　人間性を高め、仏性へ回帰する」（何燕生）「二、中国仏教と生活禅」の「一　試みに慧能思想の特色を論ず」～「七　無門関よもやま話」（斎藤智寛）

「三、生活禅サマーキャンプと若者」、「一　仏法・生活禅・サマーキャンプ」～「六　生活禅、禅生活」（井上浩一）

「四、禅宗のあり方」のうち、「一　禅堂講話」～「四　理悟と事修」（井上浩一）、「五　いかに話頭に参ずるか」～「八　念仏と調五事」（土屋太祐）

「五、人間として如何に生きるか」のうち、「一　人生修養の四大選択」～「四　六自口訣」（土屋太祐）、「五　在家の信徒が仏の教えを学ぶことについて」～「六　国土の荘厳、衆生の浄化」（佐々木聡）

「六、戒律の現代的意義」、「一　戒律を制定する十大意義」～「三　当代サンガの職志」（佐々木聡）

「七、越境する生活禅」、「一　フランス枢機大主教リュスティジェ（Jean-marie Lustiger）氏との対話」～「六　問禅寮十四答」（佐々木聡）

二〇一六年八月十四日　お盆の日

佐《さ》々《さ》木《き》　聡《さとし》
1982年生まれ。東北大学大学院文学研究科博士課程修了、博士（文学）。
大阪府立大学・日本学術振興会特別研究員ＰＤ。
主な業績：「王充『論衡』の世界観を読む－災異と怪異、鬼神をめぐって－」（東アジア恠異学会編『怪異を媒介するもの』、勉誠出版、2015年）。

土屋《つちや》　太祐《たいすけ》
1976年生まれ。四川大学文学与新聞学院博士課程修了、文学博士。
新潟大学経済学部准教授。
主な業績：『北宋禅宗思想及其淵源』（四川出版集団巴蜀書社、2008年）。

西村《にしむら》　玲《りょう》（1972～2016）
東北大学大学院文学研究科博士課程修了、博士（文学）。
生前は財団法人東方研究会（2008年から公益財団法人中村元東方研究所に改称）研究員、日本学術振興会特別研究員などを歴任。
主な業績：『近世仏教思想の独創－僧侶普寂の思想と実践－』（トランスビュー、2008年）、「虚空と天主－中国・明末仏教のキリスト教批判－」（『宗教研究』366号、2010年）、「慧命の回路－明末・雲棲袾宏の不殺生思想－」（『宗教研究』374号、2012年）。

訳者略歴

井上《いのうえ》　浩一《こういち》

1969年生まれ。東北大学大学院国際文化研究科博士後期課程退学、修士（国際文化学）。

東北大学非常勤講師。

主な業績：「李贄と金聖歎－読書論の差異とその思想的背景」（『中国－社会と文化』第15号、2000年）、「日本における子ども向け『西遊記』について」（『国際文化研究』第19号、2013年）、「宇野浩二の児童書西遊記」（『アジア文化研究』第2号、2016年）。

何《か》　燕生《えんせい》

1962年生まれ。東北大学大学院文学研究科博士課程修了、博士（文学）。

郡山女子大学教授。

主な業績：『道元と中国禅思想』（法蔵館、2000年、日本宗教学会賞受賞）、『正法眼蔵』中国語訳（北京・宗教文化出版社、2004年）、『語録的思想史：解析中国禅』中国語訳（小川隆著、復旦大学出版社、2015年）、『日中佛教友好二千年史』中国語訳（道端良秀著、北京・商務印書館、1994年）。

齋藤《さいとう》　智寛《ともひろ》

1974年生まれ。東北大学大学院文学研究科博士課程修了、博士（文学）。

東北大学大学院文学研究科准教授。

主な業績：「『歴代法宝記』考－山居修道と居士仏教－」（『集刊東洋学』第115号、45～64頁、2016年）、「広州光孝寺六祖慧能碑と『六祖壇経』－空間化されるテクスト」（『空間史学叢書二　装飾の地層』岩田書院、147～174頁、2015年）、「所謂“見仏性”－唐代禅宗的実践」（方立天、末木文美士主編『東亜仏教研究Ⅳ－仏教制度与実践』宗教文化出版社、195～219頁、2014年）。

著者略歴

浄《じょう》　慧《え》（Jing Hui、1933 ～ 2012）

湖北省生まれる。幼少時から寺で育てられ、14 歳得度。後に雲居山にて近代中国仏教の泰斗虚雲和尚（1840 ～ 1959）より比丘戒を受け、虚雲和尚の侍者となる。1956 年、中国仏学院に入学、研究生課程を修了。1963 年、「右派分子」と批判され、北京郊外や広東省の農村、湖北省の故郷などに送られ、労働改造を受ける。1979 年名誉回復、北京の中国仏教協会に勤務。1981 年から中国仏教協会機関誌『法音』の編集責任者、編集長を勤める。1988 年、河北省仏教協会の創設や柏林寺の復興に関わり、同協会初代会長に就任。1992 年柏林寺の住職となる。生前は中国仏教協会副会長、河北省仏教協会会長、湖北省黄梅四祖寺住職を歴任。「生活禅」の提唱者および実践者。著書には、代表的なものとして、次のようなものがある。

『中国仏教与生活禅』（宗教文化出版社、2005 年）
『入禅之門』（上海辞書出版社、2006 年）。英語版 The Gates of Chan Buddhism, the Religious Culture Publisher(Beijing)
『経窓禅韻』（百花文芸出版社、2008 年）
『生活禅鑰』（北京／生活・読書・新知三聯出版社、2008 年）
『做人的仏法』（文化芸術出版社、2009 年）
『心経禅解』（文化芸術出版社、2010 年）
『禅在当下』（方志出版社、2010 年）
ほか多数。

中国仏教と生活禅

平成29年２月17日　印刷
平成29年２月23日　発行

著　者　浄　慧
訳　者　井上浩一　何燕生　齋藤智寛　佐々木聡　土屋太祐　西村玲
発行者　浅地康平
印刷者　小林裕生

発行所　株式会社　山喜房佛書林
〒113-0033　東京都文京区本郷5-28-5
電話(03)3811-5361　FAX(03)3815-5554

ISBN978-4-7963-0577-8　C1015